U0442967

长篇历史小说

大宋天子 宋哲宗

秦 俊 ◎ 著

人民东方出版传媒
东方出版社

目 录

一	辽人是人吗	1
二	以母改子	12
三	相见争如不见	23
四	渣男陈叔文	34
五	鬼诛	45
六	司马牛	56
七	司马光捉奸	67
八	哭则不歌	79
九	十年生死两茫茫	90
十	车盖亭诗案	101
十一	奶娘风波	113
十二	梦会十三哥	124
十三	白卷英雄	135
十四	蔡确哭了	147
十五	三人同梦	158
十六	贬人如游戏	170
十七	您的脚真香	182
十八	章楶	193
十九	男人好什么	204
二十	姑侄王后	215
二十一	愿来世生中国	226
二十二	飞贼退敌	238

二十三　郝东三个爹 ·· 249
二十四　刘婕妤阴谋 ·· 262
二十五　女人不是衣服 ·· 273
二十六　巫蛊案 ··· 283
二十七　哲宗私访 ·· 294
二十八　天不假年 ·· 307

主要参考书目 ··· 319

一　辽人是人吗

　　高滔滔一脸不屑道："他（宋英宗）就是当上玉皇大帝，在吾的眼里，还是一个团练使。"

　　神宗命内侍照着赵佣所言，立一大镜子。那山鸡站在镜前，见内有一美丽山鸡，扑闪了几下翅膀，翩翩舞了起来。

　　沿途百姓涌上街头，争睹司马光风采，以至于道路堵塞。后来者挤不进去，便爬树登房。

　　凡老皇帝驾崩、新皇帝登基，兄弟之邦都要遣使者到汴京吊丧，并祝贺新君。对于这些使者，新皇帝要一一接见并赐宴。可新皇帝赵煦还不到十岁，从来没有见过异国使者，万一害怕了抑或是说了一些不该说的话、做了一些不该做的事，那会被异国使者轻看、耻笑，甚而引发两国争端。如果真的出现这种情况，次相①蔡确不仅不能迁官，还将受到弹劾，甚而丢官。

　　宋制，老皇帝驾崩，由首相任山陵使②，葬过老皇帝后，山陵使的职务自动解除。而且也不再担任首相。

　　神宗驾崩时的首相是王珪，王珪如果不再担任首相，不出现意外的话，作为次相的蔡确就可以自然而然地迁升首相。

　　为了防止出现意外，辽国使者还没有动身，蔡确就去拜见小皇帝，一而再、再而三地叮嘱，叫他不要害怕，还教他如何如何做，把小皇帝的耳朵都快磨出茧子了，他还在叮嘱。小皇帝又气又烦，正色问道："辽国使者是不是人？"

---

① 次相：宋代元丰改制后改称尚书右仆射，首相则改称尚书左仆射。
② 山陵使：古代皇帝死亡，葬地所在称山陵。山陵使掌皇帝丧葬之事。

蔡确稍微一愣,回道:"他们是人,不过,他们是夷人。"

小皇帝绷着脸反问道:"既然他们是人,朕怕他做甚!"

蔡确大吃一惊,他万万没有想到,一个不到10岁的娃娃,居然能说出这等话来,忙点头哈腰道:"陛下圣明,臣该掌嘴!"说毕,躬身趋出。

此事很快传遍了汴京城,国人对小皇帝交口称赞。这一称赞,把太皇太后高滔滔高兴得像吃了喜梅子。小皇帝得以为帝,没有他父皇神宗的首肯肯定不行。但是,高滔滔若不支持,就是神宗想立他,也立不成。何也?

高滔滔是神宗的生母。

高滔滔比较强势,莫说神宗怕她,就是神宗的父皇宋英宗,也对她敬畏几分。

高滔滔是大宋开国元勋高怀德的后人、慈圣光献曹皇后的侄女。

曹皇后又是何许人也?

曹皇后是大宋开国元勋——周武惠王曹彬的孙女、宋仁宗的皇后。曹皇后自己不会生育,把高太后作为女儿养在宫中。宋仁宗没有儿子,便让侄子,也就是后来的宋英宗入嗣为皇子,亦养在宫中。英宗和高太后同年,两小无猜,成年之后,宋仁宗主婚,让他俩结为秦晋之好,史称,皇帝娶新妇①,皇后嫁闺女。

高滔滔虽为女流之辈,但很有主见,英宗对她又爱又怕。

英宗做了皇帝后,想纳一个妃子,商之高滔滔。高滔滔坚决不同意,英宗便让首相去劝高滔滔。

首相觉着很可笑,自古以来,哪个皇帝不是三宫六院七十二妃?英宗莫说想纳一个妃子,就是一百个,也不为过。于是,便兴冲冲地去劝说高滔滔。高滔滔听他说明了来意,绷着脸从樱桃小口里吐出两个字——不行。

首相问:"为什么不行?"

高滔滔回道:"吾②与官家③成婚时,他并不是官家,而是团十三练④,团练使有三宫六院七十二妃吗?"

---

① 新妇:儿媳。
② 吾:皇后自称。
③ 官家:三皇官天下,五帝家天下。宋时,国人尊称皇帝为官家。
④ 团十三练:对英宗的昵称。因英宗为帝之前,曾官居团练使,而他本人在诸兄弟中排行第十三,故称其为团十三练。团练使:唐代置于不设节度使的地区,掌统本区或本州军事,常以刺史兼领。宋沿唐制,诸州皆置,但无职掌,仅为武臣迁转之阶,其地位高于刺史而低于防御使。宋皇祐二年(1050年),宋英宗由宣州刺史迁为岳州团练使。团练使的僚佐有副使、判官、推官、巡官、衙推各1人。

首相辩道："如今,官家已经不是团练使,而是高居九五之尊的皇帝了!"

高滔滔一脸不屑道："他就是当了玉皇大帝,在吾眼中,他还是一个团练使!"

首相无语,怏怏而退。

如此一个女人,她想做的事,连英宗都不敢阻拦,作为她儿子的宋神宗,能阻拦得住吗?况且,小皇帝立为太子时,宋神宗病得连话都说不出来。

当时,可以做储君的有三个人选,而且,不管选谁,都有古制支持。

古制:储君之立,有嫡立嫡,无嫡立长。

何为嫡?

嫡就是皇后所生的儿子。

宋神宗的皇后姓向,太宗朝宰相向敏中的曾孙女,一生未曾生育,何来嫡子?

没有嫡子,那只有立长了。神宗的庶子一共有14个,前5子早夭,第六子名佣(后改名赵煦),也就是宋哲宗,虽然还不到10岁,但在诸皇子中年纪最长,立他为储君符合古制。但是,古制中还有一制——兄终弟及。

兄终弟及源于殷商中期,其后的朝代,立储或嫡或长,与兄终弟及之制交替出现。大宋的开国皇帝赵匡胤驾崩后,继承皇位的就不是他的儿子,而是他的二弟赵光义。依据兄终弟及之制,宋神宗的两个弟弟——岐王赵颢和嘉王赵頵,都有继承皇位的资格。而且,二王还是高滔滔的亲生儿子。何况次相蔡确、职方员外郎①邢恕又力推二王。百官也认为,二王做储君,已是板上钉钉。谁知关键时刻高滔滔站在赵佣一边。百官惊愕了一阵之后,暗自揣测,太皇太后高滔滔为什么不立自己的儿子为储君,那是她想垂帘听政。太皇太后不想背这个黑锅,在不同场合,多次向百官表白,她之所以要立赵佣,那是因为赵佣既孝顺又聪慧,且列举了两个例子。

例一:小皇帝5岁时,交趾献山鸡给神宗,神宗爱之,问左右近侍②:"这是个公的吧?"

大宦官李宪回道:"是个公的。"

"它会像家鸡一样打鸣吗?"神宗又问。

李宪回道:"应当会。"

神宗复问:"它会像家鸡一样起舞吗?"

---

① 职方员外郎:兵部官名,掌天下图籍。
② 近侍:皇帝周围供职的官员,也可专指宦官,亦称近臣。

李宪复回道:"应当会。"

神宗命令道:"那你就让它鸣一鸣,看它与家鸡之鸣有何不同?"

李宪道了声"遵命",半蹲着身子,模仿公鸡打鸣,山鸡视而不见。他一边学着公鸡打鸣,一边去触摸山鸡的头,山鸡只是将身子动了几动,就是不肯打鸣。

一个颔下生须十数、状貌魁梧、双目炯炯有神、面色黝色、年约三十余岁,名叫童贯的太监,趋到李宪身边,耳语道:"干爹,孩儿老家屋后是一山坡,坡上山鸡甚多,可孩儿从未听它们叫过。"

李宪暗自吃了一惊。童贯原以为干爹听了自己的话,不会再逗引山鸡了,甚而还要进行一番自责。谁知,李宪不但继续逗引山鸡,还反问道:"童阁长①,你刚才不是给咱家②说,山鸡会鸣,但只在夜里,是吗?"

童贯既惊讶又困惑:他怎么会这样? 我明明告诉他,山鸡不会打鸣,他却说我说山鸡只在夜里打鸣。难道是听错了? 不,自己耳朵一向好使,不会听错的。既然不会听错,为什么要这么说? 想到此,便把二目移向李宪。李宪也在看他,且似有所示。

噢! 我明白了。他刚才已经回答皇上,说山鸡会鸣,这会儿若说山鸡不会鸣,岂不是自打耳光! 他是想借我的口找个台阶下呢。我若是给了他这个台阶,可能要犯下欺君之罪。若是不给,他将无法下台。他若是下不了台,就会怨恨我。在宦官中,他的官职最高,势力最大,他若是对我产生了怨恨,这皇宫我就很难再混下去了。且不说事关我童贯的前程,他还是我童贯的恩人。14年前,我童贯因色杀人,亡命天涯,是他出主意,让我自残入宫,方捡了一条小命。又是他将我童贯认为义子,言传身教,甚而领兵打仗,还要把我带在身边,没有他的提携,就没有我童贯的今天,无论从哪个方面讲,我都应该帮他一把,即使犯了欺君之罪,顶多将我罢官流放。何况,山鸡会不会打鸣,众说纷纭……想到此,横手说道:"回都都知③,咱家刚才确实说过,山鸡会打鸣,却只在夜里打鸣。"

李宪追问道:"童阁长,何以知之?"

"咱家傍山而居,山上山鸡甚多,它们昼伏夜出。昼伏时未见其鸣,夜出则常闻之。故而,咱家说山鸡只在夜里鸣。"

李宪"噢"了一声道:"怪不得咱家无论怎么逗它,它都不鸣。"他站起身来,移目神宗,满脸赔笑,说道:"启奏陛下,臣孤陋寡闻,臣只知山鸡会鸣,但不知它只会夜里鸣,

---

① 阁长:宋代宦官统称内侍、内臣、宦者、中官,但高等宦官可以称"大官",中等宦官可以称"阁长"。
② 咱家:即自家。宋代宦官自称"咱家",但"咱家"并非太监独称,其他人也可以自称"咱家"。
③ 都都知:宦官的总头儿,全称为入内内侍省都都知。

请陛下治臣孤陋寡闻之罪！"

神宗微微一笑，说道："都都知不要自责，山鸡只会夜间鸣，朕也是第一次听说，朕这会儿很想看一看山鸡起舞的样子与家鸡有何不同。"

李宪这次变聪明了，拜而说道："家鸡起舞，也不是随便哪个人让它舞它就舞的，何况山鸡呢！依臣之愚见，宣斗鸡师上殿，让斗鸡师指挥山鸡起舞，较为妥当。"

神宗曰："都都知所言甚是。"当即宣斗鸡师上殿。

斗鸡师虽然能够指挥家鸡起舞，但他用尽了招数，山鸡仍是置若罔闻。斗鸡师又羞又惭，向神宗拜而说道："启奏陛下，臣无能，臣愿意领陛下最严厉的惩罚！"

神宗安慰道："卿已经尽力，退下去吧。"

斗鸡师再拜而退。

神宗目扫众近侍："孰可为朕让山鸡起舞？"

近侍无一人应腔。

神宗又道："朕贵为万乘之尊，欲一睹山鸡起舞，竟不能如愿！"

左右近侍你瞅瞅我，我瞅瞅你，一个个面露愧色。

神宗又是一声轻叹。

当他几近绝望之时，一个稚声稚气的声音飘了过来："父皇，孩儿有一个办法可以让山鸡为父皇起舞。"

众人循音望去，说这话的人竟是不到5岁的皇子赵佣。

神宗喜而问曰："佣儿有何方法，可以让山鸡起舞？"

赵佣回曰："请父皇立一面大镜子，让山鸡站在镜前，自视其影，山鸡就会起舞了。"

神宗当即命近侍照赵佣之言而行。那山鸡站在镜前，见内有一美丽山鸡，扑闪了几下翅膀，翩翩舞了起来。

神宗大喜："吾儿真神童也！"

神宗病倒后，不到10岁的赵佣，每天守候在病床前，除了照顾父皇之外，还默默地抄写了三卷佛经，为父皇祈福。

有关小皇帝的贤行和聪慧，太皇太后所讲尽管都是真的，但百官不信。

这一次，他们信了。

他们为什么信了？

蔡确的话不会有假。况且，蔡确和小皇帝的那一番对话，传出去后，并不能给蔡确本人增光。

再者,在蔡确没有和小皇帝进行那一番对话之前,小皇帝在蔡确眼里,只不过是一个戴了皇冠的小屁孩。朝堂上,每次奏事,总是面对太皇太后,小皇帝所能看到的,只是他的屁股。自这番对话之后,他的态度变了,奏事时,站在太皇太后和小皇帝前方的中间。这一变化,百官虽然看到了,但并未引起警觉,每当奏事时,依然面向太皇太后,留给小皇帝一个屁股。

百官这么做,并不算错。当时的大宋,真正的掌舵人是太皇太后高滔滔。小皇帝顶多是一盆花,一盆放在太皇太后身边的花。

太皇太后既然是大宋的掌舵人,她就得为大宋这条船掌好舵。在她眼里,大宋这条船原来行得好好的,到了他的儿子宋神宗掌舵,硬是把它撑到尽是暗礁的海域里,若不拨转船头,非触礁不可!

但是,如此一条大船,单靠舵手一人不行。得有一帮水手,而水手的两个头儿——次相蔡确和枢密使章惇都是王安石提拔的,不只人品差,更是新党(变法派)的党魁,我的儿子神宗就是受了新党的蛊惑,方才一意孤行,搞什么变法!变的结果,大宋的钱库里确实增了一些钱,但百姓穷了,士大夫怨气冲天。

要改变航道,就得另选水手,特别是水手的头儿。若骤然把蔡确、章惇他们拿掉,恐怕要引起官员队伍的恐慌。这事不能操之过急,最好分三步走。第一步,把那些元老重臣,也就是旧党的头儿,调几个回到朝廷,占据要紧位置,待时机成熟,再将蔡确他们取而代之。第二步,待那些元老重臣取代了蔡确他们之后,便将新党的那些虾兵蟹将一一清出官员队伍。第三步,颁诏天下,将王安石制定的新法全部废除。

在元老重臣中,论官职,首推富弼(韩国公)和文彦博(判河南府兼西京留守司事①),次之王拱辰(北京留守),再次之司马光。

但是,就声望而言司马光位居榜首。

司马光成名很早,7岁时砸缸救人,名扬天下。15岁恩荫得官,为将作监主簿②。20岁高中进士,迁官华州判官。宋仁宗末年任天章阁待制③、侍讲④和知谏院,以

---

① 判河南府兼西京留守司事:河南(西京)府,官署名。初置于唐,宋沿置,为四京(东京汴梁、西京洛阳、南京商丘、北京大名府)之一。辖县16,设通判府事2人,1人掌府事,1人掌留守司事。
② 将作监主簿:将作监,官署名。负责宗室、宗庙、陵寝等公共土木建筑的机构。兼领百工;主簿,掌文书簿籍之事。
③ 天章阁待制:天章阁,宋朝阁名,为皇室藏书机构。宋仁宗天圣八年(1030年)置天章阁待制和直学士。
④ 侍讲:官名,从四品。唐初置。掌读经史,释疑义,备顾问应对。

正直敢谏备受朝野称颂。他原本与王安石是好友,因反对变法被踢出朝廷,出知永兴军①。一年后退居洛阳,潜心著述。

司马光退出官场后,他的声望反而比以前更高了,这是因为变法派不得人心,反衬托出他的伟大。就连他的生活也成了美好传说。

西京洛阳,在历史上的地位仅次于汉、隋、唐三代的都城长安。其富裕程度及对周边的影响并不比汴京差多少,司马光编书编累了,就坐着马车去找朋友。

他的朋友是富弼、文彦博、王拱辰、范镇、邵雍、程颢、程颐、张寿等人。这些人不是做过宰执,就是一方大儒,这些人在一起随便写写诗诵诵词,就是中国文化史上的盛宴。故而,每当司马光出门,洛阳城万人空巷,簇拥着司马光的马车,去看传说中的各位大佬和名士。

但是,他与那些大佬和名士又略有不同。像富弼、王拱辰等人退居洛阳后,不再过问国事,一门心思养老。他呢？一边写书,一边还关注天下局势。

王安石第一次罢相,他很高兴。他觉着王安石一倒,就意味着不得民心的变法将会终结。谁知,王安石虽然被罢相,王安石的弟子吕惠卿扛起了变法的大旗。他还没有从失望的阴影中走出来,王安石又复相了。失望,再次失望！

一年之后,转机又一次出现,由于变法派内部的斗争,不但吕惠卿被踢出朝廷,王安石也再次遭贬。

他好高兴！

但是,没有高兴多久,变法派的另一首领蔡确登上了历史舞台,而且把变法派的另一个首领章惇也引入朝廷,做了枢密使。二人狼狈为奸,以变法为名,打击异己,盘剥百姓。他们之所以敢这么做,那是因为他们的背后有一个宋神宗,什么王安石变法,分明是宋神宗变法？宋神宗只要不死,旧党就永无翻身之日。

可是,宋神宗那么年轻,比我司马光还小了27岁,他会死在我的前边吗？

按照常理,应该不会。

可是,宋神宗愣是死在司马光前边,那一年他才35岁。

在宋神宗未死之前,司马光已经将他的历史巨著——《资治通鉴》画上了句号。

这部书用了15年时间方才写成,该书共有三百余万字,所记载的历史,跨越了

---

① 永兴军:宋代为统治便利,把全国分为若干路,路之下有府、州、县。除此之外又有军、监。军的地位比州低,比县高。

1362年。

　　书成，宋神宗不只赐之书名，还将司马光擢升为资政殿学士①。

　　有了这一部皇皇巨著，司马光的形象顿时光芒万丈，他的声望达到了登风造极的地步。普天下的人不再叫他名字，而是称他为"司马相公"。

　　相公，在宋及宋之前，乃是对担任过宰相一级大官的尊称。司马光不但没有做过宰相，而且连执政也没有做过。他根本没有资格称相公，可老百姓愣是称他为相公。他不但被百姓称为相公，比他小了27岁的宋神宗居然还死在了他的前边。

　　皇帝驾崩，司马光作为一个不在京的半致仕的大臣，本来没有资格进京奔丧，但他硬是坐着马车跑到汴京。

　　他的马车一到都门，便被卫士发现，额手相庆道："司马相公来了，司马相公来了!"沿途百姓，涌上街头，争睹司马光风采，以至于道路堵塞。后来者挤不进去，便爬树登房，把十多家的屋瓦都踩坏了。百姓高声喊道："司马相公，请勿归洛（阳）。"

　　司马光见众百姓一唱百和，反倒疑惧起来，忙掉转车头返回洛阳。

　　太皇太后听说司马光到了汴京，欣欣然曰："他来得正好!"当即遣内侍梁惟简去召司马光。

　　梁惟简还报道："司马光走了。"

　　太皇太后愕然道："他不是进京奔丧么，怎么又走了?"

　　梁惟简回道："他觉得他没有参加先帝丧礼的资格，所以走了。"

　　太皇太后一想也是，司马光声望再高，毕竟不是一个现职京官，没有朝廷的征召是不能进京的。先帝的葬礼，连曾经做过首相的王安石都没有邀请，他更不在邀请之列，不由得轻叹了一声。

　　数月后，神宗的丧事已毕，太皇太后便遣梁惟简去洛阳，向司马光请教治国之道。

　　15年，司马光整整等了15年，方才盼来了说话的机会，他有许多话要说，想了又想，择要说道："请广开言路，诏榜朝堂"。

　　梁惟简还报太皇太后，太皇太后欲要照行，蔡确跳了出来，创"六议"入奏。奏书称，他对广开言路，极表赞成，但对那些别有用心之人要"立罚无赦!"

　　何为别有用心?

---

① 资政殿学士：宋景德二年（1005年），为优待参知政事等执政官之离任者而置，并有侍从、备顾问之名义。秩正三品，序位在翰林学士之下，侍读学士之上。

借广开言路之机,"阴有所怀,犯非其分,或扇摇重机,或迎合旧令;上则徼幸希进;下则眩惑流俗,有一相犯,立罚无赦!"

太皇太后将蔡确之书一连看了三遍,遣梁惟简持书去见司马光。光阅之,愤然道:"这分明是拒谏!若照蔡确之六议,百官只好不言,一经开口,便犯此六语了!"

梁惟简点头称是,连夜返汴。两天后,太皇太后诏榜朝堂,广求谏言。

诏下月余,应者寥寥,就是有所言也很少涉及国家大政方针,更无一句说变法不好的。太皇太后私下问梁惟简,惟简反问道:"'宋人沽酒'这个典故太皇太后不会不知道吧?"

太皇太后道:"当然知道。"

梁惟简道:"那个卖酒的宋人,升概①甚平,遇客甚谨,为酒甚美,县②帜甚高,却无人来买他的酒,那是因为他的酒店里养了一条狗。非常凶猛的大狗。太皇太后既明又贤,求谏也是出于真心,但朝堂上站的几乎都是新党……下边的话,就不用小臣啰嗦了吧?"

太皇太后幡然醒悟道:"不用了,老身③知之矣!"

梁惟简正欲告退,太皇太后道:"别走,老身还有话要问。哎,程颢才德如何?"

梁惟简拱手回道:"俱佳。"

"请道其详。"

梁惟简拱手又道:"敬从太皇太后之命。"遂将程颢的才德一一道来。

程颢,字伯淳,西京人也。16岁与其弟程颐,拜理学大师周敦颐为师,钻研大道,科场名利之心再也没有了。周敦颐升天之前,一反常态地对二程(程颢、程颐)说道:"科场还是要下的,若自己不取得功名,不做官,如何去教化执政者。"

二程葬过恩师,一边为恩师守墓,一边苦读六经,大比之年进京,双双高中进士,程颢出任鄠县(今之陕西省户县)主簿,程颐出任太学博士。

程颢自主簿而知县,再到太子中允、权监察御史里行,政绩非凡,断案的水平堪与包拯比肩。

对于办学,程颢建树颇多,他官做到哪里,便把学堂办到哪里。任职扶沟县时,建了

---

① 升概:量酒器具。
② 县:悬挂。
③ 老身:太皇太后的自称。

一个书院,他亲自授课,全国各地的士人学者,前来就学的络绎不绝,诸如蔡人谢良佐、闽人杨时、游酢、陕人吕大临,洛(阳)人朱光庭等。朱光庭是嘉祐(1056—1064年)间的进士,有人问他,"你去扶沟听程颢授课,有何感受?"

朱光庭回曰:"如同在春天里坐了一个月。"

"如沐春风"一词,便是由此而来。

二程和苏轼是同年,加之情趣相投,素来相善。故而,与二苏兄弟(苏轼、苏辙)相处甚欢。

至于王安石,彼此的关系也很不错。由于王安石的极力荐举,程颢和苏辙才得以出任制置三司条例司①相度利害官。变法初期,程颢积极参与。随着变法的深入,弊端暴露出来,遭到了士大夫的强烈反对,他开始变了,一再上书抨击新法,被踢出变法队伍。但是,他的下场和旧党成员不同,他只是被踢出变法队伍,官帽还在,先后出任京西路提点刑狱、太常丞、奉议郎、汝州酒官。在此期间,他曾以侍奉父亲为名,辞官闲居西京一年多。任汝州酒官后,则长住西京。

西京有个"耆老会(耆英会)",成员13人,除了司马光,全是70岁以上的老人。这些人可不是一般的老人,或名高天下,或曾官居宰辅。西京多名园古刹,有水竹林亭之胜,"诸老须眉皓白,衣冠甚伟,每宴集,都人随观之。"他们的集会成了西京一景。

程颢兄弟虽然不是"耆老会"成员,但每当"耆老会"集会时,便踊跃参加。二程与"耆老会"成员的关系非常好,可以说无话不谈。

司马光这一次偷偷进京,便是受了二程的鼓动。

太皇太后"哦"了一声,若有所思。

翌日早朝后,太皇太后独自召见了蔡确,对他说:"持正②,依制,禹玉③不能再做尚书左仆射了,老身欲迁汝为之,请汝莫要推辞。"

这句话蔡确已经等了将近两个多月,终于等到了,忙避席拜道:"谢谢太皇太后对臣的信任。臣极愿效法诸葛武侯,为大宋社稷鞠躬尽瘁,死而后已。"

太皇太后微微颔首说道:"坐下,请坐下。"待蔡确落座后,方继续说道:"持正言重

---

① 制置三司条例司:主持变法的临时官署,其规格高于三司(后唐时合并户部、度支、盐铁三司为一独立机构,称"三司",宋沿置。),类似"文化大革命"时期的"中央文化革命领导小组"。

② 持正:古时,人不只有名,且有字,持正便是蔡确的字。宋代爱卿是对青楼女子的专称,故而,皇帝对大臣,只称其官职或其字。

③ 禹玉:王珪的字。

了！持正还不到知天命之年，何来谈死！哎，汝迁尚书左仆射之后，右仆射一职，老身想让司马光出任，汝看可好？"

蔡确正在暗自欢喜，听到司马光三字，心头猛地一凛，这个死老头，天生和新法有仇，反对新法不遗余力。若是让他出任右仆射，加上他的威望，他若继续反对新法，那麻烦可就大了。阻止他，一定要阻止他。

蔡确二次避席，再拜道："太皇太后，恕臣直言。论学识，当今之世，莫过司马光。他可以做一个很称职的翰林学士，但不能做宰相。"

让司马光担任右仆射，蔡确非反对不可，这本在太皇太后的预料之中。故而，听了蔡确的话，很平静地问道："你说一说，司马光为什么不能担任宰相？"

蔡确回道："宰相不能没有学识，但宰相的职责不是掌内命诏敕和文学侍从，而是辅佐君王总揽全国政务。故而，宰相的人选除了学识渊博之外，还得有治国之术，还得有大海一样的胸怀，还得有识人用人之明。司马光呢？他从未做过独当一面的官员，至和元年（1054年），经庞籍①力荐，出任郓州（今山东省东平县）通判②。他在这个位置上干得怎么样？臣不想多说，臣只想给太皇太后背一首他寄给邵不疑的一首诗，一首他自己作的诗，请太皇太后自己评判如何？"

太皇太后道："汝背吧。"

蔡确轻咳一声，诵道："《和吴冲卿崇文宿直睹壁上题名见寄并寄邵不疑》……去秋随相车，沿牒来东方。城中未遍辞，不疑逐南荒。奔波走郊外，取别何苍黄。举觞未及尽，亟归还束装。行行到官下，日积簿领忙。文书拥笔端，胥史森如墙。况当三伏深，沾汗尤淋浪。细蝇绕眉睫，驱赫不可攘。涔涔头目昏，始觉冠带妨。诚知才智微，吏治非所长……"

---

① 庞籍：《三侠五义》等文学作品中的庞太师、大奸臣。真正的庞籍是个忠臣，进士出身，为抗击西夏立有大功，官至枢密使、太子太保，封颍国公。他不仅与范仲淹、韩琦交好，还提携了司马光、狄青等人。终年76岁，膝下无子女。

② 通判："通判州事"的简称。宋置，初与"知州"不相属，实含有监督之意。后渐为知州的副贰官。

二　以母改子

　　司马光在朋友的鼓动之下,以调侃的笔调,就虱写一首诗,对王安石的不洁行为进行委婉的批评。

　　司马光笑了,而且笑得很灿烂:"晦叔兄,咱们可以向新法宣战了!"

　　为保新法,新党搬出孔子——子曰:"父在,观其志;父没,观其行;三年无改于父之道,可谓孝矣。"

　　蔡确诵过司马光和吴冲卿之诗后,笑问太皇太后道:"太皇太后,司马光自己也承认,'吏治非其所长'。他连一个州通判都做不好,岂能做好宰相?"

　　太皇太后欲言又止。

　　蔡确又道:"宰相不只要辅佐君王治理天下,还得辅佐君王开拓疆土。司马光呢?恪守着孔夫子'兵家乃凶器,圣人不喜欢'的说教不放。《澶渊之盟》签订后,朝野对我朝每年付给辽国岁币数十万贯①之事,认为是奇耻大辱。但是,他认为,'屈己之愧小,爱民之仁大',反对对辽用兵。辽国之立国,早于我大宋,对辽忍让,倒还说得过去。西夏呢?乃我大宋胳肢窝里爬出来的一个小国,竟也屡屡对我大宋用兵,在我大宋头上拉屎拉尿,司马光居然主张对西夏也要忍,忍的结果,大宋的锦绣河山,被西夏一口一口地吞食。这不叫'仁大',这叫卖国!"

　　蔡确也许觉着把话所得有些过重,顿了顿又道:"说司马光卖国,也许有些严重了,但司马光确实不是做宰相的料。何也?臣已经说过,做宰相的人,不只须有治国之才,还得有大海一样的胸怀。司马光呢?睚眦必报,王安石对他那么好,只因对王昭君的评价一事,二人意见相左,他便拿王安石不爱干净,身上有虱子之事,写诗取笑。"

---

①　贯:古代把方孔钱穿在绳子上,每一千个(文)叫一贯。

说到这里,他将司马光《和王介甫①烘虱》之诗,高声诵了一遍。

天生万物名品夥,嗟尔为生至幺麽。
依人自活反食人,性喜伏藏便垢涴。
晨朝生子暮生孙,不日蕃滋逾万个。
透疏缘隙巧剧端,通夕爬搔不能卧。
我归彼出疲左命,备北惊南厌搜逻。
所擒至少所失多,舍置熏烧无术奈。
加之炭上犹晏然,相顾未知亡族祸。
大才洋洋迷所适,奔走未停身已堕。
细者懦怯但深潜,乾死缝中谁复课。
黑者抱发亦忧疑,逃入幪头默相贺。
腥烟腾起远袭人,袖拥鼻端时一唾。
初虽快意终自咎,致尔殄夷非尔过。
吾家箧笥本自贫,况复为人苦慵惰。
体生鳞甲未能浴,衣不离身成脆破。
朽缯坏絮为渊薮,如麦如麻寝肥大。
虚肠不免须侵人,肯不夷齐甘死饿。
醯酸蜹聚理固然,尔辈披攘我当坐。
但思努力自洁清,群虱皆当远迩播。

诵了《和王介甫烘虱》之后,蔡确舔了舔嘴唇,继续说道:"司马光特别执拗,就性格来讲,司马光也不宜为相。司马光九辞知制诰的事,不知道太皇太后听说了没有?"

他见太皇太后将头摇了一摇,又将嘴唇舔了一舔,说道:"嘉祐七年(1062年)三月,先帝仁宗擢君实②为知制诰③。知制诰掌管起草诏令之事,由'文士之高选,儒林之极致'者充任。文人儒士也以担任此职为荣。君实居然九次上书求辞,弄得先帝仁宗很没面子。"

---

① 介甫:王安石的字。
② 君实:司马光字君实。
③ 知制诰:官衔名。唐宋时起草诏令的加衔。

他顿了顿道:"君实多次标榜自己淡泊名利,事实则不然。比如……"

俗话不俗,"话不投机半句多"。蔡确的话何止半句,是数百句。太皇太后笑说道:"持正,不知怎么了,自上个月,一到巳时,老身便有些心慌,御医让老身加餐,这一加,心不慌了。这不,心又有些慌了,君实的事咱再找时间聊吧。"

蔡确忙道了一声"遵命",再拜趋退。

半月后,太皇太后又召蔡确进宫,开门见山地说道:"持正,汝说君实的那几个事,老身让有司核实过了,实有之,但他们对这几件事的看法和汝不同。比如,汝说司马光在郓州做通判时自己写诗说自己'吏治非所长'便认为司马光无治国之才。有司认为,这是自谦。其实,司马光在郓州任上干得很好,离任时,百姓们拦住他的马车不让走。又如,反对对辽、夏用兵一事,他们认为,这不叫卖国,试想若不是先帝真宗与辽签订了《澶渊之盟》,我大宋会有三大发明(指南针、火药、印刷术)吗?府库的年收入,会达到一亿六千万贯吗?唐朝鼎盛时期,汝知道它国库的年收入是多少不?"

蔡确将头摇了一摇。

太皇太后自问自答道:"是七千万贯。但盛唐时的疆域是我大宋的将近三倍!至于君实为王介甫作《和王介甫烘虱》一诗之事,不仅不是睚眦必报,而是证明他俩关系好。何以见得呢?因为这首诗写于嘉祐年间,此时,君实和王介甫都在群牧司供职。与他俩一块儿在群牧司供职的另两个年轻才俊,一个叫韩维,一个叫吕公著,经常在一块吟诗作赋,切磋学问,被世人誉之为'嘉祐四友'。"

略顿,太皇太后又道:"介甫之不洁,世上少见。介甫囚首丧面,从不沐浴,一件衣服穿上身,从不会主动脱下,身上臭烘烘的,衣裳缝里,虱子绣成疙瘩连成蛋。司马光、吕公著他们实在看不下去,便定期邀他沐浴,且事先为他准备了新衣服,偷偷把他的旧衣服收了。沐浴出来,介甫拿起衣服就穿,也不知道自己的衣服已经被人换了,更不去问是谁给他准备的新衣,几人戏称此事为'拆洗王介甫'。在'嘉祐四友'中,又以君实和王介甫的关系最好,其他人便鼓动君实对王介甫之不洁,以调侃的笔调,就虱写一首诗,对王介甫进行委婉的批评。诗一出笼,众人竞相诵之。此事也被文坛传为佳话。持正,有司这样说对不对呀?"

蔡确脸上强挤出几丝笑容:"如果有司所言属实,君实的诗,堪可为文坛佳话。"

"至于君实九辞知制诰之事,事出有因。"太皇太后呷了一口茶,继续说道:"君实之所以九辞知制诰,那是因为在此之前,他担任谏官时,曾上疏对官吏要'度才而授任,量能而授职'。一旦任用后,就不要更来更去。他鉴于升迁过频的弊病,再三强调,官吏最好是皆守一官,终身不移。他考虑自己任起居注①不足三个月就升迁,同他的谏言相违,故才九辞。先帝仁宗,不但收回了诏命,还对他颇有好感。一个月后,迁其为起居舍人②、知制诰、侍讲兼天章阁待制。这足以说明,君实九辞知制诰,并非弄得先帝仁宗很没面子。"

蔡确又强挤出几丝笑容,说道:"这些朝廷内幕,臣何以知!但臣对君实出任右仆射之事,仍有所顾虑"

太皇太后道:"请讲。"

"君实对先帝神宗的变法有着刻骨仇恨,他若是做了右仆射,一定会反对变法。神宗尸骨未寒,如果启用司马君实,何以对先帝?"

太皇太后道:"这个汝不必担心。先帝康在的时候,两次给老身说,想让君实做枢密副使,因王介甫和吕惠卿的反对,搁置起来。先帝驾崩之前,又对老身说道,司马君实乃宰相之材,应当大用。老身这一次启用君实,就是要继承先帝的遗愿呀!"

蔡确暗自骂道:"妈的,这个老乞婆太刁了,竟以我蔡持正之矛,攻我蔡持正之盾。哼!既然这样,我就干脆来一个'让贤',看你怎么处理!"想到此,拱手说道:"太皇太后,臣有一求,还请太皇太后恩准。"

太皇太后道:"汝有什么事,尽管说,只要老身能做主的,老身一定答应。"

蔡确拜而说道:"谢太皇太后!"

太皇太后笑道:"汝也太客气了,说吧。"

"先帝如此看重君实,那就让君实一步到位,直接做左仆射好了。"

挑战,这是对老身赤裸裸地挑战!你不用挑,老身会让君实做左仆射的,只是时机没有成熟。在没有成熟之前,老身让你蔡确一步。但是,即使让你一步,老身也不能太软。想到这,太皇太后说道:"汝让司马君实一步到位,直接做左仆射,也无不可,如果真的这样,汝怎么办?"

蔡确道:"启奏太皇太后,半年来,不知怎的,臣睡眠一直不好,食量大减,郎中让臣好好疗养一个时期,臣想告假几个月,回乡好好疗养疗养。"

太皇太后道:"汝如果真的有恙,老身这就遣御医为汝把脉问诊。如果御医说汝应

---

① 起居注:史官名,北魏初置,宋金辽沿置。
② 起居舍人:官名,初置于隋。属内史省,负责记录皇帝言行,季终送史馆。宋辽亦置。

该告假疗养，老身就让汝告假疗养。但依老身看来，汝说身体有恙，只是一个托词！"

蔡确老老实实地回道："臣欲辞官，确实不只全是身体的原因。"

太皇太后道："那是什么？"

"臣想给司马君实腾位。"

太皇太后道："让谁做左仆射，是朝廷的事，汝不必为此事操心！"

蔡确拱手说道："臣错矣，请太皇太后谅之。"

太皇太后道："汝也不错。汝不想让司马君实做右仆射，汝自有汝的道理。老身想让司马君实做右仆射，也有老身的道理。这样行不行？你我各退一步，让司马君实做一个门下侍郎①吧！"

太皇太后把话说到这个份上，蔡确还敢说什么。再一次拜而说道："敬尊太皇太后之命。"

太皇太后微微一笑道："汝如果认为老身说得对，那就请汝转告知制诰拟诏，诏告天下。"

司马光奉诏入京，依例须进宫谢恩，太皇太后询其治国之策，司马光回道："关于治国之策，您容臣回去好好想一想，写一个札子②给您。当务之急是广开言路。"

太皇太后轻叹一声道："酒店里有恶犬，沽酒者不敢进。"

司马光道："把恶犬赶走！"

"老身何曾不想把它们赶走，可恶犬太多，惹翻了它们，怕引起动乱。"

司马光想了一想，说道："太皇太后的担心不无道理。您看这样行不？速调一些元老重臣和贤人名士进京，担任要职，尔后，再想办法把那些恶犬赶出朝廷。"

太皇太后喜道："此言正合老身之意！汝不妨说一说调哪些元老重臣和贤人名士进京。"

司马光首先举荐前执政富弼、文彦博、冯京、吕公著、王拱辰、韩维、范纯仁、孙固等10位元老重臣。

略顿，又举荐了吕大防、李常、孙觉、王岩叟、傅尧俞、刘挚等8位前谏官。

又顿，再荐苏轼、苏辙、范纯礼、程颢、程颐、朱光庭、范祖禹、李清臣、贾易等12位贤

---

① 门下侍郎：官名，初置于唐，正四品。宋沿置，代参知政事为执政官，实为副相。
② 札子：古代官方公文中的上呈文书，用于向皇帝或长官进言议事。

人、名士。这30人,太皇太后即使不认识,也听说过他们的名字,便欣然说道:"好,这30人,老身全部召回朝廷,委以重任。"

司马光正要说"好",太皇太后轻叹一声,又道:"大宋官员的任免,汝也知道,一般都由宰相提出,经皇帝同意后,再交执政共议。执政将议的结果,呈报皇帝,皇帝认可后,再交宰相。宰相命中书舍人①或知制诰拟诏,方可颁发。一下子调这么多人进京,在蔡确、章惇他们那里怕是通不过。这样好不好,咱分批调。"

司马光加额说道:"好。"

"先调谁呢?"太皇太后自问自答道:"照理应该先调富弼和冯京。但是,他俩都做过宰相,调京后,没有相应的官职可安排。还是先调王拱辰、傅尧俞他们吧!"

司马光又道一声"好"。

10日后,也就是宋元丰八年(1085年)六月三日,诏拜王拱辰为监察御史、傅尧俞为御史中丞、韩维为太子少傅。王拱辰已经73岁高龄,接旨后,既高兴又激动,当天夜里驾鹤西去了。

仆达汴京,太皇太后遣使前去祭奠。

六月十日,诏拜王岩叟为监察御史、范纯仁为天章阁待制。

六月十四日,诏拜韩维为资政殿学士侍读,加大学士②。

七月六日,诏拜吕公著为尚书左丞③。

八月十八日,诏拜刘挚为侍御史、苏轼为礼部郎中、程颢为左谏议大夫、李清臣为吏部尚书左选郎中。

程颢因病不能赴任,上表求辞,太皇太后允之。3天后,程颢病故。

十月二十五日,诏拜程颐为左司谏,朱光庭为右正言。程颐以治兄丧辞之。

……

自六月三日至十月二十五日,不到5个月,司马光所举荐的人,除了富弼、文彦博、程颐、范祖禹之外,其余全部进京,或执政、或馆阁、或台谏、或六部,均居以要职。

程颐,大家知道,未进京任职,那是在为他兄长治丧。富弼和文彦博没有进京,一是

---

① 中书舍人:中书省属官。三国魏始置,唐时置六员,正五品上。专掌诏诰、侍从制敕、宣旨劳问、授纳诉讼、敷奏、文表,分判省事。宋沿置。
② 大学士:官名。唐之弘文馆(后改昭文馆)、集贤殿学士,掌文学著作,此官若由宰相兼领,则称大学士。
③ 尚书左丞:尚书丞始置于秦。汉沿置,分左右,北宋沿置。宋前期无职事,为文臣迁转之官阶,位六部尚书之下。宋神宗元丰改制后,为职事官,升为执政(副相)。

他们都曾做过宰相,又是四朝元老,还贵为国公,没有相应的官职安排。

范祖禹呢?与司马光亦师亦友,从司马光编修《资治通鉴》,长达15年。司马光害怕过早重用他,会给新党授之口舌。

正说着富弼,富弼无疾而终,仆达朝廷,朝廷为其辍朝3日,小皇帝亲篆其碑首——"显尚忠德",谥号"文忠",配享宋神宗庙。

古时,把配享皇帝庙看得很重,能够配享神宗庙的只有富弼一人。

谥号,古人看得也很重,皇帝、皇后,以及诸侯大臣等社会地位较高的人物,去世后,朝廷依据其生前所作所为进行评定,且给予一个称号。这个称号,被称之为谥号。

谥号有褒(美谥)有贬(恶谥),也有怜惜性的"平谥"。

美谥有:神、圣、贤、文、忠、武、康、景等。神、圣、贤这样的谥号,或用于帝王,或用于像孔子那样的大德、大贤、大学问家。

在美谥中,除了这三个谥号,就是"文、忠"了。

按照《逸国书》①的解释,文者:经天纬地曰文;道德博闻曰文;慈惠爱民曰文;愍民惠礼曰文;勤学好问曰文;博闻多见曰文;忠信接礼曰文;能定典礼曰文;经邦定誉曰文;刚柔相济曰文;修治班制曰文;德美才秀曰文;万邦为宪、帝德运广曰文;坚强不暴曰文;微柔懿恭曰文;化成天下曰文;敬直慈惠曰文;与贤同升曰文;声教四讫曰文。

忠者:危身奉上曰忠;虑国忘家曰忠;让贤尽诚曰忠;危身利国曰忠;临患不反曰忠;廉方公正曰忠;事君尽节曰忠;推贤尽诚曰忠;中能应外曰忠;杀身报国曰忠;世笃勤劳曰忠;善则推君曰忠;死卫社稷曰忠;以孝事君曰忠;安不择事曰忠;教人以善曰忠;中能虑外曰忠。

先秦至宋,能得到"文、忠"谥号的,包括富弼在内,一共6个人。而宋,建国一百多年了,得此殊荣的唯有富弼!

对一个死了的旧党党魁,朝廷如此厚爱,只要不是傻子,谁还看不出朝廷的风向吗?

于是乎,那些新党同路人、阿附者,甚至新党的一些成员,纷纷改投旧党。

司马光笑了。

他笑得很灿烂:"晦叔(吕公著的字)兄,咱们可以向'新法'宣战了!"

吕公著笑回道:"可以宣战了。但不知道君实将以什么方式宣?"

---

① 《逸国书》:原名《国书》,先秦史籍,与《尚书》相类。当代始称此名。《隋书·经籍志》又误题为《汲冢周书》。

司马光慢悠悠吐出四个字——"广开言路！"吕公著不无担心地说道："在你我未曾返回朝堂之前，太皇太后已经诏榜朝堂，让百官建言献策，应者寥寥，这条路怕是走不通呢！"

司马光信心十足道："走得通！"

"为什么？"

司马光道："此一时也，彼一时也。"

他见吕公著将信将疑，解释道："咱们未曾返回朝堂之前，朝堂上站的都是一些什么人？大都是新党，抑或是新党的同路人和阿附者。百官们谁敢道'变法'半个不字！况且，那一次'广开言路'，只是诏榜朝堂，百姓不曾闻，就是闻了，也不能言，这哪里是广开言路，半开也不是。"

吕公著将头轻轻点了一点道："君实所言是也。"

送走了吕公著，司马光挥毫走笔，拟《乞再降广开言路札子》，呈达太皇太后。

他在"札"中，不只讲了广开言路的重要性和迫切性，还指出了前次"广开言路"之得失："皇上初继大位，亦曾诏榜朝堂，广征嘉言，但成效甚微。臣愚以为，朝廷若真的想广开言路，就不要局限于百官。不管有官无官，只要知朝政阙失及民间疾苦者，都可以进实封状，尽情极言。"

紧接着，他还提出了具体的建议："求嘉言之书，不只要'榜于朝堂'，还要榜于诸路、州、军，于所在要闹去处，出榜晓示。在京则于鼓院、谏院投下，委主判官画时进入；在外则于州、军投下，委长吏即日附递奏闻。皆不得取责副本，强有抑退。其百姓无产业人，虑有奸诈，则责保知在，奏取指挥，放令逐便，然后陛下于听政之暇，略赐省览。其义理精当者，即施行其言，而显擢其人。其次取其所长，舍其所短。其狂愚鄙陋，无可采取者，报闻罢去，亦不加罪。如此则嘉言日进，群情无隐，陛下虽深居九重，四海之事如指如掌。举措施为，唯陛下所欲。"

深宫里，太皇太后捧着司马光的札子，一连读了三遍，欣欣然道："说得太好了！"

三日后，朝廷诏榜天下，广求谏言。

这一广求，全国各地的奏章像雪片一样飞向开封城，最有分量的是范祖禹那一份《请更张新法》，看得司马光心花怒放。

范祖禹不愧是吕公著的女婿、司马光的助手，他的奏折，道出了司马光和吕公著的心声，一开篇便把王安石骂了个狗血喷头："不达政体，专用私见，变乱旧章，误先帝任使。"

笔锋一转,又把新法批了个体无完肤:"舍是取非,兴害除利";"名为爱民,其实病民,名为益国,其实伤国";"致民多失业,闾里怨嗟"。

紧接着,向各条新法一一挥刀砍去。

太皇太后越看越高兴,将范祖禹的奏折,诏榜朝堂,引来一片赞扬之声,废除新法的呼声,一浪高过一浪。

新党慌了。

不只慌了,是又惊又怕。

他们靠变法起家,如果把新法废除,他们这群人也就完了。

新法不能废,坚决不能废!

但是,新法确实有一些不尽如人意之处,在执行的过程中又出了不少问题。况且,新法所行才15年,从一开始,就受到了传统士大夫的反对。再之,太皇太后对新法一直持反对态度,而她又是不是皇帝的皇帝,要想保住新法,真比登天还难!

难也得保。

几经密议,他们抬出了孔夫子。

传统士大夫,包括司马光在内,不是标榜自己是君子吗?

既然是君子,孔子的话你们不能不听!

孔夫子曰:"父在,观其志;父没,观其行;三年无改于父之道,可谓孝矣。"

神宗驾崩还不到9个月,新法是他亲自制定并推行的,你太皇太后再牛,也不是皇帝,要废除新法,得由皇帝颁诏才行。而皇帝又是神宗的亲儿子,子改父道,乃是大不孝,他敢颁这个诏吗?他敢落一个不孝之名吗?

谅他不敢!

太皇太后蔫了。

旧党蔫了!

新党笑了,一个比一个笑得灿烂。

新党高兴得有些早了。

他们做梦也没有想到,被世人视为当代之大儒、史学之大宗师、道德上圆满无缺的完人,居然厚着脸皮说了两句话。

第一句,废除新法是太皇太后钦定,并不是"以子改父,而是以母改子"。

第二句,变法是王安石一手操纵的,故而,朝野把熙宁年间的变法,称之为王安石变法。废除新法乃是废除王安石的新法。

司马光的话把新党给镇住了。在太皇太后的鼎力支持下,他把大刀砍向了"新法"的保甲法。

这一刀,他砍歪了。

也可以说,他就不应该砍!

宋神宗、王安石君臣,推行保甲法的主要目的,一是要在全国乡村建立严密的治安网,以维护乡村的治安。二是用受过训练的保丁(民兵),逐渐替代雇佣兵执行驻防和征战任务,从而达到省兵和减少军费的支出。

开封府界的保甲法推行不久,就出现了"盗贼比之昔时十减七八"的喜人局面。王安石颇为自得道:"保甲之法成,则寇乱息而威势强矣!"

据熙宁九年(1076年)的统计,全国的甲丁高达693万人。这些保丁,经过严格的训练后,其军事素质胜过正兵(禁军)的六十余万。

司马光无视这些现实,硬要把保甲法废除,给出的理由也极为可笑:"自唐开元以来,民并法坏,戎守战攻,尽募长征兵士,民间何尝习兵。国家承平,百年有余,戴白之老,不识兵革。一旦畎亩之人,皆戎服执兵,奔驱满野,耆旧叹息,以为不祥。"①;"朝廷时遣使者,遍行按阅,所至犒设赏赉,靡费金帛,以万计⋯⋯"②;"彼远方之民,以骑射为业。以攻战为俗。自幼及长,更无它务。中国之民,大半服田力穑,虽复授以兵械,较之击刺,在教场之中,坐作进退,有似严整,必若使之与敌人相遇,填然鼓之,鸣镝始交,甚奔北溃败,可以前料,决无疑也。"③

司马光给出的三个理由不只新党不服,就连旧党以及他的仰慕者,也觉得勉强,甚而可笑。前者不敢说,后者不忍说。

废除了保甲法,司马光又把大刀砍向了方田均税法、市易法和保马法。

方田均税法,一是方田,二是均税,旨在通过清丈土地,并按照土地的多寡、土质的好坏确定新的税额,但因清丈繁难,滋弊亦多,豪强地主又极力反对,所以只在少数地区实行。

市易法,在新法中位列第五,但它却第一个施行,旨在垄断商业、平抑物价、调剂供求,把以前归于大商人的利益收归官有。结果造成"卖梳朴则梳朴贵,卖脂麻则脂麻

---

① "自唐开元以来⋯⋯",这段话的意思是说中国人已经300多年不练兵了,所以也就没有必要再练,若到处都是练武的人,让乡村的老头很不安,觉得不吉祥,所以要废除。
② "朝廷时遣使者⋯⋯",这段话的意思是说,因为训练甲丁,朝廷要不时按阅、犒赏,靡费金帛。
③ "彼远方之民⋯⋯",这段话是唯人种论了,中国人就是种地的,不管怎样训练,都没法和异族人相比。因为人家天生神武,从小练兵,我们再怎么练,只要一个照面,就会败下阵去。

贵"的局面。

保马法,乃新法中的强兵法之一。其做法是,以官马贷保丁,马死或病,令按值给偿。保马法的施行,在养马费用未变的情况下,战马增了将近一倍。但是,由于缺乏训练,马的战斗力下降了。再之,死了马要赔偿,百姓赚得起赔不起,一旦遭遇瘟疫,百姓们只有哭鼻子骂娘了。

这四法的废除,朝野议论纷纷,但总的来看,正面的大于负面的。

下一步就该对新法的核心部位下手了。

新法的核心部位有三:青苗法、免役法、将官法。

若是对这三个核心部位动手,会不会将蔡确激怒?蔡确可不是一个善茬儿,他连王介甫、吴充(前首相)、文彦博都敢整,而且是往死里整。他虽然失势了,但他毕竟还是首相,废除新法的诏令,他不附署,等于白纸一张!

三　相见争如不见

司马光看书看到二更多，回卧房就寝，见一个美女坐在灯下，便问："何人也，坐吾寝房？"

蔡确谈完了国事，话锋一转，正色说道："太皇太后，有一件事情，您做得不妥！"

郝随不知道他被骗了，把羊交给中年汉子，一脸灿烂地朝汴京方向走去。

蔡确确实不是一个善茬，但他不是一个汉子，他敢整王安石、吴充和文彦博，那是他觉着王安石已经在神宗面前失宠了。

吴充呢？虽然贵为首相，但有点软。神宗拜他为相，一是在新旧两党中搞平衡；二是便于驾驭朝廷。

文彦博呢？是一条闲居洛阳的落水狗。

司马光和他仨不同，不仅正直、敢言，还是儒学大师和史学大师，《资治通鉴》的问世，使他的形象光芒万丈。而且，他还有着很硬的后台——太皇太后。他的一言一行，不是代表他自己，而是太皇太后。

"司马光不能惹，千万不能惹！"这是蔡确自己给自己定的规矩。

不只不能惹，还得想办法靠近他，讨好他。

怎么讨好？

他既不贪财也不爱色，对拍马屁更是深恶痛绝。

正当蔡确为如何讨好司马光苦思冥想的时候，上天给了他一个机会。

司马光的夫人张氏死了。

司马光和夫人是爱好作亲。

司马光不只聪明，7岁就知道砸缸救人。

他还诚实,小小年纪便"凌然如成人",凌然如成人这话是宰相庞籍对他的评价。

庞籍就是《三侠五义》中庞太师的原型。其实,庞太师是一个忠臣,对年轻才俊爱护有加,和司马光父亲司马池的关系非常好。司马池进士及第出身,做过群牧判官、利州路转运使①、凤翔知府、知谏院、侍御史知杂事等官。

司马光的诚实并不是天生的。他5岁的时候,有一天,想吃核桃,让姐姐帮他剥皮,费了好大劲没剥开。姐姐离开后一个女仆把核桃放进开水里烫了一下,不怎么费劲,就把皮剥下来了。姐姐回来后问他是谁给剥下来的?他说是他自己剥下来的。父亲见他撒谎,训斥道:"小子何得谩语!"这件事给司马光的印象很深,从此他再也不说假话了,而诚实也成为他为人处世的原则。

司马池有两个好友,一个是庞籍,再一个是张存。

张存官居龙图阁大学士,他见司马光"凌然如成人"便把不到10岁的三女儿张阁许给司马光。

7年后,司马光与张阁喜结良缘,但不知为甚,结婚十几年了,张阁未曾生育,张阁背着司马光为他买了一个漂亮女子,安置在寝房,自己躲出去了。司马光看书看到二更多,回寝房就寝,见一个美女坐在灯下,便问:"汝何许人也,坐吾寝室?"

美女羞答答回道:"俺是你的妾。"

司马光猛地一愣,反问道:"吾什么时候纳汝为妾了?"

"俺是夫人给您纳的。"

"胡闹!"司马光将袖子一甩,走了。

翌日,太阳几将正南,张阁回到寝房,见美女红着眼圈,问明了原因,长叹一声道:"这个怪人,狗咬吕洞宾——不识好人心。等他下朝回来,奶奶给汝出气。"

好不容易盼到司马光下朝,张阁板着脸问道:"哎,'不孝有三,无后为大',这句话是谁说的?"

司马光从来没有见张阁这么对他说话,一脸惊讶道:"是孟老夫子说的,你这是怎么了?"

张阁依然板着脸问道:"您没有儿子,您知道吗?"

司马光翻眼瞅了瞅张阁,回道:"当然知道。"

---

① 利州路转运使:利州,路名,北宋咸平四年置,治所兴元府(今陕西汉中)。转运使,官名。初置于唐,宋沿唐制,为路的最高长官。由于职权太大,故朝廷常以参知政事或文武帅臣兼领。

"既然知道,俺给您纳一个小妾,让她为咱们传宗接代,您为啥不肯接受?"

司马光"噢"了一声,笑回道:"原来为这事呀!"

"这事还小吗?"

"不小。"司马光正色道:"你也知道,我和王介甫有约,这一辈子不纳妾。"

"可王介甫有儿子呀!"

司马光道:"我不是已经给你说过了,我想把大哥的儿子康儿过继给咱。"

张阁道:"过继的那有亲生的好!"

司马光道:"你敢担保那个女孩就会为咱生男孩吗?"

张阁摇头说道:"妾不敢。"

司马光道:"既然不敢,就别为我纳妾了。"

张阁长叹一声,将那个美女送走了。

经过这件事,司马光夫妇的感情更深了。之前,司马光看书、写书累了,或者夜深了,就睡在书房,自此以后,每一天不管再累再晚,也要回卧房睡。且是,每隔三五日,晚饭后,还要和夫人手拉手在小院里散步。

张阁42岁寿辰那天,司马光为她庆寿,一向很少喝酒的司马光,居然喝了三大杯。酒席结束后,他和张阁手拉着手漫步月下,不苟言笑的司马光,突然诗兴大发,高声诵道:

西江月

宝髻松松挽就,铅华淡淡妆成。

红烟翠雾罩轻盈,飞絮游丝无定。

相见争如不见,多情何似无情。

笙歌散后酒初醒,深院月斜人静。

他这一诵,羞得张阁躲进房中。夫妇二人之为,仆人们看在眼里乐在心里,一个个抿着嘴笑。数日后,官场疯传此诗,人们一见面都说:"相见争如不见,多情何似无情。"

司马光夫妇感情这么深,夫人突然死了,他一定很难受。我蔡持正若能请求太皇太后给张阁赐一个爵位,司马光一定很高兴。

还有,听说司马光对贫困子弟很好,每一年的俸禄一大半用来接济这些贫困子弟,自己穷到靠卖地来安葬父母。我蔡持正若能说动太皇太后赐他一些钱,他一定会感激我。届时,让我的长子蔡渭随宣诏的内侍,去洛阳吊祭,再给他司马光送一个重重的白包①。我这样一做,他能不感激我吗?

他一定感激! 加之,我蔡持正又不曾反对他废除新法,即使新法全部废除了,他也会给我留个情面,不动我的首相。

对,就这么办!

太皇太后听了蔡确的建言,内降一诏:赐司马光钱二百贯;赐张阁为郡君②。

接下来便是赴洛阳吊祭和送白包了,一切皆按蔡确的设想进行。蔡确正在暗自高兴,司马光却把白包退了回来,且致书道:"自令尊始,定一家规,凡红白喜事③,除了至亲以外,其他人的礼一概不收。下官不敢不孝也!"

"哼,能保我官帽的不只你司马光,离开你司马光这个夜壶④,爷照样尿尿!"

是的,能保住蔡确官帽的不止司马光一个,小皇帝、太皇太后都可以做他蔡确的"夜壶"。

但是,借这两个"夜壶"的难度,从某种程度上讲,比借司马光这个夜壶还要大。

大也得借。他以奏请增加监生⑤和太学生膳食费的名义,进宫面谒太皇太后,谈完了"国事",话锋一转,正色说道:"太皇太后,有一件事,您做得非常不妥!"

太皇太后吃了一惊:我做错什么事了? 一定是我做错了什么事,要不,借他蔡确一个天胆,他也不敢用这种口气给我说话!

她干笑了两声,说道:"持正,老身哪一件事做得不对,请汝明言。"

"今年三月,先帝驾崩,新皇帝登基,大赦天下,新帝的阳光雨露,连大牢里的犯人都享受到了,可作为皇亲国戚的高遵裕,居然不能享受!"

太皇太后悬在半空中的心,"噗嗒"一声落在地上:原来是说高遵裕复官的事呀!

她笑微微地回道:"汝若以老身不让高遵裕复官之事指责老身,老身不敢接受。"

"为什么?"

---

① 白包:即丧事礼金。因死人属于白事,所送的钱得用白布包裹。
② 郡君:爵位名。是中国和朝鲜古代命妇的封诰,以郡为名的封号有三:一郡国、二郡主、三郡君,前两个多用于皇室成员。
③ 红白喜事:泛指婚丧。
④ 夜壶:原本指小便器,男人用。唐以前叫虎子,后改名为马子或马桶。再往后演变成一句骂人的粗话。
⑤ 监生:古时,在国子监读书的学生称为监生。国子监,中国古代负责教育管理的最高机关,也是最高学府。太学也是最高学府,但隶属于国子监。

太皇太后反问道："汝难道不知道高遵裕为什么被贬官吗？"

蔡确回道："知道。"

太皇太后道："汝既然知道，那就请汝说一说高遵裕贬官的原因吧。"

"神宗元丰四年（1081年），朝廷遣师五路讨伐西夏，高遵裕是第四路的统帅。因为伐夏失败了，高遵裕被贬官。可是，伐夏的大元帅李宪只是挪了一个位置，而且挪了一个更好的位置，这本身对高遵裕将军就有些不公。今年三月，新帝登基，大赦天下，和高遵裕一块贬官的那些将领，除了高遵裕之外，全都复官。您这样对待高遵裕，自有您的道理，意在告诫皇亲国戚，不要仗着是皇亲国戚就可以胡作非为了。你们若是触犯了法律，或是有了不规之为，对于你们的惩处，将比一般人还要重！您这样想、这样做，从社稷的角度，实在让人钦佩。但是，对皇亲国戚有失公允。春秋时，晋国有个祁黄羊，您应该知道吧。他外举不避仇，内举不避亲。其事，孔子闻之曰：'善哉，祁黄羊之论也！外举不避仇，内举不避子，祁黄羊可谓公矣。'臣恳请太皇太后，学一学祁黄羊。"说到这里，蔡确居然涕泪交流。

太皇太后受到了感染，轻叹一声，说道："汝的话也许是对的，你让老身想一想再说。"

蔡确知道自己成功了，"灰不热是火"。何况，高遵裕还是太皇太后的亲叔，太皇太后为什么如此薄待高遵裕？那是因为高遵裕太可恶了。五路伐夏大军，一路上势如破竹，打得西夏军摸不着东西南北。其中一路的先锋部队，已经打到西夏的古都灵州，而灵州城距西夏的国都兴庆府不足两舍之地。而且，这支先锋部队在进攻灵州之前，磨脐隘①一战，把包括两万铁鹞子②在内的十万西夏军几乎全歼。而且，这支先锋部队，挟战胜之威，已经攻到了灵州城下。不，确切地讲，已经有数十个宋军闯进灵州城，若非高遵裕这个狗崽子下令停止进攻，灵州城根本守不住。灵州城若是守不住，兴庆府也就完了。这支部队本来可以建灭国之功，就因为高遵裕嫉贤妒能，硬是让煮熟的鸭子飞了。不只飞了，宋军反被西夏军打得落花流水，丢下数十万具尸体，逃回宋国。消息传到汴京的当天晚上，神宗绕床叹息，彻夜不眠，病情加剧，又活了3年半，便驾崩了。

如此一个高遵裕！

---

① 磨脐隘：灵州的屏障。位于葫芦河东岸，山崖峭立，猿鸟难度，中间两座大山，如突出的磨脐一般，号称葫芦河第一险。

② 铁鹞子：西夏的王牌骑兵。这支骑兵装备精良，乘良马，披重甲，刺斫不入，用钩索绞联，人死马上不坠。这支骑兵在纵横天下的蒙古铁骑出现之前，是世界上最凶悍的骑兵，也是宋人和辽人的梦魇。

如此一个败国的高遵裕，莫说把他贬官，就是千刀万剐也该！

可是，蔡确硬要恳求太皇太后将他复官。

是蔡确不明是非吗？

不是。

是蔡确傻吗？

更不是。

蔡确精着呢。他是在想太皇太后之想，他是要做太皇太后想做而没有做的事！

这样做也许会招来太皇太后的呵斥，但事后会得到太皇太后的欢心。只要能讨得太皇太后的欢心，头上这顶乌纱帽就不会丢。他知道自己成功了，屁颠屁颠地出了皇宫。

一出皇宫，他便哼起了司马相如的琴歌①。

凤兮凤兮归故乡，

遨游四海求其凰②。

时未遇兮无所将③，

室迩人遐毒我肠。

何悟今兮升斯堂④！

有艳淑女在闺房，

室迩人遐毒我肠⑤。

何缘交颈为鸳鸯，

胡颉颃兮共翱翔！

……

蔡确高兴了不到两天，太皇太后召他进宫，告之曰："老身想了又想，高遵裕不能

---

① 琴歌：司马相如宦游归蜀，拜访好友临邛令王吉。当地富豪卓王孙，有女文君，色艺双绝，新寡居家。适卓王孙府邸大宴宾客，王吉携相如与会。宴间，相如弹琴曲二首，挑逗文君，文君"心悦好之……夜亡，奔相如"。

② 凤兮二句：意思是说我曾经遨游四海求佳偶，而今像一只孤单的凤鸟飞回了故乡。

③ 无所将：指佳偶难求。

④ 何悟一句：我哪里料到我会登上卓王孙府邸大堂。

⑤ 有艳二句：有一位佳人独守空房，闺房离我很近，人儿却离我很远，咫尺天涯，使我相思断肠啊！

复官！"

他想问为什么，嘴张了几张又合住了：哼，你这个可恶的老乞婆，你这条路不让走，我蔡持正就无路可走了吗？错矣，还有皇上这一条路。你已年过半百，你还能活几年！且是皇上长一天大一天，到了加冠的年龄，你就得撤帘，这大宋的宝座终究是皇上的。

想是这么想，但皇上这条路能是好走的？

他，一个10岁的娃娃，名为皇帝，实是老乞婆手中的一个小木偶，每天跟着老乞婆上朝下朝，连个单独说话的机会都没有，这条路怎么走？

蔡确想啊想啊，想了一天一夜，也没想出来。第二天上朝时无精打采，回到政事堂也无心办公。

忽有小吏来禀，郝阁长求见。

蔡确双眼猛地一亮，我怎么把他给忘了！忙道了一声"请"字。

小吏转身趋出，将郝阁长引了进来。

郝阁长一跨进门槛，蔡确便笑而迎道："请，郝阁长请坐。"

郝阁长朝蔡确行了一个拱手礼说道："恭敬不如从命。"在靠西墙的圆凳子上坐了下来。

蔡确一边让小童献茶，一边坐回原地，笑嘻嘻地说道："郝阁长，我正想找你商量一个事，你倒来了，真是心有灵犀一点通。"

郝阁长笑应道："谢谢相爷，相爷能把咱家挂在心上，是咱家的荣幸！哎，咱家斗胆一问，相爷找咱家何事？"

蔡确反问道："你凤姐那里可有消息？"

一提到凤姐，一个鲜活漂亮、长了一双会说话眼睛的美女从郝阁长的脑袋瓜里蹦了出来。

这个美女叫刘凤儿，是郝阁长的表姐，二人的年龄相差不到1岁。

郝阁长名随，字云生，家住开封府尉氏县的郝家宅，父亲郝慕陶，是个私塾先生。因人长很帅，又很诙谐，被东家的小妾看上了，变着法儿勾引他，二人由奸而恋，恋了一年之后私奔了。东家咽不下这口气，遣十几个家丁追捕，抓到后将这一对奸夫淫妇活活打死。

郝随母子的生活来源，全靠父亲那点微薄的收入。郝慕陶一死，无了生活来源，便去刘家寨投亲。

刘家寨的刘彪，是郝随姑父，田租的收入每年都在二百贯左右。这么多的收入，莫说添两张嘴，就是添二十张嘴也吃不穷。可刘彪怕被他们吃穷，拒不收留。为此，刘凤儿母亲还和刘彪吵了一架。

吵了一架也不行。

刘凤儿母亲一边哭着一边送郝随母子，刚出大门，碰上了看戏归来的刘凤儿。

凤儿才12岁，是个戏迷，天天下午都要去瓦舍①看戏。起初由母亲陪着，把母亲给陪烦了，改由丫鬟崔兰英陪。凤儿见母亲和一个不认识的女人哭哭啼啼，忙询问原因。

"娘，您不要哭。姑姑您也不要哭，跟我一块儿折回去，我一定想办法说服我爹。"

凤儿娘擦了擦眼泪，对郝随母亲说道："走，咱们折回去吧。"

郝随娘期期艾艾地问道："妹夫听凤儿的？"

凤儿娘道："听。"

郝随娘依然有些不信。

凤儿娘解释道："您也知道，俺没有儿子，闺女也只有凤儿这一个。凤儿出生前，他爹做了一个梦，梦见一只凤凰飞进家里。一个时辰后，凤儿降生。凤儿的名字，也是因凤凰入室而取。所以，他爹把她看作掌上明珠，一生的希望！"

郝随娘这才露出了笑脸，跟着凤儿娘折了回去。

凤儿也不知道给他爹讲了一些什么，她爹居然同意收留郝随母子。

但是，在凤儿父亲的眼中，郝随母子根本就不是他的亲戚，而是两个下人，还是不用付酬的两个下人，不到11岁的郝随为他牧羊，郝随娘则变成了一个地道的女佣，好在的是凤儿和凤儿娘对郝随母子一直很好，有什么好吃的总要给他母子送一点，隔三差五还给她母子俩塞几个零花钱。

凤儿不只喜欢看戏，还弹得一手好琵琶，人送绰号琵琶女。由于琵琶女的熏陶，郝随也喜欢上了戏，但他每天还要放牧，不能亲自去勾栏欣赏。

每一天的晚饭后，是郝随最幸福的时候，只要不是风雨天，表兄妹二人就会来到后花园，郝随一边看琵琶女弹琵琶，一边吃着她带来的那些好吃的零食，诸如兰花豆、大枣、核桃、杏仁儿、玉米花、点心等。风雨天，便在琵琶女香阁里相聚。不知不觉，几年过去了。某一日，郝随发高烧，浑身没一点儿劲，强撑着把羊赶到5里外的河坡里，让羊自由自在地吃草，他自己则靠在一棵大树上打盹，打着打着睡着了，羊的惨叫声把他惊醒，

---

① 瓦舍：宋时大型文艺演出场所。瓦舍又分为许多勾栏（用栏杆围城墙，以幕布围起来），每个勾栏里演绎的节目也不同，有说唱、话本、曲艺、杂技、口技、相扑、耍猴、傀儡戏等。

举目一瞧,一只大灰狼叼着一只小羊,正北而去。

他又惊又怕,壮着胆子向狼追去,一边追一边喊:"来人呀,狼叼了我的羊!"

喊声惊动了一个挖药的中年汉子,拎了一把药铲朝狼追去。追了两箭之地,狼丢下小羊跑了。

郝随双手抱住小羊,一边哭一边喊道:"你醒醒呀,你醒醒呀,你若是死了,我姑父非要把我打死不可。"

中年汉子问:"你姑父是谁?"

郝随哽声回道:"刘家寨的刘彪。"

中年汉子点了点头,又扫了一眼羊群道:"我认识你姑父,他可不是个善茬!"

郝随使劲将头点了一点。

中年汉子将一对鼠目眨了几眨,说道:"你要大祸临头了!5年前,也是在这个地方,为你姑父放羊的牧童放丢了一只羊,你姑父便将他的两条腿打断。你呀,你这两条腿怕是也保不住了。"

郝随被他这么一吓,"哇"的一声哭了。

中年汉子一脸悲悯道:"你不要哭,我这个人心软,一见有人掉泪,就跟着掉泪,我给你找一个去处,不但能保住你的双腿,还能让你做一个人上人,天天吃香的喝辣的。"

这么好的一个去处,莫说郝随,就连笔者也有些心动了。

"您说的这个去处,是不是仙府?"

中年汉子笑嘻嘻地回道:"我这个去处虽然不是仙府,但也和仙府差不多。"

"在哪里?"郝随迫不及待地问道。

"在汴京。"

"在汴京哪里?"郝随又问。

"皇宫。"

郝随有些失望了:"皇宫是皇帝和娘娘的住处,听说有很多武士守卫皇宫,连个小鸟都飞不进去,我能进得去吗?"

中年汉子依然笑嘻嘻地说道:"你能。"

"凭什么呀?"

中年汉子道:"我有个亲戚叫李宪,在皇宫里做大官,只要找到他,你一定能进去。"

郝随一脸欣喜道:"那,我这会儿就去找他。"

中年汉子笑说道:"他是皇宫的大官,你空着手去,他会见你吗?"

郝随一想也是，一脸沮丧道："若非我表姐，我和我娘连个住的地方都没有，拿什么去送他呀？"

"你别急，我这里有一份现成的礼物。"

郝随一脸欢喜地问道："什么礼物？"

中年汉子拎起地上的篮子，指了指里面的草根问："你知道这是什么东西吗？"

郝随将头摇了摇道："不知道。"

"它叫扇子七，洗净、晒干，用酒炒一炒煎服，治皮肤瘙痒。李宪十几岁便患上了皮肤瘙痒病，年年犯，一犯就得服扇子七，所以呀，你给他送金子银子，他都不稀罕，就稀罕扇子七的根。"

郝随一边点头一边说道："谢谢叔！"

他接过篮子，刚一转身，又将身子转了回来："叔，我走了，这群羊怎么办？"

中年汉子回答道："你不用担心，我和你姑父是老熟人，我代你把羊赶回去。"

郝随又道了一声"谢谢"。

他走了三步，忽又转身："还是我自己把羊赶回去吧。"

中年汉子有些生气了："你对我不放心？"

郝随回道："不是。"

"那是为什么？"

郝随回道："我想见一见我表姐。"

中年汉子叹了一声道："你这娃呀，叔看得出来你喜欢你表姐。"

郝随将头点了点。

中年汉子点拨道："诚如此，你更不能回去了。"

这一次，该郝随问为什么了。

"你的羊被狼咬死了一只，对不对？"

郝随将头点了点。

"羊这一死，你姑父即使不把你打死，也要叫你褪一层皮，你说叔说得对不对呀？"

"对。"

中年汉子循循善诱道："既然叔说的对，你为什么还要回去找死？你若是死了，阴阳相隔，你就永远见不到你表姐了。你若是不回刘家寨，直接去汴京找李大官人，做了一个人上人，你姑父还敢瞧不起你吗？"

他自问自答道："不会，肯定不会！到那时，不等你求婚，你姑父也会双手把你表姐送给你做老婆！"

郝随忙又道了一声："谢谢叔！"再次转身，一脸灿烂地朝汴京方向走去。

望着他渐去渐远的背影，中年汉子发出一阵奸笑："脸长的怪光，小傻屁一个！爷之所以鼓动你去汴京，爷不是为了你，爷是看上了你这群羊。若是把这群羊赶到洧川城，准能卖个好价钱。"

郝随不知道他被骗了，一肚子希望地朝前走。他走了4天，脚上磨出了血泡，走路一瘸一瘸的。他见到李宪的第三天，被送到了"蚕室"①，成了一名小太监。因他聪明伶俐，不到10年便晋升为祗候内品②。

他明知道自己已经失去了为人夫的权利，但是，他还不时地想念他的表姐。

熙宁七年（1074年），也就是他晋升祗候内品的当年，他的姑姑找到了开封，求他救一救刘凤儿。

他惊问道："咱家表姐怎么了？"

郝随进京的第四年，一个丰骨俊美的进京举子，行至尉氏城，被贼偷去了盘缠，莫说进京，连家都回不去了，靠卖"酸文"糊口。

这"酸文"也不是谁想卖就能卖的。

卖"酸文"者，不但要有学问，会写诗填词，还得才思敏捷，能即兴创作，并且用词通俗易懂，雅俗共赏，再能来点幽默调侃更好。

为什么这样呢？

那是因为，"买文者"不是要买你写的现成文章，而是要买你的"新文"。

新文的内容通常由"买文者"指定。

比如，几个地痞聚在一起喝酒，想把此次"群雄毕至"的盛况书写成文，让后世追忆敬仰，便找到卖"酸文"的，出一定的价，让他捉笔。

那个进京举子卖了不到10天酸文，琵琶女老爹40大寿，琵琶女想为老爹撰一篇寿文，撰了5天，数易其稿，还觉着不满意。听说尉氏城有一个买酸文的蛮子，那酸文写得非常好，便让崔兰英去买一篇寿文。

---

① 蚕室：实施阉割的场所。"阉割者畏风，须暖，作窨室蓄火如蚕室，故以为名。"
② 祗候内品：宋朝内内省宦官，位在祗候高班内品下。

四 渣男陈叔文

上千字的文章,陈叔文居然连一个顿都没打,一字不漏地背了下来。

陈叔文一脸戏曰道:"男人不坏,女人不爱。我想见一见我的小娘子尊容,请把帘子拉开!"

古人言:"风流茶说合,酒是色媒人。"三杯酒下肚,春心拱动,你瞅着我,我瞅着你,越瞅越爱。

不到两个时辰,崔兰英去而复归,将一篇洋洋洒洒一千余字的寿文摆到了琵琶女的书案上。琵琶女越读越爱,暗自思道:"从刘家寨到尉氏城,少说也得半个时辰,这一来一回,约须一个时辰多一点,也就是说,这酸文从受命到写出,还不到一个时辰。不到一个时辰竟写出这么好的文章,可见其人才思之敏捷!"

"兰儿,那卖酸文的果真是一个进京举子吗?"

崔兰英回道:"果真是一个进京举子!"

"他的长相如何?"

崔兰英"嘿嘿"一笑,反问道:"小娘子①,酸文写得好不好,是不是和长相有关?"

"没有。"

"既然没有关系,你打听那卖酸文的长相干什么,是不是对人家有意了?"

琵琶女伴怒道:"多嘴!我问你什么,你就答什么。再敢多嘴,我把你的牙给掰了!"

崔兰英忙道了一声"是"字。

"回我刚才的话,那卖酸文的长相如何?"

---

① 小娘子:宋朝,称未婚女子为小娘子。只有乐户、妓妾等身份低微的女子才称小姐。

崔兰英一脸俏皮地回道:"那卖酸文的细高挑个儿、有鼻子有眼……"

琵琶女轻叱一声道:"你还在贫嘴!"

崔兰英裣衽一拜道:"兰英不敢。"

她轻咳一声,说道:"那卖酸文的细高挑儿,白面无须,鼻如伏犀。"

"他的个子高挑到什么程度?也就是说,他到底有多高。"

崔兰英想了一想回道:"五尺①六七。"

"他年庚几许?"

崔兰英回道:"二十四五。"

琵琶女"噢"了一声,低头略思片刻道:"你去问一问他,他如此有才,为什么放着科举之路不走,跑出来卖酸文?"

崔兰英道了一声"遵命","噔噔噔"下楼去了。一个半时辰之后,崔兰英还报说:"那个卖酸文的是一个赴京赶考的举子,走到尉氏城,被贼偷走了盘缠,滞留在尉氏。"

琵琶女道:"尉氏距汴京也不过一百五十几里,能要几个盘缠?怕是买两篇酸文的钱也就够了"。

崔兰英"啊"了一声道:"我的小娘子,您真是太可爱了!从尉氏到汴京,两天就可以到,连路上吃住,七十文钱足矣。但是,到了汴京,还得吃,还得住。而且,汴京的饭和住店费要比尉氏的贵上一到两倍。春闱②呢?明年二月初九才能进行。现在是十一月十三,距春闱还有将近两个月。这两个月少说也得四千文!"

琵琶女轻轻颔首道:"你说得对。"

她略思了一会儿又道:"你去问一问那个卖酸文的,看他还愿意去汴京参加春闱不?若是愿意,你带他来见我。"

崔兰英又道了一声"遵命",还没走到楼梯口,琵琶女将她叫转回来,叮嘱道:"他如果愿意来,带他走后角门上楼。"

崔兰英故意拖着长腔说道:"遵命。"

琵琶女狠狠瞪了她一眼,说道:"你还像个女孩子吗?"

崔兰英伸了伸舌头。

"你还得问一问他有没有妻室,如果有,就莫叫他来了。"

---

① 尺:古代"尺"的长度和现代"尺"的长度不同,宋代的一尺约当于今之 30.72 厘米。

② 春闱:闱是考场的意思。唐宋礼部考试在春季举行,故称"春闱"。

不到两个时辰,崔兰英返回绣楼,身后跟了一位白面无须、鼻如伏犀的后生。

琵琶女隔帘问道:"相公高名上姓,年庚几何,仙居何地?"

相公拱手说道:"回小娘子,小生姓陈,名儒,字叔文。年庚二十有四,家居夔州(今之重庆市奉节县)重庆府陈家大湾。"

琵琶女复又问道:"相公为奴之令尊所作之妙文,小奴已经拜读。小奴想就《四书五经》方面,请教您几个问题,请您不吝赐教才是。"

陈叔文复又拱手道:"小生读书不精,怕是要让小娘子失望呢!"

琵琶女道:"相公不必谦虚。"她看了一眼摊在案上的《四书五经》问曰:"颜渊、季路侍,子(孔子)曰:盍各言尔志①。颜渊季路各怎么说?"

陈叔文再拜说道:"回小娘子,子路曰:'愿车马衣裘,与朋友共,敝之而无憾。'②颜渊曰:'愿无伐善,无施劳。'③"

如果说,琵琶女在绣楼私会陈叔文,已经有了托付终身之意,但仅仅只是有意而已,可以打五分。这一见、两问,又增了一分。她将头轻轻点了点,又翻了几页《四书五经》问:"哀公④问政,孔子怎么说?"

"子曰:'文武之政布在方策⑤'……仁者,人也,亲亲为大;义者,宜也,尊贤为大;礼者,政之本也,是以君子不可以不修身;思修身,不可以不事亲;思事亲,不可以不知人;思知人,不可以不知天。天下之达道⑥有五,其所以行之者三。曰:君臣也,父子也,夫妇也,昆弟也,朋友之交也……凡为天下国家有九经,曰:修身也,尊贤也,亲亲也,敬大臣也,体群臣也……"

这一篇对话,足有上千字。

上千字的文章,陈叔文居然连一个顿都没有打,一字不漏地背了下来。琵琶女暗暗称奇,想托付终身的心意增到了八分。

"陈相公,小娘子想给您聊两句闲话……"

陈叔文向琵琶女再次拱手说道:"小娘子愿意和小生聊天,那是看得起小生,也是

---

① 盍各言尔志:翻译成白话是,"何不各自说说你们的志向!"
② 愿车马衣裘……之句,翻译成白话是,"我要是有这些车马轻裘,愿意和朋友们共享,即使用坏了,穿坏了也不可惜。"
③ 愿无伐善,无施劳:翻译成白话是,"我愿意不夸耀自己的长处,不表白自己的功劳。"
④ 哀公:即鲁哀公。春秋末鲁国国君。
⑤ 布在方策:记载在木板和竹简上。方:书写用的木板。策:竹简。
⑥ 达道:古今共同遵守的道理。

小生三生之幸!"

"相公知道王安石不?"

陈叔文回道:"王安石曾做过大宋的宰相,又主持了大宋的变法,妇幼皆知,小生岂能不知!"

"他儿子王雱,相公知道不?"

陈叔文回道:"知道。"

"礼部试时,王雱的排名在一百名之后。殿试时,却蹿到了第八名,位列二甲第五,您知道为什么吗?"

陈叔文回道:"他有个好爹。"

琵琶女将头轻轻摇了一摇,说道:"不是。"

陈叔文反问道:"那是为什么?"

"他运气好。殿试时,其中有一道考题'求对',有上联没有下联,和他之前见到的一个联堪称绝对。"

陈叔文来了兴趣:"那上联怎么说?"

"飞虎旗,旗飞虎,旗卷虎藏身。"

陈叔文赞道:"好联!这个联,用了三个虎字,而且,第一句说的是一物——旗。第二句,虽然把第一句的前两个字和后一个字互换了一下位置,意思没变。第三句分开为两物——旗和虎,而其中一物随着另一物的变化而变化。妙,真是一个妙联!哎,王雱在殿试前见到的那个联又怎么说?"

"走马灯①,灯走马,灯息马停步。"

陈叔文低头沉思,且自言自语道:"飞虎旗,旗飞虎,旗卷虎藏身;走马灯,灯走马,灯息马停步。"

他猛地将头抬起:"这个联妙,妙就妙在也是第一句说的是一物;第二句虽然把第一句的前两个字和后一个字互换了一下位置,意思没变;第三句……绝对,绝对呀!哎,这后一联出自何人之手,王雱又是怎么见到的?"

琵琶女回道:"出自一个美女之手。这个美女悬联征婚,被王雱撞上了。这个联,不只让王雱中举的名次往前移了一百多位,且抱得美人归!对于这件事,不知相公有何感想?"

---

① 走马灯:中国特色工艺品,属于灯笼的一种。秦汉称蟠螭灯,唐称仙音烛和转鹭灯,宋称马骑灯。

自从崔兰英第二次去找陈叔文,陈叔文就感觉有好事。一个小丫鬟,买过酸文之后,又专程从七八里外返回来,问他不去参加科举的原因。此举,既可以理解是对他陈叔文的关心,也可以理解为好奇。

但当崔兰英再一次返回,而且,还问他还愿不愿意去汴京参加"春闱",继之又问他"有无妻室"。问着问着,居然把他带到绣楼上来了。这意味着什么?这意味着帘后的女子看上了他,他要交桃花运呢,不免心中暗喜。

来到绣楼,通过琵琶女那两问一聊,陈叔文越发断定自己要交桃花运了,不由得神采飞扬。

从庭院的大小、房子的多寡和绣楼的布置来看,这一家的财产,没有万贯,也有八千。我若抱得帘后的女子,去汴京的费用,乃至上任的费用全都有了。只是,不知道帘后的女子长相如何?

"嗨!你这个陈叔文呀!"陈叔文自责道:"你看重的是帘后这位女子的钱袋子,又不是真要娶她做老婆。你现在的任务是稳住她,让她乖乖地把兜里的钱掏给你,你好进京参加礼部试,得一个功名,做一个大官,从而荣光耀祖!"

陈叔文只顾想自己的心事,忘了回答琵琶女的话,琵琶女倒也没有说什么,崔兰英有些生气了:"姓陈的,你咋不回俺家小娘子的话?"

陈叔文悚然一惊,忙收神说道:"对不起,小生这就回小娘子的话"。

他轻叹一声说道:"第一,命也。美女悬联征婚,偏偏让王雾撞上,而殿试的考题,居然也是求对。没有这些偶遇,王雾莫说考了个二甲第五,恐怕连三甲也进不了!第二,小生有些妒忌王雾了。王雾已经有了一个好爹,即使考不上,也会通过恩荫做官。小生呢?老爹是个寒儒,要想有出头之日,只有参加科举这一条路。为了走这条路,小生头悬梁、锥刺骨,苦读了18年,考了个州试第一。为凑进京的盘缠,小生求爷爷告奶奶,才筹了十两碎银,不想被盗贼盗去。不说进京参加礼部试,连家也无法回了。唉,我,命也,命也!"

他潸然泪下。

"陈相公,你不必悲伤,你只要有志于走科举之路,一切费用,小女子给你包了。只是……只是……只是……"

陈叔文朗声说道:"小娘子若能把小生赶考的费用包了,便是小生的恩人。恩人的事,就是小生的事,小生愿意为恩人赴汤蹈火。"

琵琶女很感动,但是,"只是"后面的那些话,她的嘴张了几张,依然说不出口。

四　渣男陈叔文

崔兰英有些急了,掀帘入内,二人嘀咕了一番后,崔兰英问道:"陈相公,你年庚是不是二十有四?"

陈叔文道:"是"。

崔兰英又道:"你年庚已经二十有四,为什么还没有妻室?"

陈叔文长叹一声道:"小生立志科举,不想为妻室所累。"

崔兰英的小嘴贴着琵琶女耳朵小声问道:"您还想问什么?"

琵琶女小声回道:"你就说俺家小娘子如果把您赶考的费用包了,俺家小娘子相信凭您的才学,考个进士应当没有问题。您中了进士后,考虑不考虑您的终身大事呀?"

崔兰英对着帘子,把琵琶女的话重复了一遍。

陈叔文回道:"孟子曰,'不孝有三,无后为大。'小生若是一旦高中,不敢不考虑自己的终身大事。"

崔兰英问琵琶女:"我应该怎么说?"

"你就说,大宋之国策崇文抑武,把科举出身的官员宠到了天上。所以,达官贵人选婿,都要选那些新进士。甚而到榜下去捉,俗称榜下捉婿。"

崔兰英又隔着帘子,来了一个鹦鹉学舌。

陈叔文回道:"能被人捉去,看起来很光彩。但是,能捉你的人是一个什么样的人家,他的千金是贤还是不屑,你一概不知。若是撞上了一个好人家、贤女子,那当然好。若是撞上一个坏人家、不屑女,比如太宗朝的王钦若,抑或是像沈括女人那样的女子,那就糟透了。况且,人又不是一只鸟,也不是一只鸡,让人捉来捉去,尊严何在!所以,小生对榜下捉婿之为深恶痛绝!"把主仆二人听得频频颔首。

崔兰英又问琵琶女:"您还想让我怎么问?"

"你就说,您既然对榜下捉婿深恶痛绝,您高中之后,有人来捉您为婿怎么办?"

崔兰英复来一个鹦鹉学舌。

陈叔文一脸坚定地回道:"小生把他们顶回去。"

他怕琵琶女不信,又补充道:"能去榜下捉婿的人,不是达官贵人,便是豪强大贾,也就是说,都是一些有头有脸的人物,小生坚决不做他们的乘龙快婿,他们的脸也不会厚到非要把小生按在他闺女床上!"

琵琶女大喜,脱口赞道:"相公说得好!"

话一出口,又羞又悔:"我怎能这样,这话应该让兰英代我说呀,唉!"

琵琶女这一搭话,陈叔文心中暗道:"事成矣!"口中却道:"谢谢小娘子!"

既然已经搭上了话,那就继续搭吧。琵琶女笑吟吟地问道:"陈相公,您的志向可嘉。但是,正如您自己所言,能去榜下捉婿的,都是有头有脸的人。您如果直接拒绝他们,岂不是把他们给得罪苦了。俗言曰:'维持一个人修条路,得罪一个人打堵墙。'您以后的路长着呢,还是别得罪人为好。"

陈叔文道:"小娘子所言甚是。但是,那些有头有脸的人,硬要捉小生,小生总不能束手就擒吧?"

琵琶女道:"没那么严重,您如果真的不想让人捉,只须向捉您的人直言相告,'我已经有妻室了',他们绝不会再捉你。"

陈叔文一脸谦恭和感激地说道:"小娘子教诲的对,这真是与君一席话,胜读十年书呀。"

这马屁拍得恰到好处,琵琶女一脸笑靥地说道:"如此说来,相公高中后,就开始说谎了。"

陈叔文哈哈大笑道:"小娘子说得对,小生一旦高中,就开始说谎。而且,这个谎不只要挂在嘴边,还得表现在行动上……"

琵琶女笑问道:"怎么表现?"

"做一个'本公子已有妻室'的大牌子挂在胸前。"

琵琶女"吞儿"一声笑了:"相公可真有趣,哎,您这么一搞,等于把您的成家之路堵死了,您难道想当一个和尚吗?"

"小生不想当和尚,更不想做一个不孝之人。"

琵琶女笑说道:"小女子明白了。您只是不想让人捉,可家还是要成的。"

陈叔文道了声"是"字。

"相公人品文才俱佳,高中后说媒的恐怕要把门槛踢破,相公可要睁大眼睛好好选一选哟!"

陈叔文嘻嘻一笑说道:"不用选了。"

"相公莫不是已有了意中人儿?"

陈叔文朗声回道:"小生心中确实已经有了意中人儿。"

"相公能不能把意中人儿的芳名相告,也好叫小女子高兴高兴。"说完这句话,琵琶女的心口突突乱跳。她双手捂住胸口,暗自祈祷道:"千万,千万别是另外一个女子!"

陈叔文竟卖起了关子:"还是不告为好!"

"为什么?"

陈叔文轻叹一声道："小生虽然有了意中人儿，但是，那意中人儿心中是否有小生，还是一个未知数。唉，不说了，不说了。"

他越不说，琵琶女越是要问。不过，她自己并没有张口，是让崔兰英代她问的。陈叔文被逼无奈，长叹一声道："小娘子定要问小生的意中人儿是何人，小生不敢不说，但说出来小娘子莫要生气。"

这一次，琵琶女没有让崔兰英传话，亲口回道："您说吧，小女子不生气。"说完这句话，心跳得越发快了。

陈叔文拉着长腔说道："小生的意中人么，远在天边，近在眼前。"他朝帘子一指道："就是您，帘后的小娘子！"

琵琶女又是高兴又是害羞道："您……您坏！"

陈叔文一脸戏谑道："男人不坏，女人不爱！我想见一见我的小娘子的尊容，请把帘子拉开。"

琵琶女心中乐开了花，口中却道："您别自作多情，小女子什么时候答应作您的娘子了？"

陈叔文笑嘻嘻地说道："您别再演戏了，您今天的所言所行已经出卖了您，把您的心思暴露无遗。您若是不拉，我可要自己动手拉了。"

琵琶女娇滴滴道："您敢！"

陈叔文依然笑嘻嘻地说道："我陈叔文是吃饭长大的，可不是被人吓大的，您看我敢不敢？"一边说一边走近帘子，"哗啦"一声将帘子拉开。

琵琶女惊叫一声，站起来欲走，被陈叔文一把拽住。

她一边挣扎一边说道："放开我，快放开我！"

陈叔文道："我又不是傻子，我一松手您定跑无疑。"

琵琶女道："您放心，我不会跑的。"

陈叔文道："我不放心。"

琵琶女道："您一个大男人，我是一个小女子，拉拉扯扯成何体统？"

"这……"陈叔文怏怏地将手收回。琵琶女乐了，玉手一指道："您……您倒也老实。去，坐到我对面，咱俩好好说说话。"

他俩越说越投机，崔兰英下楼转悠了半个时辰回来，他俩还在说。少不得再悠悠到太阳西沉，这才又回到绣楼，他俩依然在说。

崔兰英小声提醒道："小娘子，该用晚饭了。"

琵琶女满脸不悦道:"不急。"

崔兰英撅着小嘴下楼去了。

不一刻儿,崔兰英又跑上楼来:"小娘子,老奶奶催您下楼用饭呢。"

"我不去。"

崔兰英问:"我就这样回复老奶奶吗?"

"你爱怎么回就怎么回。"

崔兰英猛地将身一转,刚走了三步,被琵琶女叫住:"就说我正在练字,把饭端上来。"

崔兰英道了一声"遵命"。

饭菜端上来后,琵琶女摸出一贯钱递给崔兰英,吩咐道:"去酒店打一坛酒,再炒四个菜拎回来。"

"一坛酒、四个菜,哪需要这么多钱呀?"

琵琶女笑回道:"用不完了都归你,买一件花衣服穿。"

崔兰英忙道了一声"谢谢。"乐颠颠地下楼去了。

古人言:"风流茶说合,酒是色媒人。"这话一点儿不假。三杯酒下肚,二人春心拱动,你瞅着我,我瞅着你,越瞅越爱。

又三杯酒下肚,二人恍恍惚惚,眼神迷离。

喝。

喝着喝着,由面对面喝,变成肩并肩喝。

喝。

喝着喝着,二人又搂又抱,相拥着走进卧房。这一觉,直睡到太阳晒住屁股。

早饭、午饭、晚饭还是在绣楼上吃的。

陈叔文和琵琶女缠绵了一天两夜,方才下楼,径奔汴京去了。

这一次去汴京,简直是两重天。

从陈家大湾出发时,自己背着被褥,徒步上路,一天的饭钱不敢超过十五文。

这一次出发,不只有骏马骑,吃喝拉撒睡,亦有人打理。打理的这个人,就是崔兰英,她女扮男装,以书童的身份出现。

吃得好睡得好心情也好,礼部试时,他文如泉涌,字字如珠。殿试时又超常发挥,竟和当年王雱一样,高中进士二甲第五名,授虹县主簿。

在京候考和等候放榜期间,他表现极佳,一天到晚钶在客栈里,除了看书还是看书。更可贵的是,东华门唱名①那天,他果真在胸前挂了一个"我已有妻室"的大牌子,招摇过市。

依制,凡中举者,不只要拜恩师(主考官),还要拜乡贤(同乡中在京的大官和贤者)。陈叔文只拜了恩师,便启程赴尉氏,与琵琶女拜堂成亲。

宋朝官员的假期特别多,他们的日常休假,沿袭唐制,以 10 个工作日为一个单位,称为旬假,即 9 日 1 休。每个月的十日、二十日、三十日(小月的二十九日),皆为固定的休假日期。

除了旬假,还有节假(日),林林总总有五十多个,这些节假,长的可以休 7 天,比如岁节(元旦)、寒食、冬至等,其余的各休假 3 天或 1 天不等。

如果官员被派遣到外地做官,还有一个月上任假,这一个月不包括路途消耗的时间。

官员任满 3 年,可以休两个月的长假。满两年,可以请一个月的长假。

如果官员自己结婚,九天假期。若官员的兄弟、姐妹、侄子、叔父结婚,可以休五天……

按照规定,陈叔文有一个月零九天的假期。他在刘家寨待了三天,便回老家去了。而且,还不带新婚的琵琶女。琵琶女的家人虽然不高兴,也没有多想。好在的是,不到一个月他又赶回刘家寨,在刘家寨又住了 3 天,带着琵琶女去虹县上任。每当领到俸禄后,拿出来一部分给夫人寄去。主簿的任期是 3 年,陈叔文与琵琶女相敬相爱,每一天都在快乐中生活。

3 年任满,依制,陈叔文要回汴京接受吏部的铨叙②,并接受新的任命。

谚曰:"三年清政府,十万雪花银。"陈叔文的官职虽不及知府,但 3 年的收入,折成钱,不会少于一千贯,经济上不用再依赖琵琶女了。更重要的是,他已经瞒了家里 3 年。

他不想再瞒了。

也不可能再瞒下去了。

他不仅有妻,而且有子,还是两个呢。

他为了能参加科举考试,更为了能当官,昧着良心欺骗琵琶女 3 年。

---

① 东华门唱名:宋朝殿试名单出来后,要张榜公布。凡参加科举的学子,须在东华门外等候,高中一甲(状元、榜眼、探花)的,由皇帝念名。余之,则由主考官念名。此为,称之"东华门唱名"。

② 铨叙:古时一种叙官制度,按资历或劳绩核定官职的授予升迁。

他和琵琶女成婚3天,便启程返乡,骗他妻子:"我赶考路上,钱被贼偷了,借钱去的汴京。这一次去虹县,又得举债,你就别跟我去了。我到任后,勒紧裤带,早日把债还上。一旦还了债,我就把我的俸禄①一月不隔的全寄给你。"

他妻子勉强同意了

这一次进京,定会有新的任命。不管是留在汴京,还是派遣地方,再以缺少路费,不让妻子儿子跟随,显然说不过去。

如果实话实说,不说妻子不能原谅我,琵琶女也绝不会原谅我!闹的结果,我陈叔文即使不吃官司,也会声名狼藉!要想渡过这一劫,办法只有一个——灭掉一个!

灭掉谁呢?

就感情来说,应该灭掉原配。可原配为我生了两个儿子,即使把原配灭掉,有两个儿子在,瞒妻再娶的事迟早会露馅。

要想不留后患,就得连儿子也灭掉。

可他俩都是我的亲儿子呀!

况且,这一灭便是3条人命!

那,只有灭掉琵琶女了!

可是,琵琶女对我有恩。而且,对我又这么好。

难呀!

---

① 俸禄:是古代王朝给予各级官吏的报酬。宋朝官员的俸禄,在所有王朝中是最高的,大体可分为正俸、加俸和职田三大类。一般来讲,宰相一年的俸禄折成人民币是400多万元。它的发放,大都是双轨制,即按月发一部分,按年发一部分(类似现在的年终奖)。

五 鬼 诛

陈叔文携夫人游相国寺,发现人群中有一个女子老是跟着自己,仔细一瞧,乃是被自己推下河的琵琶女。

蔡确夫人听说蔡确金屋藏娇,率领5个女仆,找上门来,将琵琶女暴打一顿,卖到了妓院。

蔡确对郝随说道:"旧党恨不得扒了我的皮,抽了我的筋,我得找一个靠山。"

为灭掉哪一个老婆,陈叔文考虑了半年,直到卸任前一天,才决定下来。

灭掉琵琶女!

为什么灭掉的不是原配,而是琵琶女?

这是受了他爹陈有财的影响。

陈有财是干什么的?

陈有财是一个米贩子,贩了十几年米挣了几百贯钱。

挣了几百贯钱后,起了花心,和邻村的一个美少妇勾搭成奸。美少妇的男人带着族人寻上门来,把他的双腿打断,还抢走了他的钱。

生意人最知道权衡利弊,"两害相较取其轻",成了陈有财的口头禅。

陈叔文权衡来权衡去,这才决定灭掉琵琶女。

由虹县到汴京,既可以走旱路,也可以走水路。

但是,走水路是逆水而行。

逆水也要走。

为什么?

他已经想好了灭掉琵琶女的法子。

船行了两天一夜,进入陈留畿①境时,已经二更,船上人都睡了。陈叔文硬把琵琶女拽起来陪他去船尾喝酒,琵琶女不胜酒力,喝了不到半个时辰,被他灌醉,推下船去。恰在这时,睡梦中的崔兰英被噩梦惊醒,发现琵琶女不在,寻到船尾,正赶上陈叔文推琵琶女下水,正要呼叫,亦被陈叔文推入河中。

望着在水中挣扎且改变了他命运的女人,陈叔文打躬作揖道:"阴间没有烦心事,你去吧,明年这个时候,我来这里祭你。"

一刻钟后,他一脸惊慌地跑到前仓,大声喊道:"船家,快停船,我夫人落水了!"

船家安慰他道:"别慌,我这就调转船头。"

陈叔文忙道了一声"谢谢"。

夜将三更,又没有月亮,一直寻到太阳出来也没有寻到琵琶女和崔兰英,在舟人的反复劝说下,陈叔文才同意放弃打捞,红着眼圈儿去了汴京。铨叙后,迁为中牟丞。

他上任不到仨月,审案时,被与他同船的张三认出,每隔月二四十,便要来县衙蹭他饭吃。

蹭着蹭着,又把同船的麻七、李航、黑田引了来。

他们不只是蹭饭,还托他办事。某一次,张三喝高了酒说道:"尊夫人落水之事,我咋觉着有些蹊跷!"

他心头一惊,左顾而言他。

事后,他越想越怕,以父母有重疾为由,上表辞官,回到陈家大湾休养了半年,经他爹和夫人多次劝说,操起了他爹的旧业——贩米,经常往来于重庆和汴京之间。

某一日,他贩米汴京,带着夫人去游相国寺,发现人群中有一个女子老是跟着自己,仔细一瞧,乃是被他推下河去的琵琶女,又惊又怕,假托有事,让夫人独自去游。

刚支走了夫人,琵琶女便趋到他身边。

陈叔文硬着头皮说:"娘子,你怎么也在这里?你让我想得好苦!"

琵琶女冷笑道:"你真的想我么?你如果真的想我、爱我,会把我推到河里?"

陈叔文狡辩道:"娘子误会了,我哪会推你呀,那一晚,你喝醉了酒,自己不小心掉到河里,我想跳下去救你,你也知道,我不识水性。兰英下去救你,不但没有救成,自己

---

① 陈留畿:陈留,今之河南省开封市的陈留镇。宋时,陈留为开封府的一个畿(县),辖七个乡、镇。畿:古代靠近国都的地方。

也被水吞没了,我……"

琵琶女将手一连摆了三摆,说道:"你不要狡辩,那次中了你的奸计,被你灌醉推入水中。所幸兰英略识水性,抱着我在湍急的汴水中漂浮了半里路,被一东去的客船救上了船。哎,刚才和你同行的少妇,是不是你的夫人?"

陈叔文回道:"是。"

"女人都多疑,咱俩在这里说的久了,她会起疑的。"

陈叔文忙道了声"是"字。

"你想让我死,我没死。我既然逃过了这一劫,那就是你的劫数到了,我现在住在南熏门内鱼城巷,从东往西第七家,面南。你明天独自一人去那里找我,咱当着兰英的面,把那一天的事说清楚,如果真的是你说的那样,咱既往不咎。如果不是,你得补偿我。如果你不去,我就去官府告你谋杀。"说毕,琵琶女掉头而去。片刻,便消失在人头攒动的游客中。

陈叔文哪还有心思看景,带着夫人,愁眉苦脸地回到客栈。

他越想越怕,有心将琵琶女杀人灭口,但又怕她已有防备,杀不了她,反将仇越结越深。

他正不知如何是好,遇到了在礼部做官的王震臣,王震臣既是他的同年,又是他的好友,听说他来了汴京,请他去万花楼吃酒。

陈叔文的酒量虽然不大,但也不算小,独自喝了七八碗照样写文章。可今天,他勉强喝了两碗,便不喝了。而且,还不住地叹气。

"叔文,你有心事?"

陈叔文点了点头。

"能不能说出来听听?"

陈叔文迟疑了一会儿,说道:"在同年中,你是我最好的朋友,我有什么心事,从来不瞒你。可今日的心事,难以启齿,我说出来后,第一,你不能耻笑小弟;第二,你不能外传,包括嫂夫人。"

王震臣拍着胸脯说道:"你放心。不该传的话到了愚兄我肚里,就是沤烂了也不会外传!"

陈叔文又是一声长叹,方把与琵琶女的恩恩怨怨说了出来。

王震臣亦叹道:"您这样对待琵琶女确实有些不该,莫说琵琶女,就是换成愚兄我,也不会和你善罢甘休!"

"小弟也是觉着不该,可是,事已至此,就是把肠子悔烂也无用!"

王震臣道:"您打算怎么办?是应约,还是不应约?"

"我也不知道该怎么办,应约吧,怕凤儿会让我当面下不来台。不应约吧,又怕她告我。"

王震臣想了想劝道:"您还是应约吧。女人嘛?是水做的,心软。您见她后,千万别狡辩了,您首先给她认错,哀求她原谅,兴许她会念旧情放你一马。"

陈叔文连道:"年兄所言甚是,弟当照行。"

第二天下午,陈叔文购得羊1只,酒1坛,并鲜果10斤,觅了一个挑脚的壮汉挑着,来到了南薰门内鱼城巷,自东而西,数到第七家,陈叔文一边叩门,一边喊道:"凤儿,请开门。"

不一刻儿,那门"吱"的一声开了。

陈叔文扭头对壮汉说道:"把担子给我,你就在门口等,切记!"

壮汉频频颔首。

壮汉等了足足一个时辰,太阳已经西坠了,还不见陈叔文出来,有些焦躁起来。

"笃笃笃。"

起初,他只是轻敲。每一次敲三下,停了一会再敲,敲了三遍,一直没有人应腔,便加重了力度敲。

又三下三下地敲,敲了十八下,依然没有人应腔。

他火了,变敲为擂:"咚咚咚,咚咚咚……"

擂门声惊动了隔壁的老头。

老头指责壮汉:"这院子里没有住人,你敲什么敲?"

壮汉怒气冲冲地说道:"你骗人!"

老头横眉说道:"我骗你干什么,这院子里真的没有住人!"

壮汉反问道:"没有住人?"

"真的没有住人!"

壮汉冷"哼"一声道:"一个时辰前,我亲眼看见一个女仆模样的人,把门打开,雇我的这个官人挑了我的担子,跟着女仆走了进去。"

老头盯着壮汉审视良久,觉着他不像说谎,也不像脑瓜子有病,和颜说道:"这家院子已经荒废很久了,你却亲眼看见一个女仆来开门,这就有些奇怪了。你别再敲门了,我叫上家人,咱们一块儿进去,探个究竟。"

壮汉道:"好。"

老头返回家,叫上两个儿子、四个孙子,外带两个火把出来,对壮汉说道:"你把门踹开。"

壮汉心中有气,下脚很重,咚——咚!只两脚,便将门踹开,当先跑了进去。

来到上房,只见尘灰蒙门,蛛网覆梁的屋子里,有杯盘在地,陈叔文仰着脸,反缚双手,那样子就像被处死的囚犯一样。

老头带着壮汉,去开封府报案,开封府连夜派遣衙吏、仵作来到现场。仵作验尸后说,死者身上没有任何伤口,怀疑是毒杀,但死者是谁呢?正当众人纷纷猜测之时,围观者中有一人认识陈叔文,便说了出来,衙吏忙遣人唤来了陈叔文夫人。

陈夫人见了陈叔文的尸体,号啕大哭。问她陈叔文与何人有仇,抑或是纠纷,她也说不出来。

不知道陈叔文因何被杀,又为何人所杀,就很难找到凶手。开封府衙依例,张榜于大街小巷,有提供有价值线索的,赏钱50贯。

王震臣看到榜文,当即前往开封府,把陈叔文与琵琶女的恩恩怨怨,以及自己如何劝说陈叔文等情一一道来。无论是审讯的官员,还是陈叔文的夫人,都对陈叔文的无耻行径感到愤怒,若是硬要缉拿琵琶女和崔兰英,她俩的复仇这么精彩,一定是酝酿很久了;既然酝酿很久,岂能不考虑退路?这会儿怕是早就远走高飞,隐藏起来了,要想将她二人缉拿到案,怕是比登天还难!再之,若是把琵琶女主仆缉获之后,就得审理,审理的结果,主仆二人的性命固然不保,但也彰显了陈叔文之恶,这对大宋的士大夫和陈叔文夫人来说,都不是一件好事。倒不如将此案归为"鬼诛",既活了琵琶女主仆,又全了士大夫和陈叔文面子,还省了许多麻烦。

于是,这个案子便以"鬼诛"而结案。

2年后,蔡确经王安石举荐,出任开封府尹,也不知道他出于何种目的,把这个案子翻腾出来,还抓了4个人。

这4个人,除了琵琶女和崔兰英,还有琵琶女老爹,以及帮琵琶女父女谋划的那个开封府退役多年的老吏。

郝随听了姑姑的讲述,良久方道:"蔡确是个地道小人,为了往上爬,连他的恩师王安石都整。唉,小侄怕是救不了表姐和姑父。"

琵琶女娘"哇"的一声哭道:"随儿,你姑姑就凤儿这一个闺女,况且,你凤儿姐又对你那么好,你一定得救她,姑姑求你了!"

说毕,"扑通"朝地上一跪。

"别,姑姑你这是要折侄儿的阳寿哩!起来,快起来。"不管郝随怎么说,怎么扶,凤儿娘就是不起来。

郝随长叹一声,说道:"我,我可以去找蔡确试试。他给侄儿面子,您也别高兴,他不给侄子面子,您也别怪侄儿面子小,不肯尽力。"

琵琶女娘忙道一声:"谢谢随儿。"

"姑姑,蔡确有些贪财,要想救表姐和姑父,恐怕还得用钱开路。"

琵琶女娘问:"你说个数,得多少?"

"少说也得二三百贯。"

"姑给你五百贯。"

郝随道:"有点多,您给我三百贯吧。"

"不,我口出如铁,说给你五百贯,一定给你五百贯。"

郝随道:"那,恭敬不如从命了。"

3天后,郝随把他姑姑送来的钱,留下二百贯,余之送给了蔡确。

一是钱的作用,二是蔡确想在皇宫里找一个内应,很给郝随面子,只杀了那个老吏,其他人无罪释放。

就在释放琵琶女的前两天,蔡确突然多了一个心眼,李宪是皇上的红人,而郝随和童贯又是李宪的干儿子,我得紧紧抓住郝随。琵琶女呢?又是郝随表姐,模样儿也俊,长得如同出水芙蓉一般,我若能纳她为妾,这不就抓住了郝随吗!

有了这个想法,他便单独"提审"了琵琶女,且明确告之,要纳她为妾。

琵琶女一是感激他的救命之恩,二是他位高权重,三是觉得自己已经是残花败柳,能嫁给这样的男人做妾,也不算委屈了自己。

征得了琵琶女的同意后,蔡确跑回家和夫人商量,夫人坚决不同意,说你已经有3个妾,孙儿孙女7个,还纳什么妾!

他未第之时,家里穷,吃的用的花的,全来自夫人娘家,而夫人又很强势,强势的程度虽然比不上沈括夫人,他也不敢冒犯。

哼,你不让我纳,我就不纳了?

汉武帝还是一个4岁的娃娃就知道金屋藏娇,我年已半百,还能不知道吗!

于是,他也来一个金屋藏娇。

一个月后,琵琶女将蔡确叫醒,惶声说道:"妾刚才做了一个噩梦。"

"什么噩梦?"蔡确笑问。

琵琶女心有余悸道:"武媚娘(武则天)要做妾的闺女,妾不同意,她变成一条小金蛇,从妾的鼻孔钻进去,一直钻到妾的肚子里,妾很害怕。"

蔡确安慰道:"梦这东西,当不得真,别自己吓自己。"

自做了这个梦,琵琶女怀孕了。两个月后,蔡确夫人率领5个女仆寻上门来,将琵琶女暴打一顿后,又以三十贯的身价卖到了妓院。老鸨还以为自己捡了个漏,当她得知琵琶女的来历后,悔得要死,既不敢逼她接客,又不想让她白吃饭,更心痛那三十贯钱,思来思去,将她卖给了一个退役禁军。

这个禁军姓刘,叫刘吉武,是北邙(又名邙山)人,年已半百,脚还有点跛。她对这个男人没有一点好感,心里装的还是蔡确,为了见蔡确一面,神宗出殡那天,天不亮她就跑到巩县(今之河南省巩义市)东边高山驿等候,花了三贯钱买通了驿使,经驿使周旋,他俩得以相会。当她告诉蔡确,她生了一个千金,已经半岁了,眉清目秀,一直没有取名,蔡确想了一想,以商量的口气说道:"取个蔡清菁怎么样?"

"为什么取个蔡清菁?"琵琶女问。

"我姓蔡呀!"

琵琶女笑靥如花道:"这个妾还能不知道吗?不知道清菁有何讲?"

蔡确回道:"清者,清也。我的三个女儿都以清字辈取名,大的叫清云,二的叫清霞,三的叫清香。"

琵琶女点了点头又问:"菁又有何讲?"

"菁者,韭菜花也。我参加礼部试前夜,梦见仁宗皇帝拿了一束韭菜花,插在我的头上,第二天,我把这个梦讲给人听,听到的人都向我祝贺,说我这一次非高中不可,结果,我真的中了,且中了三甲第一。"

"有意思,太有意思了!那就将闺女取名叫蔡清菁吧。"话音落地,琵琶女又反悔了。

"不能,不能取蔡清菁这个名。"

蔡确愕然道:"为什么?"

琵琶女道:"闺女是您的骨肉,应该姓蔡,但妾现在已经不是您的女人了。如果给闺女取个蔡清菁,俺那跛脚男人绝不会同意,甚至还要惹出一些麻烦来!"

蔡确长叹一声道:"那就叫她暂且姓刘吧。"

这一次私会,他俩还说了一些什么,做了一些什么,笔者不在场,不敢妄写。

但是,这一次私会,给蔡确惹了一个大麻烦。郝随此来,就是给他报信的。

郝随虽然不侍奉太皇太后,但他和侍奉太皇太后的寄班殿直①梁惟简相善。朝会后,梁惟简偷偷告诉他,御史刘挚上书弹劾蔡确。

郝随忙问:"所劾何事?"

"对神宗不恭。"

郝随道:"怎么不恭?"

"山陵使王珪,沉病又起,卧倒在床,其职由蔡相代之。身为山陵使,应该率领群臣为神宗守灵,某一夜,群臣俱在,可他没有露面。出殡时,他应该与神宗灵柩寸步不离,可行至高山驿,他居然又玩失踪,有人说他去驿站里会情人!"

梁惟简说的这两件事,郝随也曾耳闻。

郝随暗自思道:"我虽然和蔡确没有做成亲戚,但他毕竟放了我表姐和姑父一马。而且,逢年过节,对我还略有表示。而且,他私会的那个情人还是我表姐,我得给他透个信。"

蔡确听郝随说明来意,额头上布满了明亮明亮的汗珠子。对神宗不恭,可不是一个小事!轻则罢官,重则流放。

郝随安慰他道:"相爷也不必害怕,咱家听梁殿直说,太皇太后并没有把这件事看得很重。"

蔡确拱手说道:"多谢郝公公。"

郝随道:"相爷不必客气,咱家告辞了。"

他走了几步,忽又转身:"相爷,您刚才不是说,您要找咱家商量一个事儿,什么事呀?"

蔡确"嗨"了一声道:"看我这记性,您若不提醒,我差点忘了。您也知道,太皇太后和旧党穿一条裤子。而且,旧党又把我看作新党的党魁,恨不得扒了我的皮,抽了我的筋!我得找一个靠山。太皇太后呢,我靠不上,唯一可靠的就是皇上了。但是,我连单

---

① 寄班殿直:宦官。职掌:侍奉内朝,以备执行驿传急诏差使;天子行幸,随从执乘舆、御服,为亲近皇帝之职。

独面见皇上都不能,怎么靠? 我想为皇上做件事,通过您的嘴传给他,让他知道我是忠于他的,某一天,我即使被旧党整倒了,心里还存有一个希望——皇上知道我是个忠臣。皇上迟早要亲政的,皇上一旦亲政,我就会东山再起!"

郝随颔首说道:"相爷高瞻远瞩,走一步,看十步,咱家佩服! 但是,咱家想知道,相爷打算为皇上做一件什么事?"

"皇上的生母是朱太妃,依制,儿子做了皇帝,母亲就是皇太后,可太皇太后硬是不让朱太妃做皇太后。公公说,皇上会怎么想?"

郝随回道:"当然不高兴了。"

蔡确道:"太皇太后不只不让朱太妃做皇太后,训斥朱太妃就像训斥下人一样。公公说,皇上会怎么想?"

"相爷说朱太妃受训斥一事,是不是发生在永安驿?"

蔡确道:"正是。"

郝随道:"这件事咱家清楚,凭公而论,朱太妃也有做得不对的地方。"

蔡确道:"我听说朱太妃出身寒门,见人一面笑,她还会做错什么事?"

郝随道:"朱太妃确实出身寒门,还不是一般的寒门,她吃的苦、遭遇的坎坷是一般人很难想象的。"

蔡确道:"愿闻其详。"

朱太妃原本不姓朱,姓崔,叫崔玉香。其父崔平,贫民一个。其母李帆,家境还不如崔平,9岁来到崔家做童养媳。不知为甚,崔平自从娶了李帆,一直有病,天天药罐子不倒,为给他看病,全家人省吃俭用,崔玉香3岁了,还不知道肉的滋味。崔玉香5岁,崔平撒手人寰。为了葬崔平,李帆举债5贯。这5贯钱利滚利,3年后滚到了十几贯。为还债,她自卖自身,嫁给了一个姓朱的人家,玉香也随之姓朱。

姓朱的对玉香母女尚可,但姓朱的母亲很不待见玉香,变着法儿虐待,李帆含泪将玉香送到一个姓徐的亲戚家。

朱玉香天生丽质,人又善良,13岁被选为秀女①,进入皇宫。由于她宽容淡泊,在热衷于争名夺利、百般献媚邀宠的嫔妃中鹤立鸡群,引起了宋神宗的关注,加之她的肚子又很争气,入宫6年生了两个龙子、一个公主,其中一个便是宋哲宗。宋神宗驾崩前,迁

---

① 秀女:皇帝的最低等嫔妃。

其为德妃①。儿子做了皇帝,又迁其为皇太妃,品位虽在皇后之下,但朱太妃从无半句怨言。

一个月前,百官及皇亲国戚护送宋神宗的灵柩前往巩县宋陵,朱太妃作为神宗的遗孀,也参加了护灵大军,但她走在太皇太后和向太后的后面。

是时,韩绛任京西北路转运使,巩县是他的地盘,他以带病之躯赶来迎接灵驾。当他得知朱太妃落在后面的永安,便急匆匆地赶去接驾,行以君臣叩拜大礼。朱太妃一天到晚在宫中,不曾与外臣交往,不知道交接外臣的礼节,竟没有避让。

事过半月,朱太妃和太皇太后闲聊时,聊到了这件事,朱太妃的本意是想赞扬韩绛,说他忠于先帝,礼遇后宫,这样的臣子实属难得。

不料,太皇太后听了,勃然大怒曰:"韩绛是四朝元老,仁宗朝的探花,神宗朝的副相,年已七十有三,你怎么能接受他的跪拜大礼?"

朱太妃又羞又愧,忙朝太皇太后跪了下去,流着眼泪叩首说道:"我错了!"

听郝随讲过了朱太妃,蔡确道:"这事不能责怪朱太妃。作为一个皇太妃,接受副相一级官员的跪拜大礼,确实有些不该。但是,作为一个皇太后,就是理所当然了。朱太妃明明该做皇太后,是太皇太后压制了她,咱得为她正名!"

"太皇太后不让朱太妃做皇太后之事,看你怎么说。作为皇帝的生母,应该做皇太后。但是,生母的前边,摆了先帝的两个女人——皇后和贵妃,生母就不可越过先帝的皇后和贵妃,自己来当皇太后!"

蔡确反驳道:"有什么不可以?前朝前代,封两个皇太后的又不是没有!"

郝随道:"这倒是个理儿。"

蔡确略略拉长了一下声音,说道:"所以呀,我想上书朝廷,为朱太妃正名。"

郝随道:"那您就上呗。"

蔡确愤声说道:"朝廷是谁?朝廷就是太皇太后。太皇太后不撤帘,上也是白上!"

郝随附和道:"相爷说得极是。"

蔡确道:"我直接上书肯定不行。但是,进京的路并非一条,我想找一个人,让这个人以他自己的名义上。"

郝随问:"你想找谁?"

---

① 德妃:宋承唐制,在后宫置皇后、贵妃等。贵妃有仨:贵妃、淑妃、德妃,是为三夫人。

"高公佸怎么样？"

郝随道："高公佸是太皇太后亲侄儿，当然行！但是，他会听您的吗？"

"只要把话说到家，他会听的。他如果硬是不听，我就自己上书。我要找您的目的，就是想让您把我这一番话，我对皇上的这一片赤胆忠心，上奏皇上，事若成更好，事若不成，我不是被贬官，就是被充军。但是，皇上一天天长大，这大宋的天下，迟早是皇上的，皇上亲政之后，您别忘了提醒他，还有蔡持正这么一个人在受苦受难……"

郝随大为感动："相爷放心，咱家不会让您失望的！"

当天下午，蔡确坐了一顶小娇，前去拜访高公佸，彼此寒暄了一番之后，蔡确问道："皇上年庚几许？"

"10岁。"

"男人几岁行冠礼①？"蔡确又问。

"20岁。"

"是不是可以这样说，再有10年，太皇太后就要撤帘还政于皇上了？"

高公佸颔首道："可以这样说。"

"你觉得皇上这人怎么样？"

高公佸回道："聪明睿智。"

"何以见得？"

高公佸笑回道："容下官直言，就从他问您'辽人是人吗'这句话就可以看出来。"

蔡确轻轻颔首，说道："一个还不到10岁的小孩，居然那样问我，不简单，不简单！哎，我再问你，朱太妃是不是皇上的生母？"

"当然是呀。"

蔡确继续问道："你听没听说过，历朝历代中有儿子贵为皇帝，生母还不是太后的？"

高公佸摇首回道："没有。"

蔡确道："可当今皇上的生母，硬不是皇太后。"

他轻叹一声，又道："贤弟危矣！"

高公佸惊问道："相爷这话从何说起？"

---

① 冠礼：是华夏民族嘉礼的一种，是古代中国民族男性的成年礼。

六　司马牛

太皇太后一看札名——《谏为朱太妃正位的札子》,脸上立马有了乌云。

免役法,乃王安石新法的重中之重,司马光决定拿它开刀。

司马光故作正色道:"子瞻,你教坏了老夫的老仆,还敢说没罪!"

蔡确反问高公绘:"朱太妃未曾当上皇太后,难道是皇上的原因吗?"

高公绘回道:"不是。"

"既然不是皇上,那一定就是太皇太后了,对吧?"

高公绘没有应腔。

他怎么应?如果说对,那是把屎盆子往他姑姑头上扣;如果说不对,事实又在那里摆着,最好的回答便是保持沉默。

蔡确也料到高公绘不会接他的话,顿了一顿继续说道:"皇上少年老成,不让他的生母做皇太后,他嘴上尽管不说,但这笔账他会记在心里。他若是亲了政,不会不算这笔账!"

他的话音不高,到了高公绘耳里,好像打雷一般。

"你高家欠皇上的账,还不止这一笔。有一件事,不知道你听说了没有?"

"什么事?"高公绘反问。

"就是太皇太后训斥朱太妃不该接受韩缜给她行跪拜大礼之事。"

"听说了。"

蔡确轻叹一声道:"这事,我听说连皇上也知道了,他很生气,要不是李宪等人相劝,非要找太皇太后理论不可!唉,我真为你们高家的明天担心!"

把高公绘听得冷汗直流:"多谢相爷提醒!可事已至此,您说下官该怎么办?"

"补救!"

"怎么补救？"高公绘追问。

蔡确要的就是这句话，心中暗喜，但脸上不动声色，缓缓说道："你如果能上书朝廷，为朱太妃正位，不说朱太妃，连皇上都会感激你。皇上即使亲了政，也不会找你们高家的麻烦了。"

高公绘一脸感激道："谢谢相爷，相爷这个主意甚好，下官即当照行。但是，您也知道，下官是一武人，不通文墨，您能不能给下官推荐一个写奏章的高手？"

蔡确道："不用荐，老夫亲自为你捉笔。老夫好歹也是进士出身，又当了多年三班主簿①，老夫自信，老夫写奏章的水平，不会弱于一般的知制诰，你只须照老夫所写，抄下来就可以了。"

高公绘点头说道："谢谢相爷。"

他也许觉得仅这一句话，表达不了他的感激之情，又补充道："为俺高家的事，相爷如此操心，下官不知道该如何感谢才好！"

蔡确道："不用感谢。高大人能够在大皇太后驾前多美言老夫几句，老夫已经是烧高香了。"

高公绘道："相爷放心，见了太皇太后，下官不仅要美言相爷，还要把相爷对高家的这份深情厚谊，一并转奏。"

蔡确摇手道："不可，不可也！"

"为什么？"

蔡确道："老夫之所以劝你上书朝廷，为朱太妃正位，是想化解皇上和你们高家的恩怨。如果把你上书之事说成老夫的主意，味道就变了。"

高公绘道："下官只是把这事说给太皇太后，皇上怎么知道？"

蔡确道："你错了。天下没有不透风的墙，这是其一。其二，你把老夫让你上书的事说给了太皇太后，对为朱太妃正位不利。"

高公绘又问了一个为什么。

"老夫作为当朝首相，想为朱太妃正位，就该自己上书，而老夫不只没上，还转弯抹角地找到你，你让太皇太后作何想？"

高公绘满面不解道："既然这样，相爷就该自己上呀！"

---

① 三班主簿：三班，三班院的简称。北宋太宗置，掌武臣三班使臣铨选升赏的机构。宋初以供奉官、殿直、殿前承旨为三班，隶宣徽院。三班院属官主要是主簿，另有十一名吏人。

蔡确"嘿嘿"一笑道："老夫刚才不是说过了吗？不是老夫不能上，而是想通过为朱太妃正位，从而化解你们高家和皇上的矛盾！"

高公绘深作一揖道："下官再一次谢谢相爷。下官听相爷的，下官见了太皇太后绝不提相爷一个字。"

蔡确笑微微地赞道："好，甚好，老夫告辞了。"

高公绘拱手说道："奏折的事，还请相爷多操心。"

蔡确道："高大人放心，老夫急着告辞，就是想早点儿回府为你写奏折。"

"下官什么时候去取？"

蔡确道："你不用取，写好后老夫立马派人给你送来。"

高公绘道："多谢相爷！"

第二天，早朝后，高公绘面谒太皇太后，把蔡确代撰的《谏为朱太妃正位的札子》，双手呈上。

太皇太后一看札名，脸上立马有了阴云。她瞪了高公绘一眼，欲言又止。

她硬着头皮看完了折子，盯着高公绘劈头盖脸地训道："你只知其一，不知其二，却妄自上书！是的，前朝古代，确实出现过两个皇太后，但是，没有一朝是同时存在！如果把朱太妃晋升为皇太后，向太后怎么办？你这是没事找事！"

高公绘忙跪地叩首道："小侄知道这样做您不高兴，但小侄这样做全是为了太皇太后和咱高家着想！"

太皇太后眉头紧皱，反问道："你是在为老身和咱高家着想？"

高公绘回道："正是。"

太皇太后微微冷笑道："放眼天下，老身以为还没有人敢难为老身的，你不必为老身着想！"

高公绘愀然道："是的，眼下是没有人敢为难您。您可以不让皇帝生母做皇太后，您也可以训斥皇帝生母。但是，皇帝一天天长大，一长大就要亲政，到那时……"

他长叹一声，把话顿住。

太皇太后怒目说道："说呀，你咋不继续说呢？"

高公绘双目流泪，就是不说。

太皇太后道："你不说老身可要说了。你说的第一件事，不是老身硬不叫朱太妃做皇太后，那是有《条贯》（条例制度）在那摆着，老身不敢违。第二件，也是因为条贯，连朱太妃自己也认为她接受韩绛的跪拜大礼有悖《条贯》。皇上亲政怎么了？皇帝也得论个理儿,所以,你不必为老身和咱高家担心!"

高公绘心中尽管不服,也不敢再辩,反违心地说道:"小侄错了,小侄改日再来聆听教诲,小侄告退了。"说毕,站了起来。

太皇太后拦道:"你别急,老身还有话问你。"

高公绘道:"敬听太皇太后教诲。"

太皇太后拿起高公绘的"札子",抖了一抖问道:"这个是你写的吗?"

高公绘回了一声"是"字。

"你敢不敢看着老身的眼睛,再说一遍?"

高公绘小声嘟囔道:"怎么不敢。"

太皇太后道:"那你就看着老身的眼睛,看呀!"

高公绘硬着头皮看着太皇太后的双眼。

高太后二目如剑地盯着他,盯得他脊梁沟冒冷汗,他几次想避开,却又不敢。

太皇太后冷声说道:"回老身的话,这个札子是不是你写的?"

他鼓足勇气回道:"是侄儿写的。"

太皇太后把御案"啪"的一拍斥道:"你敢欺骗老身!"

他忙又跪了下去:"小侄,不,臣不敢!"

"你不敢,你真的不敢吗?"

高公绘嚅声回道:"臣真的不敢。"

太皇太后冷哼一声,说道:"看来你是铁了心要欺骗老身,你走吧,你这会儿就走!"

高公绘怕了,再拜说道:"请太皇太后息怒,臣错了,太皇太后明察秋毫,这个札子确实不是臣写的。"

太皇太后绷着脸问道:"那是谁写的?"

"蔡相。"

"是他!"太皇太后的眉头皱得能拧出水来。

略顿,太皇太后长叹一声说道:"绘儿,蔡确这个人很不地道,你以后少和他来往。"

高公绘频频颔首:"姑姑教诲的是。"

太皇太后朝高公绘摆了摆手,示意他可以走了。高公绘磨蹭着不想走,太皇太后问:"你是不是还有话说?"

高公绘将头轻轻点了一点。

"你说吧。"

"侄儿百思不得其解,姑姑凭什么断定这个札子不是侄儿写的?"

太皇太后轻笑道:"凭什么?凭姑姑对你的了解。"

"请姑姑明示。"

太皇太后道:"姑姑自从当上皇后,一再告诫咱高家人,不得插手国事。咱高家人也很给姑姑长脸,从未有人插手国事,包括你。你今天突然上了这么个札子,所谈的还是一般人不敢谈的事。这就有些反常了,这是其一。其二,你是个武人,不通文墨,可这个札子,文采斐然,条理清晰,你不可能写出这样的东西!"说得高公侩心服口服,再拜说道:"怪不得有人说姑姑是女中尧舜!"

太皇太后笑语盈盈道:"侩儿变聪明了,侩儿也知道拍姑姑马屁了。"

高公侩报之"嘿嘿"一笑。

蔡确想让朱太妃正位的事虽然没有办成,但是,通过郝随的嘴,小皇帝记住了这个情。

得和失往往相辅相成,有得就会有失,在太皇太后的心中,蔡确又被抹了一笔浓浓的黑墨。

拿掉他,一定要拿掉他!

这话,太皇太后并没有说出来,但是,旧党们心领神会,加快了倒蔡步伐。孙觉、刘挚、苏轼、王岩叟、朱光庭等人,连章弹劾蔡确。元祐元年(1087年)二月,罢了蔡确首相,知安州(今湖北省安陆市)去了。同时遭贬的还有邢恕(知随州府)、吕嘉问(知淮阳军)。

蔡确遭贬之后,司马光理所当然地晋升为首相,同时晋升的还有吕公著(门下侍郎)、李清臣(尚书左丞)、吕大防(尚书右丞)、李常(户部尚书)、范纯仁(同知枢密院事[①])。

形势大好!

旧党形势大好!

司马光趁着这大好形势,对王安石新法的核心部位下手了。

他的多年老友文彦博悄悄地劝他:"如此全面地否定先帝新法,皇上长大后,若是为他父亲出头,再翻天覆地一次,遭殃的不只是朝廷,你得为自己留条路呀!"

[①] 同知枢密院事:枢密院官。枢密院长官为枢密使,或为知枢密院事。下设枢密副使、同知枢密院使、枢密直学士签署院事等。掌军事。

司马光不以为然道:"天若祐宋,必无此事,留什么后路!"遂不听文彦博之言,一意孤行。

青苗法、免役法、将官法,乃王安石新法中的重中之重。只要这三法还在,王安石的新政依然运转。新政只要依然运转,这大宋的天下,依然是王安石和宋神宗的!

不行,说什么我也得把这三法废除!这不只是司马光和旧党的想法,也是太皇太后的想法。

就是想废除这三法,也不能同时出手。免役法,这个重中之重的重中之重,司马光便拿它开刀,上书朝廷,建议朝廷在5天内废除。

乖乖!

5天!

只给5天呀!

北宋的疆域虽然比大汉和盛唐相差甚远,但也拥有460万平方公里,辖23路、400个州府军监、1234个县,不说要这1234个县5天之内将免役法废除,就是把朝廷的诏令切切实实地贯彻下去,时间也不够用。

司马光疯了吗?

他没有疯,他不但没有疯,他比任何人都精。他历仕四朝,又能写出那么一部光耀古今的辉煌巨著,精得眼睛都会出气!

"新法""旧法"已经斗了18年,几乎每个官员都有自己的一套想法,不可能统一起来,唯一的办法就是强制。王安石推进新法,靠的是强制,我司马光废除新法,也需要强制。

既然要强制,就不能按套路出牌,我只给你们5天,不干就滚蛋,根本不给你观望和打折扣的时间。

明知这个诏令不能行,新党除了章惇,全都选择了沉默。

章惇何许人也?

新党的首领、大宋枢密使、文人中的另类。

文人,大都温文尔雅,做事瞻前顾后,章惇不是这样,人长得膀大腰圆,说话高门大嗓,动不动就吼,做事不计后果,简直像个亡命之徒!

某一日,章惇邀同年苏轼出游,到了黑虎谷,那里有一条深涧,深涧两侧绝壁万仞,道路断绝,下面湍流翻滚,只有一条横木为桥。章惇邀苏轼一块儿去对面的悬崖上题词,苏轼低头看了一眼深涧,两腿发软,不敢过。章惇却很潇洒地走过去,从从容容在石壁上写下:"章惇苏轼到此一游。"写完了,又潇潇洒洒地走回来。苏轼拍着章惇的肩膀说:"子厚(章惇的字)必能杀人!"

章惇问:"何以言之?"

苏轼回曰:"连自己身家性命都不在乎的人,会在乎别人的性命吗?你若当权,千百万人头落地!"

如此一个章惇,靠拥护王安石变法起家。如今,又是新党中唯一一个在任的宰执,司马光肆无忌惮地废除新法,他能容忍吗?当然不能!

他跳了出来,当殿和司马光辩论,辩着辩着吵起来。司马光的文章比他写得好,但口才远不如他。但是,司马光有支持者,这些支持者中,还大都是台谏官。台谏官靠嘴皮子吃饭,任拉一个出来,都不比章惇差。

但是,章惇的话占了一个理字。

——试问,募役法就真的比免役法强吗?5天之内,将免役法在全国范围内全部废除,能办得到吗?

司马光的支持者可不管这些,他们驳不倒章惇,便给他扣了一个"不顾朝廷大礼"的罪名。

扣这样一个罪名,要说不该,也真不该。宋朝,是封建王朝中最民主的一个王朝,大臣们不仅可以在朝堂上公开辩论,还可以和皇帝辩论;还可以拽住皇帝的龙袍不让走,甚至把唾沫星子溅到皇帝脸上。

章惇所为,顶多是不该和首相争吵,不该让坐在帘后的太皇太后不愉快。

但是,说该也该。

某一次,坐了半日朝的小皇帝宋仁宗,突然向众执政问道:"犯私罪是怎么回事?"

众执政你瞧瞧我,我瞧瞧你,没有人应腔。

宰相王钦若站了起来,缓缓说道:"回陛下,所谓私罪,就是一些与公事无关,又有失官体的事。比如说,升官了应该向皇帝道谢,可谢得晚了一些。再比如,上朝时咳嗽,或者把笏板掉到地上,这都是私罪。"

小皇帝将头点了点。

按照王钦若的话,上朝时咳嗽都有罪,章惇的行为比咳嗽严重得多,定他一个"不顾朝廷大礼"之罪有什么不可!

既然章惇有罪,就得惩罚他。

贬官!

六　司马牛

一道诏书①,将章惇赶出了汴京,出知汝州。

赶走章惇后,司马光又来一个乘胜追击,将新党的几个头目全部驱逐出京。

李定出知明州(以境内有四明山得名),薄宗孟出知亳州,范子渊出知郓州(今山东省东平县)。

在废除新法方面,太皇太后尽管力挺司马光,但她觉得章惇之言也有一定道理。虽然司马光再度上书,催促太皇太后下诏废除免役法,她犹豫不决。

废除免役法,太皇太后只是犹豫,范纯仁和苏轼却是反对,坚决反对!

募役法也叫差役法,平心而论,就免役法和差役法相比,前者比后者好。

差役法是古之力役制度的延续,国人不论贫富,每年都要去州县、边疆和京城服一定时期的徭役,秦朝的陈胜、吴广,奉命前去戍渔阳,行至大泽乡,遇雨,不能按期到达。秦之律,失期当斩,他们为了活命,便在大泽乡举旗造反,史称陈胜起义。

服役,如果在本地,倒也承受得起,若去京都,抑或是边疆,用在路上的时间,往往比服役的时间还要长。再之,一些役户在县衙服役时,或因官物和钱丢失,或因官吏敲诈等而倾家荡产者时有发生。免役法就可以避免这样的事情发生,役户只须给官府交纳一定的役钱,官府在当地觅人代役,不只省去了路上的费用和时间,也使该服役的人,摆脱了劳役的束缚,有了一定的人身自由,可以去干自己该干的,抑或是想干的事情。所以说,免役法和募役法相比,是社会的进步。

但是,免役法与募役法相比,也有它的不足。第一,收费过高。第二,本地的差役,诸如修路、守城等等轻役,只要不是农忙时期,役户完全可以自己干。若是自己干,这一笔钱就可以不出了。

为了阻止司马光,范纯仁登门相劝,说得两嘴白沫,司马光不听。

苏轼第二个登场。

司马光是旧党的党魁之一;苏轼是旧党的新锐,和王安石斗得火花四溅。

可是,十多年过去了,苏轼已经成了苏东坡,人生的经历决定人的思想。苏轼从一步登天的小地主,到三次遭贬地方,又到返归朝堂,不只目睹了社会最底层的人生百态,也吃尽了酸甜苦辣,他对事物的看法,与以前截然不同。

而司马光呢? 从地主到贵族,即是蛰伏洛阳写书,仍然受世人的膜拜。他所了解的

---

① 诏书:圣旨的一种,圣旨因具体的内容而采用不同的措词,主要有诏曰、制曰、敕曰三种。"诏曰"是昭告天下,凡重大政事(包括官员任免)须布告天下臣民的,使用"奉天承运,皇帝诏曰。"

只是士大夫,而不是广大民众。

而士大夫普遍反对免役法。

司马光听说苏轼来访,忙出堂相迎。

"子瞻,你来得正好,你若不来,老夫还要找你问罪呢。"

苏轼反问道:"学生自忖没有得罪先生的地方,您老问的什么罪?"

司马光正色道:"你教坏了老夫的老仆,还敢说没罪!"

苏轼愕然道:"学生什么时候教坏了先生的老仆?"

"大前天呀。"

苏轼又来一个反问:"大前天?"

司马光嗔道:"你的记性不至于这么坏吧?大前天你是不是来过寒舍?"

苏轼道:"是到过贵府,但没见到您。"

"可你见到老夫的老仆了。"

苏轼点了点头道:"学生确实见到了先生的老仆。"

"你是不是问老夫的老仆,'听说汝伺候司马光先生三十多年,汝一直称司马光先生为秀才,可有此事乎?'仆回曰有。你说,'这可不妥!司马光先生已经不是先生,是首相了。你作为一个下人,应该称他相爷才对。'你说,有无此事?"

苏轼"嘿嘿"一笑道:"有。"

"所以呀,第二天,老仆便改称老夫'相爷'了。你看,好好一仆,硬是让你苏东坡给教坏了!"

苏轼哈哈大笑道:"如此说来,学生确实有罪。而且,甘愿领受先生的责罚!"

司马光点头笑道:"有你这句话,老夫就不再问你罪了。请!"右手前伸,作邀客状。

苏轼忙道:"先生不行,学生哪敢行,还是先生先行。"

司马光笑微微地说道:"那,老夫就不客气了。"

苏轼跟在司马光身后,走到堂上,在宾的位置坐了下来,小厮趋而献茶。茶过三巡,司马光问曰:"学士两番光临寒舍,有可教乎?"

苏轼笑而回道:"先生言重了。学生两次登门,想就'免役法'该不该废除之事,谈一点愚见。"

司马光道了一声"请讲"。

"差役、免役,并有厉害。免役之害,聚敛于上,而下有钱荒之患。差役之害,民常在官,不得专力于农,而吏胥缘以为奸。此轻重盖略等矣。"

司马光心中尽管不悦,问道:"于君何如?"

苏轼答曰:"法相因则事易成,事有渐则民不惊。三代之法,兵农为一,至始皇分为二。及唐中叶,尽变府兵,为长征卒。自唐以来,民不知兵,兵不知农。农生谷以养兵,兵出性命以卫农,天下便之,使圣复起,不能易也。今免役之法实太类此,先生欲罢免役而行差役,正如罢长征而复民兵,盖未易也。"

司马光越听越恼火:苏东坡,你知道不知道,你考进士时,我司马光是你的考官?依礼,你得叫我恩师。我不只是你的恩师,我还是《资治通鉴》的总编,你却在我面前拿三代和秦、唐说事!想到此,冷声说道:"免役法该不该废,老夫肚如明镜,你不要再说了。"

苏轼也很恼火:我苏轼好赖也是礼部郎中,好心好意和你司马光说事,你却这样对我!人都说,轻易不要碰别人的伤疤,我今天就碰一碰他的伤疤。

"相爷,当年你和魏国公韩琦争论陕西刺勇一事,不知道您还记得不?"

司马光回道:"当然记得。"

这件事发生在宋仁宗年间。

当时,大宋的宰相是韩琦,司马光为起居舍人、知谏院①,韩琦提议在陕西三路②中征召乡民,刺字为军,组建义勇,司马光强烈反对,二人在朝堂上展开了论战。

韩琦振振有词地说道:"只要义军建成,我西线就可以增加十万守军,即使不出征,西夏见我军的人数增加了一倍,必然不敢来犯。"

司马光反驳道:"兵在精而不在众,莫说再建十万义军,就是再建二十万,如果不加训练,一旦打起仗来,不堪一击。况且,要组建十万义军,又得增加好多军费,朝廷负担得了吗?"

英宗面向韩琦说道:"魏公,朕觉得君实的话颇有道理。"

韩琦一脸不屑道:"他是个书生,不懂军事。同是一支部队,看谁带领,如果叫孙武、司马穰苴率领,那将战无不胜。如果让纸上谈兵的赵括率领,那真的是不堪一击。所以,古哲人说,'兵熊熊一个,将熊熊一窝'!"

司马光板着脸反问道:"照魏公所言,咱大宋已经有了孙武和司马穰苴?"

韩琦一脸自信地回道:"敝人不敢自称孙武和司马穰苴,可敝人自信,只要把义军

---

① 知谏院:差遣官名。别名,谏官。职在谏净朝政阙失,大则廷议,小则上封。
② 陕西三路:即河东路、永兴军路和秦凤路。

建成,有敌人在,西夏胆敢来犯,叫他有来无回!"

司马光摇头说道:"不见得吧!"

韩琦怒曰:"你啥也不懂。"

……

结果呢?义勇军不但刺了,还不是10万,是20万。

结果呢?当西夏军来犯的时候,全军覆没。

苏轼暗自思道:既然你司马光没有忘记当年的事情,话就好说了,他舔了舔嘴唇道:"您曾亲口对下官说道,为陕西三路刺勇的事,您劝说魏公,他固执己见,听不进去下属意见。对此,您很生气。如今,您做了宰相,不也是固执己见么?不也是听不得下属的意见么?我看呀,您比当年的魏公还牛!"

司马光又羞又恼,但他保持了沉默。

苏轼回到家中,苏辙问曰:"谈得如何?"

苏轼苦笑一声道:"不怎么样?"

"为什么?"苏辙问。

"司马牛,司马真牛,司马比当年的韩琦还要牛!"

司马光不听范纯仁和苏轼的,也在情理之中。他俩既没有司马光的官大,又不是台谏官,更不掌纠察。

刘挚呢?

刘挚是侍御史,其秩仅次于御史中丞,是御史台的二把手,掌弹劾,并参与推勘台狱。也就是说,他不受宰相的领导,且有弹劾百官之权,这个百官当然也包括宰相,对于他的话,宰相应当有所顾忌。

第三个登场的便是刘挚。

七　司马光捉奸

王安石和衣而起,绕屋而行,走到半夜,饱蘸浓墨,在屏风上写字,写的全是司马光,直到把屏风写满。

司马光强迫自己看书,直看到鼓打三更,这才带着老仆前去捉奸。

司马光掩卷思道:"楚庄王乃一国之君,爱妃遭人非礼,尚且忍了。我和菊香虽有夫妻之名,却无夫妻之实。我……"

刘挚还没有把话说完,就被司马光阻止了:"矫枉过正,这句话你应该懂的!你就是不懂,免役法该不该废,是宰相的事,与你们御史台无关!"

刘挚落了个大没趣,不敢再言。一出政事堂①,便来了一句:"司马牛,司马真牛!"

司马光坚持己见,就废除免役法之事再次上书朝廷,太皇太后勉强同意了。

诏下,有人拍手称快,有人咬牙切齿,有人摇首叹息,亦有人大睁着两只眼睛等着看笑话。

5 天。

5 天时间,莫说在全国范围内废除免役法,代之以募役法,就是一个州、一个府、一个县,也是不可能的事。

可有人硬把这件事变成了现实。

这个人,既不是旧党,也不是司马光的门生故吏。

不但不是,还是一个新党,还是新党的党魁之一,还是新法的制定者和实施者的亲戚。

这个人,是熙宁三年(1070 年)进士,字写得特别好,就连极为狂傲的书法家米沛也

---

① 政事堂:宰相办公处。

对他极为钦佩。他初知钱塘(今之杭州市),屡迁至龙图阁待制①、知开封府。

元丰八年(1085年),群臣议立新君,这个人附会蔡确,想谋杀宰相王珪,由于王珪先行一步,他没有得逞。

这个人便是王安石女婿蔡卞的亲哥哥蔡京,兄弟二人乃同榜进士。但蔡卞发迹较早,蔡京担任起居郎②时,蔡卞已经做了3年中书舍人。

这个蔡京居然把朝野都认为不可能办到的事办到了。

5天。

就5天!

在蔡京的辖区——开封府内,所辖之17县、8镇、160乡,免役法全部废除,募役法闪亮登场。司马光闻讯,当即把蔡京召到政事堂,拍着他的肩膀赞道:"要是每个人都像你这样,何愁新法不能尽废!"

有了蔡京这个典范引路,加之司马光又将废除免役法的时间延长了仨月,废除免役法的诏令得以在全国贯彻落实,乐得司马光拈胡大笑。

有人喜,就有人悲。远在金陵的王安石,眼睁睁地瞅着自己亲手建立的新法被一一罢废,心如刀绞,欲哭无泪。

当废除免役法的消息传到金陵,王安石哭出了眼泪,且哭且说道:"连这个也要废除吗?免役法是我与先帝共同创立,反复思索两年多才颁布的,内容面面俱到,利国利民,是不应该废除的!"

这一夜,王安石失眠了。

横竖睡不着,他和衣而起,绕屋而走,走到半夜,饱蘸浓墨,在屏风上写字,写的全是司马光,直到把屏风写满,抛笔于地,号啕大哭。

他病倒了,一个月后撒手人寰。他的门生故吏,竟无一人前来吊祭,出殡的队伍不到百人,还尽是他的子侄和至亲。这时的司马光已经病入膏肓,听到王安石去世的消息,挣扎着坐起来,致书吕公著:

……介甫文章节义处甚多,但性不晓事而喜逐非,致忠直疏远,谗佞辐辏,败坏百度,以至于此。今方矫其失,革其弊,不幸介甫谢世,反复之徒必诋毁百端。光以

---

① 龙图阁待制:龙图阁,宋阁名。真宗建,收藏太宗御书、御制文集、典籍、图画、宝瑞之物。初置龙图待制(从四品),掌阁事。后又置龙图阁直学士(简称"龙图"),从三品。
② 起居郎:古代官职。始置于隋。御殿则侍立,行幸则从,大朝会则与起居舍人对立于殿下螭首之侧。

为，朝廷宜优加厚礼，以振浮薄之风。苟有所得，辄以上闻。不知晦叔（吕公著字晦叔）以为何？

征得吕公著同意后，司马光上疏朝廷，朝廷以为可，赠王安石为太傅①。苏轼主动请缨，为王安石撰写敕文。

  皇帝敕曰：朕式观古初②，灼见天命③。将有非常之大事，必生希④世之异人。使其名高一时，学贯千载；智足以达其道，辩足以引其言；瑰玮之文，足以藻饰⑤万物；卓绝之行，足以风动⑥四方；用能于期岁之间⑦，靡然⑧变天下之俗。

  具官⑨王安石，少学孔孟，晚师瞿聃⑩，冈罗六艺之遗文，断以己意；糠秕百家之陈迹⑪，作新斯人。属熙宁之有为，冠群贤而首用。信任之笃，古今所无。方需功业之成，遽起山林之兴。浮云何有，脱屣如遗⑫。屡争席于渔樵，不乱群于麋鹿⑬。进退之美，雍容可观。

  朕方临御之初，哀疚罔极⑭。乃眷眷三朝之老，邈在大江之南。

  究观规摹，想见风采。岂谓告终之问⑮，在予谅暗⑯之中。胡⑰不百年，为之一涕。

---

① 太傅：帝王辅政之官。周代已设，同太师、太保合称三公。
② 古初：太古，历史刚开始的时候。
③ 灼见天命：灼，显明。灼见天命，非常透彻地见到天命。
④ 希：同"稀"，少见。
⑤ 藻饰：文彩。
⑥ 风动：推动，影响。
⑦ 用能于期岁之间：用，因此。期岁，一年。
⑧ 靡然：随风倒下的样子。
⑨ 具官：唐宋以来的公文文稿，把应写明白的官爵品级简写为"具官"。
⑩ 瞿聃：代指佛教和道教。瞿，瞿昙，佛教创始人释迦牟尼的姓。聃，老子姓李名耳，字聃，道教创始人。
⑪ 糠秕百家之陈迹：把各家解经的旧说视为糠秕，作出新的解释教化百姓。
⑫ 浮云何有，脱屣如遗：指王安石把富贵看成浮云一样与己无关，把辞去相位看成像脱掉鞋子一样容易。
⑬ 屡争席于渔樵，不乱群于麋鹿：是写王安石归隐山林后的生活，已同渔父樵夫打成一片，安然与麋鹿相处。
⑭ 哀疚罔极：哀疚，因丧事而悲痛，当时守丧称"在疚"。罔极，无限。
⑮ 告终之问：指王安石去世的消息。问：通"闻"。
⑯ 谅暗：指天子居丧。
⑰ 胡：何。

大宋天子——宋哲宗

　　於戏①！死生用舍之际,孰能违天？赠赙哀荣之文,岂不在我②！
　　宠以师臣之位,蔚为儒者之光。庶几有知,服我休命③！
　　钦此！

元祐元年四月初六日

　　苏轼的敕文巧妙地避开了关于熙宁年间的变法之事,着重从文学、道德、经学才识等方面对王安石做了高度肯定。

　　王安石家人万万没有想到,朝廷会如此厚待王安石,将圣旨供奉在神案上。

　　王安石撒手人寰不到3个月,司马光也走了。

　　司马光早年的身体并不差,因蜗居在洛阳写了15年书,把身体给写毁了。

　　不,也不全是因为写书。

　　他蜗居洛阳那么多年,并非自愿,是被人逼的,被王安石逼的。

　　他反对变法,他以为变法会害了黎民百姓,从而毁了大宋社稷。但他又没有能力阻止,焦虑、愤怒使他常常失眠,身体一天不如一天。

　　他这一次重返朝堂,恨不得一夜之间把新法全部废除,使大宋这条船回到原来的航道上。

　　为达目的,他不是约人谈话,便是批阅公牍,抑或是写札子。仅正月,他上的札子就有8份。

　　一个将近七旬的老人,如此玩命地做事,他的身体承受得了吗？

　　身体已经透支,夫人又在他心口上扎了一刀,他彻底垮了,连上朝都无力行朝拜礼。

　　他的夫人不是已经死了吗？怎么会扎他？

　　这是他的二夫人,确切地说,是续弦。

　　司马光的大夫人,不,应该称之为第一个夫人。

　　第一个夫人张阁,与司马光举案齐眉。张阁将死之时,攥着司马光的手说："妾对不住您,妾将先您而去了。您只知道读书、写书,不会打理自己的生活,妾深忧之。菊香……"

　　她朝那个叫菊香的丫鬟招了招手,菊香忙趋到榻前,躬身问道："奶奶有什么

---

① 於戏:同"呜呼",悲叹之词。
② 岂不在我:难道不正是我的责任。岂,难道。
③ 服我休命:接受我给你的光荣的诏命。服:接受。休命:美善的命令。

吩咐？"

张阁道："菊香，奶奶知道，你也是官宦人家的女子。你的母亲早就想让你做老爷的妾，老爷没有答应，才委屈你做一个丫环。我这就要走了，我最放心不下的是你老爷。我想让你代我服侍你的老爷，做他的夫人，你可愿意？"

司马光抢先回道："不可，不可以！"

张阁问："为什么不可？"

司马光回曰："我与介甫有约，这一生不纳妾。"

张阁反驳道："你不是纳妾，是续弦。"

司马光道："续弦也不行。"

张阁道："您若不续弦，妾走了，谁来服侍您？没有人服侍您，您连饥寒都不知道，怎么生活？"

司马光道："有丫鬟呀，而且，咱府的丫鬟还不止一个！"

张阁道："丫鬟服侍您，和您的夫人服侍您，岂可同日而语！"

司马光道："是不可同日而语。"

张阁道："既然不可同日而语，您就得续弦。您若是不答应续弦，妾从今日始，便不再用药，也不再进食！"

司马光道："你就是不用药，不进食，我也不会续弦。"

张阁道："那好吧，妾自今日始，不再用药，也不再进食。"司马光以为张阁只是说说而已，谁知，张阁真的不再吃药吃饭，任谁劝，她也不听。

3天后，张阁奄奄一息。司马光慌了，答应张阁，他同意续弦。

张阁知道，他不是出于真心，气如游丝道："老爷如果同意续弦，那就趁妾没有去阴曹地府之前，就和菊香拜堂成亲。"

"这……"司马光不干。

他不干，张阁继续绝药绝食。

两天后，司马光勉强同意了。

他这一同意，张阁当天便喝了一碗鸡蛋面疙瘩，而且亲自主持了他们的婚礼。可当司马光和菊香双双进入洞房后，她哭了。

她是关上门哭的。

半月后，张阁驾鹤西去。

司马光对男女之事素来没有兴趣。而且，他年将七旬，又是被迫成婚，虽然和菊香同居一室，并无夫妻之实。

如果菊香还是一个丫鬟，也就罢了，可她不是丫鬟，她是一品宰相的夫人。每天独守空房，不由得生出些许怨气来，这便给苍蝇下蛆的机会。

司马光的主管①赵云变着法儿勾引菊香，成就了巫山云雨，事为老仆所知，悄悄地告诉了司马光。

司马光似信非信。

他虽然与菊香未曾有过房事，但毕竟有了夫妻之名，身为堂堂一品宰相、史学大师，若是夫人和人偷情，岂不颜面尽失！

但是，夫人和管家偷情自己没有亲见，又没被人抓住，不能仅凭老仆一语，就来惩治这对奸夫淫妇。

某一日晚饭后，司马光对菊香说道："老夫要写一个札子，今夜就宿在书房，你只须把茶水给我准备好，不叫你你就不要打扰老夫了。"

菊香忙道一声"遵命"。

写札子是假，捉奸才是真。司马光来到书房，自己强迫自己看书，直看到鼓打三更，这才带着老仆，来到卧室门口，一边敲门一边喊道："开门，开门！"喊了六七声，方听室内应道："妾已经睡了，老爷有什么事，明天再说吧。"

"书房的蜡烛用完了，可我的札子才写了一半，把门打开，我得拿蜡烛。"

室内应道："都三更了，您贵体又有点不佳，明天再写吧。"

"不，这个札子很重要，写不出来我难以入眠。快开门！"

屋内没有回应。司马光再次敲门，且敲且说道："你这是怎么了？你再不开门，老夫就叫大胜撞门了！"

大胜者，老仆也。

"别，您别撞，妾这就去给您开门。"

她口里说开门，却不见行动，直到司马光再次相催，这才磨磨蹭蹭地将门打开。司马光抢步入室，第一眼便向床上瞧去，床上没人。第二眼瞄向墙的四角，也没有人。第三眼扫向梳妆台的下边，还是没有人。他眉头微皱暗道："莫非老仆所言不实？"

司马光瞄的这几个地方，老仆也都瞧了，心中暗道："怪了，真是怪了！刚刚我还潜入赵云卧房，他不在。如今已过三更，除了来会孔菊香，他还能待在哪里？但是，老爷的

---

① 主管：即官家，亦称都管。

卧室就这么大,他又能藏到哪里?"

若说他不在老爷卧室,老爷敲门,孔菊香为什么迟迟不肯开门?这个赵云,一定就在这个屋里!

老仆再次将卧室扫了一遍。

还是没有。

会不会……? 老仆朝床顶①瞧去。

他这一瞧,一丝惊慌之色爬上孔菊香的俏脸。

这一瞧,老仆心中有了数,双手将梳妆台前边的凳子搬到床边,登凳而望。床围的上边,靠墙的地方,趴了一个人。

"赵云,你还不爬下来向老爷请罪!"

司马光恶狠狠地瞪了菊香一眼,菊香面如白纸,双腿一曲,朝司马光跪了下去。

司马光冷哼一声,移目床顶。

赵云爬下床顶,面如涂蜡,也朝司马光跪了下去:"老爷,小人对不住您,您大人大量,您宰相肚里能撑船,您……"他一边说,一边磕头。

司马光低吼一声道:"你不要说了!你这个混账东西。30年前,你差一点冻死在破庙里,老爷我不只救了你的命,还将你收留下来,还送你去学堂读书,还让你做我的主管,就是你亲爹,该怎样对你? 你恩将仇报,你……你……你竟欺负到老爷头上,你……"

司马光越说越怒,抓起凳子,劈头朝赵云砸去。赵云将头一偏,砸中左肩,"哎呀"了一声。

司马光喘了几口气,移目菊香斥道:"你这个贱人,你爹因贪赃枉法被抓,你和你娘理应没入官府为奴,你爹死前痛哭流涕的对我说道,他不配姓孔,他已经对不起他的老祖宗至圣文宣王②,若是再让他的妻女为奴,越发玷污他的老祖宗了! 我觉着他言之有理,上书朝廷,为了至圣文宣王的声誉,朝廷法外开恩,不再让你母女为奴。你娘感我之恩,非要让你做我的小妾。我没答应,你母女跪在院子里不走,我这才收你做了夫人的丫鬟,而你……你……你……"

他浑身乱抖,抖着抖着,用右手捂住胸口,面如送葬金箔,额头上布满了蚕豆大的汗

---

① 床顶:也称床围。古代的床三面有围,头有围、脚有围、里有围,外床沿还有小围。围大都是木质,有些还装饰了金属饰品。

② 至圣文宣王:孔子封号。孔子最早的称号叫尼父,后世屡屡加封。唐高宗李治封其为文宣王。至宋真宗,加封为"至圣文宣王"。

珠子。

老仆暗道一声"不好",老爷的心绞痛犯了,忙用自己右手的大拇指和食指按压司马光中指尖的中冲穴。不一刻儿,司马光的脸色缓了过来。

老仆劝道:"老爷,为这一对狗男女气坏了身子划不来。走,我扶您去床上躺一会儿。"

司马光道:"躺一会也好,但不能在这里躺,得去书房。"

老仆劝道:"您的病您知道,少动为好,还是就躺在卧室吧。"

司马光道:"爷不躺这里,爷嫌这张床脏!"说毕,恶狠狠地瞪了菊香一眼,菊香忙将头低下。

老仆道:"好,我扶您去书房。"

"你还不能扶呢。"

老仆问:"为什么?"

"你得看着这对狗男女,天一亮就把他们押送开封府!"

老仆道:"不用看,把门一锁不就得了。"

司马光道了一声"也好"。

老仆将司马光扶到书房,服侍他在小榻上躺下,正要为他沏茶,司马光突然说道:"锁这东西,锁君子不锁小人,你还是去看着他们吧。"

老仆点头说道:"老爷提醒的对,我给您沏上茶,便过去。"

司马光在小榻上躺了一会儿,觉着心口不疼了,便坐起来看书。

过去,看书对他来说是一种享受,他宁可三日不食,不可一日不读书。

今夜,无论什么样的书,读起来都是味同嚼蜡。

他放下书,强迫自己睡觉,闭目将近半个时辰,依然睡不着。

没奈何,他去院子里散步,头发都被露水打湿了,还是没有睡意。

他回到书房,从书橱里随意抽了一本出来。

这本书叫《楚庄王传奇》。传奇之类的书,他一向是不屑读的。

他迟疑了片刻,将书打开,慢慢地往下看。《绝缨大会》这一章,对他触动很大。

"传奇"说,楚庄王平定了斗越椒之乱,十分高兴,设宴庆贺。

庆功宴在渐台①举行。到了那一天,接到邀请的都来了,渐台之上彩旗飘扬,将军

---

① 渐台:就是一座高台,连接着议事大厅。

和大夫们按照等级，由内侍引到各自的座位上坐下。

楚庄王从大殿出来，凡认识的人，或以手，或以目，逐个儿打了招呼，方才入座。

入座之后，见与他同席的，没有养由基，问道："养由基呢？"

负责席位的伍参跑步而来，躬身回道："他被安排在第三席。"

楚庄王一脸不悦道："寡人此次宴请众卿，有功者居上，并非以职位高低排序。"

伍参点头哈腰道："臣知错！臣立马将养由基安排在第一席……"

楚庄王转怒为喜，举杯说道："各位将军，各位大夫，寡人三年不鸣，不是不想鸣，乃是寡人分不清忠奸。五年来，寡人通过韬光养晦，不仅辨出了忠奸，且将奸佞之人，一一绳之以法，寡人心中高兴，寡人敬诸位三樽，三樽之后，寡人还有话要说。干杯！"

众人跟着他一连干了三樽。

"诸位，你们都知道寡人有个毛病，喜欢音乐和舞蹈。可是，五年来，寡人没有听过音乐，也没有看过一次舞蹈。我们灭了斗越椒，打下了最难打的一仗，你们高兴，寡人也高兴，寡人再敬诸位三樽，尔后欣赏歌舞。"

说毕，又一连饮了三樽。众人亦饮，饮过之后，便开始歌舞，第一个节目——《凤舞》。

编钟响起之后，一群装扮成鸟的女子缓步登台，她们穿得很少，裸背束腰走到渐台中间，在音乐声中展示着鸟儿的各种姿势，其中一位女子，身材特别好看，又特别柔弱，仿佛没有骨头。她不是别人，乃是楚庄王的爱妃许彩儿。

众美女一边舞一边歌道：

> 山有神鸟，五彩披身；
>
> 山有神鸟，不飞不鸣。
>
> 非是不飞，待测风云；
>
> 非是不鸣，大音希声。
>
> 大风起兮，云飞扬兮，
>
> 一飞冲天，风扫残云；
>
> 惊天一声，天下和鸣。

玄妙的音乐，优美的舞姿，将众人带进了与厮杀绝不相干的境界中。楚庄王带头鼓掌，掌声之后，又带头饮了三樽。

演过《凤舞》之后，是音乐演奏，演奏之后，又是柔术。每一个节目之后，楚庄王便提议饮上三樽。这一饮便是十五樽,醉倒者十之三四,可楚庄王还要饮。又饮过三樽,他命令扮演鸟儿的美女走下来给将军和大夫敬酒。

美女们正敬着,一阵风起,将蜡烛吹灭了。

这些美女,当然也包括许彩儿。许彩儿挨个儿敬酒,敬到一位将军时,正好蜡烛灭了。这位将军见蜡烛灭了,一把将许彩儿揽到怀中,他不仅亲了她的脸,还将双手插进她的前胸,摸她的双乳。许彩儿使劲挣了几下,方才挣脱,且顺手拔掉了这位将军头盔上的红缨。她快步走到楚庄王面前,小声说道:"妾敬酒之时,一位将军对妾非礼。"

"何以见得?"

"他不仅摸了妾的脸蛋,还摸妾的双……双乳。"

楚庄王不仅不怒,反而问道:"参加庆功宴的一百七八,汝让寡人如何去找对汝非礼之人?"

许彩儿回道:"启奏大王,妾已将那非礼之人头盔上的红缨摘下,头盔上没有红缨的人,便是非礼之人。"一边说,一边将手中的红缨递给了楚庄王。

楚庄王接缨在手,一脸严肃地说道:"寡人知道了,去吧。"

写到此处,笔者想问一问亲爱的读者,若是换作咱的妻子,抑或是咱的女友,遭人非礼,咱当何处?

就这个问题,笔者曾经问过十几位好友,众口一词:严查!

错了,楚庄王可不这么想。

他怎么想?

寡人召开庆功大宴,凡赴宴之人,都是寡人的功臣,武将酒后失德,人之常情。莫说这些武将,就是寡人见了像许彩儿这样的美女,亦为之动容,这事不能查。

想着想着,内侍走上台来,点燃了楚庄王案前的蜡烛,若再点将下去,那头盔上无缨之人,岂不暴露无疑!

不能点!

楚庄王呼地站了起来:"各位将军,各位大夫,寡人今日宴请大家,乃是因为大家一齐努力,为大楚除去了一个奸佞,一个头号奸佞,大楚自此安逸矣。请众卿务要开怀痛饮,不醉者不为好汉。但话又说回来,参宴者非文即武,文者文绉绉;武者身披铠甲,头戴头盔,哪像一个欢庆的样子!寡人提议,文者放其斯文,武者取下头盔上的红缨,咱喝他个一醉方休。来,干杯!"

干过一樽之后,楚庄王方命内侍点燃蜡烛。

他举着酒樽,摇摇晃晃地走向将军,一个个检查头上的冠缨,凡有缨者,罚酒三樽。这一检查,谁还敢戴缨呀!

楚庄王逐个检查了一遍,说道:"好,很好!诸位大夫,诸位将军,王孙满告诉寡人,若要成就霸业,'在德不在鼎'。寡人希望众卿做一个杀敌英雄,为了先王创下的千秋大业再铸辉煌,干杯!"

众卿举樽齐曰:"干杯!"

这场庆功宴,直喝到鼓打三更方散。楚庄王由两个内侍搀着,摇摇晃晃地回到寝宫,却见榻旁坐着樊姬(楚庄王第一爱妃)和许彩儿,许彩儿也不知哭了多久,一双凤眼有些泛红。樊姬右手拿了一条小手帕,一边劝,一边轻轻为她拭泪。见楚庄王进来,二人慌忙起身跪迎。

楚庄王道:"起来,快起来,此乃寝宫,不必行此大礼。"一边说一边伸手去搀。

"谁惹咱可爱的彩儿生气了?"楚庄王抚摸着许彩儿的脸蛋儿问道。

许彩儿轻轻地啜泣,没有回答。

樊姬代答道:"是大王惹咱彩儿生气了。"

她这一说,许彩儿变泣为哭,哭得一哽一哽的。

"我,寡人何时招惹彩儿了?"

"刚才。"

"刚才?刚才寡人正与众卿欢宴,何曾招惹过彩儿?"楚庄王一脸困惑。

樊姬笑责道:"您不要嘴硬,庆功宴上,彩儿奉命下场给功臣们敬酒,内中一个将军无礼,对彩儿动手动脚,彩儿已经将他头盔上的红缨拽下,交给了您,这个人不是很好查吗,您为什么不查?"

楚庄王笑回道:"这是寡人的过,寡人向彩儿赔礼。"

他真的站了起来,要向彩儿作揖,被彩儿和樊姬拦住了。

他二次坐了下来,一只手握着彩儿的玉腕,一只手抚弄着彩儿的秀发,一脸真诚地说道:"寡人身为大王,自己心爱的女人遭人戏侮,寡人何尝不气,何尝不想彻查?但寡人不查,自有寡人的道理。卿可知道,寡人今日宴请的这些大夫和将军,都是平叛的英雄,大楚的功臣。没有他们,就没有大楚。他们为大楚流血流汗,寡人是诚心诚意地宴请他们,他们喝得越多,寡人越高兴。酒喝得多了,做出一些出格的事,在所难免。要不,人们会说'酒后无德'呢?再说……"

他本想说,你只想你的贞节,贞节在血肉横飞的战争中,算个什么东西?彻查,查出来后，不杀他有违楚法。杀他呢？那可是一怒为红颜而杀了跟我出生入死的将军，岂不冷了国士的心！

　　这话不能说，若是说出来，有些太伤许彩儿了，忙改口道："再说，谁叫咱彩儿长得这么美呢，人见人爱，为了彩儿，竟然以身试法，咱们的彩儿应该感到高兴才是。哎，寡人怎么不是一个女人，寡人若是一个女人，有男人这么喜欢我，他亲我的脸，我就亲他的屁股。他摸我奶子，我就摸他毬……"

　　许彩儿破涕为笑，用双手使劲捶打着楚庄王双肩："您坏，您是天底下最坏的男人！"

　　楚庄王笑回道："男人不坏，女人不爱。今晚，寡人留卿侍寝，寡人就给卿坏一个样子看看。"

　　他双手抱起许彩儿，将她放倒在御榻上。樊姬微微一笑，走向另一间卧室。

　　此事，被历史学家、小说家和剧作家命名为"绝缨大会"，编成戏曲到处传唱。

　　……

　　司马光掩卷思道："楚庄王乃一国之君，爱妃遭人非礼，尚且忍了。他忍的原因，是不想因为红颜而杀有功之人。我和菊香虽有夫妻之名，却无夫妻之实。而且，俺俩的结合，全是出于夫人之意。我若把她和赵云押送开封府，这一去便是两条人命。"

　　两条人命呀！

　　且不说两条人命，这事若是惊动了官府，等于告诉全天下的人：司马光的女人偷汉子！

　　丢人，丢人呀！

　　再之，菊香和赵云虽然无德，但他两个自进入我司马家，前者，把我司马光的夫人伺候得舒舒服服；后者，把我这个家管理得井井有条。

　　唉，倒不如放他俩一马吧！既然要放他俩一马，索性好事做到底，干脆成就了这对野鸳鸯。但是，我司马光的家，他们是不能再待了。但当他真正放了菊香和赵云一马之后，心口又疼了起来。自此，他的心绞痛病三天两头发作，使他本来已经透支的身体，来一个雪上加霜，饮食减少，羸弱不堪，连上朝时都无力行朝拜礼。遂上书自辞相职，并荐吕公著为尚书左仆射，文彦博为尚书右仆射，韩维为门下侍郎，程颐为经筵讲官①。

---

　　① 经筵讲官：简称"经筵官"。经筵，汉唐以来，帝王为讲解经史而特设的御前讲席，宋代始称经筵。

八　哭则不歌

一个意想不到的人站了出来。这个人官不及三品,游走于新党、旧党之间,口碑很差。

当值太监越过御驾,向太皇太后禀道:"经筵官程颐拦驾,说有要事要奏。"

程颐突然问小皇帝:"陛下,你走路时,前边有一群蚂蚁,你当何处?"

太皇太后阅过了司马光上书,沉思良久,坚决不同意司马光辞职,但特许由其养子司马康扶他上下殿,且免去了他的朝拜之礼。

因不同意司马光辞相,吕公著自然就不能上位了。

但韩维和程颐,一个迁为门下侍郎,一个迁为经筵讲官。

文彦博迁尚书右仆射之事,太皇太后虽然同意了,但言官以为不可。不可的理由:文彦博年纪太大——81岁了,又久离朝堂。太皇太后改任其为平章军国重事①,六日一朝,一月两赴经筵,班②列宰相上。

司马光见朝廷对他言听计从,越觉激发忠忱,誓死报效朝廷,自知时日不多,无论大小政务,必亲自裁决,不舍昼夜。

忽一日,西夏遣使来宋,请求宋廷把宋神宗为帝期间攻占她的土地,全部归还,条件是,她把永乐之战③所掠宋之149名吏士归还宋廷。

---

① 平章军国重事:古代官名。"平章"原意为商量处理。唐代以尚书、中书、门下三省长官为宰相,因官大权重不常置,选其他官员加"同中书门下平章事"之名,简称"同平章事",同参国事。后又改称"平章军国事"、"平章军国重事"。宋沿置,因人特授之。职权变化也较大。

② 班:排名。

③ 永乐之战:也叫永乐城之战。宋神宗元丰五年(1082年),西夏听闻宋欲在夏、银、宥三州交界处筑永乐城(又名银川砦,今陕西米脂县西),屯兵戍守,甚感威胁,遣军30万前往改取。由于宋将徐禧的瞎指挥,致使宋军大败,包括民伕及边境归附的熟羌(被汉化了的羌人),死了60万人。

对于宋廷来说,这是一个赔本的买卖。

对于这个赔大本的买卖,司马光居然答应了,要把包括兰州、米脂、浮图、葭芦、安疆在内的大片土地全部退还西夏,舆论大哗!

西夏,原本是宋的一个藩国,在宋真宗、宋仁宗时代逐渐坐大。大到居然脱离宋廷,自立为国了。

这样的"国",宋廷不出兵灭她,已经是皇恩浩荡了,可她居然向宋廷讨要失去的"国土"!

况且,收复包括兰州在内的这些国土,宋廷动用了上百万军队,死了二十余万将士才得到的。司马光上下嘴唇一碰,便脱离了宋疆,实在让人不解。

不是不解,是气愤。

找司马光去!

司马光已病入膏肓,非三六九朝王见驾之日,很少上朝。即使上朝,不是与太皇太后,便是与众执政商议军国大事,执政以下官员见他一面很难。而执政呢?相当一部分人赞成司马光的决定。他们认为,要废除宋神宗和王安石的新法,就得彻底,凡宋神宗和王安石用的人,一律贬黜;凡宋神宗和王安石干的事,一概否定。而兰州、米脂、浮图、葭芦、安疆之地,是宋神宗时代从西夏人手里夺来的,理应归还西夏。这部分人既然存了这样一个心理,他们根本不会去劝司马光。

当然,在执政中不赞成司马光主张的也大有人在。比如吕公著、范纯仁、韩维、文彦博等。这些人和司马光都是多年的朋友,也是因为司马光之荐才得以进入执政班子。他们了解司马光,尊重司马光……

"司马牛,司马真牛!"这是苏轼对司马光的评价。司马光想干的事,8匹骡子也拉不回头,劝的结果,只能使他生气,加重他的病,让他早点死……

为了不让司马光的病情加重,为了不失去司马光,他们不得不忍。

执政们不能指望,非执政的官员,和司马光交好的,可以随便出入相府的范祖禹、程颐、二苏兄弟(苏轼、苏辙)、朱光庭、刘挚、王岩叟、刘安世等,这些人如果愿意出面劝说司马光改变决定也不是不可能。

但是,他们也存了两个担心——一怕司马光生气,二怕他病情加重。

但是,如果听任司马光这样做,受损失最大的是朝廷,其次是司马光自己,不说骂他卖国,至少说他糊涂!

经过反复商议,大家一致认为,还是得劝司马光,且由范祖禹来打头阵。如果劝不下来,再由程颐、刘挚、朱光庭、王岩叟、刘安世及二苏上。

隔了一夜,范祖禹打了退堂鼓,程颐、刘挚等人也都做了缩头乌龟。苏轼又气又愤道:"你们都装好人,那你们就装吧,我苏子瞻上!"

苏轼来到相府,寒暄一番之后,试探着问道:"先生,学生听说,西夏遣使来汴,索要神宗年间失去的土地,不知有无此事?"

司马光有气无力地回道:"有。"

苏轼又道:"不知先生做何打算?"

"归还人家呗。"

苏轼将头轻轻摇了一摇说道:"这有些不妥吧!"

司马光反问道:"有什么不妥?"

苏轼道:"那地可是咱数十万将士用鲜血换来的呀!"

司马光道:"先帝神宗本就不该发动对西夏的战争!你看,战争的结果,死了那么多人,得到的是什么?是几百里不毛之地。什么叫得不偿失,这就叫得不偿失!"说到这里,大声咳嗽起来,咳得他满脸通红,上气不接下气。

苏轼忙趋到司马光身后,轻轻为他捶背。

若是换作别人,就不会再劝了。可苏轼不是这样,他觉着,退还西夏之地事关领土,亦关乎着司马光声誉,还得劝。

他捶了一会儿,见司马光缓过气来,也不再咳嗽了,方又说道:"神宗讨伐西夏,是不得已而为之。西夏原本是从大宋胳肢窝里爬出来的一个国家,大宋承认她,已经是皇恩浩荡了。可她却屡屡向咱大宋用兵,杀咱大宋的人,抢咱大宋的疆土,掠咱大宋的百姓、五谷和猪马牛羊,咱大宋一忍再忍,甚至每年拿出30万贯钱作为'岁币',白送给他们,他们并没有停止对我边疆的侵犯!"

司马光轻轻颔首道:"你说的也是实情。但是,不知道你注意了没有?自庆历二年(1042年)开始,给西夏'岁币'以后,西北边境没有发生战争。当然,小摩擦还是有的,但这些摩擦无碍大局。"

司马光又喘了起来。

喘了一会儿继续说道:"朝廷虽然每年花了30万贯钱,买来了边境的安宁。30万贯,固然不是一个小数目,但若是双方开战,朝廷损失的就不是30万贯了,恐怕是数百甚至上千万贯,还不说要死人、伤人!"

他又咳嗽起来,苏轼忙又为他捶背。

"说句大不敬的话,先帝神宗,两次出兵讨伐西夏的教训,还不沉痛吗?"

"咳……咳……咳……"

苏轼一边为司马光捶背,一边辩道:"是有些沉痛。正因为沉痛,咱才更要珍惜神宗收复的这些土地,若则……"

司马光皱着眉头说道:"你想了没想,朝廷若是不归还夏地,夏就会用武力来抢夺。这仗一旦打起来,就得花钱,数百万上千万贯地花!神宗敢和西夏开战,那是……咳,咳,咳……那是因为他通过推行均输、免役、青苗、市易诸法,敛了不少财。咱们呢?咳……咳……咳……咱们……咱们可是把这些法都废除了呀!咳……咳……咳……"

苏轼不敢再劝了,怏怏而返。

朝中四品以上的大臣,不是一个、两个,也不是十个、八个,是数百个,他们可以为即将失去兰州等大片国土而焦虑、惋惜,甚至愤怒,可是,除了苏轼再没有一个人敢去劝司马光。

一个意想不到的人站了出来。

这个人,官不及三品,游走于新党、旧党之间,口碑很差。

这个人早年从学二程,举进士,补永安县主簿。神宗熙宁二年(1069年),经司马光、吕公著推荐任崇文院校书①。后因忤王安石被赶出朝廷,出知延陵县。熙宁十年,复为崇文院校书。

这个人姓邢名恕字和叔,郑州原武(今河南省原阳县西)人。自幼博览群书,古今成败故事尽在胸中,与人谈话口若悬河,颇有战国游说七国之间的纵横家气度。但他在做人方面实在有些太差,早年奔走在二程、司马光、吕公著之间,后又事蔡确,迁起居舍人。与蔡确、吕惠卿等人同入宋之奸臣传。

如此一个人,居然面谒司马光,谓之曰:"兰州、米脂、浮图、葭芦、安疆之地,乃神宗先帝血战所得,也绝非数百里,是两千多里,若弃之,恐要落卖国之骂名,还请相爷三思!"

司马光沉吟良久问道:"果真是两千多里吗?"

邢恕曰:"下官不敢欺骗相爷。相爷若是有疑,当访之边人。沈括在彼多年,悉知边情,可问也。"

司马光忙召沈括问之,沈括挟舆图示光,语之曰:"且不说葭芦、浮图和安疆,单米

---

① 崇文院校书:宋神宗熙宁二年(1069年)置,以选人考试合格者充任,以备朝廷访问差使。

脂至兰州的距离就将近一千五百里。如此广袤的疆土,拱手送给西夏,实在让人心疼。"

司马光若有所思。

沈括继续说道:"如果实在不想开罪西夏,非要还地的话,葭芦、浮图、安疆可还,兰州、米脂绝不可还!何也?兰州乃一古城,西汉时为河西四郡的通道,设县为'金城县',取'金城汤池'之意。米脂呢?因其地有'米脂水,沃壤宜粟,米汁淅之如脂,古称银州。'"

司马光叹曰:"赖以访君,不然几误国事。"当即遣使告之西夏使:"兰州、米脂、葭芦、浮图和安疆,本为宋土,先帝血战收复,岂有'归还'之理!但夏已张口,若一城不给,会使夏主在群臣面前失掉面子。经朝议,可将葭芦、浮图、安疆等四地赠之于夏……"

夏人志在讨回失去的所有国土,今只得了葭芦等四地,心中很是不满,为防西夏犯边,宋廷迁沈括知枢密院事,掌西北边事。西夏见宋廷有备,没敢轻举妄动。

范纯仁叹曰:"道德文章如司马君实者,几将误国;奸邪如邢恕者,反而救国。可见,评价一个人,不能简单地用'非黑即白'这四个字。白中有黑,黑中有白!"

夏人没有妄动,出乎司马光预料,心中甚喜。但是,他的病情却日益加剧,竟致卧床不起,弥留时尚呓语不绝,细听所谈,皆关系国家事。殁时,正值朝廷举行明堂大典①,典礼一结束,太皇太后就与小皇帝一道赶赴司马光家中祭奠致哀。追赠司马光为太师、温国公,赐以"文正"的谥号。这一谥号,北宋上下168年,只有3人获得,第一个是王曾,第二个是范仲淹,第三个便是司马光。

当他的死讯传开后,远近哀悼,如丧考妣。出殡之日,都人罢市祭奠,岭南封州父老亦相率具祭。归葬以后,汴京及四方人民,尚画像以祀,饮食必祝。苏轼奉旨撰文并书写的"神道碑"②,对司马光的高尚品德和司马光对大宋王朝的贡献进行了歌颂,全文长达两千七百六十余字,文曰:

……

公以文章名于世,而以忠义自结人主,朝廷知之可也,四方之人,何自知之?士

---

① 明堂大典:明堂,古代天子宣明政教的地方,凡朝会及祭祀、庆赏、选士、养老、教学等大典,均在其中进行。
② 神道碑:旧时立在墓道前记载死者事迹的石碑。起源于汉代。

大夫知之可也，农商、走卒何自知之？中国知之可也，九夷、八蛮何自知之？方其退居于洛阳，渺然如颜子①之在陋巷，累然于屈原之在陂泽，其与民相忘也久矣，而名震天下，如雷霆、如河汉，如家至而日见之。司其名者，虽愚无知如妇人、孺子，勇悍难化如军伍、夷狄，以至于奸邪小人，虽恶其害己。仇而疾之者，莫不敛衽变色、咨嗟太息，或至于流涕也。

在安放神道碑时，小皇帝亲笔撰写碑额——"忠清粹德之碑"。

司马光的后事，办得相当风光，唯有一憾，他死的不是时候。他死的那一天，朝廷在明堂举行庆赏大典，其中还有一项重要内容——大赦天下。

这样的大典，自然要歌舞一番。

不只有歌舞可看，还引来了群臣的阵阵欢呼之声。

大典结束后，太皇太后和小皇帝率领群臣前去吊祭司马光，刚出宫，被一位身着紫色、直领对襟、腰悬金色鱼袋的官员拦住御驾。

北宋的皇帝比较亲民，御道，只要皇帝不出行，不只允许一般人行走，也可摆摊做生意。故而，皇帝出行，被拦御驾的现象时有发生。

当值太监越过小皇帝御驾，直趋太皇太后的御辇前，小声禀道："启奏太皇太后，经筵官程颐拦驾，说有要事要奏。"

太皇太后眉头微皱道："传老身懿旨，老身要去吊祭司马相公，有什么事明天再奏。"

当值太监去而复归："启禀太皇太后，程大人说，他所奏之事，事关司马相公，非要面谒太皇太后。"

若是换作别的大臣，太皇太后定会一口拒绝，可程颐不是一般大臣。

他也是一个大师，名气虽然还没达到司马光的高度，但也相差无几。

首先，他有一批弟子成材了，职位最高的已经是朝廷的台谏官员，比如朱光庭等。

其次，他的学问形成了体系——理学。

理学又称"道学"。汉儒（主要是古文经学派）治经侧重名物训诂，宋儒则多以阐释义理，兼谈性命为主，故有理学之称。

---

① 颜子：即颜回。春秋末夏国人，名回，字子渊。位居孔子七十二弟子之首，后人尊称其为"复圣"。

理学的形成有一个过程,先驱人物有胡瑗、孙复和石介,称之为"宋初三先生"。他们以《周易》《春秋》为依据,继承了韩愈的道统论,提倡道德性命之学,揭开了理学形成的序幕。到了周敦颐、邵雍、张载和二程,理学才基本确立。

二程兄弟曾同师于周敦颐,在理学上处于承前启后的重要地位。二程是洛阳人,其学也称"洛学",著作合编为《二程全书》。大程叫程颢,字伯淳,世称明道先生;小程就是程颐,字正叔,世称伊川先生。二程思想大体相同,但同中有异,后人标称的程朱理学,主要是小程的思想。

程颐最得意的是提出了"天理"的命题,声称"吾学虽有所授,'天理'二字却是自家体贴出来的。"

……

确切地说,理学的创立,虽然不是程颐一人,但是,活着的他是唯一。而且,他还是此时的理学的集大成者,世人简直对他顶礼膜拜。有鉴于此,在司马光的举荐下,太皇太后给他安排了一个非常荣耀的职位——经筵讲官。

经筵讲官就是帝师。宋立国以来,特别看重和尊重经筵讲官。真宗、仁宗的老师们大都升到了宰执的位置。

经筵讲官不只前途光明,而且,由于他们和皇帝的特殊关系,可以影响朝廷的决策。

如此一个人物,太皇太后不得不对他敬上三分。

太皇太后轻启玉唇道:"传程经筵辇前答话。"

程颐趋到辇前,行了一拱手礼说道:"启奏太皇太后,今天您不能去吊祭司马相公。不只您不能去,皇上和大臣们都不能去!"

太皇太后一脸困惑道:"为什么?"

程颐一脸肃然道:"'子(孔子)于是日哭,则不歌。'刚才,太皇太后、皇上以及诸位大臣,在明堂上举行庆赏大典,无不欢乐。既然已经欢乐过了,就不能再去吊祭司马相公。若硬要去,那是对亡灵的不敬!"

他这句话最大的杀伤力,是搬出了孔子——"哭则不歌"。也就是说,哭的当天不能欢乐!

太皇太后暗自思道:"宋朝自立国伊始,便倡导尊师守礼。违'理'的事,是不能干的。但是,为司马相公吊祭之事,是老身我的决定,而且已经走出宫门了,这会儿再折回去,叫众臣作何想?"

也活该程颐丢人,正当太皇太后举棋不定之时,从御辇的后边走出来一个人。这个人五旬年纪,峨冠多髯、大长脸、额头扁平。他朝程颐拱了拱手说道:"孔夫子之为,只是告诉吾等,同一天,哭则不歌,并没说歌后不能哭。"

程颐本来和这个人是好朋友,见他如此取笑自己,怒火中烧,但他知道此人打嘴仗的功夫,堪称天下第一,忍了又忍反击道:"这不只是夫子个人之为,汉初把它作为'礼'。"

这个人哈哈大笑道:"汉初之礼,乃叔孙通所制。叔孙通这个人呀,比吕布还要厉害,吕布为'三姓家奴',他呢?是五姓家奴!他初为秦朝博士,一姓也;见秦将要灭亡,弃秦而投项梁,二姓也;项梁败死定陶(今山东西南部、万福河上游)后,他又投靠楚怀王,三姓也;怀王为义帝,迁都长沙,他留下事项羽,四姓也;汉高祖二年(公元前205年),他转投汉军,五姓也。汉高祖统一天下后,下令废除秦的礼法,代以简易的规范,叔孙通自荐为刘邦制定朝仪。五姓家奴所制之礼,也算'礼'吗?"

程颐满脸通红,将嘴张开了几张,又合住了。他狠狠地剜了这个人一眼,掉头而去,引来阵阵笑声。不少人竖起大拇指称赞这个人:"苏学士,您比司马相公还牛!"

这个苏学士,便是苏东坡。

太皇太后见程颐落荒而去,忙传旨众臣继续前行。

吊祭归来,又有新的笑料传出。苏东坡回家后,意犹未尽,对苏辙说道:"这个程正叔(程颐字正叔),简直是麀糟陂里叔孙通!"

麀糟陂是汴京城外的一个地名,非常偏僻,那里的人酷似乡巴佬,土里土气。

这话,不知通过什么渠道传了出去,"麀糟陂里"便成了程颐的绰号。

苏东坡一时高兴,说了这么一句话,成就了这么一个绰号。孰知,这一句话,这一个绰号,让北宋走向了灭亡之路!

宋朝是文人的天堂,是一个最风雅的时代。每一个官员都讲究举止礼仪,哪怕是身为宰执,都会因为朝堂上不该咳嗽而咳嗽了丢官。

在宋朝,一个没有风度的男人,就不是男人!

司马光、苏东坡、王安石为变法之事吵得不可开交。为了新法的推行,王安石将司马光和苏轼赶出了汴京,一个闲居洛阳,一个去黄州受苦。但这皆是因"公"而为,不掺杂个人私念。故而,乌台诗案发生时,为救苏东坡,王安石挺身而出。

三十年河东转河西,司马光执政,王安石驾鹤西去,连他的亲朋和弟子都害怕引火烧身,不敢参加葬礼,司马光上书朝廷,追赠王安石为太傅;苏轼主动请缨,为王安石撰写敕文,文中对王安石作了高度肯定。

八　哭则不歌

就连这一次为司马光吊祭一事,苏东坡之为,弄得程颐很没面子,程颐愤而离去,但自始至终未出一句恶言。可程颐的弟子就不是这样了,他们觉着苏东坡羞辱了他们的恩师,怀恨在心,伺机报复。自此,官场的噩梦开始了,宋朝变了味儿。

宋元祐元年十一月底,朝廷打算选拔一些馆阁①人员,此人员的选拔,必须通过考试。作为当世第一大儒、理学始祖和帝师,理应担任考试的出题人。但是,太皇太后却把这一光荣使命交给了苏东坡。程颐本人倒没有说什么,他的那些门生却把苏东坡恨得咬牙切齿。

苏东坡呢?素无城府,接受诏令后也不知道辞让,反想着如何出一个有难度、有力度、又能发挥的题目,为朝廷选拔一批有真才实学的馆阁人员。经过一番深思熟虑,他出了这样一道题——"论今朝廷欲师仁宗之忠厚,惧百官有司不举其职而或至于偷(苟且);欲法神宗之励精,恐监司守令不识其意而流于刻(峻刻)。"

考试刚一结束,程颐的门生朱光庭、吕大临,伙同同为谏官的贾易跳了出来,弹劾苏东坡大逆不道,说这个试题侮辱了仁宗和神宗。二位先帝均是不可世出的明君,在苏东坡眼中,反成了苟且和峻刻之君!

苏东坡立马反驳道:"试题着眼当前吏治,且经御笔钦点,朱光庭和贾易纯属吹毛求疵!"

朱光庭、贾易亦上书反驳:"苏东坡明明有罪,不但不反省,反把责任推给皇上,真是可恶至极!"

吕陶看不下去了。

吕陶也是谏官。

他上书朝廷,为苏东坡申辩,大意如下:

……苏学士所出之试题没有问题。何也?大宋自立国以来,推崇魏徵,鼓励大臣敢于直谏。宋太宗喜欢登山,赵昌言投其所好,建议在金明池建一座假山,而这座假山上还要建一个承露台,两项的造价约需一千二百万贯。太宗御笔一挥,批了一个大大的准字。寇准公然跳出来反对,指责太宗:"为了帝王享乐,耗资一千多万贯,这样的事只有夏桀王、殷纣王才会干。"太宗指着寇准的鼻子质问道:"依你

---

① 馆阁:北宋以后掌管图书、编修国史之署。宋沿唐制,置"昭文馆""史馆"、集贤院三馆和"秘阁""龙图阁"等。能够进入馆阁任职,不只是一种荣耀,也是两制(唐宋翰林学士受皇帝之命,起草诏令,称为内制;中书舍人与他官加知制诰衔者为中书门下撰拟诏令,称为外制)官员的备选。

所言,朕是夏桀王和殷纣王吗?"寇准不紧不慢地说道:"您现在还不是,您若一意孤行,您便是。"把太宗气得说不出话来,拂袖欲走。寇准抢步上前,拉住他的龙袖不让走。寇准之言之行,可不仅仅说百官"偷"和"刻"了,而是把矛头直指太宗。太宗不但没有治寇准罪,反颁旨一道,停建假山和承露台。仁宗容人的雅量,与太宗相比,毫不逊色。仁宗的爱妃屡屡给他吹枕头风,要擢她的伯父张尧佐做计相①,仁宗也答应了,可包拯坚决反对,唾沫星子溅了仁宗一脸。更有甚者,仁宗受了吕夷简蛊惑,废掉了郭皇后,遭到以范仲淹为首的大臣的强烈反对。石介——也就是称之为北宋三先生之一的石介,置宋仁宗大病初愈(昏迷了九日)而不顾,抓住废后一事大放厥词:

——尚历代昏君之为而废后。

——宠信尚、杨诸美人……娼优戏于上前。

——妇人朋淫宫内,饮酒无时节,钟鼓连日夜,有如此之为,才有昏迷九日之事。报应,报应也!

石介之书,如此恶损仁宗,仁宗也没有处罚他。

朱光庭、贾易身为谏官,该谏的事他们不谏,反抓住苏学士出题一事大做文章。

他们之所以抓住苏学士不放,那是因为,他们既是洛阳人,又是程经筵的弟子。前不久,因该不该吊祭司马相公一事,苏学士和程经筵口角了一番。朝廷最终采纳了苏学士的意见,程经筵和他的弟子们怀恨在心,便借苏学士出试题一事,想整倒苏学士。有人说程经筵和他的弟子,以及洛阳籍的京官走的很近,有结党之嫌,敬请皇上明察!

吕陶上书的消息,很快传到了苏轼耳中,他的脑袋"轰"的一下大了:这个吕陶,糊涂至极!你这不是给我苏子瞻帮忙,你这是给我苏子瞻添乱!你说人家结党,人家也说吾等结党怎么办?唉,这个吕陶!

苏轼的担心,3天后变成了现实。

邢恕,这个奸佞小人。

这个游历于新党和旧党之间的奸佞小人!当司马光驾鹤西去后,他便把宝押在了

---

① 计相:初置于西汉,原为丞相府中专掌计籍的官员。宋时,三司使称之为计相,"统管盐铁、度支、户部,号曰计省,位亚执政,目为计相。"

新党身上。

他之所以把宝押在新党身上,一是司马光死了,二是新党一号首领的儿子一天天长大,而这个儿子,虽然是一个傀儡皇帝,但大宋这个舵迟早必由他来掌。

而且,邢恕还知道,程颐虽为帝师,但小皇帝并不待见他。

小皇帝不待见帝师,并不全怪小皇帝。

程颐有学问,有大学问,谁也不敢否定。但他有些呆板,呆板得有些不近人情,包括对小皇帝。

小皇帝虽然贵为皇帝,但他还是一个娃娃,娃娃的特性好玩,甚至有些顽皮。

春天到了,万物复苏,花木繁荣,小皇帝在深宫中凭栏观景,随手折下一根柳枝。程颐皱着眉头说道:"陛下,您不能这样。春天是万物生长的季节,您是上天之子,要仁慈,要博爱,要像爱护您自己一样爱护万物,这万物当然也包括柳树。这柳树就相当于您的子民,'己所不欲,勿施于人',您怎能随便折断它的枝呢!"

小皇帝不想听,但没有反驳。

虽然没有反驳,心中对程颐划了一道,反感的一道。

某一日,小皇帝穿戴整齐地走进课堂,程颐讲了一番仁君要爱民的大道理后,突然问道:"陛下,您走路时,前边有一群蚂蚁,您当何处?"

小皇帝毕恭毕敬地回道:"朕当避之。"

程颐连连叫好:"您终于开窍了!不管是柳树还是蚂蚁,它们都有生命,都是您的子民,您要爱护它们。爱护它们,就是爱护您自己。它们是水,您是舟,水能载舟,亦能覆舟。"

小皇帝尽管点头称是,心中反感至极。

既然小皇帝反感程颐,既然小皇帝还会长大。

不只会长大,还会主宰天下,我邢恕何不在他未曾长大之前为他出头一次,煞一煞这个伊川河畔老夫子的威风!

要煞程颐的威风,那就得借助吕陶的上书说事。吕陶不是说有人说程颐结党吗?朝廷可以容忍官员贪赃,也可以容忍官员枉法,但绝不允许官员结党。

既然朝廷不允许官员结党,我就拿程颐结党说事。

结什么党呢?

程颐所结之人,大都是洛阳人,那就叫"洛党"吧!

于是,邢恕上书朝廷,攻击程颐结党。

九　十年生死两茫茫

十年生死两茫茫,不思量,自难忘。千里孤坟,无处话凄凉……

陈州州学教授章元弼,每天捧着苏轼的诗文读,还把这些诗文绘在身上,引得娇妻醋意大发。

别人给小皇帝授课,都是站着,以示对皇权的敬畏,唯有程颐非要坐着讲……

太皇太后对程颐本无好感,见了邢恕之书,当即批转御史台,让他们查一查程颐结党之事。

既然批转御史台,程颐岂能不知!他既然知道了,岂能不召集众弟子和洛阳籍京官商议。商议的结果,以牙还牙。

怎么还?

邢恕,一个小小的起居舍人,居然敢攻击帝师,若没有苏轼的支持,他敢吗?

好你一个苏轼,你攻击我是洛党!

什么洛党?

无非是上书弹劾你的几个人,诸如朱光庭、贾易是我的学生。吕陶呢?是眉州彭山(今属四川)人。你说我与朱光庭等人是洛党,我可不可以说你苏轼是蜀党呢?当然可以!

既然可以,便让朱光庭上书攻击苏轼和吕陶是一党——蜀党。

既然苏轼和吕陶是一党,吕陶的上书,便苍白无力。

有力也罢,无力也罢。既然有了朋党,就不会只有两个。正当朝廷像找白头小虫(喜鹊)那样寻找朋党之时,刘挚跳了出来。他上书朝廷,同一地域之官,交往相对多一些,实属正常,不能以地域来划朋党。

刘挚之论,本来无可厚非,一个不知名的谏官,出于对刘挚的嫉妒,居然上书朝廷,言说刘挚也是朋党的头目。刘挚之朋党,多为朔州(治所在今山西朔县一带)人,比如梁焘、王岩叟、刘安世等。这个党叫什么呢?叫朔党。

乖乖,一个国家竟然出现了三个朋党!

查,一定要彻查——这是御史台的态度。

好在太皇太后还算明智,不让彻查。

既然不让彻查,事情由苏轼引起,对苏轼应该有个态度。

有!

苏轼不但无罪,而且在原有的官帽上又加了一顶——崇政殿说书①。

这一加,等于诏告天下,洛党错了。

洛党不服。但他们知道,如果由他们出面辩解,只能是越描越黑。

他们不再出面,他们找到了朔党的王岩叟,为他们代言。

王岩叟很精,他知道,若拿苏轼出题不当,抑或是拿党争来说事,效果都不会太好。

那么,拿什么来说呢?

拿太皇太后来说。

只有把刀插到太皇太后的软肋上,让她闭了嘴巴,才能整倒苏轼。

太皇太后的软肋在哪里?

太皇太后的软肋就在于她太爱苏轼了。作为女人,没有不希望男人多情的,太皇太后也是女人。

苏轼的第一任夫人王弗,比苏轼小3岁,貌美、温良、贤惠,成婚时15岁。刚开始,苏轼不大看得起王弗。小女孩一个,又没什么文化。做了几年夫妻,他才知道这个小女孩不简单。

苏轼爱读书,每当他读书的时候,王弗就来到书房里为他添香。

添香之后,坐下来静静地做针线活。苏轼不问她话,她从不开口。

不,这话有些绝对。

苏轼虽然聪明,但背书的时候,偶尔也会卡壳儿。每当他卡壳儿的时候,王弗便给他提个词儿。提完词儿之后,继续做她的针线活。苏轼觉着奇怪,问曰:"你也识字?"

王弗将头轻轻点了一点。

---

① 崇政殿说书:宋文学侍从官。掌为皇帝进读书史,讲释经义,备顾问应对,以学士侍从中有学术而秩卑资浅者为之,班位在侍讲、侍读学士之下。

苏轼又问："你都读过什么书？"

王弗轻描淡写地说道："您这书橱里的书，妾几乎阅了一大半。"

苏轼不大相信，从书橱里抽了一本书，照着书本提问，王弗竟然答对了。于是再抽，连抽了3本，王弗都读过。

苏轼大惊，对这个小女孩刮目相看。

王弗不只贤惠、有知识，还长了一双慧眼。苏轼做官后，经常有人来家里拜访他，王弗便经常躲在屏风后边听他们谈话。

王弗之所以这么做，因为她知道，苏轼虽然读书多，也有才，但他那才全部来自书本，而书本的知识往往和社会现实不一样。苏轼能分得清文章的好坏，但分不清什么是好人和坏人。她偷听他们谈话的目的，是想帮苏轼分清谁是好人，谁是坏人，谁可交，谁不可交。

某一日，一个姓曲的来拜访苏轼，二人谈了将近一个时辰。那人一去，王弗便从屏风后面走出来，对苏轼说："这个人不可交。"

"为什么？"苏轼问。

王弗回曰："这个人说话时，很会迎合您。您说某人好，他便说某人好。您说某件事某人做得不对，他便也说某人不对，典型的马屁精一个。您一旦有了困难，需要他帮忙，他肯定不会帮。"

苏轼将信将疑。

王弗道："您若不信妾的话，您可以试一试嘛。"

苏轼将头点了点。

半个月后，苏轼来到曲某家，装作愁眉苦脸的样子说道："老朋友，愚弟摊上麻烦事了。"

曲某问："什么麻烦？"

"有谏官上书弹劾小弟，说小弟在担任福昌县主簿时，收受一朱姓商人300贯钱，朝廷居然信了，不只要罢小弟的官，还要抄小弟的家！小弟为官8年，好不容易攒了300贯钱。小弟想把这笔钱放您这里，您看如何？"

曲某轻叹一声道："凭咱俩的交情，我应该帮你。但是，你也知道，你嫂子是个长舌妇，你把这么多钱放我家里，你嫂子一旦说出去。不，不是一旦，是肯定要说出去。她这一说呀，不但你的钱保不住，连我也要扣上一个窝赃的罪名。这样一来，不只害了你，也害了我，你这个忙我不能帮！"

九 十年生死两茫茫

苏轼冷哼一声,掉头就走。

多么好的夫人呀,苍天不祐,宋英宗治平二年(1065年),年仅26岁的王弗撒手人寰,苏轼哭得死去活来。

10年后,苏轼已经另娶了夫人。

这个夫人叫王闰之,比苏轼小12岁,是王弗的堂妹。她虽然没有堂姐那么聪慧,但比她堂姐年轻漂亮。

他不只娶了妻子,还纳了妾。

这个妾,叫王朝云。

苏轼与王朝云相遇,是在遭贬杭州期间。

一日,苏轼与文友同游西湖,招来歌舞助兴,在十几名舞女中,王朝云以清丽淡雅的姿色、高超的舞技、灵动的眼神、娇憨而又机智的谈吐打动了苏轼因遭贬而有些暗淡的心,苏轼将她收作侍女。

据说,苏轼那首名扬天下的《饮湖上初晴后雨》,便是为王朝云所作。诗曰:"水光潋滟晴方好,山色空蒙雨亦奇。欲把西湖比西子,淡妆浓抹总相宜。"

一个已经娶妻纳妾的男人,相隔10年,居然还记得他的前妻!

不是记得,是思念,是深深的思念!

当他的前妻10年忌辰的时候,他为她挥笔写下了流芳千古的绝唱——《江城子》:

> 十年生死两茫茫,不思量,自难忘。千里孤坟①,无处话凄凉。纵使相逢应不识,尘满面,鬓微霜。
>
> 夜来幽梦忽还乡,小轩窗,正梳妆。相顾无言,惟有泪千行。料得年年肠断处,明月夜,短松冈②。

苏轼不仅多情,还有才,有大才。

嘉祐二年(1057年),苏轼跟着父亲苏洵自偏远的西蜀地区,沿江东下,进京参加省试③,当时的主考官是文坛领袖欧阳修,小试官是诗坛领袖梅尧臣。这两人正锐意诗文

---

① 千里孤坟:此时作者在密州(今山东省诸城县),王弗葬于眉山东北(今四川省鼓山县)苏洵夫妇墓旁,两地相距千里。
② 短松冈:长满矮松的坟冈。短松,矮松。冈,坟地。
③ 省试:也叫礼部试或会试,由礼部主持,在京师举行,第一名称会元。

革新,苏轼那清新洒脱的文风,一下子把他们震动了。策论的题目是《刑赏忠厚之至论》。欧阳修看了苏轼的策论,眼睛为之一亮,本应点他为第一名,又怀疑这篇文章的作者是曾巩,而曾巩又是欧阳修的弟子,方使他屈居第二。

复试时,欧阳修又见到一篇《春秋对义》,赞叹之余,便毫不犹豫地将此考生点为会元。发榜时,欧阳修才知道,初试、复试给他留下深刻印象的两篇文章,均出自苏轼之手,让他惊叹不已。他无不感慨地对梅尧臣说道:"读轼书,不觉汗出,快哉快哉!老夫当避路,放他出一头地也。"

出人头地一典,便源于此。

在欧阳修的一再称赞下,苏轼的名声大噪。他每有新作,立刻就会传遍京师。

苏轼在省试中,由于欧阳修的"压制",未能当上状元。但是,在以后的制科考试中大放光辉。

何为制科考试?

制科考试跟进士科考试不一样。进士科考试也叫省试、会试,亦叫礼部试,每3年进行一次,考试的内容很杂。不只考策论,还考诗赋、经义、贴经①和墨义②,招收的人数也比较多,最多时达六百余人。制科呢?它的考试是不定期的,参加制科考试的人员由大臣们进行推荐,然后参加一次预试,最后由皇帝亲自出题考试。北宋、南宋相加,三百多年,共举行了22次,录取了多少人呢?41人。那么,同期录取了多少进士呢?录了四万多名。41比四万多,差一千倍。也就是说,考中制科比考中进士光荣一千倍。

苏轼参加制科考试,居然考了个第三等。

第三等就是第一等。

何也?

宋代制科考试,第一等和第二等都是虚设。第三等就是第一等。

北宋立国到苏轼参加制科考试,有一百多年时间,考取第三等的只有吴育和苏轼。

苏轼的弟弟苏辙也不甘示弱,居然考了个第四等。

兄弟同中制科,这在中国史上,前无古人,后无来者。仁宗皇帝很高兴,回到宫中,一脸高兴地对太皇太后的婆母——慈圣光宪曹皇后说道:"朕通过这一次制科考试,发现了两个人才。两个不世出的人才——苏轼兄弟。朕老了,朕想把这两个人才留给朕

---

① 贴经:就是将经书任揭一页,将左右两边蒙上,中间只开一行,再用纸贴盖三字,会试者填充。
② 墨义:对经文的字句做简单的笔试。

的子孙,让他们辅佐朕的子孙,光大大宋!"

苏轼不只会考试,他还会做文章,还会吟诗作赋和填词。他的书法,也堪称一绝,位列大宋四大书法家(苏轼、黄庭坚、米芾、蔡襄)之首。故而,他的知名度很高。随着年龄和阅历的增长,他的词达到了中国词坛前所未有的高度。《江城子》不只开创了悼亡词的先河,也是悼亡词的绝唱。

这首词,就是与婉约派①的大师中的任何一首词相比,也毫不逊色。

继《江城子》之后的《水调歌头》,也属于豪放派。后人说它:中秋词自东坡《水调歌头》一出,余词尽废。

词的上阕写"明月几时有,把酒问青天",发欲升天之奇想,但又恐高处奇寒,不如人间,一波三折,抒写词人由于政治失意,想要超脱尘世又热爱人间、眷恋人生的矛盾心态。下阕由"人有悲欢离合,月有阴晴圆缺",慨叹人生好事难全,古今一样,进而表达"但愿人长久,千里共婵娟"的心愿。

6年后的一首《念奴娇·赤壁怀古》,更是洛阳纸贵:

大江东去,浪淘尽,千古风流人物。故垒西边,人道是,三国周郎②赤壁。乱石穿空,惊涛拍岸,卷起千堆雪。江山如画,一时多少豪杰。

遥望公瑾当年,小乔③初嫁了,雄姿英发。羽扇纶巾④,谈笑间,樯橹灰飞烟灭。故国神游⑤,多情应笑我,早生华发。人生如梦,一樽还酹⑥江月。

他的诗,他的词,倾倒了无数人,特别是那些少女、少妇。

苏东坡遭贬期间,有一个叫温超的少女狂热地爱上了他,居然对家人说:"我要嫁人,就嫁苏东坡。"

爱苏东坡的人,不只少女、少妇,男人中也不乏其人。

---

① 婉约派:婉约派和豪放派是宋词的两个流派。婉约派词作以离情别绪、伤春悲秋,抒写个人的愁绪为主要内容,音律能配合演唱,代表人物有柳永、秦观等。豪放派词特点是创作视野较为广阔,气象恢弘雄放,喜用诗文的手法、句法写词,词语宏博,用典较多,不拘音律,然而有时失之平直,甚至涉于狂怪叫嚣,代表人物有王安石、苏轼等。
② 周郎:指三国周瑜。周瑜,名瑜,字公瑾。
③ 小乔:据《三国志》载,周瑜从孙策攻皖,得乔公二女,皆天姿国色,策自纳大乔,瑜纳小乔。
④ 羽扇纶巾:诸葛亮的装束。
⑤ 神游:心神向往,如亲临其境。
⑥ 酹:以酒洒地,表示祭奠。

陈州州学教授章元弼并非帅男，却娶了一位美若天仙的妻子陈氏，他够幸福了吧！

可他不知道珍惜，每天捧着苏轼的诗读，且把这些诗文文在身上，自我陶醉，但对娇妻，却不理不睬。陈美女忍了又忍，对章元弼说道："你既然喜欢苏东坡胜过喜欢妾，那你干脆把妾休了吧！"

章元弼问："你这样说，是不是非要让我在苏东坡和你之间，来一个二择一？"

陈美女道："你说得对，事不大，你看着办吧！"

章元弼断然说道："我要苏东坡！"

苏轼不只有才，官也做得好，为官一任造福一方。乌台诗案发生的时候，苏轼任过官的地方，成百上千的人往汴京跑，或去探监，或为他鸣冤。

苏轼不只官做得好，还特别忠于朝廷。

王安石曾有恩于他，但当王安石鼓动神宗变法，而这个变法，又将动摇大宋的社会基础，苏轼毫不犹豫地站在了王安石的对立面。

如此一个人！

朝廷需要这样的人！

既然需要，就不能亏待。

这样一个人，司马光即使不荐，朝廷也会用。

这一用，苏轼由常州团练副使晋升为礼部侍郎。一个半月后，又晋升为翰林学士。

某一日，苏轼在宫中当值，太皇太后将他召到偏殿，小皇帝就坐在太皇太后右边。

太皇太后问曰："子瞻，你进京前担任何职？"

苏轼回道："常州团练副使。"

太皇太后问："进京后你任何职？"

"礼部侍郎。"

太皇太后又问："如今又任何职？"

"待罪翰林学士。"

"你知道你为什么得以进京？不只进京，还升了官。不只升了官，不到俩月又迁？"

苏轼迟疑了一下回道："是皇上和太皇太后的错爱。"

太皇太后摇了摇头道："并不因此。"

苏轼想了又想，说道："莫非大臣的论荐吗？"

太皇太后复又摇头，说道："有这么一丁点儿。"

苏轼皱着眉头又想，却怎么也想不出来，苦笑一声："启奏太皇太后，臣愚昧，还请太皇太后赐教。"

"升卿的官,乃是神宗皇帝的遗命。"

苏轼吃了一惊,暗道:不会吧!

太皇太后继续说道:"老身这话,卿可能不信。老身给卿说一件事,卿就不会不信了。神宗皇帝有个习惯,吃饭时看书,一边看一边点头,有时候还笑出声来。内侍们偷偷一瞅,原来是看你的词集。他说,你是奇才,但有点傲,得压一压你,留给他的子孙用。"

苏轼听着听着哭了。

他方才明白,在此之前,尽管有那么多人弹劾他、陷害他,但他始终没有彻底丢官。而且,依然活了下来,全都是神宗所赐呀!

他越哭越痛,太皇太后亦为之泣下。小皇帝见他们对哭,忍不住也呜咽起来。

左右内侍,也都跟着落泪。大家统是哭着,反觉得大廷岑寂,良夜凄清。太皇太后见了此状,似觉不雅,即停泪语轼道:"这不是临朝时候,君臣可不拘礼节,卿且在旁坐下,老身当询问一切。"

言毕,即命内侍移过锦墩,令轼旁坐,轼谢恩坐下。太皇太后问语片时,无非是国家政要。轼随问随答,颇合慈意,特赐茶给饮。轼谢饮毕,太皇太后复顾内侍道:"可撤御前金莲烛,送学士归院。"

说毕,偕小皇帝入内。轼向虚座前申谢,拜跪毕仪,当由两内侍捧烛导送,由殿至院。

太皇太后召苏轼的事,第二天便传了出去。大臣们肚如明镜,太皇太后在说谎。神宗皇帝如果真的那么爱苏轼,还会发生"乌台诗案"吗?

尽管人人肚如明镜,但没有人敢站出来说破。

王岩叟,这个大宋的状元,这个才华横溢的大宋状元,居然受了朱光庭的教唆,出头向太皇太后发难,非要整倒苏轼。

怎么发难?

他上书朝廷:神宗皇帝若有遗命要重用苏轼,请拿出证据来!

再者,退一万步讲,神宗皇帝真有重用苏轼的遗命,太皇太后也不一定会听。理由是,太皇太后如果真的爱她的儿子——宋神宗,还会把宋神宗之前引为自豪的大政——熙宁变法(王安石变法)来一个全盘否定!

这两刀,确实扎住了太皇太后的软肋。她暴跳如雷,原本要将王岩叟踢出朝廷。

不只王岩叟,程颐、朱光庭、贾易,也不是东西,应该一并踢出。

事为吕公著、范纯仁所知,进宫苦谏,太皇太后这才放了王岩叟、程颐等人一马。程颐不但不知感恩,反因太皇太后偏袒苏轼,与太皇太后结下了怨。

元祐二年,夏秋之际,小皇帝因患疮疹不能上朝听政。古制,皇帝三日一朝,也有皇帝隔日一朝,亦有一日一朝的。

朝中事那么多,就是一日一朝,也处理不过来。所以,小皇帝生病之后,照太皇太后的意思,朝会照常进行。

程颐居然上书反对:"朝会应当由皇帝主持,皇帝不能视事,太皇太后不当独坐!"

这话说得对。

但是,他忘了,小皇帝是一个10岁娃娃,即使坐朝,真正的决策者还是太皇太后。

既然是太皇太后,这朝会照常进行有何不可?

可程颐认为不可!

就道理而言,太皇太后驳不倒程颐。

但是,太皇太后有权。

不只有权,她还会算账。而且,新账旧账一齐算。

这一算,程颐被罢去了经筵官,出管勾西国子监①。

三党的斗争,到此本应画上一个句号。朔党的贾易突然向文彦博、吕公著、范纯仁发起了疯狂的进攻。

疯狗!

一条不折不扣的疯狗。

但是,一旦遭疯狗咬伤,后果不堪设想。文彦博、吕公著、范纯仁群起而反击,朝廷将疯狗赶出朝堂,出知怀州(今河南省沁阳县)。

这个贾易,为什么发疯?

他太爱程颐了。爱屋及乌,凡程颐所爱,他也爱。当然,程颐所恨者,他也恨。

程颐不只恨苏轼,也恨吕公著。

司马光驾鹤西去后,吕公著晋升左仆射,独秉朝政,而吕公著和苏轼素来相善。

程颐也恨文彦博,这不单单因为文彦博也和苏轼友善。更重要的是,文彦博太

---

① 国子监:古代负责教育管理的最高机关,也为最高学府。始于晋,称国子学,隋以后称国子监,清末废除,改设"学部"。

谦虚。

不只是谦虚,是奴颜婢膝。

文彦博乃四朝元老,寿达89岁。古人寿短,故有"人生七十古来稀"之说。到了文彦博这个岁数,只要还活着,就可以去冒充神仙了。

文彦博放着洛阳的阔室高楼不住,放着神仙不做,跑到汴京侍奉小皇帝。只要小皇帝一出现,他便躬身相迎;小皇帝坐下后,他便一丝不苟地站着;小皇帝若有所问,必定毕恭毕敬地回答。时间久了,程颐的麻烦就来了。

宋神宗那么重视王安石,王安石提出,经筵讲官给皇帝授课时应当坐着授,朝议没有通过,王安石不得不站着授。

待程颐做了经筵讲官,他也不管朝廷有什么规矩,固执地认为,我是老师,老师得有老师的尊严,哪有学生坐着听课,却让老师站着!每逢他讲课,他便坐着讲。

他这一坐,一些言官便上书弹劾他:"文彦博乃四朝元老,89岁高龄,见了皇帝从来都是站着,你竟然坐着讲课,这是对皇帝的藐视!"

这一弹劾,程颐便恨上了文彦博。

朝廷虽把贾易赶出了朝堂,但文彦博很有自知之明。官员退职的年龄,汉朝已经确定下来——七十而致仕。若是依然待在朝廷,恐要招人非议!倒不如来个自动上书求辞。

三上,朝廷不允,诏命拜其为司空①、同平章军国事,允他十日一赴都堂②,会议重事。

吕公著年已七十有一,见文彦博屡乞致仕,亦上书求辞。

四上,朝廷方允,亦拜其为司空、同平章军国事。宋自立国以来,将近130年,宰相致仕,授以三公、平章重事的有四人——吕夷简、韩琦、文彦博、吕公著。而吕夷简乃吕公著之父,士人莫不羡慕吕家的荣耀。且小皇帝又下诏,在东府(枢密院)南边为吕公著建造府邸,开北门,便于他与执政大臣集会议事,待遇之隆,世所罕见。

吕公著致仕后,遗职授吕大防。迁范纯仁为右仆射兼中书门下侍郎;迁孙固、刘挚为中书门下侍郎。

吕大防朴直无党;范纯仁务从宽大,亦不愿立党。二人协力佐治,此时朝廷,乃自王

---

① 司空:古代高官之一。东汉为三公(司徒、司马、司空)之一。司空主管礼仪、德化、祭祀等。宋时司空不轻易授人。

② 都堂:尚书省长官处理政务的地方,亦称"政事堂"。

安石变法以来,最为和谐时期。

越一年二月,司空吕公著病逝,太皇太后召见辅臣,流涕与语道:"国家不幸,司马相公既亡,吕司空复逝,为之奈何?"

言毕,即携帝往奠,赠太师,封申国公,谥正献。

公著字晦叔,自少好学,至忘寝食,平居无疾言厉色,暑不挥扇,寒不燃火。吕夷简生前曾言,吾儿晦叔,必至宰辅,果如其言。公著婿范祖禹,亦为贤者,从司马光修《资治通鉴》,凡十五年。

公著既殒,纯仁往吊,惺惺相惜,遂生退意。

未及退,疯狗再现。

贾易贬知怀州,距汴京三百余里,仍然咬住苏轼不放,上书弹劾。书曰:"先帝神宗驾崩,唯苏轼喜形于色,吟诗曰:'山寺归来闻好语,野花啼鸟也欣然'。他之所以吟出此诗,乃是因为'乌台诗案'一事,记恨先帝。如此之臣,理应斩首。可太皇太后偏爱苏轼,不仅不对苏轼加以惩处,反屡屡超迁其官。"

苏轼之诗,本为歌颂小皇帝登基而作,贾易硬把它说成为仇恨神宗而作,苏轼有口难辩。

在此之前,苏轼感太皇太后提携之恩,尽心尽责地辅导小皇帝。

而他的辅导,与程颐截然不同。

程颐辅导小皇帝,端着老师的架子,动不动就训斥。

苏轼呢? 和颜悦色,循序善诱。故而,小皇帝很喜欢苏轼。

苏轼也知道小皇帝喜欢他。但是,他更知道,他的升迁乃太皇太后所为,他不想因为自己而让太皇太后陷于不义之地,屡屡上书朝廷,请求外贬。

十 车盖亭诗案

吴处厚连道了几声蔡确,恨声说道:"你欺人太甚,瓦片也有翻身的时候?你等着瞅!"

但当真要贬窜蔡确,太皇太后犹豫了:"因为几首诗,将蔡确贬窜岭南,国人会不会说老身以言治罪,有违大宋祖制?"

一年后,朔党们又发现一个可攻击的目标。但这个目标有些大,大得可以决定人的贵贱、荣辱和生死。

苏轼原以为,他离开朝堂后,洛党、朔党失去了攻击目标,朝堂就会安静下来。

谁知,他遭贬杭州后,党争之火不但未熄,反而更烈了。

更烈的原因,是冒出来一个吴处厚。

吴处厚,邵武军(治所在今福建省邵武县)人,仁宗朝进士。他的出名,与宋仁宗死了儿子有关。

仁宗一生,有3个儿子,皆早夭。古时,由于医疗水平差,婴儿的成活率不高。皇帝死儿子也很正常,可吴处厚硬把这事扯到两个已经死了500年的古人身上。

他上书仁宗:"臣曾读《史记》,考察赵氏的兴衰本末,屠岸贾陷害赵氏时,程婴、公孙杵臼以死来保全赵氏孤儿。宋有天下后,不见对他二人有忠义的表彰,应该访察他们的墓地,建成他们的祠堂。"

书中的赵氏,指的是春秋战国时期赵国国君的祖先。

赵国国君的祖先,也是大宋国君的祖先。

吴处厚上书的用意,就是警告宋仁宗:"你为什么一连死了三个儿子,那是因为你忘恩负义,上天对您加以惩罚。"

赵姓源自周穆王时期的造父。

造父,嬴姓,伯益的后代,蜚廉四世孙。传说,他在桃林一带得到8匹骏马,调训好后献给周穆王。周穆王配备了上好的马车,让造父为他驾驶,经常外出打猎、游玩。有一次,西行至昆仑山,见到西王母,乐而忘返。忽有近侍来报,徐偃王造反,周穆王非常惊惶,造父安慰道:"天子不必害怕,我这马可以日驰千里。"他以日驰千里的速度,将周穆王载回国都,平定了叛乱。周穆王嘉其功,赐之赵城(今山西省洪洞县)。自此以后,造父及其子孙,便以封地为姓,称为赵氏。

造父七传至叔带,率领子孙迁往晋国,投奔晋文侯。又七传至赵衰,事晋献公之子重耳,并随重耳逃亡19年。重耳返国为君,史称晋文公,赵衰任执政。赵衰卒,子赵盾嗣。赵盾执政期间,权倾朝野,且使赵氏一族独大。他一生侍奉三朝,维护了晋文公开创的霸业,后受奸臣屠岸贾所谗,被晋景公灭族。赵盾子赵朔,为当朝驸马,其妻庄姬即将临盆,嘱之曰:"生女当名文;生男当名武。"

屠岸贾屠了赵氏一门后,使人入宫,日夜探伺庄姬生产消息,若生男,则除之。

数日后,庄姬临盆,生一男婴。为防屠岸贾加害,密嘱宫人,假说生女,且已死。屠岸贾不信,亲率女仆,遍搜宫中,未见。疑其密送出宫,悬赏天下:"有人首告庄姬之子消息,与之千金;知情不言,与窝藏反贼同罪,全家处斩。"又吩咐守宫卫士,对出入之人严加盘查。

吴处厚书中所言之程婴和公孙杵臼,乃赵朔的心腹门客,得知屠岸贾围了下宫,公孙杵臼约程婴同赴其难。

程婴曰:"屠岸贾假托君命,欲灭赵氏之根,我等与之俱死,何益于赵氏?倒不如我等厚赂宫人,探一探庄姬所生是男是女。若男也,吾与尔共奉之;不幸生女,死犹未晚。"

公孙杵臼曰善。

探的结果,庄姬所生乃一男婴,二人窃喜。

喜了一阵,忧愁接踵而来。程婴谓杵臼曰:"赵氏孤在宫中,屠岸贾索之不得,此天幸也!但是,宫中人员纷杂,只可瞒得一时,不可瞒得一世,一旦走漏消息,屠贼又将搜索。必须用计,偷出宫门,藏之远地,方保无虞。"

杵臼沉吟良久,问婴曰:"立孤与死难,二者孰难?"

婴曰:"死易耳,立孤难也。"

杵臼曰:"子任其难,我任其易,何如?"

婴曰："计将安出？"

杵臼曰："诚得他人婴儿诈称赵孤，吾抱往首阳山中，汝可出首，说孤儿藏处，屠贼得伪孤，则真孤可免矣！"

程婴曰："婴儿易得也，必须窃得真孤出宫，方可保全。"

杵臼曰："诸将中惟韩厥受赵氏恩最深，窃孤之事可以托之。"

程婴曰："吾新生一儿，与孤儿诞期相近，可以代之，然子既有藏孤之罪，必当并诛，子先我而死，我心何忍？"

说毕，泣下不止，杵臼怒曰："此大事，亦美事，何以泣为？"婴乃收泪而去。

夜半，抱其子付于杵臼之手，即往见韩厥，先以"武"字示之，然后言及杵臼之谋。

韩厥曰："姬氏方有疾，命我求医。汝若哄得屠贼亲往首阳山，吾自有出孤之计。"

程婴乃扬言于众曰："屠司寇欲得赵孤乎，曷为索之宫中？"

屠氏门客闻之，问曰："汝知赵氏孤所在乎？"

婴曰："果与我千金，当告汝。"

门客引见岸贾，岸贾叩其姓氏，对曰："姓程名婴，与公孙杵臼同事赵氏，公主生下孤儿，即遣妇人抱出宫门，托吾两人藏匿，婴恐日后事露，有人出首，彼获千金之赏，我受全家之戮，是以告之。"

岸贾曰："孤在何处？"

婴曰："请屏左右，乃敢言。"岸贾即命左右退避。

婴告曰："在首阳山深处，急往可得，不久当奔秦国矣，然须司寇自往，他人多与赵氏有旧，勿轻托也。"

岸贾曰："汝但随吾往，实则重赏，虚则死罪。"

婴曰："吾自山中来此，腹馁甚，幸赐一饭。"岸贾与之酒食。

婴食毕，又催岸贾速行。岸贾自率甲士三千，使程婴前导，径往首阳山。迂回数里，路极幽僻，见临溪有草房数间，柴门双掩。婴指曰："此即杵臼孤儿处也。"

婴先叩门，杵臼出迎，见甲士甚众，为仓皇走匿之状。婴喝曰："汝勿走，司寇已知孤儿在此，亲自来取，速速献出可也！"言未毕，甲士缚杵臼来见岸贾。

岸贾问："孤儿何在？"

杵臼赖曰："无有。"

岸贾命搜其家，见壁室有锁甚固。甲士去锁，入其室，室颇暗。仿佛竹床之上，闻有小儿惊啼之声。抱之以出，锦绷缠褓，俨如贵家儿。杵臼一见，即欲夺之，被缚不得前。

乃大骂曰:"小人哉,程婴也!昔下宫之难,我约汝同死,汝说:'公主有孕,若死,谁作保孤之人!'今公主将孤儿付我二人,匿于此山,汝与我同谋做事,却又贪了千金之赏,私行出首。我死不足惜,何以报赵宣孟①之恩乎?"千小人,万小人,骂一个不住。

程婴羞惭满面,谓岸贾曰:"何不杀之?"

岸贾喝令:"将公孙杵臼斩首!"自取孤儿掷之于地,一声啼哭,化为肉饼。

屠岸贾起身往首阳山擒捉孤儿,城中那一处不传遍,也有替屠家欢喜的,也有替赵家叹息的,那宫门盘诘,就怠慢了。韩厥却教心腹门客,假作草泽医人,入宫看病,将程婴所传"武"字,粘于药囊之上。庄姬看见,已会其意。诊脉已毕,讲几句胎前产后的套语,庄姬见左右宫人,俱是心腹,即以孤儿裹置药囊之中。那孩子啼哭起来,庄姬手抚药囊祝曰:"赵武!赵武!我一门百口冤仇,在你一点血泡身上,出宫之时,切莫啼哭!"吩咐已毕,孤儿啼声顿止。走出宫门,亦无人盘问。韩厥得了孤儿,如获至宝,藏于深室,使乳妇育之,虽家人亦无知其事者。

屠岸贾回府,将千金赏赐程婴,程婴辞不愿赏,岸贾曰:"汝原为邀赏出首,如何又辞?"

程婴曰:"小人为赵氏门客已久,今杀孤儿以自脱,已属非义,况敢利多金乎?倘念小人微劳,愿以此金收葬赵氏一门之尸,亦表小人门下之情于万一也。"

岸贾大喜曰:"子真信义之士也!赵氏遗尸,听汝收取不禁。即以此金为汝营葬之资。"

程婴乃拜而受之。尽收赵家骸骨,棺木盛殓,分别葬于赵盾墓侧。事毕,复往谢岸贾。岸贾欲留用之,婴流涕言曰:"小人一时贪生怕死,作此不义之事,无面目复见晋人,从此将糊口远方矣。"

程婴辞了岸贾,往见韩厥。厥将乳妇及孤儿交付程婴,婴抚为己子,携之潜入盂山。

12年后,晋厉公被弑,堂侄晋悼公为君,韩厥私奏于悼公,为赵盾鸣冤,悼公诛岸贾而迎赵武,并以赵武代屠岸贾之职。

悼公嘉程婴之忠义,欲用为军正②。婴曰:"始吾不死者,以赵氏孤未立。今已复官报仇矣,岂可自贪富贵,令公孙杵臼独死?吾将往报杵臼于地下。"遂自刎而死。赵武抚其尸痛哭,请于悼公,殡殓从厚,与公孙杵臼同葬于中山,谓之"二义冢",并立

---

① 赵宣孟:即赵盾。因其谥号"宣孟",时人称其赵孟,或赵宣孟。
② 军正:古代掌军中法律的军吏。也有说是一军之长官。

祠纪之。

仁宗看了吴处厚上书,十分惊恐:程婴、公孙杵臼,为俺赵家舍弃了自己的性命和儿子,我赵氏先祖为他二人立祠纪之。可到了我大宋,且不说表彰他二人的忠义,连他二人的墓地在哪里都不知道。什么叫忘恩负义?这就叫忘恩负义!我之所以一连死了三个儿子,怕是真的与我忘恩负义有关!立即诏命吴处厚为将作丞①,访得程婴、公孙杵臼的墓在绛州(今山西省运城市),遂在绛州为他二人立庙。

这样做了之后,仁宗的后宫,直到仁宗驾崩,也不曾为他生得一个儿子。

仁宗生不出儿子,便对吴处厚渐渐地疏远了。

这一疏远,吴处厚的前程也就连带着变得暗淡,直到英宗、神宗相继驾崩,他还是一个将作丞。

其间,他也曾辉煌过。

吴处厚作赋的水平,仅仅次于欧阳修、王安石、苏轼等几个大家。

加之,他又比较清闲,向他学赋的人很多,蔡确便是其中的一个。俟蔡确做了次相,吴处厚便到处宣扬,说蔡确是他学生。这话传到蔡确耳中,很不高兴。吴处厚不知自重,反登门求请,欲迁将作少监。蔡确婉言拒之。吴处厚改求宰相王珪,迁大理寺丞②。

王安石之弟王安礼,以翰林学士知开封府,因一个案件,与同是翰林学士的舒亶顶上了牛,一直闹到神宗那里,神宗批转大理寺。

时之大理寺,既无卿,也无少卿,寺务由吴处厚打理。

吴处厚接到诏命,当即将卷宗打开,看了一遍又一遍,正要秉公而断。宰相王珪派人送来一个便函:王安礼虽是前相王安石的弟弟,但是他的朋友。

便函上虽然没有关照二字,甚至连类似的文字也没有,但是,吴处厚已知其意。

关照,我一定要关照王安礼,以报王相的知遇之恩。

蔡确明明知道吴处厚恨他,但是,舒亶既是他的同党,又有金帛相送,便厚着脸皮,遣一心腹,去见吴处厚,先作了一番自我检讨,又许愿说,事若成,荐其为大理寺卿。

吴处厚打着官腔说道:"请汝还报蔡相,此事乃官家亲批,我吴处厚不敢不依法

---

① 将作丞:官名。秦代"将作少府"之属官。北齐设将作寺,长官称大匠,副长官称丞。属官有功曹、主簿、录事员等。宋置将作监、少监,各一人;丞、主簿各二人,掌土木工匠、板筑造作之政令。

② 大理寺丞:大理寺,官署名。自夏始,历代都有掌刑狱、司法的机构,夏称大理,秦汉称廷尉,北齐改廷尉为大理寺,历代沿置。大理寺置卿、少卿、丞、正、监、平等官,职权比秦汉廷尉略有缩小,仅掌司法审判。

而断。"

断的结果,将舒亶贬官通直郎①、管勾②洞霄宫。

王珪投桃报李,力荐吴处厚出任馆职③。

一旦做了馆职,很快就会跨入两制官的行列。而两制官则是执政的备选。

吴处厚正在暗自高兴,王珪那里传来消息,因蔡确的强烈反对馆职之事黄了。

"蔡确……蔡确……"吴处厚连道几个蔡确,恨声说道:"你欺人太甚,瓦片也有翻身的时候,你等着瞧!"

半年后,还没容吴处厚翻身,蔡确的官职又上了一个台阶——由次相迁为宰相。

某一次朝会,宰相蔡确不经意地扫了一下百官,发现了吴处厚,便把吴处厚踢出汴京,出知汉阳军(武汉市汉阳区)。

一年半后,瓦片虽然还没有翻身,但蔡确失势了,一道圣旨,将他贬到安州。

一年半前,二人的职务,一个在天上,一个在地下,如今,居然成了平级的邻居。

但是,宋朝不比其他朝代,担任过宰执经历的官员,哪怕有过,不担任宰执了,不管居住在哪里,逢年过节,那里的地方官必须登门慰问,何况蔡确还有着知州的头衔。他觉着,我蔡持正不管是作为你吴处厚的近邻还是老宰相,你都应该来安州看我。可我已经上任3个多月了,你连个面都不露。你这是对我蔡持正的藐视,咱走着瞧!

宋朝,为了防止军队作乱,畿辅与诸州的禁军定期要更换驻地,以使兵不识将,将无专兵。

根据枢密院的命令,安州境内的静江厢军须移防汉阳,可命令下达了一个多月,蔡确拒不执行。

他不仅不执行,还遣几个心腹到汉阳制造谣言,说是当地几个大户鼓动饥民造反,弄得人心惶惶。

人心越惶,吴处厚越需要军队做后盾。可是,蔡确却把住静江厢军不放。吴处厚不得不亲赴安州相求,蔡确反说安州的饥民也想造反,这兵不能走。

吴处厚一怒之下,把蔡确告到枢密院。枢密院的一些官员与蔡确相善,不但不追究蔡确,反而收回了要静江厢军移军汉阳的命令。

---

① 通直郎:又曰奉直郎,文散官名。初置于隋,历代沿置。宋为从六品。
② 管勾:官名。初置于宋。管勾,管理、钩稽之意。
③ 馆职:唐宋时在史馆、昭文馆、集贤院等处供职官员的通称。宋朝,馆职地位很高,"皆天下英俊,然必试而后命,一经此职,遂为名流。"

这一下,吴处厚的人丢大了。他恨声说道:"此仇不报,誓不为人!"

为了报仇,他到处收集蔡确的"罪状"。

功夫不负有心人,两个月后,一心腹家丁将蔡确的新作《夏日登车盖亭》诗①,双手呈给吴处厚。

吴处厚皱着眉头说道:"蔡持正的诗,也算诗吗,我不看!"

家丁笑嘻嘻地说道:"您还是看一看吧,这首诗里有您想要的东西。"

吴处厚这才将诗接过去。

他看着看着,眉头慢慢地舒展开来。

夏日登车盖亭

一

公事无多客亦稀,朱衣小吏不须随。
溪潭直上虚亭表,卧展柴桑处士②诗。

二

纸屏石枕竹方床,手倦抛书午梦长。
睡起莞然成独笑,数声渔笛在沧浪。

三

满川佳境疏帘外,四面凉风曲槛头。
绿野平流来远櫂,青天白雨起灵湫。

四

静中自足胜炎蒸,入眼兼无俗态憎。
何处机心惊白鸟,谁能怒剑逐青蝇。

五

风摇熟果时闻落,雨滴余花亦自香。
叶底出巢黄口闹,波间逐队小鱼忙。

六

来结芳庐向翠微,自持杯酒对清晖。

---

① 车盖亭:安陆市西北十五公里涢水西岸。《安陆县志》载,魏文帝曾于此留下"西北有浮云,亭亭如车盖"诗句,故名。传李白曾于此下棋,故又名"太亭"。

② 处士:指东晋诗人陶渊明。

水趋梦泽悠然过,云抱西山冉冉飞。

七

溪中自有戈船士,溪上今无佩犊人。
病守翛然唯坐啸,白鸥红鹤伴闲身。

八

喧虺六月浩无津,行见沙洲冻雨滨。
如带溪流何足道,沉沉沧海会扬尘。

九

西山仿佛见松筠,日日来看色转新。
闻说桃花岩畔石,读书曾有谪仙人。

十

矫矫名臣郝甑山①,忠言直节上元间。
钓台芜没知何处,叹息思公俯碧湾。

蔡确作于元祐三年六月

吴处厚拍案说道:"好诗!这诗里果然有老夫所要的东西。"当即奋笔疾书,拟《劾蔡确以诗讥讪朝政札》呈送朝廷。大意如下:

前相蔡确,乃王安石一党,追随王安石,打着变法的幌子,祸国殃民,被朝廷贬官安州后,不思悔改,借游车盖亭之机,赋诗十首。内中,五首皆颇讥讽,第八首和第十首尤甚。比如,第二首,"睡起莞然成独笑,数声渔笛在沧浪",今朝廷清明,不知蔡确所笑何事?

第五首,"叶底出巢黄口闹,波间逐队小鱼忙。"他自吹自擂,讥讽朝廷起用新人。

第九首,"闻说桃花岩畔石,读书曾有谪仙人。"他对遭贬一事心怀不满。

第十首,"矫矫名臣郝甑山,忠言直节上元间。"唐高宗有病,欲传位天后(武则天),郝处俊上书反对。今太皇太后垂帘,遵用章献明肃(真宗皇后刘娥)故事,蔡

---

① 郝甑山:即郝处俊(607—681年),安州安陆人,贞观年间进士,做过甑山(汉川)县令,故时人称之为郝甑山,累迁吏部尚书。时唐高宗多疾,欲传位武则天。

确便拿天后来影射太皇太后……

第八首,更为恶毒,"如带溪流何足道,沉沉沧海会扬尘。"会扬灰尘之意,乃暗喻国运必生大变!

太皇太后看了吴处厚的札子,脸上布满了乌云:"这个蔡确,依你所犯之罪,应当下狱。老身不但未下你的狱,还让你做知州,你不但不领情,反讥讪朝政,把老身比作武则天!哼,老身就学一学武则天,将你贬窜岭南①。"

但当真要贬窜蔡确,她又犹豫了:"因为几首诗,将蔡确贬窜岭南,国人会不会说我以言治罪,有违大宋祖制?"

也是活该蔡确贬窜岭南,一个谣言越传越广,居然传到太皇太后侄儿高公绘耳中。造其谣者,乃蔡确的同党邢恕。

神宗突然病倒,连话都说不出来。立储(君)之事,迫在眉睫。

立储之制,历来是"有嫡立嫡,无嫡立长"。神宗没有嫡子,就该立子中之长,延安郡王赵佣,虽然在诸皇子中排行第六,但他的五个哥哥已经夭折,毫无疑问,就该立他。可蔡确、邢恕和蔡京,为了夺得立储之功,以"兄终弟及"为名,硬要拥立太皇太后的两个儿子——岐王赵颢和晋王赵頵。而且,居然游说到太皇太后的侄儿高公绘头上,被高公绘断然拒绝。事后,他二人反造谣言:王珪和太皇太后欲立赵颢和赵頵为储君,是他们据理力争,才使当今皇上,坐上了龙椅。

高公绘听到谣言,立即密告了太皇太后。太皇太后怒曰:"蔡确、邢恕当年之为,已经犯了谋逆之罪,老身没有追究,已经是皇恩浩荡了!如今,居然颠倒黑白,讨好皇上,抹黑老身。实在可恶至极,严惩,一定要严惩!"

到底如何严惩,廷议时,吕大防第一个发言,说依蔡确所犯之罪应当贬窜岭南。但是他的表情、他的语气,让人觉着是言不由衷。

文彦博明知道吕大防是言不由衷,还是投了坚决的一票。而且建言,应当把蔡确贬窜新州(今广东省新兴县)。

他话音刚落,刘挚、王岩叟等人立马响应。

宋朝的岭南地区,是荒蛮之地,把年已半百的蔡确贬到那里去,和当年贬寇准到海

---

① 岭南:地区名。指五岭以南地区。

南一样，实际上如同判了死刑。苏轼有诗云："问翁大庾岭头住，曾见南迁几个回？"

但是，四朝元老文彦博开了腔，群臣中赞成者十之七八。这事本该就这么定了，堂议结束后，旧党的范纯仁找到吕大防劝道："岭南乃荆棘之地，至今已有七八十年没有将政见不合者贬往该地了，倘若我辈创行此例，不但四方震悚，恐我辈一旦失势，也会有同样的下场！"

吕大防点头称是。翌日，他面谒太皇太后，试探着说道："臣以为蔡确当贬，但他已经年逾半百，能不能不让他去岭南？"

"不行！"太皇太后以不容置疑的口气说道："山可移，岭南不可移！"

吕大防不敢再说什么。

于是，蔡确被贬到了南海之滨——新州。

范纯仁叹曰："此例一开，冤冤相报，国无宁日矣！"上书朝廷，自求贬官。朝廷居然同意了，罢去他的右相，命他出知颍州，遗缺由刘挚来补。另外，又迁傅尧俞为中书侍郎、韩忠彦为尚书左丞。

吕大防贵为左相，人品也不错，但他年不及四旬，又长期在地方供职，做翰林学士才刚刚一年，便被擢为右相。未几，又擢左相，二年三迁，百官不服，故而，他根本无法掌控朝廷，大权旁落在以刘挚、梁焘、王岩叟、刘安世为首的朔党手里，这些人大都占据着言官岗位，他们的身后是庞大的人脉网，铺盖着军、政、财各个角落。

平心而论，这些人的人品都不错，而且能力也超强，但他们性格大都偏激，满身的书生气，斗起来就连当年的好友，同为旧党的苏轼都死啃住不放。如今，新党的首领再度遭贬，给他们提供了一个清算新党的大好机会，岂肯轻易放过！他们结伙去找太皇太后，谏之曰："新党就像冬天的大葱，根枯叶烂心不死。咱不能只将蔡确赶往岭南，就万事大吉，咱得对新党来一个清算，该贬的贬，该流放的流放。最好将他们张榜于朝堂，让人人都知道他们是祸国殃民的新党，叫他们永世不得翻身！"

太皇太后忙道了一声"可"。

清算的结果，不只将已贬的吕惠卿、章惇、韩缜、李清臣、张商英、邢恕、邓绾、李定、吕嘉问等人加以重贬；又对在朝的新党，诸如李德刍（官光禄寺丞）、薄宗孟（官资政殿学士）等贬斥地方；凡是新党成员，皆张榜于朝堂。

新党借"乌台诗案"只打击了苏轼兄弟两个人；这一次旧党却借"车盖亭诗案"，几乎放翻了新党的全体成员。

3个月后，清算新党的结果传到了颍州，范纯仁扼腕叹道："'车盖亭诗案'是大宋立国以来,以文字打击政敌,力度最大,也最严重的一次。刘挚他们,倒是快意恩仇了。可新党他们怎么想?他们一定恨死了旧党,而且,随着被压抑的时间的增加,怨恨、报复的欲望会变得越来越强,尤其是章惇等人,性格强硬又刚烈,一旦翻身,后果不堪设想!不是一旦,是肯定。唉!"

他命书童铺纸研墨,想写一个札子来劝谏朝廷。

笔拿了几次,又放下。

3个月前,他一得到朝廷要清算新党的消息,便上书朝廷,谏曰:"录人之过,不宜太深。文景之治,网漏吞舟,且人才实难,宜使自新,张榜之事,更不可做!"

朝廷不但不听,连个回音也没有。

这一次,即使上,恐怕也是白上!

他又长叹一声,抛笔于案。

"唉……唉……唉……"

他这里忧心如焚,朔党们一个个喜笑颜开。

他们觉着他们打了个大胜仗,连做梦都在笑。笑醒之后,不是追忆往事,便是排查、思考下一个打击目标:人呀,只有斗,才能斗出劲来,斗出威风,斗得让国人畏惧、崇拜,斗得国泰民安!

可是,新党已经全趴下了,即使同党(旧党)中那些异类——蜀党和洛党,没有被斗趴下的,全都是些徒子徒孙。而这些徒子徒孙们,或者老老实实地活着,或改换门庭投我朔党。

唉,这日子过得没味!

一年后,朔党们发现了一个目标。

但是,这个目标有些大。若强攻之,不但艰巨,还有些危险。

为攻击不攻击这个目标,四巨头商议了半天,方才统一了认识。

目标越大,攻击难度越大,才越要攻,只有这样,"方显英雄本色!"

何况,选中的这个目标,能够改过自新,不只对他个人好,对大宋的社稷亦好!

攻,一定要攻!

这个目标确实有些大,大得说出来吓你一跳!

谁?

当今天子——赵煦!

发现这个目标的人是朔党四巨头之一的刘安世。

说到刘安世，大家也许陌生，说到北宋的"殿中虎"，大家就不会陌生了。

刘安世，字器之，号元城、读易老人。魏州元城县（今河北大名东北）人。他身材魁伟，容貌端庄，声如洪钟。熙宁六年（1073年），登进士第，不就选。从学于司马光，因司马光、吕公著之荐，诏拜谏官，未受命，入白母曰："朝廷不以孩儿不肖，使在言路。倘居其官，那就得一身是胆，匡正朝政得失。弄不好，祸谴立至。皇上方以孝治天下，若以老母辞，可当免。"

母曰："不行。吾闻谏官为天子诤臣，汝父平生欲为之而弗得，吾儿幸居此职，当捐身以报国恩。纵使遭罪流放，无问远近，吾当从吾儿之所。"

安世遂受命，在职累岁，正色立朝，主持公道。每每面折廷争，惹得皇上大怒。每当上怒，他则执简却立，伺怒稍解，复前抗辞。旁待者远观，蓄缩悚汗，谓之曰"殿上虎"。家居未尝有惰容，久坐身不倾倚。

如此一个人，孰不敬畏！

久之，他自己也把自己当做了正义的卫道士。

既然我是正义的卫道士，莫说百官，就是皇上有过，我也要"匡"。

活该他要匡小皇帝，民间盛传，皇宫高价寻求奶娘，而且，对奶娘的身高、容貌以及家世和人品都有要求。

他听到这个传闻，立马警觉起来：皇宫为什么要寻求奶娘？答案只有一个，皇宫里有婴儿。

皇宫里的人，除了皇上和太监，全是女的。而太监全是骡子，生不出婴儿来。皇上呢，还是个不到14岁的娃娃！

难道皇上早熟？

如果早熟的话，十三四岁得娃，也不算稀奇事！

说到早熟，他的心猛地一紧。

皇上确实有些早熟。

若不早熟，一个不到10岁的娃娃，岂能将军蔡确："辽国人是不是人？""既然他们是人，朕怕他们作甚？"

还有……

十一　奶娘风波

刘挚微微一笑说道："一般情况下,6岁的孩子是不应该吃奶了。二般呢?"

郝随只问了小皇帝一句话:"陛下,历朝历代,凡被废的君王,有没有善终的?"

杨畏笑嘻嘻地说道:"富贵这东西怪得很,你若求它,把头磕破,也不一定会来;你不求它,它也许会找上门来。"

刘安世越想越觉得事情严重,一个不到14岁的娃娃,居然知道睡女人!而且,还睡出了娃娃。若不加以管教,长大后肯定不是一个好皇帝。

但他贵为皇帝,谁敢管教?谁又能管教得了!

答案只有一个——太皇太后!

但是,事涉小皇帝,我不能鲁莽行事。刘安世想了又想,连夜去找刘挚。

第二天,刘挚把朔党四巨头召到一块,商议了半天,大家一致认为,这件事应该"匡"。但怎么匡,得讲究策略,可由刘安世以个人名义上书太皇太后,直接询问宫中寻求奶娘之事。

为何让刘安世上书?

一因这个事是刘安世发现的。二因刘安世是个言官,威信又高,而言官可以风闻奏事,即使奏错了也不追究责任。

下朝后,刘安世挑灯夜书,翌日早朝后将书呈送朝廷。

书上十余日,朝廷那里没有一点动静。刘安世恼了:我的书是对是错,朝廷应该有个答复,哪怕贬我也行,但你不能不理睬我,你这样做,不只是对我个人的羞辱,也是对言官的羞辱。

他越想越气,也不和刘挚他们商量,二次上书,直接把好色的帽子扣到小皇帝头上,警告他做皇帝不能好色,更不能这么早就好色,且列举了8个皇帝因好色而亡国的例子。

警告过小皇帝之后,他将话锋一转,指责起太皇太后来:"陛下年幼,才让您垂帘。您不只要垂帘听政,还得关爱陛下,让他健康成长,您应该学一学前朝的章献明肃刘(娥)皇后,您看章献明肃刘皇后是怎么关爱仁宗皇帝的?章献明肃刘皇后不只不让仁宗皇帝接近女色,连他食什么东西都要管。仁宗皇帝脾胃虚寒,不能吃螃蟹,可他非常想吃,宫人偷偷给他弄了几个,被章献明肃刘皇后知道了,将给仁宗皇帝弄螃蟹的几个宦官责打一顿,逐出皇宫。您呢?在您眼皮底下,不到14岁的皇帝不但睡女人,还睡出了孩子,您应该下诏罪己!"

朔党同僚,一边为刘安世竖大拇指,一边上书声援。太皇太后见事闹大了,忙召朔党四巨头进宫,告之曰:"诸位把事想歪了,皇宫寻求奶娘属实,但决不是因为皇上生了什么孩子。"

刘安世反问道:"那是因为什么?"

太皇太后回道:"为了皇上的小妹妹。"

刘安世差一点笑出声来:这个太皇太后,太逗了,说谎都不知道怎么说。现今是元祐四年,先帝神宗已经驾崩4年多,就是有遗腹女,也该3岁多了。3岁多的孩子还吃奶?况且,先帝神宗并没有遗腹女,他最小的女儿徐国长公主已经6岁了。

太皇太后将脸一板说道:"你不要一脸讥笑!是的,徐国长公主已经6岁了,但是,她从小身体羸弱,经常患病,御医说,让她吃一段人奶,也许就会壮起来。"

刘安世欲要抗辩,刘挚朝他使了一个阻止的眼色,便不再说话。

刘挚朝太皇太后拜了一拜,说道:"臣等误会了。器之他们的奏章,尽管写得有些鲁莽,但也是事出有因,臣说一句大不敬的话,宫中这么多人,真正的男人就陛下一个。而陛下呢?正在渐渐地长大,男女之事呢?往往是无师自通,器之他们要您效法章献明肃刘皇后,也不是没有道理!"

太皇太后颔首说道:"汝言甚是。"

刘挚等再拜告退。

一出宫门,刘安世便埋怨刘挚:"6岁的孩子还吃奶,您的脑瓜子是不是进水了?"

刘挚微微一笑说道:"你不要把话说得这么难听,一般情况下,6岁的孩子是不应该吃奶了。二般呢?莫说6岁的孩子可以吃奶,就是60岁的男人也有吃奶的。"

刘安世"哈"的一声笑了:"您比太皇太后还要逗!我倒想听一听,哪个60岁的男人还吃奶?"

"彭祖！彭祖之所以高寿,活到800岁,据说就是因为天天吃人奶。"

刘安世又笑了:"据说的事您也信?"

刘挚道:"咱不说据说的事,咱就说一说文(彦博)公,他已经快90岁了,你看身体多硬朗,走起路来咚咚响。他身体之所以这么好,就得益于天天吃人奶,为了满足他,家里养了3个奶娘。"

"如你所说,彭祖可以吃人奶,文公也可以吃人奶。但宫中寻求奶娘之事,决不像太皇太后说的那么简单！"

"为什么?"刘挚问。

"宫中若是真的为徐国长公主寻求奶娘,我第一次上书时,太皇太后就应该站出来说话呀,可她没说。我第二次上书,她依然没有站出来解释,直到十几位大臣上书附和我,她才站出来解释。小皇帝如果没有生娃娃,她会这样吗?"

刘挚点头说道:"我也相信小皇帝睡了女人,也生了娃娃。但是,太皇太后矢口否认,咱就不能再说什么了。"

"不,我要说,我要太皇太后知道,吾等不是那么好骗的！我还想让她好好管一管小皇帝。"

刘挚道:"你放心,依她的性格,她会严加管教小皇帝的。"

刘安世道:"她连小皇帝生娃的事都矢口否认,还会严加管教小皇帝?"

刘挚道:"矢口否认是一回事,严加管教又是一回事。"

刘安世将头摇了一摇:"我不这么认为。"

刘挚微微一笑道:"我也不和你抬杠①,不出3天,宫中就会传出太皇太后严加管教小皇帝的消息。"

果如刘挚所言,3天后,宫内传出消息,因为"奶娘事件",秘密处死了3个宫女,还贬了5个内侍②。小皇帝从自己的正寝殿即福宁殿(万岁殿),搬到太皇太后居住的柔仪殿(万岁后殿),而且,他的龙榻只与太皇太后的龙榻隔了一个帷幕。

侍奉小皇帝的宫女,全部换成40岁以上的老宫女。由此可以推测,在这之前,小皇帝不但睡了女人,而且,还睡出了娃娃。

这就出现一个问题,以太皇太后的强势,小皇帝不只睡了女人,还睡出了娃娃,太皇

---

① 抬杠:即无谓地争辩、顶嘴。
② 内侍:宦官。给事宫廷之中,供使唤,无常职。

太后居然不知道？即使她不知道,当刘安世上书之后,她不可能不知道!

她既然知道了,为什么刘安世第一次上书的时候没有反应?

她不是没有反应。

当她接到刘安世的书后,对福宁殿来一个突然袭击,把婴儿母子和奶娘一并揪了出来。小皇帝又惊又怕,跪在太皇太后面前,一方面痛哭流涕的自责,一方面为婴儿母女求情。

太皇太后骂道:"你这个小兔崽子,十三四岁就知道睡女人,若是长大了那还得了!你……"

她将手臂抬起又放下:"你不是一个普通男孩,你是大宋的皇帝,你的一言一行,普天下人都在看着。你还不到14岁,就如此好色,你让普天下人怎么看你?你查一查历史上的皇帝,只要贪色,即使不亡国,也是一个乱国之君!那些亡国和乱国之君虽然贪色,也没有贪到十三四岁就睡出娃娃的!你如此之为,若是让言官知道了,弹劾你沉迷美色还是小事,若是联手百官上书废掉你,我该怎么办?你又该怎么办?"

"奶奶,孙儿错了!孙儿该死!孙儿这个皇帝早就不想当了,他们想怎么联手就让他们联吧!"

太皇太后愣了一愣,用惊疑的眼光瞅着小皇帝。

自有君王以来,为了争夺龙椅,或南杀北战、或父子兄弟相残,很少有人自动放弃龙椅的。他,他居然不想当皇帝!难道是我听错了?我得再问他一问。

"你刚才是不是说,这个皇帝你早就不想当了?"

小皇帝一边"嗯"一边点头。

"为什么?"

小皇帝泪如雨下道:"人都说,'普天之下,莫非王土;率土之滨,莫非王臣。'我贵为皇帝,连自己心爱的女人和女儿都保护不了,还做什么皇帝?"

太皇太后又是一愣,良久方道:"小佣啊,不是你保护不了你心爱的女人,而是你还小,还处在长身体的年龄,这个时候若是找了女人,会伤了你的身体!"

"可是,孙儿已经找了女人,又有了女儿,孙儿就得保护她们。"

"你……"太皇太后指着小皇帝脑袋斥道:"你已经错了,还要一错再错,看来这个皇帝,你是真的不想做了!滚!"

小皇帝一蹶而起,"噔噔噔"义无反顾地走了。

太皇太后顿脚骂道:"小孽种,反了你了!废,老身明日就废了你!"

睡了一夜,她又犹豫了。废掉一个皇帝可不是一件小事,西汉霍光受汉武帝之托,辅佐幼主,为"昭宣中兴"①立下了汗马功劳。只因他主政期间废了一个淫乱无道的皇帝刘贺,遭满门抄斩,连本人也被后人目为奸佞。我若是废了小兔崽子,另立的若是一个明君还好,若是一个昏君,我岂不是也要被后人目为奸佞!再之,若是将他废掉,立谁呢?若从小兔崽子的弟弟中择一个来立,国人很可能说我想多垂几年帘;若从我的两个儿子中择一个来立,国人很可能说我有私心。

　　正当她为立谁而发愁,小皇帝来了,而且,是负荆而来。

　　小皇帝此番来,乃是受了郝随之劝。

　　小皇帝回到福宁殿,周围的人都劝他继续做皇帝。为了能继续做皇帝,就得去给太皇太后认个错。小皇帝不听,郝随这才出马,他只问了小皇帝一句话:"陛下,历朝历代,凡被废的君王有没有善终的?"

　　小皇帝吃了一惊,越想越害怕,第二天一大早,便让郝随给他找了几根荆条,绑在背上,去见太皇太后。太皇太后见他已经知错,便将废他的心收了回去,表面上奶孙俩和好如初,但心中的裂痕却更深了,朔党的头头脑脑因匡小皇帝有功,一个个加官晋爵,风光无限。好景不长,8个月后,因为刘挚写给邢恕的一封私书,朔党们便灰飞烟灭了。

　　邢恕横跨新旧两党,当年与刘挚同投二程门下,又为司马光、吕公著所赏识。当官后,一度和王安石走得很近。因为押错了两次宝,遭太皇太后所恨,初贬知随州,再贬知永州(今之湖南省永州市,雅称潇湘),去永州要经过开封府,在开封逗留时,他给刘挚写了一封书,请他在太皇太后面前讲讲情,别把他贬那么远。

　　他自以为这个忙刘挚会帮的。

　　他之所以这么认为,那是他觉着他和刘挚不仅是同学,刘挚还欠了他一个情。

　　刘挚任职开封府时,因为办一件案子,触怒了神宗,神宗命邢恕去查,邢恕去开封府查了一个月,还奏神宗说,案子没错,方使刘挚得免于祸。

　　这件事,不只邢恕记得,刘挚也记得。但是,刘挚素来刚正不阿,不徇私情,不想因他坏了一世英名,这是其一;其二,刘挚自忖因为立帝和建议尊崇小皇帝生母朱太妃之事,太皇太后恨死了邢恕,自己就是出面为他求情,太皇太后也不会收回诏命。所以,刘

---

① 昭宣中兴:指的是西汉汉昭帝和汉宣帝时代(公元前87年至前48年),此时的西汉处于恢复性稳定及发展阶段。昭宣二帝在位期间,励精图治,继续实行汉武帝以来的政策,着力整顿吏治,任用贤臣……使一度国力衰退的西汉王朝又兴盛起来。史称"昭宣中兴"或"孝宣中兴"。

挚看了他的信后,朝抽屉里一放,让它睡觉去了。

睡了两天之后,刘挚突然觉着有些不妥:情不为他讲了,若再不回他一个书,有些不近人情。

他挥毫走笔,给邢恕回了一书。书中有这么一句话——"永州佳处,弟暂往之,为国自爱,以俟休复。"

排岸司①来之邵,与邢恕相善,闻邢恕路过开封,夜访之。邢恕示之刘挚之书,恨曰:"人都说刘挚仗义敢言,为朋友两肋插刀。谬也,大谬也!"

来之邵愤然曰:"俟有机会,吾将当面责之,为兄出气。"说毕,录其书而去。

某一日,殿中侍御史杨畏拜访来之邵,二人一边饮茶,一边闲聊,聊着聊着聊到了邢恕和刘挚,来之邵以所录之书示之。杨畏阅之大喜,奋然曰:"邢兄之恨,吾为他雪之!"

来之邵问曰:"大人怎么雪?"

"上书弹劾刘挚。"

来之邵又问:"您弹劾他什么?"

"弹劾他诅咒太皇太后!"

来之邵复问:"可有证据?"

杨畏将来之邵所录之书抖了一抖道:"这就是证据!"

来之邵满面不解道:"这书中有刘挚诅咒太皇太后的证据?"

"有啊!"

"这书是下官亲手所录,下官咋没有发现呢?"

杨畏笑嘻嘻地说道:"那是你的眼力不行。"

来之邵"嘿嘿"一笑,说道:"你说得对,下官的眼力确实不行,还请大人把书中诅咒之语指给下官,也好让下官长一长见识。"

"好啊!"

杨畏将书展开,用右手二拇指点了点"以俟休复"四字说道:"你看看,你看看。什么'以俟休复'?'休复'就是'复子明辟'!分明是诅咒太皇太后早崩,好让小皇帝亲政!"

来之邵频频颔首道:"是这么个意思,他好恶毒耶!您弹劾他吧。您如果不嫌弃下官官卑人微,弹劾书上也署上下官的贱名。"

---

① 排岸司:官署名。置于北宋,掌各地至京师水运纲船运输事项。

话一出口,来之邵便后悔了:"大人,刘挚是朔党的头,朔党的势力又那么大,咱这一弹劾,可是把朔党都得罪了。"

杨畏道:"得罪就得罪吧。"

来之邵又问:"您不害怕他们报复?"

杨畏道:"不怕。"

这个杨畏,今天怎么了?来之邵翻眼瞅了瞅杨畏,暗自忖道:反常,他今天的举动太反常了!

对于杨畏的身世和为人,来之邵太清楚了。

杨畏,字子安,先祖居遂宁,父徙洛阳。幼孤好学,事母孝,中进士及第,因王安石、吕惠卿、舒亶之荐,初为郓州教授,再迁为监察御史里行,视王安石之为圣学,顶礼膜拜。司马光复出为相,致书歌之,为司马光所重。光卒,吕大防、刘挚为相,奔走于两相之间,擢殿中侍御史。

如此一个势利眼,一个有奶便是娘的家伙,居然要弹劾势烟熏天的朔党党魁,实在让人难以相信!难道,难道他是在套我的话,然后再去朔党那边告密、邀功?

是这样,一定是这样!

我和杨畏虽然是同年,但来往不多。这么多年了,他还是第一次屈驾我的寒舍。

他这次来,肯定是黄鼠狼给鸡拜年——没安好心!我上他的当了。

杨畏见来之邵不寒而栗,稍微愣了一愣,立马明白过来,哈哈大笑道:"年兄,你不必害怕,愚弟这次来,不是要陷害你,而是给你送富贵的!"

来之邵擦了一把额头上的冷汗,讪讪说道:"愚弟家境苦寒,世代农耕。托皇上福,愚弟做到了正七品的排岸司,已经很知足了,不敢再想什么富贵。"

杨畏笑嘻嘻地说道:"富贵这东西怪得很,你若求它,就是把头磕破,它不一定会来。你不求它,它也许会找上门来。你若听愚弟的,跟着愚弟一块儿干,富贵不求自至。"

"我当然想跟着年兄干了。但是,你能不能给我说一句掏心窝子的话?"

杨畏将胸脯"啪"的一拍道:"能!"

"你和刘挚的关系相当不错。而且,刘挚又是朔党的党魁,如今的朝政,皆由朔党把持,你却要上书弹劾刘挚,是何道理?"

杨畏道:"年兄错矣!刘挚,你也知道,一心要学包拯,自视清高,孤傲得很,很少有人入他法眼,我也不例外。即使他真的和我相善,我也要以朝廷为重,大局为重。实话给你说,我这次拜访你,乃是受命而来。"

"您受何人所命?"来之邵问。

"吕大宰相。"

来之邵"啊"了一声。

杨畏端起茶杯,轻轻啜了两口,一脸灿烂地说道:"我的外甥女,有幸嫁给了吕大宰相的堂侄儿,昨日送亲,吕大宰相出面陪我,宴后,又喝了半个时辰茶。"

他又端起茶杯,啜了一口说道:"俺俩一边饮茶一边聊,吕大宰相突然问,刘挚交通邢恕,你知道不?我回说不知道。吕大宰相又道,你如果不知道的话,你可以去拜访一下你的同年来之邵。若是没有交通,万事皆休;若是有,你可上书弹劾刘挚。我迟疑了一下问道,吕相,刘挚可是朔党的党魁呀,而朔党又把持着朝政,势烟熏天!吕大宰相冷笑一声说道,势烟熏天!哼,势烟熏天也不可怕!"

他再次端起茶杯,朝茶案上猛地一蹾道:"朔党是秋后的蚂蚱——蹦跶不了几天!"

"何以见得?"来之邵问。

杨畏回道:"原因有四。"

"哪四?"来之邵问。

"物极必反,有盛就会有衰!这是一。"

"二呢?"来之邵又问。

"朔党把自己当做正义的卫道士,四面出击,今天弹劾这个,明天弹劾那个,甚而连皇帝他们都敢弹劾,他们已经犯了众怒。"

来之邵板着指头问道:"这是第二因,三呢?"

"他们觉着吕大宰相软弱可欺,和他对着干。其实,吕大防这人并不软弱,他正在暗中联络人,寻机整倒朔党。"

来之邵又道:"这是第三因,四呢?"

"这第四个原因最重要……"杨畏把话顿住,复又端起茶杯,饮了三口,方继续说道:"太皇太后已经不待见朔党了。"

来之邵道:"何以见得?"

"太皇太后那么爱苏轼,他们却联手整苏轼,而苏轼呢?口碑很好,他的诗明明为歌颂小皇帝登基而作,他们硬把他说成仇恨神宗而作。"

略顿,杨畏又道:"邢恕既是新党的重要成员,又是一个搬弄是非的小人,太皇太后恨不得杀了他。可刘挚却向邢恕暗送秋波,太皇太后能不恼刘挚?"

"恼,恼死他了!"

杨畏道:"太皇太后不待见的人,还能做宰相吗?"

"不能!"

杨畏将茶杯又是一蹾道:"你回答得对,对得很!"

来之邵"嘿嘿"一笑道:"谢谢年兄夸奖。"

"宰相的去留,不是一件小事。"

来之邵将头轻轻点了一点。

"太皇太后就是想罢刘挚,也得有一个理由,一个让百官认可的理由。比如说,他交通邢恕,妄图'明子复辟',这就是一个很好的理由。"

来之邵又将头点了一点。

杨畏继续说道:"既然年兄认可愚弟的话,咱就联手弹劾刘挚!"

来之邵忙道了一声:"可以。"

书上,太皇太后阅之大怒,将书批给东府,要他们议一议,"以俟休复",寓意者何?刘挚交通邢恕,该当何处?

太皇太后的御批中虽然没有"问罪"二字,但百官肚如明镜,太皇太后不要朔党了。

既然太皇太后不要朔党了,我何不趁机踹他几脚,也好向太皇太后一明心迹。

有这种想法的不是一个、两个,也不是三个、四个,是十数个。

十数个人上书弹劾刘挚,除了劾他交通邢恕之外,一些陈谷子烂芝麻,也被翻了出来。比如,刘挚交通章惇,在自己家中指点章惇的儿子读书,等等。

刘挚不愿束手就擒,上书分辩:"'以俟'是等待的意思;'休复',有复出之意。'永州佳处,弟往之,为国自爱,以俟休复。'也就是说,永州是个好地方,你尽管去。为了国家你要自己爱护自己,多多反思己过,老老实实做人,等待朝廷的召唤,继续为朝廷效力。至于指点章惇儿子读书之事,是一个长辈、学者的责任。孔圣人有句名言,'有教无类。'莫说章惇的儿子找臣指点读书,就是一个贩夫走卒的儿子,找臣指导读书,臣也乐意指点。何况,章惇还是臣的同僚!臣与新党势不两立,和他们虽有来往,要么是为了国事,要么是同年、同僚之间的正常走动,请陛下和太皇太后明察!"

书上,太皇太后不予理睬。

你不理睬我刘挚,我就继续上,继续辩解。

他越辩解,太皇太后越烦。内降一旨,将刘挚贬到郓州(今山东省东平县),秩由正二品降为正三品。

杨畏觉着,只贬一个刘挚,朔党照样把持朝政,再次上书,开列了一张刘挚同党的名单,计王岩叟、刘安世、梁焘等23人。

朱光庭和贾易虽然不是朔党,因他俩和朔党关系密切,也被列进了名单。

这一列,王岩叟出知唐州、刘安世出知成德军、梁焘出知郑州、朱光庭出知路州(治所在今之山西省长治市)、贾易出知怀州(治所在今之河南省沁阳市)。余之,或降官、或罚铜,幸免者十不及二。

一家伙贬了这么多官员,急需一批新的人员来补充,范纯仁第一个蹦进了太皇太后的脑瓜,一道懿旨,将他召回汴京,任右相,填补了刘挚的空缺。

太皇太后虽然讨厌程颐,但觉着他的名气大,又是旧党成员,欲召回朝廷,填补王岩叟的遗缺,由于苏辙的强烈反对而作罢。

范纯仁上任不到3个月,密告太皇太后:"皇上不到加冠年龄,依礼不能成婚。但是,他是一国之君,不能依照约束常人的礼来约束他。况且,他十三四岁的时候已经品尝了男欢女爱的味道,你却不让他成婚,指望看是看不住的。即使看住了他的身子,你看不住他的心,倒不如选一个漂亮贤淑的女子,迎进宫来,做他的皇后,您觉着臣这么想对不?"

太皇太后沉吟了一会儿回道:"你这样想是对的,请你转告户部,由他们负责,来一个全国选秀。"①

范纯仁拱手说道:"敬从太皇太后之命。"

"所选秀女,不能超过30个。"

范纯仁又道了一声:"敬从太皇太后之命。"

"选出的秀女,送交内省②,由他们负责从中选出3个,作为皇后人选,送皇上、老身和向太后裁定。"

"遵命。"范纯仁欲要告退,太皇太后又道:"不管是秀女,还是备选之皇后,不只要看貌,还得看出身和品行。"

范纯仁道了一声"遵命",再拜告退。

户部和内省经过半年忙碌,由县到京,经过层层筛选,将3名备选皇后的名单,呈给

---

① 选秀:泛指选拔在某方面表现优秀的人。古代选秀一般是宫廷选秀,选出来的女子年龄在13至17岁之间,称之为秀女,可作为后宫粉黛的备选。

② 内省:管理后宫宫人事务的机构。

了太皇太后,太皇太后命有司择了一个黄道吉日,在皇仪殿选后。

第一个登场的美女,叫狄荻,16岁,乃狄咏的小妾所生。说到狄咏大家可能不知道,但说到狄咏的父亲狄青,大家肯定知道。狄青虽然出身微贱,但能打仗,有战神之称,从普通小兵,爬到枢密使高位。可他的5个儿子都不大成器。只有次子狄咏因恩荫得官,官至带御器械①。

狄咏本事不大,但长得特别帅,史书说他"清秀俊朗,风流倜傥",每次出行,观看他的少女少妇把路都给堵塞了。神宗的大女儿到了出嫁年纪,却一直不肯出嫁。神宗百般逼问,方道出心事:"非狄咏之貌,女儿不嫁。"

一个小小的"御带",宋神宗岂能认识?忙召狄咏进宫,一睹尊容。见之,大奇,指着狄咏曰:"你果真是个人样子!"

皇帝的金口一开,国人便以"人样子"来称呼狄咏,公认他为大宋第一美男子。

不过,也有人持不同意见,他们说,大宋的第一美男子不是狄咏,而是狄咏的父亲狄青。

史载,"狄青每次打仗,'戴铜面具,出入贼中,皆披靡莫敢当。'"

他为什么要戴铜面具?因为他长得太俊了,怕敌人嘲笑宋朝无人,竟遣个小白脸来打仗!

爷爷、父亲都长得如此之俊,狄荻能不俊吗?

当然俊!

她一出现,众人便视为仙人。小皇帝的双眼大放绿光。

众人心中俱都暗道:皇后,此人的皇后铁定了!

---

① 带御器械:宋代武官名,亦称御带,隶属皇城司。

十二　梦会十三哥

辽使使宋前,有人出联求对:"三光日月星,"辽使不能对。见了苏轼,以此联向苏轼求对。

吕大防正在歌颂太皇太后,忽听一声断喝:"吕大防,你给朕出去!"

太皇太后愤然说道:"我回去后,就把赵俑给废了,让咱们的灏儿当皇帝!"

皇后的人选虽然"铁定"了,但后两位也得看一看,也许半路杀出一个程咬金呢!

第二位叫孟中慧,也是 16 岁。乃眉州防御使、侍卫亲军马军都虞侯①孟元孙女。相貌虽逊于狄荻,但她端庄娴雅。

众人将头摇了一摇。

第三位叫刘清菁,13 岁,少孤。她的容貌虽然称不上闭花羞月,但语如莺啼,肌肤如雪,又长了一双会说话的眼睛,还弹了一手好琵琶。

如此一个小美女,若不是年龄原因,与狄荻很有一拼。

正当众人都认为狄荻是铁定的皇后人选之时,太皇太后慢吞吞地说道:"孟中慧家五世为将,既是嫡出,又端庄娴雅,是皇后的最佳人选。"

此言一出,在场的人无不感到意外。这个"无不"当然也包括小皇帝。

小皇帝不只是意外,且有些愤怒,几次想张口问一问太皇太后,为什么要这样定?

一因他的生母朱太妃,屡屡给他使眼色,二因奶娘事件的教训,他忍了。

但是,他对太皇太后的怨恨又增加了几分。

太皇太后见无人反对,笑盈盈地说道:"皇后就这么定了,非孟中慧莫属,请太常礼

---

① 侍卫亲军马军都虞侯:简称马军都虞侯。马军司,为三衙(司)之一。三衙,即殿前司、马军司、步司。马军都虞侯为三衙(司)中的马军司的长官之一,职在马军正副都指挥使之下,秩从五品。

院①择一个吉日,为皇上和皇后举行一场隆重的成婚大典。"

太皇太后金口一张,忙坏了太常礼院,彼斟古,此酌今,议论了好几日,选定五月十六日为大婚之期,上奏太皇太后,太皇太后道了声"可",复又说道:"一切依制而行。"

为依什么制,太常礼院又议论了好几日,方草定了一篇"仪制",呈入政事堂。吕大防等又详细核定,略行损益,进呈太皇太后。太皇太后又道了声"可",传旨照行。

五月九日,诏命尚书左仆射吕大防充奉迎使,尚书左丞苏颂充发策使,尚书右丞苏辙充告期使,皇伯祖高密郡王宗晟充纳成使,吏部尚书王存充纳吉使,翰林学士范祖禹充纳采问名使。六礼分司,各有专职,正使以外,还有副使;以旧尚书省为皇后行第,先纳采问名,然后纳吉纳成告期。

五月十六日,小皇帝戴通天冠,服绛纱袍,临轩发策,行奉迎礼。百官相率入朝,吕大防等首先趋入,东西鹄立。典仪官奉上册宝,置御座前。大防率百官再拜,乃由宣诏官传谕道:"今日册孟氏为皇后,命公等持节展礼!"

大防等又复拜命,典仪官捧过册宝,交与大防。大防接奉册宝,复率百官再拜。宣诏官又传太皇太后制命道:"奉太皇太后制,命公等持节奉迎皇后!"

大防等拜辞出殿,即至皇后行第,当有傧介接待,导见后父。大防入内宣制道:

礼之大体,钦顺重正。其期维吉,典图是若。今遣尚书左仆射吕大防等以礼奉迎,钦哉维命!

后父跪读毕,敬谨答道:

使者重宣中制,今日吉辰备礼,以迎蝼蚁之族,猥承大礼,忧惧战悸,钦率旧章,肃奉典制。

答罢,再拜受制。

尚宫②引皇后登堂,大防等向后再拜,奉上册宝。

后降立堂下,再拜受册,当由内侍接过册宝,转呈与后。大防等退出,后升堂。

---

① 太常礼院:初置于唐,为讨论礼制的官署。宋以判院、同知院等官掌领,虽属太常寺,实与寺事不相涉。
② 尚宫:宫廷女官名,六尚之一。初置于隋,掌导引皇后及闺阁禀赐等事。管辖五尚:尚仪、尚服(尚衣)、尚食、尚寝、尚功。

后父升自东阶,西向道:"戒之戒之! 夙夜无违命!"语毕即退。

后母进自西阶,东向施衿结帨,并嘱后道:"勉之戒之! 夙夜无违命!"

后道了一声谨记,出堂登舆,及出大门,大防等导舆至宣德门,百官宗室列班拜迎,待后入门,钟鼓和鸣,再入端礼门,穿过文德殿,进内东门,至福宁殿,后降舆入次小憩。小皇帝冠服御殿,尚宫引后出次,谐殿阶东西向立。尚仪跪请皇帝降座礼迎,小皇帝遂起身至殿庭中,揖后入殿,导升西阶,徐步入室,各就榻前并立。尚食跪陈饮具,帝、后乃就座。一饮再饮用爵,三饮用卺,合卺礼成。尚宫请帝御常服,尚寝请后释礼服,然后入幄,侍从依次毕退。是夜龙凤联欢,鸳鸯叶梦。次日,朝见太皇太后、皇太后,并参皇太妃,一如旧仪。

越三日,诣景灵宫行庙见礼,归后再谒太皇太后。太皇太后语小皇帝道:"得贤内助,所关不小,汝宜刑于启化,媲美古人,方不负我厚望了。"及帝、后俱退,太皇太后叹息道:"皇后贤淑,可无它虞,但恐福薄,它日国家有事,不免由她受祸哩。"

小皇帝大婚,辽和西夏俱遣使来贺。喜宴上,辽使不见苏轼露面,问曰:"苏学士何在?"

众人告曰:"遭贬杭州。"

辽使怏怏。事为太皇太后所知,讯之吕大防:"辽使果真问及苏子瞻?"

吕大防点头称是。

太皇太后又问:"辽使何以如此看重子瞻?"

吕大防据实而奏。

苏轼为翰林学士时,每有辽使前来,朝廷便让他做接伴使①。

辽很注重诗文,使臣多文人,每与苏轼谈笑唱和,轼无不立应,辽人惊服。辽使在辽时,曾与人联对,对方出一上联——"三光日月星。"辽使不能对,趁这一次使宋,诵之上联,向苏轼求对,意在为难苏轼。

苏轼想也未想,便高声诵道:"四诗风雅颂。"

辽使方在叹愕,轼又道:"也可对'四德元亨利。'"

辽使笑道:"学士虽然大才,但以'四德元亨利'来对'三光日月星',却有些不妥。"

苏轼亦笑道:"《易经》乾卦有四种特性,您莫不是笑我少了一字么?"

---

① 接伴使:宋、辽、金时专门迎接对方使节之官。

辽使轻轻颔首。

苏轼复又笑道："您我南北二朝,为兄弟之国,避讳之事,您应该懂的!"

辽使恍然大悟,仁宗名祯,乾卦的四种特性,为"元亨利贞"。贞字犯了仁宗之讳,苏轼为了避讳,故意少说一个字,不由得高声说道："拜服!"

他的副使也是一个诗文的高手,见正使败下阵来,极想为辽争回面子,笑语苏轼："学士前对,究欠一字,须另构一语。"

恰在此时,雷雨交加,风亦大起,苏轼来一个即景属对,又吟一联——"'一阵风雷雨',可好吗?"

辽使越加敬服。

听吕大防讲了苏轼与辽使的故事,太皇太后叹曰："苏子瞻名扬中外,常常遭人毁谤,世风如此,国之悲也!老身想召回子瞻,拜之礼部尚书,兼官侍读①,卿觉着怎样?"

吕大防喜而回道："甚好!"

苏轼接旨,飞车还京,未及上殿谢恩,又有圣旨来到,迁其为礼部兼端明②侍读二学士。

迁了苏轼之后,又迁了一个杨畏,由殿中侍御史迁为礼部侍郎。

在迁杨畏之前,范纯仁劝吕大防："畏非正人,不可重用!"

吕大防笑驳道："公莫非恨他阻公为相吗?"

范纯仁一头雾水,不知吕大防所云。

苏轼在旁轻语道："范公有所不知,您拜相之时,诏命政事堂议,杨畏闻之,上疏③曰,'公不可再相,乞进用章惇、吕惠卿等。'疏入政事堂,吕相压住未报。"说到这里,将杨畏之疏背了一遍。

范纯仁惊叹道："竟有这档事吗?"

吕大防笑颜如故道："此事本不想让您知道。子瞻既然说破,我就不再隐瞒。子瞻所言是实。杨畏身上虽然有许多毛病,但他有才,也敢于直言。前时,朔党势烟熏天,从者如云,他不但不与为伍,反上书劾之。这样的人,不能让他老待在殿中侍御史的位置上不动。"

---

① 侍读:唐宋时,掌为帝王讲读经史的官,由翰林学士和皇帝的文学侍从中有文学者充任。
② 端明:即端明殿学士,简称"端明学士"。正三品,位于资政殿学士之下,枢密直学士之上。
③ 上疏:是在朝官员专门上奏皇帝的带有机密性的一种文书形式。

话说到这个份上,范纯仁不能再反对了,长叹一声道:"畏乃善变之人,有奶便是娘,吕公今日擢畏,他日必为畏所害!"

吕大防笑驳道:"范公多虑了!"

杨畏迁官后,又荐来之邵为殿中侍御史。

杨、来虽然奸邪,有太皇太后掌舵,两个宰相又鼎力辅佐,天下亦呈现国泰民安之景像。

天不祐宋,元祐八年(1093年)九月,太皇太后因操劳过度,昏倒在紫宸殿。这样的情况已经是第三次了。她用药后,昏昏睡去。一阵阵美妙的音乐自窗外飘了进来。她正听得出神,一个身穿淡雅抹胸①外套一件红色褙子的美丽少女翩然而至。

太皇太后一跃而起,问之曰:"汝是何人?"

少女向她行一揖礼②,语如黄莺出谷:"奴婢黄菊儿,乃黄海龙王驾前女官,奉龙王之命接您去龙宫一聚。"

太皇太后惑而问之:"老身和东海龙王素不相识,他为什么让你来接老身?"

黄菊儿笑曰:"黄海龙王就是英宗皇帝的仙身,您岂能不认识?英宗皇帝魂归黄海,依然做他的龙王,命奴婢前来接您,去黄海一聚。"

太皇太后喜道:"承蒙团十三哥③还没忘了老身!"

少女微笑而语:"陛下夸您是女中尧舜,岂能把您忘掉。请太皇太后早登玉辇。"

太皇太后道:"汝别急,团十三哥最喜欢吃寒瓜(西瓜)和离枝(荔枝),老身让御厨使④准备一些上等寒瓜和离枝,咱再上路。"

少女笑阻道:"龙宫还缺这些东西吗?请太皇太后早些儿登辇。"

太皇太后讪讪一笑道:"汝说得是,请汝前边带路。"

出了宫门,门口果然停着一辆华丽玉辇。在少女的搀扶下,太皇太后登上玉辇。

玉辇行走如飞,不一刻儿来到黄海岸边,黄色的海浪汹涌澎湃,不时地撞击着海岸和礁石,发出雷鸣般的响声。

---

① 抹胸:宋代女子所穿的抹胸,为古代"亵衣"之一,亦为汉服的一种。通俗一点讲,抹胸就是贴身穿的内衣。
② 揖礼:宋代,女子向人行礼,有六种:一、正规揖礼,二、一般揖礼,三、拱手,四、领首,五、正规拜礼,六、一般拜礼。正规揖礼:右手压左手,手藏在袖子里,举手加额,鞠躬九十度,然后起身,同时手随着再次齐眉,然后手放下。
③ 团十三哥:太皇太后对英宗的昵称。因英宗在兄弟中排行十三,又做过岳州团练使,故名。
④ 御厨使:御厨司的长官。初置于唐,宋沿置,司下置太官、珍馐、良酝、掌醢等四署。

太皇太后一向怕水，更怕海，不由得胆战心惊，面色蜡黄。少女安慰道："别怕，这是咱自己的家，您如果实在害怕，请把双眼闭上。"

太皇太后忙闭了双眼，那玉辇"扑"的一声，飞入海中，破浪而行。片刻之后，少女道："龙宫已到，请皇后睁开双眼。"

太皇太后试着睁眼一瞧，莫说汹涌的波浪，连一滴水也不得见。展现在眼前的是一座偌大的宫殿。大殿四周装饰着倒铃般的花朵；大殿的内柱都是由多根红色巨柱支撑着，每个柱上都刻着一条回旋盘绕、栩栩如生的黄龙；殿中宝鼎上悬着一颗巨大的夜月珠，熠熠生辉。

她正看着，忽听少女催促道："皇后娘娘，看的机会多着呢，别让龙王等得太久了。"

她一脸诧异道："龙王……"

话刚一出口，又讪讪一笑道："什么龙王、地王？分明是俺的团十三哥在等俺。不看了，去哪？"

"去昇平宫。"

太皇太后道了一声"好"。

出了大殿右转，东行一箭之地左转，遥见她的团十三哥站在宫门口向这里眺望，喜出望外，欲叫，又觉不雅，忙趋了过去。

团十三哥也看见了她，飞奔而来，尚有十数步之距，便张开双臂欲抱。忽觉不妥，将双臂收回，改奔为趋。

二人趋到一块，既没有拥抱也没有拉手，只是深情地对视着。

许久，英宗一脸爱怜地说道："滔滔（太皇太后的乳名），这二十几年辛苦你了！"

这一句普普通通的话，让太皇太后的泪水夺眶而出。她不只辛苦，还有委屈和不解。儿子赵顼当政的时候，受王安石蛊惑，搞熙宁变法，不只乱祖宗法度，祸国殃民，还造就了一批像吕惠卿、章惇、蔡确那样的奸佞之臣，贻害无穷，自己多次劝说，他不但不听，还对自己心生怨恨。到了孙儿赵佣（煦）做皇帝，因为他太小，自己不得不垂帘听政，有大臣便把贪权的帽子加到我的头上。一些大臣对我不满，甚而诽谤我，我不生气，何也？那些对我不满也好，诽谤也好，因为他们大都是新党。佣儿对我不满实在不该，无非我对他管的严了一点。但是，管着管着，他13岁就知道睡女人，还睡出了娃娃。若是不管严一点，说不定他还会做出更出格的事呢！

再者，他总认为我越俎代庖，遮了他的好，不只闹情绪，还给我脸色看。这样的事，至少发生了4次。

第一次,在他即位的第二年,当着我的面质问蔡确:"《诗经·小雅》说,'普天之下,莫非王土;率土之滨。莫非王臣。'由此可见,天下的财富也包括人都是朕的,可朕使用的餐具、茶具,不说非金即银,至少不应该全是陶的吧!"我当即斥道:"我朝不比她朝,奉行的是天子和士大夫共天下。所以,天下财富不是天子一人的。就算是天子一人的,一粒粟、一寸布,也是百姓辛勤劳作所得,天子也应当珍惜!当年,御膳房给你仁宗爷爷上了一道菜——红烧黄唇鱼,你仁宗爷爷嫌贵,非让撤了下去。至于餐具和茶具,你仁宗爷爷、英宗爷爷用的都是陶的!"赵佣虽然认了错,但很勉强。当然,批评归批评,我还是把他的餐具、茶具一概换成了铜的。

第二次,在他即位的第三年。因他年纪太小,当他接受经筵的时候,我时不时要来看一看。某一次,我突然发现他的新书案变成一个旧书案。鉴于餐具和茶具的往事,我命有司,把旧书案换成了新书案。可是,几天之后我发现,那张旧书案又出现了,我感到奇怪,问他,"这是怎么回事?"他理直气壮地回曰:"这张书案是我父皇用过的。"呛得我许久说不出话来。

第三次,奶娘事件刚结束,听宰执们奏事,赵佣就坐在我的旁边。我一时高兴,笑说道:"陛下,你看,每天有这么多大臣来奏事,你有什么想法,也该说一说呀。"

这本是对他的关心,他不但不领情,还冷冷地说道:"奶奶已处分,俾(卑微弱小)臣道何语?"这才叫"热脸贴到冷屁股上",硬是把我的一片好心情毁了!

第四次,半年前,我突然昏倒,卧床不起,不能听政,吕大防率宰执入宫探视。我与语道:"我病将不起了。"吕大防安慰我道:"慈寿无疆,料不致有意外情事。"我道:"我今年已62岁,死亦不失为正命。"略顿,我又说道:"老身累年保佑圣躬,粗究心力,区区之心,只欲不坠先烈,措世平泰,不知官家知之否,众卿及天下知之否?"

吕大防道:"知道知道,太皇太后乃女中尧……"

忽听一声断喝:"吕大防,你给朕出去。"

吕大防愣了一下。

不只吕大防,在场的人无不感到吃惊。

见了众人表情,赵熙又来了这么一句:"太皇太后贵体有恙,需要休息,尔等给朕出去!"这不是在搧我的脸吗?我对他那么好,他却如此对我……

太皇太后越想越气,只差瞋目切齿了。

英宗呵呵一笑道:"小皇帝气着你了!"

太皇太后恨声说道:"我怀疑他不是咱赵家子孙,怕是一个野种呢!"

英宗一脸微笑,劝道:"这里不是说事的地方,等用过了午膳,到寝宫说。"

午膳相当丰盛,吃的是佳肴,喝的是琼浆玉液,午膳后,英宗又领着她在龙宫里转了一圈。9年了,太皇太后从未这么开心过。英宗趁机劝道:"你受的委屈,十三哥全都知道,这事呀……你就认了吧!"

太皇太后愤然道:"我为什么要认?回去我就把他废了,让咱们的灏儿当皇帝。"

英宗道:"你还不能废他呢。"

"为什么?"

英宗道:"谁为皇帝,当多久,都由玉皇大帝来安排,不是你想废就废得了的。"

太皇太后道:"诚如你所言,玉皇大帝为什么给咱安排如此一个孬孙来当皇帝?"

英宗长叹一声,说道:"这事说起来话长。"遂将赵匡胤"梦游鬼神庄"讲了一遍。

宋太祖赵匡胤未称帝之前,因大闹御勾栏①受到通缉,不得不亡命天涯。

这一日,因急于赶路,错过了客店,便在鬼神庄的一个破庙里的供桌上睡了下来。

这个破庙敬的是康元帅②。

此时,已经进入暮秋,寒风凛冽,直透肌肤,身上又无盖的,如何睡得着?

睡不着他便起来耍棍,直耍得浑身是汗方才回到庙内,二次躺下。将至三更,又被寒风吹醒,揉了揉眼,正想坐起来,忽听一阵哗哗啦啦、呼幺喝六之声,从大殿之外传了进来。赵匡胤暗自想道:这冷庙之中,怎的有人赌博?听这声音,却也不远,横竖睡不着,倒不如起身前去,看玩一番,聊为消遣。主意既定,忙跳下供桌,用蟠龙棍挑着行李,出了大殿,循着响声,一路行去。望见西北角上,影影绰绰地露出灯光,不由得加快了步伐。

那露出灯光之处,乃一偏殿,赵匡胤来到殿外,轻咳一声道:"是哪家弟兄,在此玩耍?小弟欲要进去观赏一会儿,不知可否?"

屋内赌者,故意弄出响声,引诱赵匡胤来赌。如今赵匡胤来了,高兴还来不及,哪有不允之理?异口同声说道:"赵二爷既有观赏的雅兴,那就请进吧。"

赵匡胤暗自喜道:这屋中之人,定有与我相识者,否则,怎么会知道我姓赵,在弟兄

---

① 御勾栏:勾栏:用栏杆围成圈,用布幔围起来。一个大型瓦舍多达五十余座勾栏。每个勾栏里演绎的节目也不同。御勾栏,即供皇帝看演出的勾栏。

② 康元帅:传为东岳大帝属下的十太保之一。康元帅名字不详,父命康衢,母金氏,生于黄河之滨。他天生一副菩萨心肠,走路小心翼翼,生怕踩死一只蚂蚁。及长,不管何人有难,立马去帮。他的善行传到天上,玉帝封其为"仁圣元帅",掌管各地的土地神。其塑像一般配祀在东岳庙中。

中又排行老二！

他正暗自高兴，殿门一阵吱咛，转向两边。

开门者乃一中年汉子，看他的打扮乃是一个判官——纱帽、圆领。

这判官向左退了两步，右手前伸，躬身说道："赵二爷请！"

赵匡胤迈步进了殿门，只见殿上有一赌案，围着赌案依次坐了5人，有一凳略高，放在上首，空的。

围案所坐之人，面相怪异，一个面如牛脸；一个活似猴脸；一个酷似丑狗；还有两个脸上布满黄豆大的疙瘩，三分人面，七分癞蛤蟆相，把个赵匡胤看得有些发呕。

转而一想，我赵匡胤寒夜难挨，跑过来观赌，聊以消磨时光，管他美丑作甚！

"诸位，怎么不赌了？"赵匡胤满脸带笑问道。

牛面回道："没有监赌的我们怎么赌？"

"谁是监赌的？"

牛面抬臂朝戴纱帽的指了一指。

他这一指，赵匡胤明白了，这判官不是一个赌徒，乃是一个吃抽头的监赌。作为官员，公然设赌敛钱实在有些不该……赵匡胤正想着心事，戴纱帽的朝空凳子上"扑通"一坐说道："诸位，请继续赌。"

5人齐声应道："好！"便赌将起来。

赵匡胤自从学会投骰子①以来，每赌必赢，有赌神之称。一来看得手痒；二来手头拮据，想赢几个钱。于是，他"嘿嘿"一笑，双手抱拳说道："列位长兄恁般兴致，小弟亦想随喜片时，不知当否？"

那5人齐声答道："甚好！"

赵匡胤并没有立即"随喜"，双眼乱抡，好像在寻找着什么。

监赌的"呼"的站了起来，后退两步，指着他坐过的凳子说道："坐，赵二爷请坐。"

"你把椅子让给小弟，你坐什么？"

"你尽管坐，我站着监也就是了。"

赵匡胤双手抱拳道："诚如此，小弟也就不谦让了。"说毕，便在上首坐了下来，笑吟吟地说道："列位长兄，谁做庄？"

众人道："听便。"

---

① 骰子：也叫"色子"，赌博时用以投掷。本作"投子"，后来改用骨制作，故称"骰子"。

赵匡胤道："如此，小弟便不客气了。"一边说，一边抓过骰子。众人见了，纷纷下注。赵匡胤将骰子朝盆中猛地一掷，却是个"顺水鱼儿"，开先到底，五七共赢了三两五钱银子。

第二局，赵匡胤抛了个黑十七，赢了三注，一注二两一钱，共是十两五钱银子。

赵匡胤一连掷了十次，面前的银子摞了一尺多高。但到第十一局的时候，他开始输了。不到半个更次，不只所赢之银输光，连身上的盘缠也搭了进去。监赌说道："诸位，天快亮了，汝等倒不如就此歇手，明天夜入二更，汝等依然到此相聚，可好？"

除了赵匡胤，全都轰然应道："甚好！"

赵匡胤正输得眼红，岂肯答应，陡地一声大喝道："不好！"

众人齐声问道："为甚？"

赵匡胤有点耍无赖了："小弟的赌兴未尽！"

"这……"众人交换了一下眼色说道："倘若如此，吾等再给你赌一局如何？"

赵匡胤道："一局不行，得赌五局。"

众人亦不退让："不行，只赌一局！"

赵匡胤开始退让了："五局不行，三局呢？"

众人依然坚持道："不行，只赌一局！"

"那，也好。但这一局的赌注得下大点。"

"多大？"众人问。

"每一注不能少于三十两。"赵匡胤道。

众人又交换了一下眼色，牛面重重地咳嗽了一声，说道："每一注不能少于三十两，五人五注，三五一百五十两。不就一百五十两银子嘛！我们五家一齐下注，好汉若有造化，这一抛儿赢了我五家；若没有造化，我们五家赢你一家，你可愿意？"

赵匡胤朗声回道："小弟愿意。"说罢，抓起骰子，向那盆中"哗啦"一声，掷将下去。只见，先望了三个四，那三个却又滚了一回，滚出了一个二，两个幺，这名儿唤做"龇牙臭"。赵匡胤暗道了一声"不好"，他五家一齐赢了，我身无分文，如何打发？倒不如赖它一赖！想定主意，故意将双掌一拍，哈哈大笑道："我赢了，我赢了，这一盆骰子，真是难得，难得！"

众人见他要赖，忙把骰盆搂住，怒气冲冲地问道："你掷的是'龇牙臭'，怎么反说是赢？"

赵匡胤道："汝等山野之人，真可谓井底之蛙，没见过世面，我这次掷的，分明是'踩

133

遍夺子',说什么'龇牙臭！'若是此事传将出去,岂不让人笑掉大牙！"一边说一边将骰盆推开,就去抢钱。

牛面"噌"的一声跳了起来,怒不可遏道:"还有王法没有？赢了要钱,输了不但赖账,还要抢吾等的钱,似汝这样的赖皮,真是少见！列位兄弟,先别管钱,教训他一顿再说！"

众人高声应道:"好！"遂一齐跳将起来,扑向赵匡胤。

赵匡胤冷笑一声道:"就凭你们这几个丑八怪,也想教训爷？错了！尔等去汴京城打听一下大闹御勾栏的那人是谁？"

赵匡胤指着自己的鼻尖一字一顿地说道:"那个大闹御勾栏的好汉,便是爷,爷行不改姓,坐不更名。爷叫赵匡胤,叫赵匡胤的就是爷！"

众人见赵匡胤报出了大名,面面相觑。良久,监赌双手抱拳说道:"好汉,您的大名吾等早已知晓。但名头越大,才越应该讲理。刚才那一掷,分明是'龇牙臭',也分明是好汉输了。既然输了,就该把银子照注兑付他们,才是正理！"

赵匡胤喝道:"你作为头家,只管抽头肥己罢了,谁要你出头多嘴,判断输赢,且帮着自己的伙伴,欺负外人。实话对你说,想打架,我赵匡胤奉陪到底,想要赌钱,分文没有！"

"你这不是明赖账嘛！"

"错了,我赵匡胤从不赖账！"

监赌道:"既然好汉从不赖账,这赌钱……"

"记在我重重孙儿头上,日后由他来还。"

这本是一句浑话,那监赌竟当了真,掉头对5个赌徒说道:"列位,既是好汉许了还债的日期,决无变更之理。列位在此相聚,已有三载,倒不如自此散去,耐心等待,至期再向好汉的重重孙儿讨要,决无不还之理！"

话刚落音,庄内的山鸡便引颈高歌起来,眨眼之间,不说那5个赌者,就连抽头的监赌也不见了。赵匡胤四下张望,杳无影迹,不觉打了一个寒噤。

十三　白卷英雄

英宗道:"我不只敢骂你,我还敢揍你呢!"一边说一边挥拳,劈面朝太皇太后打去。

哲宗恨声说道:"那些旧党,一味地讨好老乞婆,每一次奏事,总是面向老乞婆,朕所看到的,只是他们的臀背。"

朝会时,哲宗质问苏辙:"侍郎大人,你拿先帝比汉武,意欲何为?"

赵匡胤病了,病倒在供桌上,直到第三日午后方被人发现。

发现他的人是鬼神庄的几十个庄民,在此之前,因这里来了五个恶鬼,一个判官,每夜必在康元帅庙里聚赌,凡来赌者,十人十输,弄得无人敢赌。若是无人来赌,这五个恶鬼便在鬼神庄惹是生非。不是这家房子起了火,便是那家丢了小孩,抑或是房上的瓦片无缘无故飞了起来,弄得人心惶惶。或投亲,或靠友,留在鬼神庄的人,十不及三。

鬼神庄突然安静了,安静得让人有些害怕。庄上的人便开始推测起来。推测来推测去,也没有推测出个所以然来。有个叫楚昭辅的说道:"诸位不要推测了,咱庄得以安宁,因为来了一个贵人。这贵人自前天酉时三刻进入康元帅庙,五鬼再也没有出来胡闹。"

众人齐声谴责道:"庙里既然来了贵人,汝为何不早说?"

楚昭辅一脸无辜地说道:"我也是刚刚听说。"

众人道:"既然刚刚听说,怪不得你。走,带吾等去康元帅庙,见一见这位贵人。"

楚昭辅道了声"好",带着众人,直奔康元帅庙,在大殿上找到了赵匡胤。

赵匡胤烧得火炭一般,口不能言,手不能举,众人将他抬到庄内,延医诊治,一连吃了三服药,方才清醒过来。众人问其姓名,及其得病缘由,赵匡胤感激救命之恩,如实回答。

众人一脸惊愕道："你，你果真赖了那五鬼的赌钱？"

赵匡胤笑回道："梦里的事，汝等也当真？"

众人也不反驳，继续问道："鸡叫之后，那五鬼和判官真的踪影全无？"

赵匡胤"嘀嘀嘀"一笑，说道："在下已经说过了，那只是一个梦。"

众人道："既是梦，又不全是梦。人睡着之后，真魄走了出去。您那一夜的所作所为，全是真魄所为。您无意之间气走了五鬼，自此，敝庄得以安宁下来。多谢了，多谢贵人救了敝庄！"

讲过了赵匡胤"梦游鬼神庄"之后，宋英宗叹道："太祖爷爷精明一世，却被判官和五鬼所赚。他答应五鬼，所欠之赌钱，由他的重重孙儿来还。你扳着指头算一算，他的重重孙儿是哪一代？就是咱们的儿子赵顼这一代。五鬼为了讨回他们的赌钱，转世为西夏人，屡屡犯我大宋，抢咱金帛牛羊，咱们的顼儿虽然是水星下凡，看软不软。在野狐王安石等人的鼓动下，奋起反击，打得西夏人不敢轻举妄动。五鬼讨不到赌钱，哭诉于玉皇大帝。玉皇大帝便遣天狼星下凡，取代了顼儿。狼的天性既野又暴，偏偏遇上了你这个女中尧舜，他自知不是对手，但又不甘认输，所以，时不时嗥叫几声，或咬你一口。"

太皇太后恍然大悟道："原来如此！唉，您说吧，咱太祖爷爷欠五鬼的赌银，该不该还？"

"应该还。"

太皇太后又道："谁还，让煦儿还？"

英宗道："依他的性格，他不会还的。"

太皇太后满面忧愁道："他不还，五鬼岂能善罢甘休？"

"是的，他们不会善罢甘休。"

太皇太后道："如此一来，宋夏又要发生战争了。"

英宗将头重重地点了一点。

"既然这样，我得赶紧回去，做好应战的准备。"

英宗道："不用急。"

"为什么？"太皇太后问

"这仗一年半载打不起来。"

太皇太后又问了一句为什么。

"老一代五鬼已经死了，新一代五鬼刚刚转世，没有18年，不可能成人，成人后，没有十几年的奋斗,掌不了朝政。掌不了朝政,就没有能力发动战争。"

太皇太后"噢"了一声道:"既然这样,妹子就在您这里多住几天。"

"您还是走吧,回去后抓紧安排一下后事,半个时辰后,我让黄菊儿再去接您。"

太皇太后惊问道:"安排后事?难道我一回去就要死!"

英宗将头轻轻点了一点。

太皇太后"嚎"的一声哭道:"我不想死,您得想法救一救我!"

英宗笑劝道:"人间有什么好?还是早一点做仙吧。做了仙,咱就可以永远地在一起了。"

太皇太后强将眼泪收住:"好,我听您的,我这就回去安排后事。不过,我很想知道,那个小孬孙会不会听我的安排?"

英宗道:"他不会。"

太皇太后道:"他既然不会,还有什么好安排的?"

英宗道:"可以见一见家人和皇亲国戚,以及那些正直的大臣,也可以给他们提一个醒。"

"如此的话,半个时辰怕是不够用。"

英宗又笑了:"仙界一天,是凡间一年,半个时辰就是凡间的十五天,十五天时间还不够你用吗?"

太皇太后凄然一笑道:"应该够用。那,我就走了。"

"你走吧。"

太皇太后娇声说道:"那,我还是不想走。"

英宗突然变脸:"天命难违,不走也得走,滚!"

太皇太后怒色说道:"你敢骂我!"

英宗道:"我不只敢骂你,还敢揍你呢!"一边说一边挥拳,朝她劈面打来。

她惊叫一声醒了,睁眼一瞅,宰执们和小皇帝都站在她的榻旁,且红着眼圈。一问,她已经昏迷了7天。暗自叹道:"我在龙宫并没有待多久,凡间便是7天。看来,仙界一天,是凡间一年,此话不谬也!"

众人见她醒来,一个个喜笑颜开,她却喜不出来,喘息了一会儿,说道:"尔等退去吧,老身想静一静。"

第二天,她传懿旨一道,命她健在的一子一女前来见驾。母子仨在一起待了两个时辰,全都哭红了双眼。见过了皇亲国戚之后,方召吕大防、范纯仁进宫,与之语道:"还是那句老话,我今年已62岁,死亦不失为正命,所虑者,官家年少,容易受迷,还望卿等用心保护。"

吕、范同声道:"臣等敢不遵命!"

太皇太后顾纯仁道:"卿父希文,少见的忠臣,在明肃①垂帘时,劝明肃尽母道;至明肃上宾(死),又劝仁宗尽子道。卿当效法先人,毋忝所生!"纯仁涕泣受命。

太皇太后复道:"我受神宗顾托,听政9年,卿等试言9年间,曾加恩高氏否?我为公忘私,遗有一男一女,亦未曾加恩。"

言讫泪下,喘息了好一歇,复嘱吕、范二人道:"他日官家不信卿言,卿等亦宜早退,令官家别用一番人。"说至此,顾左右道:"今日正值秋社②,可给二相社饭。"

吕、范二人不敢拒绝,待左右将社饭备齐,移至别室草草食讫,复入寝门内拜谢。

太皇太后呜咽道:"明年社饭时,恐二卿要纪念老身哩。"

吕、范劝慰数语,随即告退。14日后,太皇太后驾崩。后听政9年,朝廷清明,华夏绥正,辽主、夏主戒群臣道:"宋朝尽行仁宗旧政,老成正士,多半起用,国势又将昌盛哩,汝等幸勿生事!"因此,元祐九年,毫无边衅。有司请循天圣(宋仁宗年号,1023—1032年)故事,两宫(外宫小皇帝、内宫太皇太后)同御殿,太皇太后不许。又请受册于文德殿,太皇太后曰:"母后当阳,非国家之美事,况文德殿系天子正殿,岂母后所当御?但就崇政殿行礼便了!"太皇太后侄儿公绘、公纪,终元祐世,只迁一秩,还是小皇帝再三恳请,方得特许。中外称为"女中尧舜"。礼臣恭上尊谥,乃是"宣仁圣烈"四字,简称"宣仁太后"。

太皇太后驾崩,最高兴的莫过于小皇帝。他不再受制于人,他所干的第一件事,就是将"奶娘事件"中被赶出皇宫的五位太监复官。翰林学士范祖禹入谏道:"陛下亲政,未闻访一贤臣,乃先召内侍,天下将谓陛下私昵近臣,不可不防。"

小皇帝默然,好似不见不闻一般。

不,不应该再称他小皇帝了。

他不只成婚了,也亲政了,大宋的天下就是他的天下。

称他什么呢?

他的庙号③为哲宗,咱就称他哲宗吧。

---

① 明肃:即真宗皇后刘娥,谥号章献明肃刘皇后,简称"明肃"。
② 秋社:立秋后第五个戊日。戊日属土,所以这天是祭祀土地神和菩萨的日子。祭祀所供饭食叫社饭。
③ 庙号:皇帝死后,在太庙立室奉祀,特立名号,叫庙号,如某祖、某宗等。大庙:中国古代皇帝的宗庙。

范祖禹见哲宗不理睬自己，又上一疏，要求追回复官太监的诏书。

哲宗又来一个不理不睬。

哲宗之为，给国人发了一个信号，他对"元祐之治"和太皇太后不感冒。

有了这个信号，不少人便蠢蠢欲动，要否定"元祐之治"和太皇太后。

否定"元祐之治"，既是否定了太皇太后，也是否定了以司马光为首的旧党。

针对这股风，未等范祖禹出手，吕陶上书哲宗，首先就五位太监复官之事发表了自己的高见——不管陛下用谁，要做哪些事情，都要从大宋的社稷出发去考虑。他把五位太监之事，已经从"私昵近臣"，上升到是否有利于大宋社稷的层面上去了。

紧接着，他以教训的口气告诫哲宗："太皇太后是太阳，是女中尧舜。她尽管陨落了，那也不能否定她曾有的光辉。当年，章献明肃刘皇后，对仁宗皇帝那么不好。她薨后，仁宗皇帝下诏，不许国人议论天圣年间的是非，既保证了朝局的稳定，又维护了明肃的尊严，更成就了仁宗皇帝的孝子之名，陛下应当师法仁宗皇帝。"

书上，如石沉大海。吕陶火了，邀范祖禹一块儿面谏哲宗。

范祖禹摇首说道："这样做不妥。"

"为什么？"吕陶问。

"有朋党之嫌。"

吕陶想了一想又说："还是您考虑的周到，明天我一个人去。"

范祖禹道："您去不如我去。"

"为什么？"吕陶问。

"您性子急，谏不好适得其反。"

吕陶双手抱拳道："恭敬不如从命，那就有劳贤兄了。但是，我想给您提一个醒。"

范祖禹道："请讲。"

吕陶道："皇上与太皇太后和咱们旧党，不说势不两立，至少说很不感冒。见他后说些什么，您得好好考虑考虑。"

范祖禹颔首说道："您提醒得对。"

哲宗不想听范祖禹聒噪，一连两次驳回了他"单独面圣"的请求。是继续请求，还是罢手，正当范祖禹左右徘徊，喜讯自天而降，哲宗要他去垂拱殿相见。

哲宗原以为范祖禹来见，必定要大谈特谈尊崇太皇太后和太监复官之事。如果这样，便要将他训诫一番，叫他自此闭了嘴巴。谁知，范祖禹见了他，既不谈太皇太后，也不谈太监复官之事。谈什么？谈新党。谈新党如何坏，如何祸国殃民，如何为国人不耻。

他为什么要谈新党？

新党是旧党的大敌，只要不起用新党，莫说给五个太监复官，就是把太监们放到鼻子尖上，也无碍大局。新党，这个祸国殃民的新党！只要不起用新党，这天下就是我们旧党的。只要是我们旧党的天下，就没有人能否定得了太皇太后！

哲宗见他不谈太监和太皇太后，就没有打断他的话，耐心地听他说。

范祖禹这一说，便说了将近一个时辰。哲宗只用八个字，便把他打发走了。

"朕已知矣，卿可告退！"

范祖禹还没走出殿门，郝随从殿角趋了出来，笑嘻嘻地说道："陛下，您真能忍呀！范夫子如此聒噪，要是换作臣，早把他赶走了。"

哲宗一脸愤色道："一说到忍字，朕便来气。每天除了上朝下朝，就是和经筵官、侍读在一起学习。而上朝呢？和老乞婆坐在一起；下朝后又和老乞婆睡在一起，天天听她唠叨。忍，再忍。9年来，朕哪一天不是在忍中度过！"

郝随一脸同情地说道："陛下所受的委屈世人皆知，只是慑于那人的权威，不敢说罢了。只是，臣不明白，那人已经走了，您也亲了政，为啥还要忍？"

哲宗叹道："老乞婆虽然走了，但立在朝堂的几乎都是她的人。"

郝随颔首说道："陛下所言甚是。"

"朕问卿，你觉着是旧党好还是新党好？"

郝随回道："臣觉着新党好？"

"说一说你的理由。"

郝随佯装想了一想，回道："第一，新党锐意进取，旧党抱残守缺。第二，新党变法是为了富国强兵，旧党反对变法是为了维护他们的既得利益。第三，新党爱国，仅王韶开边，就得敌州五，斩敌首一万余颗；羌首木征带大小酋长八十余人，诣王韶军门乞降。旧党呢？把新党百战所得的葭芦、浮屠、安疆等四寨，双手还给西夏。第四，新党忠君，先帝神宗变法，没有新党的鼎力支持，不可能取得那么大的成就；旧党呢？无视您的存在……"

哲宗恨声说道："可他们认为新党是奸佞，他们是忠臣，继承了儒学的正统。儒学讲'三纲五常'。'三纲'第一纲，君为臣纲，他们却一味地讨好老乞婆。每当他们奏事，总是面向老乞婆，朕所看到的只是他们的臀背。章献明肃刘皇后那么跋扈，她垂帘听政的时候,大臣们奏事,也不敢每次都给仁宗先帝一个脊梁。若说奸佞。他们才是真正的奸佞!"

郝随频频颔首道:"陛下圣明"。

"新党之中,何人可用?"哲宗问。

"蔡确和邢恕。"

哲宗将头摇了一摇,说道:"彼二人为人不大地道,蔡确更甚。蔡确由王介甫(安石)之荐才得以出任开封知府,后见王介甫失势,就王介甫'宣德门骑马'之事抓住不放,逼得王介甫辞相。"

郝随叩首说道:"臣是内官,不知蔡确竟是这样的一个人,请陛下恕罪。"

哲宗笑语道:"不知者不为罪,快快平身。"

待郝随谢恩而起,哲宗又问道:"新党中除了蔡确、邢恕外,还有何人可用?"

郝随不敢再荐,笑嘻嘻地回道:"臣是一内臣,外臣的情况知之甚少。陛下欲知何人可用,不妨问一问殿中侍御史杨畏。"

哲宗又将头摇了一摇,说道:"朕听说,杨畏这人也不怎么地道,他奔走于两党之间,早年对王介甫顶礼膜拜,后见新党失势,又依附旧党,听说老乞婆和吕大防不待见朔党(旧党的一个门派),又串通来之邵弹劾朔党党魁刘挚。"

"陛下所说之事,臣也有耳闻,至于杨畏和王介甫有无恩怨,那时,臣尚未进宫,不敢妄言。但杨畏串通来之邵弹劾刘挚之事,据臣所知,不是因为那人不待见刘挚,而是杨畏觉得朔党太猖狂了。"

哲宗想了片刻说道:"那……那就宣杨畏进宫见驾。"

因为郝随的暗中点拨,杨畏见了哲宗,开口便道:"臣有许多话要对陛下说,又担心陛下太忙,没时间见臣,所以,迟迟没有启口。这一下好了,臣不用担心陛下没时间见臣了!"

哲宗笑微微地说道:"卿这么想见朕,最想说的话是什么?"

"神宗更立旧制,垂示万世,乞赐讲求,借成继述美名。"

哲宗颔首说道:"朕也有此意。"

稍顷又问:"先朝旧臣,孰可召用?"

畏举章惇、吕惠卿、邓绾、李清臣等,各加褒美,且言:"神宗建立新政,与王安石创行新法,实是明良交济,足致富强。今王安石已殁,只有章惇才学与安石相似,请召为宰辅。"

哲宗道:"汝说的这些人,朕一定用,但章惇、吕惠卿名头太大,又做过宰执,骤然用之,怕引起官场震动,先用李清臣和邓绾吧。"

杨畏道:"陛下圣明。"

翌日诏下,拜李清臣为中书侍郎,邓绾为尚书左丞。

吕大防安葬"宣仁太后"归来,听说杨畏叛己,来之邵又上书弹劾他,又气又恨,但也无可奈何,想了又想,决定退出这是非之地,颐养天年。书上,按照常理,哲宗应该驳回。不只要驳一次、两次,甚至要驳七八次,既表明皇帝有情有义,也全了辞官者的面子。

孰料,哲宗收到吕太防辞相的奏章,当即便批了一个"准"字,让他以秘书监①的身份知随州去了

这事传到苏轼耳中,他又是摇头又是叹气,哲宗对无党无派的吕大防尚且如此薄情,我苏子瞻虽不是旧党,但为旧党和宣仁太后所重,迟早要被踢出朝堂,倒不如效法吕大防也来一个自动辞官。皇上若是挽留更好;若是不挽留,就去做一个地方官,写一写诗,做一做词。条件允许了,也可为百姓办一些实事。

书上,和吕大防的待遇一样,哲宗当即批了一个"准"字,出知定州去了。

转眼到了元祐九年三月,为了显示皇恩浩荡,哲宗诏命举办一次恩科②考试。

这场考试,是哲宗亲政后举行的第一次考试,故而,他看得很重。如果苏轼不走的话,正常情况下,以他的资历、官职和地位,出题非他莫属。

可惜,他走了。

他这一走,出题的任务,责无旁贷的落到李清臣头上。

李清臣也是一个才子,他的才气不在苏轼之下。

这个人是神童,在他之前的神童,最神的7岁可以作诗,他7岁时就能写出几千字的文章。

他和苏轼一样,也因为有才,才进了馆阁。但苏轼参加的是特试,他是通过正式考试,拿了个第一名进入的。

这样的才华,在官员里也是鹤立鸡群。

---

① 秘书监:掌图书典籍的官员。初置于东汉。宋初,秘书监为寄禄官,元丰改制后始正职事。
② 恩科:宋时的一种科举制度。隋唐以后取士,大都通过科举。在科举制度中,除了三年一度的科举考试外,特殊情况下,还可以增加一些考试,比如恩科考试,举行这种考试一般是皇帝登基、亲政、喜得龙子的情况下才有。

鹤立鸡群的他,引起韩大宰相(韩琦)的重视,将自己的侄女嫁给了他。

他本是王安石的信徒,但新党当政时,他躲得远远的。世人便认为,他和韩琦一样属于旧党。但是,到了元祐时期,高滔滔废除新法时,他突然站出来,和司马光他们辩论,一条一条逐字逐句地反驳,为新法张目。且不说做得对不对,但从他的行为来看,是少见的君子。

旧党不这么看,将他踢出朝堂,知真定府(今河北省正定县)去了。他做了9年地方官,又回到汴京主持这次恩科考试。他经过数日的深思熟虑,方才发箪试题。题曰:

今复词赋之选,而士不知劝;罢常平之官,而农不加富;可差可募之说杂,而役法病;或东或北之论异,而河患滋;赐土以柔远也,而羌夷之患未弭;弛利以便民也,而商贾之路不通。夫可则因,否则革,惟当之为贵,圣人亦何有必焉!

原来,元祐变政,曾禁用王氏经义字说(即王安石的学说),科试仍用诗赋,所以李清臣发箪,看作甚重。第一条便驳斥诗赋,第二条阴主青苗法,第三条指免役,第四条论治河,第五条斥还西夏四寨事,第六条讥盐铁弛禁事。

这道考题发下去后,新旧两党的先头部队,在考场里便厮杀起来,这些先头部队,全是来自考生。但让后人记住名字的,只有一个人。这个人叫尹焞。

尹焞看过考题之后,勃然大怒,一个字也没写便把考卷交了上去。

他走去考场,对看热闹的人说了这么一句话——难道可以这样博取功名吗?

他不但交了白卷,还卷起铺盖,毅然离开汴京,回老家去了。

人已经离开了江湖,可江湖还在念叨他——英雄,白卷英雄!

他是谁,谁教出这个君子?答案很快出现。这个人是西京(洛阳)人,二程的亲传弟子。

考生中,属于旧党的不止尹焞一人,而是很多,这些人用另一种方式和李清臣斗,他们精心构思了一篇篇文章,反驳李清臣。

确切地讲,就是反驳李清臣对"元祐"政绩的指责。

这种行为,若在其他朝代,不杀头也得流放。你别忘了,这是宋朝,宋朝自赵匡胤定下"不以言罪人"的规矩之后,莫说指责考官,就是指责朝廷乃至皇帝,不但无罪,还会落一个君子的名声。

在考生中反驳李清臣的固然不少,但支持李清臣的也大有人在。他们同样地精心构思文章。

这一场战斗,交战的双方互不相识,各自为战,又停留在纸面上,除了尹焞露那一手外,基本上没有多大影响。

第二场战斗就不一样了,首先,交战的双方层次比较高,由考生上升为考官。而这些考官,不只互相认识,谁几斤几两,又是哪个党派,肚如明镜。而且,手中还握着考生的命。某一考卷,你判它一个甲等,我非判它一个丁等。你判它一个丁等,我非判它一个甲等。于是,敌对双方——旧党和新党之间便展开辩论,辩论的结果,胜出者,每次都是旧党。旧党既然获胜,所取之士,自然全是旧党了。

这样的结果是哲宗不愿意看到的。他本想通过恩科考试亮明自己的观点——否定"元祐"①,走"熙宁"和"元丰"之路。

既然他不愿意看到,那就行使一下皇帝至高无上的特权吧!

他内降一诏,否定了这一次所取之士,来一个重考。

还是原先的题,但考官换了。考的结果,所取之士——清一色的熙宁变法的追随者。

哲宗得到了他想要的结果,不只旧党不高兴,正直的官员也不高兴。既非新党,亦非旧党的门下侍郎苏辙当先跳了出来,上书哲宗:

> 伏见策题历诋行事,有诏复熙宁、元丰之意。臣谓先帝设施,盖有百世不可易者。元祐以来,上下奉行,未尝失坠,至于事或失当,何世无之?父作于前,子救于后,前后相继,此则圣人之孝也。汉武帝外事四夷,内兴宫室,财用匮竭,于是修盐铁榷酤均输之政,民不堪命,几至大乱。昭帝委任霍光,罢去烦苛,汉室乃定。光武、显宗,以察为明,以谶决事,上下恐惧,人心不安。章帝深鉴其失,代之宽厚,恺悌之政,后世称焉。本朝真宗天书,章献临御,揽大臣之议,藏之梓宫,以泯其迹,仁宗听政,绝口不言。英宗濮议,朝廷汹汹者数年,先帝寝之,遂以安静。夫以汉昭帝之贤,与吾仁宗、神宗之圣,岂其薄于孝敬而轻事变易也哉?陛下若轻变九年已行之事,擢任累岁不用之人,怀私忿而以先帝为辞,则大事去矣。

哲宗阅了苏辙之书,勃然大怒,朝会时,当面质问苏辙:"侍郎大人,你拿先帝比汉

---

① 元祐:哲宗的第一个年号(1086—1094年),在这期间,主其政者是宣仁太后。"熙宁、元丰"乃神宗的年号。

武,意欲何为?"

苏辙暗道一声糟了:作为皇帝,居然呼我官职,是对我极大的不满。而且,他还认为我不应该把他的父皇与汉武相比。

是的,汉武穷兵黩武,杀人如麻,是一个少见的暴君,堪比秦皇(秦始皇),若非其子昭帝救于后,汉室早就完蛋了!你父皇还不如汉武呢?变法,变法,变的结果,把国家搞乱了,把士大夫的心也给搞寒了,若非"宣仁太后"行"元祐"之治,补救于后,宋室怕也完蛋了!我拿你父皇比汉武,乃是高看了你父皇!

但是,皇上既然认定他的父皇好,汉武不好,不能拿他的父皇比汉武,我若实话实说,立马就会被踢出汴京,甚而流放。

"光棍不吃眼前亏",我得把自己说的话圆一圆,息一息他的火。

想到此,苏辙"嘿嘿"一笑,说道:"回陛下,汉武是一个少见的明君,他执政期间,罢黜百家,独尊儒术;施行盐铁专营、兴修水利、移民西北屯田;出击匈奴,打得匈奴摸不着东南西北……"

"你不要说了!"哲宗"哼"了一声,质问道:"汉武既然是明君,还会下'罪己诏'吗?"

苏辙本想辩解——下"罪己诏"有什么不好?人非圣贤,孰能无过。作为至高无上的皇帝,有了过,下诏罪己,应该是一件好事。这样的皇帝并不会因为下了"罪己诏"而被人看低。但是,皇上今日扎的架子,是想找事,越辩只会越糟!

于是想,他不再辩了,朝哲宗拜了一拜,慢慢地从靠近御座的地方后退,一直退到垂拱殿门外,低头垂手而立。

此为,叫作"下殿待罪。"

身为宰相,因言而"下殿待罪",自宋立国至今,已经一百三十多年,从未有过。

何也?

宋制,不以言获罪。

作为宰执,能够主动地"下殿待罪",不说应当嘉之,至少应当制止。

可哲宗没这么做,始终板着脸儿,冷目盯着苏辙,盯着他退,再退,一直盯得看不见了,才收目而扫众臣道:"苏辙将先帝比作汉武,犯了不敬之罪,众卿以为,应当何处?"

无大臣应腔。

沉默。

沉默得大殿上掉一根针都能听见。

3月中旬,严冬已去,可众臣觉着,大殿里充满了寒气。

他们什么都想到了,但绝没有想到哲宗如此之狠。

九年来,他留给众臣的印象,是一个少语而又非常乖的好孩子。而今……

"谁变蝎子,谁蜇人!"此话不谬也。

哲宗此为,明摆着是想杀一儆百。谁出来为苏辙说话谁倒霉!

这一下,苏辙彻底完了!

不只众臣这样想,苏辙也这样想。

十四　蔡确哭了

因为一个人的死,新党向旧党发起猛烈进攻,打得旧党落花流水。

睡觉的时候,蔡确大叫一声道:"糟了!"

凡被蚊虫叮咬的地方,俱都起了红色的小泡儿,最不能让人忍受的是痒,痒得钻心。

正当众人认为苏辙彻底完蛋的时候,转机突然出现。

门下侍郎范纯仁朝哲宗拜了一拜,缓缓说道:"陛下,臣想就苏辙的上书说几句话。"

哲宗冷冷说道:"你说吧。"

"汉武帝雄才大略,史家并无贬词。故而,苏辙拿来比喻先帝,称不上诽谤。就是事涉诽谤,大宋有制,'不以言获罪'。而且,苏辙经您训斥,已经知过;而且,又主动'下殿待罪'。而您,并无片言相慰。陛下甫经亲政,不应该如此对待宰臣!"

范纯仁话音不高,却像一记重锤,砸在哲宗胸口上。哲宗本来对范纯仁非常敬重,范纯仁虽是旧党,但和他父亲一样,是一道德君子,有一说一,有二说二,从不诽谤人,更不陷害人。如此一个人,站出来为苏辙说话,而且说得颇有道理,自己的刀再快,也不能杀这样的人来立威,倒不如赦了苏辙。

他扭头对当值太监说道:"宣苏辙上殿。"

苏辙有惊无险。

吕大防为相,每次议事,苏辙多与纯仁不合,而每每附和大防。今见范纯仁犯颜救己,苏辙既感激又惭愧,下朝后亲至范府,谢曰:"公乃佛地位中人,辙仗公包涵久了。"

纯仁道:"公事公言,我知有公,不知有私。"

苏辙越发惭愧,再拜而去。

哲宗虽然"赦"了苏辙,但心中不甘,回到崇政殿,还在想着这事。内侍郝随禀道:"尚书左丞邓绾求见。"

他道了声"好"。不一刻儿,邓绾趋入,欲行君臣大礼,被他拦住,并赐之以座。未等邓绾开口,他便问道:"依卿看来,朕今日应当如何处置苏辙?"

邓绾铿声回道:"应当将他踢出朝廷。"

哲宗道:"朕何尝不想将他踢出朝廷,但是,踢他的理由有些勉强。"

邓绾道:"一点儿也不勉强!他把先帝与秦皇汉武并列,犯了大不敬之罪,若是其他王朝,就得杀头灭族!"

"可是,范纯仁说,史家对于汉武,并无贬词。"

"范纯仁说的史家,指的怕是司马迁吧!"

哲宗颔首回道:"应该是。"

邓绾道:"司马迁写《史记》时,天是汉家的天,地是汉家的地,他敢写汉武不好吗?以后的史家就不是这样了,包括东汉的班固在内,做的还是汉家的官,吃的还是汉家的饭,但因他生活的时代,距汉武生活的时代已经相差一百多年,他就敢说汉武不好了。但这个不好,他说得很隐晦。比如,他说'如武帝之雄才大略,不改文(帝)景(帝)之恭俭以济民,虽《诗》《书》所称何有加焉!''不改文景之恭俭以济民'这句话,就是对汉武一个委婉的批评。再如,汉武帝下"罪己诏"的事,班固也把它写进《汉书》。汉武帝之所以下"罪己诏",乃是因为他穷兵黩武、滥杀、征收百姓以重税,逼得五个郡的百姓造反。所以,世人往往把秦皇、汉武相提并论,视之为暴君。范纯仁说史家对汉武,并无贬词,是以偏概全,混淆视听,为苏辙开脱!"

哲宗佛然变色道:"这个范纯仁,朕被他骗了!"

稍顷又道:"汝既然知道范纯仁之谬,当时为什么不提醒朕?"

邓绾轻叹一声道:"臣知道您非常看重范纯仁,不敢随便插话。"

哲宗颔首说道:"卿说对苏辙还应当不应当追究?"

"应当追究!"

哲宗道:"怎么追究?"

邓绾道:"把他踢出朝廷。"

哲宗道了声"好"。

哲宗与邓绾的对话不知怎的传到苏辙耳中,越发的诚惶诚恐,连夜上辞官表章一道,呈达哲宗。

十四 蔡确哭了

哲宗见了他的辞官表章,道了一声"他还算知趣。"将他踢出汴京,出知汝州去了,遗缺由章惇来补。

与章惇一块儿复官的还有张商英和曾布,前者任右正言①,后者任翰林学士。

这三个人复官之后,新党的势力大增,旧党的范纯仁和韩忠彦自知不敌,步步退让。

新党巴不得他们这样,你退我进。特别是章惇,越过右相范纯仁,直接坐上了左相(首相)的座椅后,愈发嚣张。

因为一个人的死,新党向旧党发起进攻,打得旧党落花流水。

死的这个人叫蔡确。

蔡确被贬新州,连他的子女也躲得远远的,跟着他是一个跟了他多年的老女仆。

这个老女仆,呼吸了新州的瘴气不到3个月,一命归天。蔡确不得不自己劈柴、做饭、拆洗衣服。这样的日子又过了一个月,喜从天降。

一个老妪,一个满脸皱纹、怀抱琵琶的老妪敲响了邹木寺的大门。邹木寺建于唐中期,一年前,寺里的主持,受了一个被贬官员的蛊惑,居然纠集了二百多亡命之徒,扯旗造反,被官府镇压。寺里的和尚死的死,逃的逃,留下一座空寺。

蔡确被贬新州后,照理,官府应该给他安排一个居所,但因上司有令,不许为他安排。范知州虽然受过蔡确提携,但也不敢违抗上司之命,想了又想,将他安置在邹木寺,上司一旦追查,就说那是蔡确自己寻的一个破寺。

邹木寺建在邹木山上,由于山高路险,树密林深,为建邹木寺,动用了几百名挑夫担砖瓦上山。这些挑夫常常被树干树枝绊倒,弄得伤痕累累,便称这些树木叫难木。故而,邹木山又叫难木山,邹木寺亦称难木寺。

蔡确自入住邹木寺,很少有人来这里走动。范知州倒是来过两次,皆是太阳落山之后。如今,刚用过早饭,居然有人敲门,他疾步来到大门后,双手将门打开,却是一个老妪,正要问"你找谁?"老妪一脸欣喜地向他扑来。他忙将身子一闪,问道:"你是哪路神仙?"

老妪立定脚跟,似怨非怨道:"您,您怎么连我都不认识了?"

蔡确将老妪仔细地打量了一番,只见她高挑个儿、面色蜡黄,身穿了一件褐色的衫襦②,脚蹬一双圆头麻鞋。

---

① 右正言:宋中书省属官,掌谏议。
② 衫襦:北宋时流行的一种女性服装,有窄袖、大袖两种。窄袖长至腕,衣衫窄短到腰部。大袖也叫广袖,大袖衫襦即广袖齐腰的襦裙。

他将头摇了一摇说道:"容老夫眼拙,老夫真的没有认出汝是何人!"

老妪轻叹一声道:"您真是眼拙,妾是琵琶女呀。"

蔡确又将老妪打量了一遍说道:"听汝的声音,很像琵琶女。但是,老夫的琵琶女面如桃花,你……"

他又将头摇了一摇。

老妪也不分辩,微微一笑说道:"您这里有水没有?"

蔡确道:"有啊,还是山泉水呢。那不……"他朝西禅房门口的陶缸指了指。

老妪疾步走向陶缸,弯腰一瞅,能瞅见缸底。她轻轻摇了摇头,将琵琶放在一旁的石桌上,伸手抓起缸内的葫芦瓢,将缸搬歪,舀了两半瓢水,倒在一旁的旧木盆里。

她正要弯腰去洗,又抬头问道:"有洗脸的东西吗?"

蔡确回道:"有。"

"在哪?"

蔡确回道:"在石桌下边。"

琵琶女朝石桌下边一瞅,有个盛水的旧木盆子,这个盆子,比先前那一个略大了一点儿。盆中的水不但泛黄,而且浑浊。

"是淘米水吗?"琵琶女问。

蔡确复又回道:"是。"

琵琶女将先前那个盆的水倒掉,换上淘米水,方才弯腰去洗。

良久,将浑水倒掉,换上清水又洗。

这一洗,原本面色蜡黄而又布满皱纹的脸变得如同桃花一般。

蔡确"啊"了一声道:"你果真是老夫的琵琶女!"

琵琶女笑靥如花道:"若不是您的琵琶女,会千里来寻您吗?"

蔡确尴尬地一笑道:"您刚才的模样,又老又丑,叫人怎么认得出来!哎,你为什么把自己打扮成那样?"

琵琶女回道:"妾单身一人,又是一个有点风韵的女人,若不把自己化装成一个丑老妪,能平平安安来到新州吗?"

蔡确道:"不能,绝对不能。哎,你的身上,除了琵琶之外,别无他物,难道你是一路乞讨而来?"

琵琶女说道:"妾虽无能,也不至于沦落成乞丐。"

蔡确满脸困惑道:"你不是乞讨而来,难道是喝风而来?"

十四　蔡确哭了

　　琵琶女又是一笑，掀开衫襦，露出一个圆形的黑布腰带。她拍了几下腰带说道："这里边裹的是银子，妾就是再走三千里，也吃不完。"

　　蔡确轻叹一声道："想不到你如此有智！哎，你不远千里而来，莫不是看一看我就走吧？"

　　"不，妾是来服侍您的，走什么走！"

　　蔡确又惊又喜："真的吗？"

　　"真的！"

　　蔡确哭了。这是琵琶女自认识他以来，第一次见他哭，慌忙劝道："您别哭，您这一哭，妾也想哭。"一边说，一边从腰里摸出一个粗布手帕，轻轻为他擦泪。

　　那泪越擦越多，琵琶女干脆不给他擦了，柔声说道："妾知道您受了不少委屈，您哭吧，把肚子里的委屈都哭出来，就会好受一些。"

　　他越哭越痛，大放悲声。

　　他哭了约有饮两盏茶的时间，琵琶女握住他干柴般的大手劝道："妾来了，您应该高兴才是，别哭了，啊，听话，别哭了。"一边劝一边为他拭泪。

　　琵琶女见他的哭声渐渐变小，用袖子擦了擦身边的石凳，扶他坐下，笑吟吟地说道："您不是喜欢看妾弹琵琶吗，妾这会就给您弹上一曲可好？"

　　蔡确哽咽说道："好。"

　　"您想听什么曲？"

　　蔡确道："只要是你弹的，我都爱听。"

　　"那，妾就给您弹一曲《才女泪》如何？"

　　"好。"

　　琵琶女朝蔡确对面的石凳上一坐，两脚向前，把琵琶直立地放在两腿中央，琵琶面板向外，背向里，把左手拇指放在琵琶背上，食、中、无名、小指放在面板的相品处，手心向内，手背向外，虎口悬靠在琵琶的边侧处；右手则手心向内，手背向外，腕背微弯。五个手指甲向内触弹弦身，一边弹，一边唱：

　　　　　　一别之后，二地悬念，
　　　　　　只说是三四月，又谁知五六年，
　　　　　　七弦琴无心弹，八行书不可传，
　　　　　　九连环从中折断，

> 十里长亭望眼欲穿,
>
> 百思想,
>
> 千牵念,
>
> 万般无奈把郎怨。
>
> 万语千言说不尽,
>
> 百无聊赖十倚栏。
>
> 九月登高望孤雁,
>
> 八月中秋月不圆。
>
> 七月半焚香秉烛问苍天,
>
> 六月伏天人人摇扇我心寒。
>
> ……

蔡确突然叫停。

琵琶女缩指问道:"为什么叫停?"

蔡确道:"这个词不好。"

"怎么不好,这可是卓文君的名作呀!"

蔡确道:"我岂能不知这是卓文君的名作,她这个名作,乃是为回复负心汉司马相如而作。我又不是个负心汉,我离开汴京之所以没有给你联系,那是怕连累你。"

琵琶女"吞儿"一声笑了:"老爷多心了,妾只是觉着这首曲弹起来有情调,也好听。您既然认为不好,妾给您另弹一首,可好?"

蔡确又道了一声"好"。

琵琶女拨动弦身,唱道:

> 上邪,
>
> 我欲与君相知,
>
> 长命无绝衰。
>
> 山无棱,
>
> 江水为竭。
>
> 冬雷震震,
>
> 夏雨雪。

十四　蔡确哭了

　　　　天地合，

　　　　　乃敢与君绝。

　　曲毕，蔡确击掌叫好。
　　琵琶女汉浸额头，笑眯眯地问道："还听不？"
　　蔡确道："我很想听，但你跋涉千里，一定很累很疲倦。就不再弹了，咱说一说闲话。"
　　琵琶女道："也好。"
　　"你来了，菁儿呢？"
　　琵琶女回道："留给了她舅母。"
　　蔡确眉头紧皱，反问道："留给了她舅母？"
　　"正是。"
　　蔡确道："你不是说菁儿她舅不是亲的；舅母更不成样子，还伙同野男人造假地契，把咱家的地讹走了三四顷，把咱妈都给气死了，你把菁儿留给她行吗？"
　　琵琶女道："你说的那个女人已经死了，如今的弟媳是个续弦，虽说出身于小户人家，但很贤淑。"
　　蔡确"噢"了一声道："既然这样，我就放心了。哎，你一路走来，都听到了一些什么？特别是有关我的。"
　　琵琶女想了一想回道："朔党颇为猖獗，特别是刘挚和刘安世，简直是不可一世。国人说，'上天让谁灭亡，总是先让他疯狂。'要不了多久，朔党就完蛋了！"
　　蔡确颔首说道："说得对，朔党连同是旧党的苏轼都整，能不完蛋！"
　　琵琶女点了点头，继续说道："至于您，说好的也有，说孬的也有……"
　　蔡确道："二者，哪一个多？"
　　"还是说好的多一些吧。"
　　蔡确道："这就好，这就好！哎，他们说我怎么个好法？"
　　琵琶女道："你这人呀，妾千里迢迢来看您，您所关心的是您的宝贝女儿和您的荣辱，您就不会关心一下妾，问一问妾累不累，渴不渴，饿不饿？"
　　蔡确"嘿嘿"一笑道："你责怪的对，老夫错了。老夫这就问你，你累不累？"
　　琵琶女一脸调皮地回道："不累。"
　　"你渴不渴？"

琵琶女依然一脸调皮地回道："不渴。"

"你饿不饿？"

琵琶女不再调皮，老老实实地回道："饿。"

蔡确忙站了起来："我这就去做饭。"

他在前面走，琵琶女在后边跟，双双来到厨房。蔡确掀开米缸，正要去拿缸里的木碗，琵琶女抢先抓到木碗："去，这不是你们男人干的活，让妾来吧。"

蔡确"嘿嘿"一笑，闪到一边。

"老爷，你喜欢吃菜米饭不？"

蔡确道："喜欢，但是，做这种饭有点麻烦，稀稠不好掌握。而且，还常常做糊。所以呀，岭南人不做这种饭。"

琵琶女道："做糊是你不得要领。"

"怎么做才算得了要领？"蔡确问。

"第一步，淘米。第二步，炒菜，菜最好用那些硬一点，不易烂的菜。第三步，将淘过的米置于菜上。第四步，加水，那水漫过米一指头。第五步，生火，生火后，先用急火，将水烧滚，改用慢火，慢火的时间，根据水的多少而定。两个人的饭，大约得烧两刻。火停一至两刻，将锅盖掀开，把米和菜搅匀即成。"

蔡确叹道："你这种做法，我还是第一次听说。"

"你是怎么做？"

蔡确道："我将米淘一下，直接下到锅里，然后把生菜也下到锅里，加上水、盐。尔后生火。"

琵琶女鞭然而笑："您这种做法，不单单糊的问题，而且没味道。坐，坐一边休息去，待一会你尝尝妾做的菜米饭是什么味道。"

蔡确道："我不坐，我看着你做。"

琵琶女做的菜米饭果真有味，蔡确吃了3碗，还想吃，被琵琶女劝止了。

吃过了饭，蔡确独自去了卧房，等他午休起来，厨房大变，从屋顶到地面和餐桌，包括炊具、餐具，都被琵琶女清理得干干净净，缸里的水，几乎要往外流。他一脸感激地说道："辛苦你了。"

琵琶女娇嗔道："什么辛苦？咱俩谁给谁呀，还用客气！"

蔡确欲言又止。

十四　蔡确哭了

"走,去您卧房瞅瞅。"

蔡确道了一声"好",把琵琶女带到了卧房。一推开门,便有一种异样的味儿直扑琵琶女鼻子。她一边皱眉,一边掩鼻。

不,这鼻不能掩!否则,他会尴尬的。

想到此,忙将掩鼻子的手收回,眉头也舒展开来,先是将他的床和铺盖搬出去晒太阳,继之是打扫房子,再继之是洗他的衣服,一直忙到太阳落山。

晚上,主食是蛋炒米饭外加两碗荆芥清汤。这些饭,蔡确也做过,但没有琵琶女做得这么好吃。

人都说,新州气候又燥又热,让人难以忍受。其实,最让人难以忍受的是无处不在的蚊虫。为了防止蚊虫叮咬,每当傍黑,便在屋里点燃薰草,等到烟气散了,再进屋睡觉。蔡确的薰草昨天就用完了,原打算去山下赶个晚集①,琵琶女突然出现,把这事给忘了。天一擦黑,便有成批的蚊虫,光顾他们,因处于兴奋状态,倒也不觉得蚊虫这么多。睡觉的时候,蔡确大叫一声道:"糟了!"

琵琶女忙坐起来问道:"怎么了?"

蔡确回道:"忘了买薰草了。"一边说一边揉自己的脖子。

琵琶女凑近一看,蔡确的脖子上布满了蚊虫叮咬的红点,忙伸出手去揉。

蔡确道:"已经咬了,揉也无用,明天非起小泡儿不可。"

"那你为什么还要揉?"

蔡确回道:"痒。"

一说到痒,琵琶女突然感到,自己的颈也痒了起来。

不只颈,还有手臂,不由得"啊"了一声,用自己的右手去揉自己的左胳膊。

忽听蔡确说道:"乖,已经咬了,你就是揉,明天也照样起泡。现在要做的是,不能再让蚊虫叮咬了,给……"一边说一边把手中的大蒲扇递向琵琶女。

琵琶女一边扇一边问道:"您咋不扇呢?"

蔡确回道:"你别管我。"

"是不是就这一把扇子?"

蔡确迟疑了一下,方将头轻轻点了一点。

---

① 集:也叫集市,大约起源于殷、纣时期。集市可分为两种,一种是季节性的集市,一种是非季节性的集市。季节性的集市,大多出售的是节令商品;非季节性的集市,大多出售的是生活必需品。

琵琶女双手将大蒲扇递给蔡确,蔡确连连摇手:"你别管我。"

"为啥?"

蔡确调侃道:"我已经来了半年多,和这些蚊虫是老朋友了,它们不咬我。就是咬,我老了,皮肤硬,叮几口也无大碍。"

琵琶女反驳道:"若无大碍,您的颈上、手背上为啥都是红点?"

蔡确干笑两声,无言以对。

尽管他无言以对,还是不肯接扇。琵琶女不再让了,直接用扇子为蔡确驱赶蚊虫。

蔡确又一次流泪。

那泪越流越多,呜呜咽咽地说道:"你为什么对我这么好?"

琵琶女笑回道:"您救过妾的命呀。"

蔡确道:"我那时有权,救你也就是一句话。可我,我不只收了你的钱,还玩了你,是我对不起你呀!"

琵琶女摇头说道:"我不这么认为。"

蔡确奇道:"你怎么认为?"

"您那么大一个官,想玩什么样的女人都能做到,为什么?偏偏要玩妾这个半老徐娘?说明你眼中有妾。你不只和妾玩,还玩出了女儿。为了和妾私会,您不惜以身试禁,被踢出朝堂。妾之第一个男人,因妾而贵,贵了之后却要谋杀妾。二者相较,您比他强千万倍,像您这样的男人,女人若是不爱,那叫犯傻!"

蔡确道:"你真这么想?"

"妾真这么想。"

蔡确又是激动又是高兴,扳过她的双肩,照她香唇上吻去,吻了足有半刻钟。

她笑着将他推开:"别吻了,妾还要给您打扇呢。"

她一边和他说话,一边打扇,将及三更,他才睡去。她继续为他打扇,驱赶蚊虫。大概是三更半吧,她实在太困了,便斜靠在榻头,想先打个盹,再为他打扇。

谁知,她这一迷瞪,便睡着了。

第二天辰时三刻,蔡确醒来,见她睡得正香,不忍心叫醒她,便自己下厨熬了半锅米粥。直等到巳时三刻,她才醒来,二人用过了饭,手牵着手下山赶集。

由于山区人少,赶集的人不多,往往是日出开市,一个时辰就结束了,当地人称之为露水集。故而,当蔡确和琵琶女下得山来,集早已散了,除了从一个固定的米铺里买了点米外,什么也没买到。

只要有米,就是没有菜,没有肉蛋,日子照样过,可没有薰草不行,身上、脸上,凡被蚊虫叮咬的地方,俱都起了红色的小泡儿,痒得钻心,抓也不是,不抓也不是。

好在米铺掌柜认识蔡确,把自己买的薰草送给他3束。

夫妇二人,男的背着米,女的拎着薰草,正要返回邹木寺,一个年约四旬的汉子担着一对竹笼,迎面走了过来。

琵琶女一脸欣喜地叫道:"老爷,您看,您看……"

蔡确举目一瞧,两个竹笼里装的都是鹦鹉,笑道:"不就两只鹦鹉吗?值得这么高兴。"

琵琶女莞尔一笑道:"妾自小就喜欢鹦鹉,为买鹦鹉花的钱能置几十亩地呢。"

蔡确"噢"了一声道:"你既然喜欢,咱就买吧。"

琵琶女道:"别急,待妾看一看这两只鹦鹉的成色再定。"说毕,朝汉子喊道:"停一停,俺想看一看你的鹦鹉。"

汉子闻言停步,且将担子放到地上。

琵琶女低头将两个鹦鹉看了又看,把目光落在那只有着一头金色的羽毛,而身上的羽毛却是翠绿色的,水灵灵的大眼睛下面有一张红彤彤的小脸的鹦鹉身上,久久没有说话。

蔡确指着这只鹦鹉问那汉子:"这只鹦鹉你要多少钱?"

汉子回道三百文。

蔡确道:"三百文有点多,顶多值二百文。"

汉子道:"至于二百八十文,否则我不卖。"

蔡确正要砍价,琵琶女抬头说道:"老爷,咱先别说钱,您让我看一看这只鹦鹉有无灵性再说。若无灵性,就是一文钱,妾也不要。"

蔡确道了一声"好"。

琵琶女朝鹦鹉伸出手指,逗了几下说道:"你好?"

鹦鹉来了一句:"你好?"

琵琶女连道了三声"尉氏。"

鹦鹉不语。

琵琶女扭头对蔡确说道:"这只鹦鹉不怎么样,咱们走吧。"

十五　三人同梦

　　琵琶女自己给自己打气:"活下去,我一定要活下去。我不只要活下去,我还要给他生一个娃娃!"
　　苏轼得意洋洋地自夸:"三十年做刽子,今日方刮得一个有肉汉!"
　　五戒见了红莲女,邪心顿起,嘻嘻笑道:"清一,你今晚将红莲送到我房中,不可有误。"

蔡确迟疑了一下,说道:"好。"
"请稍候!"汉子移目琵琶女说道:"这一贤妹,在下说句不中听的话,你并不懂鹦鹉。"
琵琶女笑盈盈问道:"何以见得?"
汉子道:"鹦鹉再聪明,也不是人,需要调教,'尉氏'这话,在下从未教过它,它怎么可能会说呢?"
琵琶女依然笑说道:"你可以教它说呀。"
汉子道:"教鹦鹉说话,得有一定技巧,不是想教就可以教的。"
琵琶女问道:"什么技巧?"
汉子道:"第一,饿它,然后用它喜欢吃的食物引诱它,重复说一些简单的句子,它如果说了,就让它吃,反之,就不让它吃。"
"除此之外呢?"琵琶女问。
"还有一种技巧,就是取得鹦鹉的信任。怎样才能取得鹦鹉的信任呢?第一,亲自喂食鹦鹉……在下不说了,在下看得出,贤妹是一位调教鹦鹉的高手,在下不想在鲁班门前耍锛。但在下看得出,贤妹很喜欢这只鹦鹉,但你这位……"
他指了指蔡确道:"这位不知道怎么称呼,在下权且叫他一声爷吧。这位爷的递价贤妹认为有些高,想砍价,故意出一个难题考在下的鹦鹉,又故意装作要走。在下知道贤妹不想走,也很想买下在下的鹦鹉。这样吧,在下只收贤妹 150 文,贤妹如果嫌多,在下即刻挑起鹦鹉滚蛋!"

琵琶女"咯咯"一笑道:"你不要把话说得那么难听,150 文就 150 文吧。"

返回路上,蔡确赞道:"你真行,硬是少掏了 130 文。"

琵琶女嫣然一笑道:"你如果别那么急着递价,150 文妾也不掏。唉,人呀,别标榜自己出手多么阔绰,别人出手多么小气,如果落魄了,就是秦琼再生,也会把一文钱看成一锭金子。妾未嫁刘吉武之前,钱在妾眼里只是一个数字。嫁了刘吉武之后,每天只给妾 40 文钱,作为全家人的生活费。妾不得不精打细算,为省一文钱和卖菜的争得脸红脖子粗。"

蔡确轻叹一声道:"你说的千真万确。砍价这事,我也是来新州才学会的。只是,我的心不够狠,砍得有些轻,以后呀,还得跟着你学呢。"

琵琶女笑驳道:"您别那么悲观,妾觉着朝廷迟早会起用您的。"

蔡确道:"如果我真的被朝廷起用,我一定上书朝廷,为你讨一个诰封①。"

琵琶女嫣然娇笑道:"这话可是您亲口说的,不能反悔。"

蔡确一脸郑重地说道:"我可以给你起誓,决不反悔!"

琵琶女慌忙劝道:"妾谁都可以不相信,但不能不相信您,起什么誓呀!"

她俩一边说一边走,不知不觉已经登上了邹山寺。蔡确突然"呀"了一声,说道:"怪了!"

琵琶女惊问道:"怎么了?"

蔡确一脸异彩道:"过去,我就是空手上山,途中少说也要停三次,歇一歇脚。这一次,我背着 20 斤的粮袋子,路上居然没停,你说怪不怪?"

琵琶女笑问道:"是不是因为妾的缘故?"

蔡确道:"我也觉得是你的缘故。你没来之前,我一个人住在这荒山破寺里,吃不好,睡不好,连个说话的人都没有,郁闷得要死。这一郁闷,便经常生病,越生病身子越弱,连走平路也喘。可今天,我没有喘。"

琵琶女道:"你确实没有喘。"

---

① 诰封:诰即诰命。诰,又命诏书。诰封在这里指皇帝下诏钦封的诰命夫人。诰命夫人是唐、宋、明、清各朝对高官的母亲或妻子加封的封号。

蔡确打趣道："你才来了一天，我的变化就这么大。你若是住上一年，说不定我还能给您弄出一个娃娃来。"

琵琶女笑应道："妾盼着这一天。"

由于琵琶女的到来，邹山寺里有了鹦鹉，有了鸡、鸭、狗和一头小猪。

有了这些东西，就有了生气。

寺里有了生气，住在寺里的人自然而然也有了生气。不到两个月，蔡确胖了20斤，连走路都哼着小曲。

他一天天胖了，琵琶女却一天天瘦了。瘦的原因，主要是水土不服，加之瘴气。

琵琶女自己给自己打气：活下去，我一定要活下去，我不只要活下去，我还要为他生个娃娃！

谁知，娃娃还没生出来，她便驾鹤西去，把个蔡确哭昏了两次。

他又回到了原来，过一个人的日子。

当然，那些鸡、鸭、狗和小猪，包括鹦鹉还在。

山下的小贼为了偷他的鸡鸭和小猪，药死了他的狗。如今，寺里有生命的除了他，就是蚊虫、老鼠和鹦鹉。

鹦鹉在琵琶女的调教下，不只会说"尉氏"，还会喊"琵琶女"，每当蔡确敲一下小钟，鹦鹉就会呼唤琵琶女的名字。自琵琶女死后，蔡确再也没有敲过小钟。一天，蔡确因事误将小钟击响，鹦鹉闻声，又呼琵琶女的名字。蔡确触景生情，大感悲怆，赋诗一首：

鹦鹉声犹在，琵琶事已非。
堪伤江汉水，同去不同归。

两个月后，他亦驾鹤，私会他的琵琶女去了。

蔡确的死讯传到汴京，新党成员既悲伤又愤怒。蔡确尽管背叛了王安石，但依然是我们的首领，大宋自立国以来，不以言罪人，你们这些老不死的旧党，因为一首诗把他往死里整。你们明知道岭南不是人待的地方，贬到岭南的官员，几乎没有活着回到中原的，你们把他贬到了岭南。如今，他死了，你们的目的达到了，你们是不是要喝庆贺酒呀？

呸,我叫你们好喝难消化!

复仇,不只为死了的蔡确,更为9年来受到旧党排挤打击和迫害的所有新党成员。

拉开复仇大幕的人叫张商英。

张商英,字天觉,川蜀新津(今属四川)人。英宗治平二年(1065年)中进士,初仕为通县主簿。渝州(今之重庆)蛮叛,他单人匹马闯进蛮穴,用三寸不烂之舌,将其说降。章惇奉诏平荆蛮,沿江而下,把一窝一窝的荆蛮一一收拾过后,走马捎带凤凰城,又把各级官吏也收拾一遍。蛮人怕他,沿途的地方官更怕他,但张商英不怕,那时的张商英,仅仅是一个七品知县,闻章惇有召,著道服相见。章惇不悦,出言讥之,张商英反唇相讥,二人你一言我一语,斗了一个时辰,章惇败下阵去。

败下阵的章惇不但不怒,反认为张商英有胆有识,又有才,荐之王安石,自此,成了新党的重要成员。

元祐初年,张商英上书朝廷,"以三年无改于父之道,可谓孝矣"的高论,反对旧党废除新法,被踢出朝廷,提点京畿刑狱①去了。

这家伙,连章惇都甘拜下风,他一出手使汴京城的整个官场为之震动。

他是怎么出手的呢?

上书。

书是这样写的:

> 先帝盛德大业,跨绝今古,而司马光、吕公著、刘挚、吕大防援引朋俦,敢行讥议。凡详定局之所建明,中书之所勘当,户部之所行遣,百官之所论列,词臣之所作命,无非指擿抉扬,鄙薄嗤笑,翦除陛下羽翼于内,击逐股肱于外,天下之势,岌岌殆矣。今天青日明,诛赏未正,愿下禁省检索前后章牍(公文),付臣等看详,签揭以上,陛下与大臣斟酌而可否焉。

书的核心,是说神宗好、旧党坏。请求陛下将元祐以来章牍,全部建档封存,由臣等仔细审阅,从中分辨出百官的忠奸。

---

① 提点河东京畿刑狱:提点刑狱,乃提点刑狱司(简称"提刑司")的官员。宋太宗淳化二年(991年)置。掌纠察狱讼、询问囚徒、降覆案牍、巡察盗贼以及举刺官吏等事,并有稽查漕司之权。景德四年(1007年)置诸路提点刑狱公事。提点某(地)刑狱,即掌某地之狱讼等。

如果通过他审阅元祐以来的公文而定百官的忠奸,不只旧党和无党的人害怕;就是新党的成员,特别是那些和他有过节的成员,也害怕。

于是,一些官员,一些不想躺倒挨揍的官员,便上书哲宗,劝他效法曹操,不要听张商英的。

曹操到底是一个什么样的人,笔者不想妄下结论。但曹操是一个大政治家,则是一个不争的事实。

官渡之战,曹操和袁绍的兵力十分悬殊,在世人的眼中,曹操非败不可。曹操的将官纷纷致书袁绍,或示好、或献媚。结果,袁绍败了。那些暗结袁绍的书信,也落入曹操手中,暗结袁绍的人十分害怕。曹操的一些谋士劝曹操依书捕人,清理门户。曹操不但不听,反当着众将官之面,将暗结袁绍之书,全部烧掉,立即稳住了军心。现在的大宋,若从熙宁变法算起,新旧二党斗了将近三十年,不能再斗下去了。当务之急,是如何使二党消除隔阂,众志成城,早日实现神宗的富国强兵之梦。

这么好的经,哲宗居然不听。

有了哲宗的恩准和撑腰,张商英一头钻进堆积如山的章牍里。

3天之后,他便有了收获。

他捕到了两条鱼,而且是两条大鱼。

这两条大鱼虽然不是纯种的旧党,但与旧党一个鼻孔出气,又是老乞婆(宣仁太后)的爱臣。

这两个人便是苏轼、苏辙兄弟。

苏轼在为王安石所写的制文中,明扬暗贬,让推崇王安石的人能看到尊重,让仇恨王安石的人也能看出鄙薄。

为吕惠卿写的制文更差,一贬到底。

不是贬,是骂。是怒发冲冠的骂,是毁谤污蔑的骂,"从凶人再位"一直骂到"迷国不道,从古罕闻。"现录其文于后:

敕:

凶人在位,民不奠居;司寇失刑,士有异论。稍正滔天之罪,永为垂世之规。具官吕惠卿,以斗筲之才,挟穿窬之智,诪事宰辅,同升庙堂;乐祸而贪功,好兵而喜杀;以聚敛为仁义,以法律为诗书。首建青苗,次行助役。均输之政,自同商贾;手实之祸,下及鸡豚。

苟可蠹国以害民,率皆攘臂而称首。先皇帝……反覆教戒,恶心不悛;躁轻矫诬,德音犹在。始与知己,共为欺君。喜则摩足以相欢,怒则反目以相噬。连起大狱,发其私书。党与交攻,几半天下。奸赃狼藉,横彼江东。至其复用之年,始倡西戎之隙;妄出新意,变乱旧章;力引狂生之谋,导致永乐之祸……

迨予践祚之初,首发安边之诏。假我号令,成汝诈谋……迷国不道,从古罕闻。尚宽两观之诛,薄示三危之窜。国有常典,朕不敢私。

骂过之后,苏轼得意洋洋地自夸:"三十年作剑子,今日方剐得一个有肉汉。"

弟弟觉着哥哥骂的还不够味,又接着骂。这个骂,如果仅仅是私下,还不算什么。可恨的是苏辙通过上书的形式,条奏吕惠卿之奸。书曰:

惠卿怀张汤之辩诈,有卢杞之奸邪,诡变多端,敢行非度。王安石强很傲诞,于吏事宜无所知,惠卿指擿教导,以济其恶。又兴起大狱,欲株连蔓引,涂污公卿。赖先帝仁圣,每事裁抑,不然,安常守道之士无噍类矣。安石于惠卿有卵翼之恩,父师之义。方其求进则胶固为一,及势力相轧,化为敌仇,发其私书,不遗余力。犬彘之所不为,而惠卿为之。昔吕布事丁原则杀丁原,事董卓则杀董卓;刘牢之事王恭则反王恭,事司马元显则反元显,故曹操、桓玄终畏而诛之。如惠卿之恶,纵未正典刑,犹当投畀四裔,以御魑魅。

苏轼奉诏为吕惠卿做"制"时,也只是将吕惠卿贬为光禄卿,分司南京。苏辙这一骂,将他贬为建宁节度副使、建州安置①。

这两条鱼既然逮住了,就得重处,也来一个发配新州。

哲宗虽然反感旧党和宣仁太后,但不反感苏轼。苏轼做过他的老师,对于苏轼的文才和人品,他一向还是敬重的。

张商英上书之后,左等右等,不见哲宗有所行动,便邀上章惇,一块儿去见哲宗,请求严惩苏轼兄弟。

哲宗笑曰:"苏轼兄弟已经贬出汴京,就不再追究了吧。"

---

① 安置:宋代官员被贬,轻者称送某地居住,稍重者被安置,更重者被编管。编管是宋代五刑之外增设的一个新刑种,主要适用于"命官犯罪,当配隶(刺面)者。"

章惇道:"当年,臣、天觉以及吉甫等所谓的新党,均已遭贬多年。而吉甫呢?将近十年,可朔党当政后,又对臣等进行追贬。前有车,后有辙。叫二苏也尝一尝追贬的滋味。"

哲宗依然笑曰:"旧党那样对待卿等,本已不该,咱不能以牙还牙。"

章惇道:"做人做事,一般来讲是不应该以牙还牙。但对有些人,不但要以牙还牙,还得将他打翻在地,再踏上一只脚,叫他永世不得翻身。若让他翻了身,他会加倍地害人,比如苏子瞻兄弟。苏子瞻屡屡反对新法,两度遭贬,先帝神宗因惜才之故,又将他起用。他不只不感恩,还说风凉话:'我的词作之所以不断长进,多亏朝廷呀!朝廷每贬我一次,我的词作便上一个台阶。'您看……"他双手一摊,又将头摇了一摇:"这成什么话?"

张商英不失时机地附和道:"陛下,既然苏子瞻香臭不分,您就成全他吧!"

哲宗愤然说道:"好,朕就成全他。"

张商英道了一声"陛下圣明",继续说道:"金陵八为国都,唐殷尧藩作诗赞道,'黄道天清拥佩坷,东南王气秣陵多。江吞彭蠡来三蜀,地接昆仑带九河。凤阙晓霞红散绮,龙池春水绿生波。华夷混一归真主,端拱无为乐太和。'如此一富甲天下的名胜之地,却让苏子由(苏辙)去做知州,陛下难道不觉得亵渎了这个地方?"

哲宗道:"那就将他换个地方吧!"

翌日诏下,追贬苏轼为英州(今之广东省英德市)太守;苏辙为袁州(今江西省宜春市袁州区)通判。

二苏还没有走到任所,又有诏书来到,苏轼贬为远宁军节度副使、惠州(今广东省惠阳)安置;苏辙降为朝议大夫、分司南京、编管于筠州(今江西省高安市)。

呜呼,二苏何罪?仅因为政见不同,让他们呼吸瘴气还嫌不够狠,再来一个安置和编管,连人身自由都没有了。

二苏听说章惇、张商英、邓绾等人被哲宗起用,已经预感到情况不妙,做好了追贬的准备。但一月两贬,不只贬往岭南,还要失去人身自由,他们就是做梦也未曾想到,除了愤怒便是无奈。

由定州去惠州,筠州虽非必经之地,但走筠州也不算绕路。于是,苏轼决定去筠州会一会苏辙。

筠州有两个寺院,一个叫云庵寺,一个叫圣寿寺,两个寺的住持都是苏轼的朋友。苏轼在抵达筠州前,云庵和尚梦到自己与苏辙、圣寿寺和尚一起出城迎接五戒和尚。第二天,苏辙来看他,闲聊中把此梦告诉了苏辙,苏辙笑道:"我也做了一个梦,而且和你做的一样。"

云庵和尚道:"这就奇了……"

正说着,圣寿寺和尚来了,苏辙对他说:"刚才云庵说他昨夜做了一个奇梦,我也做了一个奇梦,你做了吗?"

圣寿和尚回道:"做了。"

苏辙追问道:"什么梦?"

圣寿和尚回道:"梦见我们三人一起去迎接五戒和尚。"

苏辙抚手大笑道:"世上果真有三人做同样梦的事,真是奇怪啊!"

不久,苏东坡的书到了,说他现在已经到了新渝县(今之江西省新余市),很快就可以同大家见面。三人非常高兴,相约到城外 20 里的建山寺等苏东坡。苏东坡到了后,大家便把三人做相同梦的事,告诉了他。苏东坡若有所思道:"我八九岁时,也曾经梦到我的前世是位僧人,往来陕右之间。我的母亲怀孕时,曾梦到一僧人来托宿。僧人风姿挺秀,一只眼睛失明。"

云庵惊呼道:"五戒和尚就是陕右人,一只眼睛失明,在宁海军过世。"

他掐指说道:"五戒和尚已经仙逝 53 年了,而您现在正好 53 岁。从时间、地点和三人同做一梦来看,子瞻是五戒禅师转世无疑了。"

苏辙、圣寿点头称是。

苏轼也自认为自己是僧人转世,曾赋诗记之,其中一首叫《南华寺》。诗曰:

> 云何见祖师,要识本来面。
> 亭亭塔中人,问我何所见。
> 可怜明上座,万法了一电。
> 饮水既自知,指月无复眩。
> 我本修行人,三世积精练。
> 中间一念失,受此百年谴。
> 抠衣礼真相,感动泪雨霰。
> 借师锡端泉,洗我绮语砚。

黄庭坚是苏轼的四弟子①之一,苏轼去世后,为他创作短篇小说一篇,以为纪念。小说的名字叫《明悟禅师赶五戒》(又名《佛印长老度东坡》)。

  话说大宋英宗治平年间,浙江路宁海军钱塘门外,有一名寺,叫南山净慈孝光禅寺。本寺有两个得道高僧,是师兄师弟,一个唤做五戒禅师,一个唤作明悟禅师。何谓之"五戒"?

  第一戒者,不杀生命;第二戒者,不偷盗财物;第三戒者,不听淫声美色;第四戒者,不饮酒茹荤;第五戒者,不妄言造语。此谓之"五戒"。

  五戒俗姓金,年31岁,面貌古怪,左边瞽一目,身不满5尺,本贯西京洛阳人。自幼聪明,举笔成文,琴棋书画无所不通。长成出家,既习得禅宗释教,还要参禅访道。

  某日,"五戒"云游至本寺,访大行禅师。禅师见五戒佛法了得,留在寺中,做了上等徒弟。不数年,大行禅师圆寂,本寺僧众立他做住持,每日打坐参禅。

  明悟禅师,年29岁,生得头圆耳大,面阔口方,眉清目秀,风采精神,身长7尺,貌类罗汉,本贯河南太原府人氏。俗姓王,自幼聪明,笔走龙蛇,参禅访道,出家在本处沙陀寺,法名明悟。后亦云游至宁海军,到孝光禅寺来访五戒禅师。禅师见他聪明,就留于本寺做师弟。二人如一母所生,且是好。但遇着说法,二人同升法座,讲说佛教,不在话下。

  忽一日,冬尽春来,天道严寒,阴云作雪,下了两日。第三日,雪霁天晴,五戒禅师刚刚在方丈禅椅上坐定,耳内远远的听得小孩儿啼哭声,便对身边一个唤做清一的心腹僧人吩咐道:"你去山门外各处看看,有甚事来与我说。"

  清一道:"长老,落了两日雪,今日方晴,料无甚事。"

  长老道:"你快去看了来回话。"

  清一只得走到山门边。那时天未明,山门也不曾开。叫门公开了山门,清一搭眼一看,吃了一惊,道:"善哉,善哉!"正所谓:

    日日行方便,时时发道心。

    但行平等事,不用问前程。

  清一见山门外松树根雪地上一块破席,放一个小孩儿在那里,口里道:"苦哉,

---

① 四弟子:又名苏门四弟子,四人依次是:秦观、黄庭坚、张耒、晁补之。

十五　三人同梦

苦哉！甚人家将这个孩儿丢在此间？不是冻死，便是饿死。"走向前仔细一看，却是五六个月大一个女儿，被一个破衲头包着，怀内揣着个纸条儿，上写生年月日时辰。连忙走回方丈，禀复五戒道："不知甚人家，将个五六个月女孩儿破衣包着，撇在山门外松树根雪地上。这等寒天，又无人来往，怎的做个方便，救她则个！"

五戒道："善哉，善哉！清一，难得你善心。你快些儿抱她回房，早晚把些粥饭与她，喂养长大，把与人家，救她性命，胜做出家人。"

清一听了，忙急急地走出门去，抱了女婴回到方丈，回复五戒。五戒道："清一，你将那纸条儿我看。"

清一递与长老。五戒看时，却写道："今年六月十五日午时生，小名红莲。"

五戒吩咐清一："好生抱去房里，养到五七岁，把与人家去，也是好事。"

清一依言，抱到千佛殿后一带三间四椽平屋房中，放些火，在火圈内暖她，取些粥喂了。日往月来，藏在空房中，无人知觉，连五戒自己也将此事忘了。

光阴似箭，悠忽这红莲女长成一十六岁，这清一如自生的女儿一般看待。虽然女子，却只打扮如男子，头上头发，前齐眉，后齐项，活似一个小头陀，且是生得清秀，在房内茶饭针线，清一指望寻个女婿，要他养老送终。

一日，六月炎天，五戒禅师忽想起十数年前之事，径走到千佛阁来。清一道："长老希行。"

五戒道："我问你，那年抱的红莲，如今在哪里？"

清一不敢隐匿，引五戒到房中，一见吃了一惊，却似：分开八块顶阳骨，倾下半桶冰雪来。

五戒一见红莲，一时差讹了念头，邪心顿起，嘻嘻笑道："清一，你今晚可送红莲到我卧房中来，不可有误。你若依我，我自抬举你。此事切不可泄漏，只教她做个小头陀，不要使人识破她是女子。"

清一口中应允，心内想道：欲待不依五戒又难，依了五戒，五戒今夜去到房中，必坏了女身，千难万难。

五戒见清一应之不爽，便道："清一，你锁了房门跟我到房里去。"

清一跟了五戒，径到房中，五戒去衣箱里取出十两银子，把与清一道："你且将这些去用，我明日与你讨道度牒，剃你做徒弟，你心下如何？"

清一道："多谢长老抬举。"遂收了银子，别了长老，回到房中，低低说与红莲道："我儿，却才来的，是本寺长老。他见你，心中喜爱。你今等夜静，我送你去服侍长老。你可小心仔细,不可有误。"

红莲见父亲如此说,便应允了。

到晚,两个吃了晚饭。约莫二更天气,清一领了红莲,径到五戒房中,门窗无些阻挡。原来,五戒有两个行者在身边服侍,当晚吩咐:"我要出外闲走乘凉,门窗且未要关。"因此无阻。长老自在房中等清一送红莲来。候至二更,果见清一送小头陀来到,五戒接入房内,关了房门,灭了琉璃灯,携住红莲手,双双来到床前,叫红莲脱了衣服,五戒向前一搂,搂在怀中,抱上床去。

五戒与红莲云收雨散,却好五更。五戒思量一计,怎生藏她在房中?房中有口大衣厨,五戒开了锁,将厨内物件都收拾了,却叫红莲坐在厨中,吩咐道:"饭食我自将来与你吃,可放心宁耐则个。"

红莲是女孩儿家,初被五戒淫勾,心中也喜,躲在衣厨内,把锁锁了。稍间,五戒上殿诵经。经毕,回到房中,闭了房门,将厨开了锁,放出红莲,把饮食与她吃了,又放些果子在厨内,依先锁了。至晚,清一来房中领红莲回房去了。

却说明悟禅师当夜在禅椅上入定回来,慧眼已知五戒禅师差了念头,犯了色戒,淫了红莲,把多年清行付之东流:"我今劝省他,不可如此,也不说出。"至次日,正是六月尽,门外撇骨池内红白莲花盛开。明悟令行者采一朵白莲花,带回自己房中,取一花瓶插了,叫僧人备杯清茶在房中,却教行者去请五戒禅师:"我与他赏莲花,吟诗谈话则个。"

不多时,五戒禅师来到。两个长老坐下,明悟道:"师兄,我今日见莲花盛开,对此美景,折一朵在瓶中,特请师兄吟诗清话。"

五戒道:"多蒙清爱。"

行者捧茶至,茶罢,明悟禅师道:"行者,取文房四宝来。"

行者取至面前,五戒道:"将何物为题?"

明悟道:"便将莲花为题。"

五戒捻起笔来,便写四句诗道:

一枝菡萏瓣初张,相伴榴花正芳。
似火石榴虽可爱,争如翠盖芰荷香?

五戒诗罢,明悟道:"师兄有诗,小僧岂得无语乎?"落笔便写四句诗曰:

春来桃杏尽舒张,万蕊千花斗艳芳。
夏赏芰荷真可爱,红莲争似白莲香?

明悟长老依韵诗罢,呵呵大笑。

五戒听了此言,心中一时解悟,面皮红一回,青一回,便转身辞回卧房,对行者道:"快与我烧桶汤来洗浴。"

行者连忙烧汤与五戒洗浴。浴罢,五戒换了一身新衣服,取张禅椅到房中,将笔在手,拂开一张素纸,便写八句《辞世颂》,曰:

> 吾年四十七,万法本归一。
> 只为念头差,今朝去得急。
> 传与悟和尚,何劳苦相逼?
> 幻身如雷电,依旧苍天碧。

写罢《辞世颂》,教焚一炉香在面前,五戒坐在禅椅上,左脚压右脚,合掌坐化。行者忙去报与明悟禅师。

明悟大惊,走到房中看时,见五戒已自坐化去了。看了面前《辞世颂》,道:"你好却好了,只可惜差了这一着。你如今虽得个男子身,长成不信佛、法、僧三宝,必然灭佛谤僧,后世却堕落苦海,不得皈依佛道,深可痛哉!真可惜哉!你道你走得快,我赶你不着!"忙教行者烧汤洗浴,换了衣服,到方丈中,上禅椅跏趺而坐,吩咐徒众道:"我今去赶五戒禅师,汝等可将两个龛子盛了,放三日一同焚化。"嘱罢圆寂而去,众僧皆惊。城内城外听得本寺两个禅师同日坐化,各皆惊讶。来烧香礼拜布施者,人山人海,男子妇人不计其数。嚷了三日,抬去金牛寺焚化,拾骨撒了。这清一遂浼人说议亲事,将红莲嫁与一个做扇子的刘待诏为妻,养了清一在家,过了下半世,不在话下。

十六　贬人如游戏

御史李定、王珪等交章弹劾苏轼诽谤朝政。天子震怒，遣校尉拿苏轼来京，下御史台狱。

经过半年清算，朝堂上几乎成了清一色的新党成员，章惇、蔡卞他们仍不满足，把矛头直指"宣仁太后。"

已经做了宰相岳丈的胡山回乡省亲，见了亭亭玉立的胡娥儿，双眼一亮："这个女娃儿的相，比老夫的女儿还好！"

且说五戒一灵真性，离开净慈孝光禅寺，径至四川眉州眉山县城，托生在一个姓苏的人家。这家的主人，姓苏名洵，字明允，号老泉居士，诗礼之人。夫人王氏，夜梦一瞽目和尚走入房中，吃了一惊，明旦分娩一子，生得高额、长脸。三朝满月，百日一周，不在话下。

明悟禅师，原本也要去眉山县城投胎，走错了路，跑到饶州浮梁（今属江西省景德镇），给一个叫任芳菲的再嫁之女做了儿子，小名浮屠，大名谢瑞卿，落地时啼哭不止。哭到第三天，水月寺的玉通长老前来化缘，将他的头顶抚摸了一会儿，又贴着他的耳朵嘀咕一番，他居然破涕为笑。长到5岁，玉通长老将他接到水月寺。给他取了个佛印的法名，延师教之。谢瑞卿资性聪明，过目不忘，吟诗作赋，无不出人头地。对于诸经内典，一览辄能解会，即使高僧讲论，都不如他。可惜一肚子学问，不屑应举求官，但说着功名之事，笑而不答。

却说苏老泉的孩儿年长7岁，教他读书写字，十分聪明，目视五行书。后至10岁来，五经三史，无所不通，取名苏轼，字子瞻。文章冠世，举笔珠玑，与佛印不同，不信佛法，最恼的是和尚，常言："不秃不毒，不毒不秃；转毒转秃，转秃转毒。我若一朝管了军民，定要灭了这和尚们，方遂吾愿。"

一日，玉通长老云游至眉山县城，问之眉山人杰，邑人齐推苏轼父子，他便登门相访。及至与苏轼父子一番长谈，钦佩的同时，又有些许担心，暗自思道，这个苏轼，才高八斗，就是李太白再生，也不及此人之才，它日参加科举，定当夺魁，做官对他来说如同拾芥。而他，又如此地仇佛恨佛，一旦做了高官，吾门之灾也。为了拯救吾门，得对他进行教化。而此人又如此聪明，单靠说佛、讲佛，必不为动，这可如何是好？

王通长老忽道一声"有了"，我那佛印小徒，资性不敢说超过苏轼，但绝不比他差。倒不如让他以俗人之身，来到眉山，与苏轼做一同窗，慢慢地感化他。

佛印奉了玉通长老之命，只身来到眉山，就读于苏子瞻就读的学堂。没过多久，二人便成了无话不谈的好友。他不知道瑞卿是一个和尚，见他不食荤酒，便讥笑道："酒肉乃养生之物，依你不杀生，不吃肉，羊、豕、鸡、鹅，填街塞巷，人也没处安身了。况酒是米做的，又不害性命，吃些何妨？"

瑞卿不慌不忙，将饮酒吃肉的危害娓娓道来，苏轼则一一驳之。二人谁也说服不了谁。

每当二人相会，瑞卿便劝子瞻学佛，子瞻便劝瑞卿做官。

瑞卿道："你那做官，是不了之事，不如学佛，三生结果。"

子瞻道："你那学佛，是无影之谈，不如做官，乃实实在在之事。"终日争论，各不相胜。

仁宗天子嘉祐改元，子瞻往东京应举，要拉谢瑞卿同去，瑞卿不从。子瞻一举成名，御笔除翰林学士，锦衣玉食，前呼后拥，富贵非常，思念窗友谢瑞卿不肯出仕，暗道："吾今接他到东京，他见我如此富贵，必然动了功名之念。"于是修书一封，差人到眉山县接谢瑞卿到来。谢瑞卿也恐怕子瞻一旦富贵，果然谤佛灭僧，也要劝化他回心改念，遂跟着差人到东京与子瞻相见。两人终日谈论，依旧各执己见。

事有凑巧，物有偶然。适值东京大旱，赤地千里。仁宗天子降旨，特于内庭修建七日黄罗大醮，为万民祈雨。仁宗一日亲自行香两次，百官皆素服奔走执事。翰林官专管撰青词，子瞻奉旨修撰，要拉瑞卿同去，共观胜会。

瑞卿却不愿行。子瞻劝道："你平昔最喜佛事，今日朝廷请下三十六处名僧，建下祈场诵经设醮，你不去随喜却不错过？"

瑞卿道："朝廷设醮，虽然仪文好看，都是套数，哪有什么高僧谈经说法，使人倾听？"也是子瞻法缘该到，自然生出机会来。当日，子瞻定要瑞卿做伴同往，瑞卿拗他不过，只得从命。二人到了佛场，子瞻随班效劳。瑞卿打扮个行者模样，往来观看法事。

　　正看着，仁宗天子驾到，众官迎入，在佛前拈香下拜。瑞卿上前一步，偷看圣容，被仁宗龙目观见：瑞卿生得面方耳大，丰仪出众。

　　仁宗金口问道："这汉子何人？"

　　苏轼暗道了一声"不好"，硬着头皮，跪下奏道："此乃大相国寺新来一个行者，因他深通经典，在此供香火之役。"

　　仁宗道："好个相貌，既然深通经典，赐他度牒一道，剃度为僧。"

　　佛印本就是一个僧人，闻之大喜，当即叩头谢恩。

　　苏子瞻特地接谢瑞卿来东京，原本想劝他出仕，谁知累他落发为僧，心上好不过意。瑞卿心中高兴，却故意埋怨子瞻许多言语，子瞻惶恐无任，只是谢罪，再不敢说做和尚的半个字儿不好，任凭佛印谈经说法，只得悉心听受；若不听受时，佛印就发恼起来。听了多遍，渐渐相习，也觉佛经讲得有理，不似向来水火不容的光景了。

　　苏东坡在翰林数年，到神宗皇帝熙宁改元，差他知贡举，出策题内讥诮了当朝宰相王安石。王安石在天子面前谮他恃才轻薄，遂出为杭州通判，与佛印相别，自去杭州赴任。一日，在府中闲坐，忽见门吏报说，有一和尚说是本处灵隐寺住持，要见相公。东坡教门吏出问何事要见相公。和尚见问，于门吏处借纸笔墨来，便写四字送入府去。东坡看其四字："诗僧谒见。"

　　东坡取笔来批一笔云："诗僧焉敢谒王侯？"教门吏把与和尚，和尚又写四句诗道：

　　　　大海尚容蛟龙隐，高山也许凤凰游。
　　　　笑却小人无度量，诗僧焉敢谒王侯！

　　东坡见此诗，方才认出字迹，惊讶道："他为何也到此处？快请相见。"你道那和尚是谁？正是佛印禅师。因为苏学士谪官杭州，他辞下大相国寺，行脚到杭州灵隐寺住持，又与东坡朝夕往来。后来东坡自杭州迁任徐州，又自徐州迁任湖州，佛印到处相随。

　　神宗天子元丰二年，东坡在湖州做知府，偶感触时事，做了几首诗，诗中未免含着讥讽之意。御史李定、王珪等交章劾奏苏轼诽谤朝政。天子震怒，遣校尉拿苏轼来京，下御史台狱，就命李定勘问。李定虽与佛印一母所生，但一因他是王安石门生；二因他不为生母奔丧，遭到苏轼等人弹劾，心甚恨之，便坐苏轼一个大逆不道，

问成死罪。东坡在狱中思想着甚来由,读书做官,今日为几句诗便丧了性命?乃吟诗一首自叹,诗曰:

> 人家生子愿聪明,我为聪明丧了生。
>
> 但愿养儿皆愚鲁,无灾无祸到公卿。

吟罢,凄然泪下,想道:我今日所处之地,分明似鸡鸭到了庖人手里,有死无活。想鸡鸭何罪,时常烹宰它来吃?只为它不会说话,有屈莫伸。今日我苏轼枉了能言快语,又向哪处申冤?岂不苦哉!记得佛印时常劝我戒杀吃斋,又劝我弃官修行,今日看来,他的话句句都是,悔不从其言也!

叹声未绝,忽听得数珠索落一声,念句"阿弥陀佛"。东坡大惊,睁眼看时,乃是佛印禅师。东坡忘其身在狱中,急起身迎接,问道:"师兄何来?"

佛印道:"南山净慈孝光禅寺,红莲花盛开,同学士去玩赏。"

苏东坡道了一声"可",相随而行,到于孝光禅寺,进了山门,一路僧房曲折,分明是熟游之地。法堂中摆设钟磬经典之类,件件认得,好似自己家里一般,心下好生惊怪。寺前寺后走了一回,并不见有莲花,乃问佛印禅师道:"红莲在那里?"

佛印向后一指道:"这不是红莲来也?"

东坡回头看时,只见一个少年女子,从千佛殿后冉冉而来,走到面前,深深道个万福①。东坡看那女子,如旧日相识。那女子向袖中摸出花笺一幅,求学士题诗。佛印早取到笔砚,东坡遂信手写出四句,道是:

> 四十七年一念错,贪却红莲甘堕却。
>
> 孝光禅寺晓钟鸣,这回抱定如来脚。

那女子看了诗,扯得粉碎,一把抱定东坡,说道:"学士休得忘恩负义!"

东坡正没奈何,却得佛印劈手拍开,惊出一身冷汗,醒转过来,乃是南柯一梦,狱中更鼓正打五更。东坡寻思,此梦非常,四句诗一字不忘,正不知什么缘故。忽听得远远晓钟声响,心中顿然开悟:"分明前世在孝光禅寺出家,为色欲堕落,今生受此苦楚。若得佛力覆庇,重见天日,当一心护法,学佛修行。"

少顷天明,只见狱官进来称贺,说圣旨赦学士之罪,贬为黄州团练副使。东坡得赦,才出狱门,只见佛印禅师在于门首,上前问讯道:"学士无恙?贫僧相候久

---

① 万福:古时女子行的一种礼,称之为万福礼。行礼时,双手交叉至胸腹间,微屈膝,低首,同时口念"万福。"

矣！"原来被逮之日，佛印也离了湖州，重来东京大相国寺住持，看取东坡下落。闻他问成死罪，各处与他分诉求救，却得吴充、王安礼两个正人，在天子面前竭力保奏。太皇太后曹氏，自仁宗朝便闻苏轼才名，也在宫中劝解。天子回心转意，方有这道赦书。东坡见了佛印，分明是再世相逢，倍加欢喜。东坡到五凤楼下谢恩过了，便来大相国寺与佛印同吃同宿。

次日，圣旨下，苏轼谪守黄州。东坡与佛印相约且不上任，迂路先到宁海军钱塘门外来访孝光禅寺。比及到时，路径门户，一如梦中熟识。访问僧众，备言五戒私污红莲之事。那五戒临化去时所写《辞世颂》，寺僧兀自藏着。东坡索来看了，与自己梦中所题四句诗相合，方知佛法轮回并非诳语，佛印乃明悟转生无疑。此时东坡便要削发披缁，跟随佛印出家。佛印倒不允从，说道："学士宦缘未断，二十年后，方能脱离尘俗。但愿坚持道心，休得改变。"

东坡听了佛印言论，复来黄州上任。

哲宗皇帝元祐改元，取东坡回京，升做翰林学士，经筵讲官。不数年，升做礼部尚书、端明殿大学士。佛印又在大相国寺相依，往来不绝。

到绍圣年间，章惇做了宰相，复行王安石之政，将东坡贬出定州安置。东坡到相国寺相辞佛印，佛印道："学士宿业未除，合有几番劳苦。"东坡问道："何时得脱？"佛印说出八个字来，道是：

逢永而返，

逢玉而终。

又道："学士牢记此八字者！学士今番跋涉忒大，贫僧不得相随，只在东京等候。"东坡怏怏而别。

苏轼来到筠州不及三月，不好的消息像雪片似的从汴京传来。

枢密使曾布，见张商荣一出手便整倒了两个与旧党关系密切的大员，不甘落后，面谒哲宗，谏曰："放眼朝堂，旧党官员，十之五六，通过审查章牍的办法，来处置旧党，既有点慢，又不能将旧党一网打尽。何也？旧党人员，不可能每个人都有奏章上达天庭，倒不如来一个'绍圣'，阵线自然就分明了，只有阵线分明，才可将旧党一网打尽！"

哲宗问："'绍圣'何讲？"

曾布道："'绍'者，继承。《书·盘庚上》曰，'绍复先王之大业'，亦即此也。'圣'者……"

十六　贬人如游戏

哲宗将手摆了一摆,说道:"卿不必说了,朕知之矣。'圣'者,先帝也。朕早有'绍圣'之意,但不知从何处下手?"

曾布道:"从'改元'下手。臣不说您也知道,新皇帝继位后,一般都要改变纪年的年号,既有辞旧迎新的意思,又有昭示国人可以干什么,不可以干什么之意。"

哲宗颔首说道:"朕知道了。朕这就诏告礼部,让他们拿出一个改元的方案,交执政来议。"

曾布摇首说道:"这有点太慢。新皇帝即位的第二年,一般都要改元,甚而,有的当年便改元,比如先帝太宗。如今,已是您位居九五之尊的第十年,其间,虽然改了元,但所改之元,并未表达您的施政纲领。何也？真正的执政者是'宣仁太后。'而今,'宣仁太后'已经薨去 7 个多月,如今的当政者是您,您就是此时改元,已经有些晚了。若是让礼部、执政们再议,没有三五个月议不出结果来,倒不如您直接下诏改元,千好万好!"

哲宗道了一声"好",翌日便诏告天下,改"元祐"十年为"绍圣"元年。

皇帝改年号,也不是想改就改的,一般讲,得在上一年宣告。也就是说,哲宗就是想改年,新改的年号,也只能到下一年实行。可哲宗居然是当天宣布,当天实行。

这一"绍圣"阵线分明了,凡反对宋神宗变法的官员,一律列入邪党。凡属邪党的,统统踢出朝堂。

最先被踢出朝堂的是文彦博、范纯仁、范祖禹等。

处理了在朝的旧党官员之后,对活着的已经遭贬的旧党以及所谓的旧党官员,来一个再贬,统统赶到岭南(已经贬在岭南的,换一个环境更险恶的地方)。同是岭南,瘴气有轻有重,险恶的程度也不尽相同,时人用岭南八处最险恶的州郡写了一个对联,叫做"春、循、梅、新,与死为邻;高、窦、雷、化,说着也怕。"

负责草拟再贬"旧党"官员名单的人是蒋之奇,也就是诬告欧阳修与外甥女乱伦的那个家伙。他说:"这个刘安世平时总是宣扬自己命好,不想也有今日。"

刘安世的命不只好,还大,他妈妈怀他期间,骑马进山,摔进了山谷,同行的人都认为她死定了。没想到,一棵大树接住她,她不但没死,肚中的刘安世也安然无恙。刘安世长到 10 岁,患了眼疾,远近郎中束手无策,却被一个马医治好了。

章惇微微一笑道:"既然刘安世自诩命好,那就让他去梅州吧。"

蒋之奇忙道了一声"好"。

忽听章惇又道:"苏轼,汝将贬往何地?"

"化州。"

章惇道："他不是字子瞻吗？就让他去儋州好了。"

蒋之奇又道了一声"好"。

"苏辙呢？"章惇又问。

"阳山。"

章惇道："不行。他不是字'子由'吗？应该让他到由州去。"

蒋之奇道："大宋的版图上没有由州。"

章惇想了一想说道："'由'字与'田'字相近,雷字由雨、田组成,那就让他去雷州吧。"

蒋之奇复道了一声"好"。

"刘挚呢？"

蒋之奇回道："贺州。"

章惇道："也不行。刘挚不是字'莘老'吗,'新'与'莘'同音,那就叫他到新州去吧。"

蒋之奇点头称是。

章惇把贬人当游戏,元祐间不可一世的旧党党人,成了章惇手中的玩物。

对于死去的旧党,章惇更苛刻,尤其是旧党的两大党魁——司马光和吕公著,不仅追回他们的爵位、谥号,连他们的子孙也被抓了起来。

抓了他们的子孙,新党还不解恨。章惇、蔡卞亲自出面,恳请哲宗,要将司马光和吕公著掘坟曝尸。古人对坟墓看得很重,严禁"盗"之,先秦时,已经把"盗墓"之事写进了刑法——"窃盗者刑""发墓者诛"。

掘墓,在古代绝对是一个恐怖的字眼,人们对掘墓者的不齿程度,甚至比盗墓者还来得咬牙切齿。因为这种人不尊重别人的祖先,乃十恶不赦之徒,所以,要"斩立决"。

即使到了现代,人们也对掘墓之事深恶痛绝,双方有了矛盾,争吵中,一方往往会说,"是我抓了你的祖坟,还是抱你娃子扔井里了,你这么恨我？"

所以,哲宗尽管很宠章惇和蔡卞,几乎是言听计从,但当他们提出要将司马光、吕公著掘墓曝尸的请求后,犯了犹豫。

也是司马光、吕公著不该遭此一辱,知大名府许将,迁官尚书左丞,按照惯例,须进宫谢恩。

哲宗问之曰："有人谏朕,言说司马光、吕公著妄改成制,叛道悖理,应当掘墓曝尸,卿以为可否？"

　　许将铿声对曰："掘墓曝尸，自古耻之，明君更不可为！"

　　哲宗叹曰："卿说得对，朕险些为子厚（章惇字子厚）所误！"

　　经过半年的清算之后，朝堂上几乎成了清一色的新党成员。按说，章惇、蔡卞、张商英他们应当停止清算了。

　　不，他们不但没有停止，反把攻击的目标锁定了已故的宣仁太后。

　　这个老乞婆，自信而又厚黑，用了整整9年时间，以母改子，颠倒乾坤，把她的顼儿为之奋斗了半生的辉煌事业给毁掉了；她把持朝政，独断专行，哲宗每天看到的只是大臣们的臀背。

　　但是，要想否定宣仁太后，必须征得哲宗的同意。章惇邀上张商英、蔡卞等人，面见哲宗，陈说宣仁太后固步自封，反对变法，打击新党，重用旧党；不该"以母改子"；更不该压制皇上，久不归政等十大罪状。恳请哲宗，削去她的谥号，废为庶人，且将她的棺椁迁出永厚陵（英宗陵）。

　　哲宗"嘿嘿"一笑，说道："卿等所举宣仁太后之事，俱都属实。若就这些事，将她废为庶民也该。但是，卿等不要忘了，她是朕的亲奶，哪有做孙子的将自己亲奶的棺椁迁出祖茔？如果硬要迁，那就意味着卿等让朕代朕的爷爷休了朕的奶奶，让朕成为赵家的不肖子孙！"

　　章惇辩道："您不只是宣仁太后孙子，您更是皇帝，皇帝至高无上。皇帝想事，处理问题，就应该站到皇帝的高度、社稷的高度。宣仁太后之为，已经犯了弥天大罪，'十恶不赦'之罪！"

　　哲宗道："有这么严重吗？"

　　"有。"

　　哲宗道："讲。"

　　"第一条，不敬皇帝。岂止是不敬，是把自己凌驾在陛下之上。政务大小，一概是她说了算；视陛下为孩童，动不动就进行训诫；打压陛下生母朱太妃，'子以母贵，母以子贵'，古今一理。陛下贵为皇帝，亲生母亲仅仅是一个皇太妃，位还在皇后之后。第二条，不敬先皇。先皇神宗，为了'富国强兵'，进行变法。先皇之棺未曾入陵，她便将旧党一一召回，废除新法。第三条，不守妇道，'三纲五常'第三纲乃'夫为妇纲'。她从未把英宗皇帝这个'纲'放到眼里。做皇帝的哪一个不是三宫六院七十二妃，可她硬是不让英宗皇帝纳妃,终其一生,英宗皇帝就她一个女人;古制,女子'在家从父,出嫁从夫,夫死从子!'她何时从过您和先皇神宗?第四,谋逆……"

哲宗打了一个停止的手势:"谋逆可不是小事,岂能信口开河!"

章惇道:"臣不敢信口开河,宣仁太后确实犯了谋逆之罪!"

哲宗道:"诚如此,卿就讲一讲她如何的'谋逆'。"

"先皇神宗驾崩前的一个月,已经时昏时迷,口不能言。宣仁太后想立她的儿子,放出谣言,说先帝神宗多次对她说道,儿子太小,他要效法先帝太祖,传位于弟。此言,蒙蔽了不少人,连当时的首相王珪也信以为真,数次催促先帝,要他颁布传位于弟的诏书,先帝不肯。事为副相蔡持正所知,密邀职方员外郎邢恕和开封府的蔡京到府,高议对策,由蔡京伏剑士于宫外,蔡持正以复议立储君之名,邀王珪进宫,当着先帝的面,逼他表态。王珪若是不同意立陛下为储君,当场将他枭首。那王珪是有名的三旨宰相①,圆滑得很,见势不妙,当先提出,愿立陛下为储君,等宣仁太后得到消息,立陛下为储君的诏书,已经颁发出去。"

哲宗似信非信:"有这等事?"

章惇正色回道:"臣不敢欺君。陛下若是不信臣言,可召内侍郝随来问。"

哲宗当即传旨,宣郝随进宫。

郝随趋进宫来,瞥见哲宗及章惇、张商英、蔡卞四人,一脸严肃地等着他,不知所为何事,心中忐忑不安,面向哲宗,深深作了一揖,用尖尖的略显刺耳的声音说道:"奴才郝随参见陛下。"

哲宗直言不讳地问道:"郝公公,宣仁太后当年,可有立其子——岐、嘉二王之心?"

哲宗这一问,郝随暗自出了一口气:原来为着此事!为这事呀,蔡确未贬之前,已经和我有盟:"共诬宣仁太后,夺得拥立之功。既为自己,也为子孙铺条金光大道。"

他本想立即回答一个"有"字,又恐哲宗见疑,故意装作一副诚惶诚恐的样子说道:"回陛下,此事事关社稷,臣不敢妄言。"

哲宗道:"公公不必害怕。宣仁太后到底有无立其子为储君之事,有之则回有之,无之则回无之。这事,是朕问你,你才回答,不能算作妄言。"

"这,那奴才就实话实说了。先帝驾崩之前,宣仁太后确实有拥立岐、嘉二王为储

---

① 三旨宰相:亦称三旨相公。王珪为相时,上殿进呈时,称为"取圣旨";宋神宗决定后称为"领圣旨";退朝后告诉禀事的人,称为"已得圣旨。"

君之意。"

哲宗的脸当时便阴了下来,郝随很知趣地说了声"臣告退",躬身趋出。

章惇见大功告成,朝张商英、蔡卞丢了一个眼色,一块儿告退。

"这个老乞婆!"哲宗恨声说道:"你无义,我还讲的什么情!我明天便颁旨,削去她的谥号,将她的棺椁移出永厚陵!"

睡了一夜,他又变了,如此大事,单听一个内侍之言就决定了,是不是有些鲁莽了点,不行,我得见一见邢恕和蔡京。于是,降旨两道,宣邢恕和蔡京进京。

他这点花花肠子,岂能瞒得了章惇。章惇耐着性子等了两天,没见有削去"宣仁太后"谥号的诏书颁出,便知道是怎么回事,忙遣了两个心腹,分头去给邢恕和蔡京报信。

邢、蔡二人一到汴京,便进宫面圣。二人面圣的时间虽然相差两日,但所回答的内容一模一样。哲宗这才下定决心,削去宣仁太后谥号,并将其棺移出永厚陵。

诏刚一颁,为向太后所知,邀上朱太妃一块儿面见哲宗,进行劝阻,哲宗不听。朱太妃流泪说道:"煦儿,别人的话你不信,娘的话你也不信吗?据娘所知,宣仁太后从未有要立其子为储君之意,反倒是蔡确和邢恕,欲抢得拥立之功,密商后由邢恕出面,游说宣仁太后的侄儿高公绘,让高公绘劝说宣仁太后,立其子为储君,被高公绘断然拒绝。在你的父皇尚未定下立你为储君的时候,宣仁太后阴敕东头供奉官梁惟简,预制一件十岁儿可穿的黄袍密进。而且,宣仁太后人前人后,不止一次地讲,你如何如何的好,应该立为储君。"

哲宗虽然似信非信,但收回了削去"宣仁太后"谥号及移棺的诏书。

章惇等人不知道哲宗为什么出尔反尔,欲进宫再谏,郝随密告之,心中尽管很不高兴,但也无可奈何。

到了此时,章惇所掀起的清算运动,告一段落,大宋步入了正常运转的轨道。

这一正常,哲宗反倒觉着少了点什么?

女人!

哪一个皇帝不是三宫六院七十二妃(朕的爷爷除外)?可朕只有一个女人。而这个女人,虽然贤淑,既不够漂亮也不够风情。

说到风情,他不由自主地想到了他睡的第一个女人。

这个女人叫胡娥儿。

胡娥儿是川人,其家世代为农,有田二百亩,有桑一百株,算得上一个小康之家。其父长得并不算俊,但她娘俊。她娘原本是万花楼妓院的妓女,32岁那年从了良,第二年便生了胡娥儿。胡娥儿从小就是一个美人胚子,越长越漂亮,又高又大又白,人送外号"万人迷"。

"万人迷"的族老爷胡山很厉害。

他这个厉害,并非说他的武功有多么高,而是说他会看相,而且看得很准。他看了无数人的相,但他觉着他女儿的相最好——会生一个做宰相的儿子。

女儿要生宰相,必须得找一个能生宰相儿子的男人。为找这个能生宰相的男人,胡山领着女儿天南地北地跑,跑了7年,方才找到。

这个男人叫韩国华,已经58岁,家中已有一妻一妾。虽然中过进士,但官并不大——时任益州(古代九州之一)推官[①]。

韩国华骑马一出州衙,胡山便不顾一切地冲了上去,纳头便拜:"韩大人,我想把我的女儿嫁给您。"

韩国华以为他是一个疯子,正要呵斥,陪同的一个幕僚赶紧劝道:"大人,他是一个有名的相士。"

韩国华"噢"了一声,跳下马,双手将他搀起:"先生,你真会开玩笑。你知道本官已经几岁了?58岁了,而且已经有了一妻一妾。"

胡山一脸倔强地说道:"我不管你几岁,我也不管你几妻几妾,我还是那句话,我只想把闺女嫁给你。"

"为什么?"韩国华笑嘻嘻地问道。

胡山很认真地回道:"我的闺女只有嫁给您才会生宰相。"

有人说天上不会掉馅饼,这不是掉下来了吗?58岁的韩国华没花一文钱,取了一个黄花闺女,而且还是送上门的。

一年后,胡山的闺女生了一个儿子,取名韩琦,字稚圭。

18年后,韩琦进京赶考,居然中了榜眼,拜官将作监丞,通判淄州[②]。此后,他的官儿直线上升,官至宰相,辅佐三朝。胡山嫁女,成为当地一个佳话。

这话流传了数十年,已经做了宰相外公的胡山回乡省亲,见到了年已15亭亭玉立的胡娥儿,双眼一亮:"这个女娃子的相,比老夫的女儿还好!"

问他怎么个好法,他又不说。

---

① 推官:唐节度使、观察使属僚,掌推勘刑狱诉讼。宋沿置,实为郡佐。
② 通判淄州:淄州,今之山东省淄博市淄川县;通判,通判州事的省称,宋置,初与知州不相属,实含有监督之意,后渐成知州的副贰官。

不说人们也知道——他的女儿的相不如胡娥儿,就能生宰相儿子,胡娥儿生的娃,一定比宰相大。

比宰相大的官,那就是王爷和天子了!

这话人们不敢说。

就因为胡山这句话,胡娥儿的父亲高兴得每一天睁开两眼都在笑,胡娥儿更是想入非非。

十七　您的脚真香

络腮胡子见胡蛾儿长得漂亮,淫心顿生,朝客栈掌柜拱手说道:"这个小女子欠你多少钱?"

郝东15岁,居然奸淫一个26岁的孕妇,受到官府通缉,逃到王屋山做了草寇。

前几年,神宗忙于富国强兵;后几年,龙体欠安,对女人不感兴趣。胡蛾儿不只失望,简直是心灰意冷。

女人要想生出天子,必须嫁一个能生天子的男人,能生天子的男人,一般来讲,只有一个——天子。

一个平民女子,想嫁天子,简直是白日做梦。

但是,有的梦在一定条件下也可以成真。

汉武帝的母亲王娡,不只是一个平民,还是一个生了孩子的平民。相士姚定国说她要生天子,她便信了,搬回娘家来住,天天做着怎样才能嫁给天子之梦。半年后,汉天子选秀,她当了母亲的翡翠戒指,得钱六缗①,买了一身新衣裳,又梳妆打扮一番,由她母亲领着,兴冲冲地去见负责选秀的公公。因为姚定国已经为她买通了两个公公,居然被选上了,跟着两个太监来到长安,恰值刘启被立为太子,新建东宫急需一批宫女入宫服役,娡儿以及当选的数十名秀女被遣往东宫。某日晚,她奉太子妃之命,为太子送一本书。按照惯例,太子在与不在,她只须将书朝书案上一放便可走人。因她第一次走进太子读书处,想多看几眼,故而没有立马退出。恰在这时,太子抬起头来向她身上扫了几眼,她暗自喜道:他,他难道有情于我。就是无情于我,这房中只有我和太子两人,机会

---

① 缗:穿钱的绳子,亦指成串的钱,一般来讲,汉朝一千文为一缗,宋朝叫做一贯,清朝叫做一吊(后期也有一百文一吊的)。

千载难逢,我何不献媚上去,讨得他的欢心,来个春风再度,生下一位龙子,即使当不上皇后,做个妃子,也是福禄齐天。

她这般想过之后,定了定神,把一双勾人的眼波,尽向太子脸上一瞄一瞄地递了上去,一则也是她的福命;二则也是她长得太美;三则宫女虽多,哪个敢去勾引太子,若被太后、皇后查出,非但性命不保还要诛族。

太子见她频送秋波,含情脉脉,心里一动,柔声问道:"汝姓甚名谁,哪里人氏,何日进宫?"

娎儿装作一副淑女的模样,轻啃手指,羞答答回道:"奴婢姓王,名娎,小名姝儿,槐里人氏。自愿应选入宫,就是八月的这一批。"

太子见她言语伶俐,憨痴可爱,一把揽到怀中,勾着她的粉颈,调起情来。

娎儿是过来人,睡过4个男人,手中又握了一本《房中秘籍》,自然拿出全部本领迎合太子。

这一迎合,居然生下龙子刘彻。

母因子贵,坐上了皇后的龙椅。

一个已经嫁人,且生了孩子的民妇,尚且能生天子,我胡蛾儿为什么不能?

要想生出天子,首先得睡天子,能和天子共眠的女人,首先是皇后,其次是妃子,再之是宫女。一个无根无蓬的民女,想当皇后和皇妃,除了通过选秀之外,别无他途。

大宋自明道二年(1033 年),举行过一次选秀,至熙宁十年(1077 年),已经四十多年没有选秀了,以后搞不搞很难说。通过选秀进入皇宫,看来不大可能。

怎么办?

一高人指点说:"进京去,学卫子夫,只要蛾儿真有生天子的命,自会有贵人相助。"

胡蛾儿老爹问:"卫子夫是谁呀?"

高人道:"卫子夫是汉武帝的皇后,未进宫之前是平阳长公主府上一个歌妓。"

胡蛾儿老爹又问:"平阳长公主又是谁呀?"

"汉武帝的姐姐。"

胡蛾儿老爹"噢"了一声。高人继续讲道:"一日,汉武帝来看姐姐,平阳长公主尽出府上歌妓为汉武帝歌舞,汉武帝看上了卫子夫,带入宫中,成就了一番好事,生了一个叫刘据的龙子。刘据虽然没有做皇帝,可刘据的儿子刘弗陵做了皇帝,这个刘弗陵便是历史上赫赫有名的汉宣帝。"

胡蛾儿老爹又"噢"了一声,朝高人深作一揖道:"谢谢您的指点,在下知道该怎么做了!"

怎么做?

第一,请人教胡蛾儿歌舞。第二,卖了100亩地,得钱55贯,带着胡蛾儿进京找贵人相助。

半年,钱也花光了,不但没有找到贵人,胡蛾儿老爹病倒在客栈,奄奄一息。客栈掌柜不但逼要店钱,还要赶他们走。胡蛾儿跪求掌柜,掌柜冷着脸说道:"我这不是养爷店,你若是不肯付我店钱,我就把你送交官府。至于你爹,让店小二把他背到荒郊野外,死活由他!"

胡蛾儿见跪求无用,不由得大放悲声,哭声引来了数十个围观者,内中一个牛眼、大头还长了一脸络腮胡子的汉子,见胡蛾儿长得漂亮,淫心顿生,朝客栈掌柜拱手说道:"掌柜的,这个小女子欠你多少店钱?"

客栈掌柜举目一瞧,忙拱手说道:"是郝爷到了,失敬失敬。"

郝爷双眼一瞪道:"爷问你什么你就回答什么,哪来那么多废话。"

客栈掌柜忙道了一声"是"。

郝爷一脸不耐烦道:"是什么是?快回爷的话,这个小女子到底欠了你多少店钱?"

"两贯五。"

郝爷道:"你不要再逼这个小女子了,这两贯五爷出。"

客栈掌柜眉开眼笑道:"郝爷若肯代这小女子付了小的店钱,小的不知怎样感谢郝爷才好,岂敢再逼。"

他移目胡蛾儿,喝道:"胡蛾儿,郝爷代你还钱,你还不快快给郝爷磕仨响头,以示感谢!"

胡蛾儿忙移膝郝爷,欲要叩头,被郝爷拦住:"小事一桩,磕什么磕!"

胡蛾儿不肯,硬是将三个响头磕下,方才起身。

"胡蛾儿,听你口音,不像本地人是吧?"

胡蛾儿回道:"郝爷所说极是,小女子乃川人。"

郝爷道:"四川距汴京两千余里,你独自一人来此作甚?"

胡蛾儿回道:"俺是和俺爹一块来的。"

郝爷道:"你爹现在何处?"

胡蛾儿回道:"就住在这家客栈。"

"他人呢?"郝爷又问。

胡蛾儿回道:"病了,卧床不起。"

郝爷道:"走,带爷去看看你爹。"

胡蛾儿道了一声"遵命",折纤腰以微步,将郝爷带到了老父的房间。

郝爷朝榻上一望,见上面躺了一个干瘪老头,面带垢晦,二目无光,有出的气,没进的气。扭头向胡蛾儿问道:"你爹得的什么病?"

胡蛾儿回道:"郎中说是瘟病(伤寒)。"

郝爷道:"既然知道是瘟病,咋不治哩?"

胡蛾儿回道:"治了一个多月,越治越重。"

郝爷道:"我认识一个专治瘟病的郎中,我这会儿就去请他。"

胡蛾儿裣衽一拜道:"多谢郝爷。"

"小事一桩,谢什么谢!"郝爷掉头欲走,忽又止步:"你爹这病,一两天绝对治不好。客栈嘈杂,不是病人住的地方,换一个去处吧。"

胡蛾儿愁眉说道:"小女子也想将老父换一个清净的地方,怎奈,这里无亲无故,哎……"

郝爷道:"你不用叹气,我的一个朋友,有一座闲院,离这里也不远,你若是愿意,我就叫人去那里收拾一下,今天就可以搬到那里去住。"

胡蛾儿道:"若有这样一座院子,让小女子父女来住,小女子不知道怎样感激郝爷才好,岂有不愿之理。"

郝爷道:"既然你愿意,我这就找人收拾房子,下午来车接你。"

胡蛾儿复又裣衽一拜道:"多谢郝爷。"

望着郝爷越走越远的背影,胡蛾儿涕泪交流道:"好人,好人呀,我遇到好人了!"

人群中有人小声说道:"哼,好人!不出三天,你就知道他是一个什么样的人了!"

晚霞如血的时候,郝爷坐了一辆豪华马车来到客栈,将胡蛾儿父女接到了圣贤七号大院。院子打扫的干干净净,除了生活用品,诸如床、桌、椅,乃至锅碗瓢盆,应有尽有之外,还有一个不到50岁的女佣。

更是她意想不到的,那个誉满汴京、擅长治疗瘟病的鹤发童颜的张郎中,已经坐在院子里,等了她们将近半个时辰。

这个张郎中,客栈的掌柜也曾给她荐过,但是,出一次诊得一贯钱,还得用豪华马车接送。所以,他老爹尽管病了一个多月,也没敢去惊动张郎中。如今……她把一双丹凤眼由张郎中脸上移到了郝爷脸上,满目的敬佩和感激。郝爷报之以微笑。

他知道他成功了,看来今晚就可以抱得美人归。

不!

今晚有些太急。

明晚抱吧。

不,明晚还有些急,后晚吧。

到了后晚,郝爷先是请胡蛾儿去勾栏看戏,那戏叫《妲己戏纣王》,看得胡蛾儿脸色红润,身上燥热……

戏结束后,已经是巳时二刻,郝爷又将胡蛾儿带到了酒楼,在美酒的作用下,二人有了那事。

转眼半个月过去了,胡蛾儿老爹的病已经有了很大好转,胡蛾儿也与老女仆混熟稔了。

一日,胡蛾儿与老仆女在院中聊天,胡蛾儿轻叹一声,说道:"郝爷对我这么好,到现在我还不知道他叫什么名字。"

老仆女嘻嘻一笑,说道:"他的名字有些不大好听。"

胡蛾儿笑道:"是不是叫个虎呀、狼呀,抑或是驴呀、狗呀之类?"

老仆女道:"不是。"

胡蛾儿依然笑道:"这世上,难道还有比驴、狗还不好听的名字?"

老仆女道:"有。"

胡蛾儿道:"我倒想听一听,还有比驴、狗更难听的名字。"

老仆女道:"叫驴叫狗的人,那名字尽管不太好听,但一听便知道这是个男孩,而且还特别娇贵。郝爷却是男孩女名,而且,这个名字,明显带着贬义。"

胡蛾儿笑道:"你别卖关子了,郝爷到底叫什么名字?"

"叫,叫郝东,字狮吼。"

胡蛾儿道:"这名字挺好的嘛!"

老仆女道:"你听说过'河东狮吼'的典故吗?"

胡蛾儿道:"听说过。"

老仆女道:"您能若说一说这个典故的来历吗?"

"能。"

老仆女道:"那你就说一说吧。"

胡蛾儿点了点头,说道:"苏东坡有一个叫陈慥的朋友,字季常,自号龙丘居士,好宾客、信佛,喜蓄声妓。而其妻柳氏,既凶又妒,东坡借佛语,作诗以戏之——'龙丘居士亦可怜,谈空说有夜不眠。忽闻河东狮子吼,拄杖落手心茫然。'河东,您也知道,是柳姓的望郡。因为苏东坡名气太大,他这一首诗,成就了一个典故和一个成语。"

老仆女道:"这个成语,您以为是贬还是褒?"

"当然是贬了。"

老仆女道:"郝爷的名字,便是由这一成语而来。"

胡蛾儿道:"愿闻其详。"

"郝爷出生第十二天,按照他家乡伏牛山的风俗,要喝喜酒。喝喜酒这天,郝爷的父亲——杀猪的郝屠夫,把当地最有名望的仰丘先生也给请去了。而且,非要仰丘先生给他的孩子起一个名字。仰丘先生见郝爷头脑奇大,又长了一个狮鼻。而且,哭起来好似狮吼,突然想起来了'河东狮吼'这一成语,便为郝爷取名为东,字狮吼。郝屠夫不知道'河东狮吼'这个成语,欣然同意了。"

胡蛾儿愤然说道:"仰丘先生如此损人,真是可恨!"

老仆女道:"话不能这么说,仰丘先生之所以如此损郝爷,自有他的道理。"

"什么道理?"

老仆女道:"郝屠夫卖肉不只缺斤短两,还欺行霸世,当地人提起他直摇头。"

胡蛾儿道:"你说这话,我有些不信。"

"为什么?"

胡蛾儿道:"郝爷的父亲如此可恶,岂能养出如此好的儿子?"

老仆女冷笑一声道:"你不要以为郝东对你好,他便是一个好人。实话给你说,他在被招安之前,是王屋山的三大王,杀人越货,无恶不作。"

胡蛾儿吃了一惊:"你说什么?"

老仆女叹道:"古人有言,覆水难收。我已经把话说出来了,索性说个透。您如果真的倾心那贼,您只要不怕天谴,尽可把我卖了,我无非一死而已!"

胡蛾儿道:"你不要这样说,你明知道我和郝东,已经有了夫妻之实,还对我掏心掏肺,我如果卖你,猪狗不如!"

老仆女朝她行了一个万福礼道:"多谢奶奶。"

胡蛾儿忙还一礼道:"你如果真的信得过我,那就请你实话相告,郝东到底是一个什么样人?"

老仆女道：“您把话说到这个份上，我若不实言相告，我就不是一个人了。”

胡蛾儿道：“这话有些重了。”

老仆女道：“不重。我信佛，佛家之五戒，其中一戒，就是戒妄语。故而，我不妄语，您信不信？”

"我信。"

"谢谢您的信任！"老仆女继续说道："郝东儿时就不是一个好家伙，不只打架斗殴，还偷鸡摸狗。15岁那年，居然奸淫一个26岁的孕妇，被人告到官府，受到官府通缉，逃到王屋山做草寇去了。因他聪明伶俐，被山大王刘豹收为义子。10年后，居然当上了王屋山的三大王。当地官府几次剿山，反被刘豹所败，朝廷遣大内总管李宪为帅，率兵一万，围剿刘豹，郝东知大势已去，暗通李宪，里应外合，灭了刘豹。因李宪之荐，郝东摇身一变，成了大宋正九品保义郎①。"

胡蛾儿眉头微皱道："郝东曾对我说，他是正七品的武义大夫，看来，他是在吹牛。"

老仆女道："他没有吹牛。"

胡蛾儿道："您刚才不是说他是正九品吗？"

老仆女道："刚招安时他是正九品，招安后他拼命地讨好、巴结李宪，连升四级，做了武义大夫。"

胡蛾儿道："我很想知道，他是怎么讨好、巴结李宪的？"

"他巴结的手段，说出来让人肉麻！"老仆女一脸讥笑道："某一次，他去看望李宪，李宪正在洗脚。他道：'恩公，我给您洗吧。'

李宪微微一笑，既没同意，也没反对。他便将袖子一捋，为李宪洗脚。洗了一会儿后，捧起双脚，媚笑道：'您的脚真香呀！'李宪笑道：'郝大人，你拍马屁的功夫，可真到家了呀！'口里这么说，心里很高兴，把他从正九品连擢四级。"

胡蛾儿正要说什么，老父拄着拐杖走了出来，忙起身说道："爹，郎中不是要您好好地卧床休养，您怎么出来了？"

老父道："我心里闷，想出来走走。"

胡娥儿没有再说什么，心中却像打翻了的五味瓶，她做梦也没想到，被她视为大善人、大恩人的人，却是如此一个人。有心和他决裂，车走车路，马走马路，可老父的病怎么办？还不能和他决裂呢！

---

① 保义郎：低级武官，时武职阶分为五十二级，保义郎序列第五十。

若不和他决裂,每天面对的是一匹豺狼,这日子怎么过?

况且,此次和老父一道进京,乃是为着进宫,面见天子,生一个小天子。就这么走了,前途也就完了。

说到进宫,她突然想到:郝东再坏,但他认识大内总管李宪,而且,李宪对他那么好,若是让他出面去求李宪,当一个宫女应该不成问题。只有当了宫女,才有和天子接近的机会。只有和天子有了接近的机会,才有可能像王娡那样来一个肌肤之亲。只有有了肌肤之亲,才有可能生出天子!

不能和他决裂!

为了生出天子,不只不能和他决裂,还得讨好他,说服他,让他将自己荐给李宪,尔后……

她正想着心事,一个绰号叫赛无盐①的女人打上门来。

这个赛无盐简直是一个活脱脱的真无盐,头是凹的,两眼就像窟窿一样陷得很深,四肢粗大,两个鼻孔向上,喉结比一般男子还要大,粗膝驼背,皮肤漆黑,说话像打雷。

这个女人很有来头,他不仅仅是郝东的正妻,更是李宪的外甥女。

因为长得太丑,33岁还没有嫁出去,郝东攀上李宪,走的就是她的门路。

郝东为了报恩,更是为了有大树可靠,把这个丑女收为正妻。

赛无盐登堂入室后,把郝东的两个小妾全都赶走。原本说可以高枕无忧了,谁知郝东又来了个金屋藏娇。据说,这个"娇"的颜值比之两个被赶走的小妾还高。她坐不住了,带上两个丫鬟,杀向圣贤巷。也是胡蛾儿不该受辱,就在赛无盐进院的前一刻,她得了消息,背着老父从后门溜了。

找不到胡蛾儿,赛无盐怒火万丈,砸她的桌椅、茶具和锅碗瓢盆,还往她的面缸里撒尿,一直闹到鸡子上宿(进笼)。丫鬟劝道:"奶奶,天已经黑了,咱该回家吃饭了。"

赛无盐气呼呼道:"回什么回,就在这里吃!"

"这里没锅,这里……"丫鬟本想说,锅让咱砸了,面里还有尿,怎么吃?话到嘴边,又吞了回去。

赛无盐道:"叫外卖。"

丫鬟道了一声"是",又道:"奶奶,想吃啥?"

"琼浆玉液五斤,熟牛肉二斤,烧鹅一个,大葱脖半斤。"

---

① 赛无盐:赛:胜似;无盐,即无盐君,是战国时期齐国丑女钟离春的封号。

丫鬟道了声"遵命"，转身趋出。

酒足饭饱之后，赛无盐又召了几个牌友呼幺喝六玩了一个通宵。这可苦了胡蛾儿父女，原本想赛无盐找不到她就会滚蛋。谁知……

胡蛾儿父女坐在圣贤巷西边的一个巷子里，一直坐到三更，老仆女劝道："奶奶，这里不是久坐之地，去奴婢家歇息一会吧。"

胡蛾儿长叹一声，点了点头，主仆三人又走了半个更次，方来到老仆女家。

这个家，一间厨房，三间上房，全是草房。上房中间那间是客厅。公婆住东间，老仆女、男人和4个子女住西间。老仆女把四个孩子赶到爷奶的房间，自己和男人，搬到了厨房，腾出的这一间供胡蛾儿父女住。

胡蛾儿在老仆女家等了一天，没见郝东露面。

又等了3天，还没见郝东露面。胡蛾儿失望了，决定带着老父返回四川。

老仆女不同意，愤然说道："这个郝东，我曾经说过，他不是一个东西，但没想到，他如此不是东西！我明天一大早便去找他，给您讨个公道！"

第二天一大早，老仆女果真去找了郝东，郝东也很委屈，他说，他一得到赛无盐去找胡蛾儿的消息，当即遣一货郎给胡蛾儿送信，让胡蛾儿躲到悦来客栈，他随后便到。可他到了悦来客栈，并不见胡蛾儿父女，坐等了一夜，才怏怏回到家中，胡乱扒了几口饭，正要遣人去寻胡蛾儿，赛无盐回来了，又打又闹，还罚他跪了一天搓板，把膝盖都跪烂了。第三天，他分兵三路去寻胡蛾儿，又没寻到。

老仆女见他不像说谎，便把他带到自己家中。他见了胡蛾儿，"扑通"一声跪了下去。胡蛾儿虽然对他恨得咬牙切齿，他这么一跪，又是一脸憔悴，哪里还恨得起来！一边哭一边说道："起来吧，这事又不怨你，要怨只怨小女子命薄。"

郝东道："不是你命薄，是我对不住你。你也知道，我之所以有今天，全赖李宪公公所赐，若不是看着李公公之面，我只用一根指头，就能把那个丑女人戳死！唉，不说这些了，我明天就去求李公公，让他想办法把你弄到皇宫，做一宫女。"

此话说到了胡蛾儿的心坎里，她抽泣着说道："李公公作为大内总管，想让小女子做一宫女，应该不成问题。但是，这个忙他不一定肯帮。"

"为什么？"

胡蛾儿回道："她外甥女如此仇恨小女子，他会帮小女子吗？"

郝东信心十足道："他会帮的。"

这一次，反倒是胡蛾儿问为什么了。

郝东道："他外甥女的模样，以及为人，他肚如明镜。只要我不休他的外甥女，他已经很感激我了。况且，我接受招安时，送给他的金银财宝，折成银子的话，至少十万两。而且，我自接受招安那一年起，每一年送他的银子不少于200两，他不看我的面，也该看这些银子的面，你放心，他一定会帮你！"

说过这话之后，他给胡蛾儿留了5贯钱，掉头而去。

第二天下午，郝东又来了。

今天和昨天相比，不但没了憔悴，且一脸的灿烂。胡蛾儿笑脸相迎道："老爷，小女子的事办成了。"

郝东道："办成了，李公公让你明天进宫。"

在郝东未曾说这话之前，胡蛾儿已经意识到她当宫女的事办成了，但还是有些激动，满脸喜悦道："谢谢老爷，老爷大恩大德，小女子没齿难忘。"

郝东哈哈一笑道："你也太客气了，咱谁给谁呀，伸手摸住肋巴骨——不是外人！哎，你明天就要进宫了，得好好收拾一下。"

胡蛾儿笑盈盈道："小女子知道。"

郝东道："我又为你找了一个住处，那院子虽然没有圣贤胡同七号院大，也小不了多少。走。"

胡蛾儿道了一声"好"，复又问道："宽子婶呢？"

胡蛾儿所说的宽子婶，就是服侍了她一个多月的老仆女。老仆女的男人叫张宽，左邻右舍不是叫她宽子嫂，便是叫她宽子婶，抑或是宽子家。胡蛾儿一是感激她患难与共，二是觉着按她的年龄，应该叫她长辈，故而，不再呼她的名字，改叫宽子婶了。

郝东虽然做了十几年强盗，但心还不算太坏，听胡蛾儿这么一问，忙高声答道："让宽子婶一块去。"

胡蛾儿未及道声"好"，郝东又道："你走了，还有老父。老父一是年纪大了，二是病还没全好，让宽子婶照看老父，你肯定放心。至于佣金，我会依照过去，一文不少的付给她。"

胡蛾儿笑吟吟道："诚如此，小女子代老父和宽子婶好好地谢谢您了。"

郝东道："你又客气了。客走主人安，走，走吧。"

胡蛾儿道了一声"好"。

第二天上午，经过一番梳妆打扮的胡蛾儿，见到了传说中的李公公。李公公只是向她瞟了两眼，便把她交给了尚宫。尚宫又把她交给尚仪。

那尚仪约有40岁左右,板着脸,讲过宫中礼仪之后,把她交给了尚衣。

尚衣和尚仪的年龄差不多,但比尚仪和气,送走尚仪,尚衣嘻嘻一笑道:"昨晚,李公公已经给我说了,你人好,貌美,久后一定会出人头地。尽我所能,多创造一些让你和皇上接触的机会。"

胡蛾儿忙道了一声"谢谢"。

转眼进宫已经7年了,尚衣也确实给她创造了不少接触神宗的机会。前几年,神宗忙于富国强兵;后几年,龙体欠安,对女人不感兴趣。驾崩后,继位者是一个不到10岁的娃娃。她不只失望,简直是心灰意冷。

3年后,转机突然出现。

哲宗下朝后,胡蛾儿帮他更衣,哲宗突然问她:"你见过《春宫图》吗?"

她原本想回答见过,话到唇边,改口道:"没见过。"

哲宗居然像成年人一样轻叹一声。

胡蛾儿笑语盈盈地问道:"陛下怎么突然问起《春宫图》?"

十八　章　惇

哲宗道："别走。这个《春宫图》朕看不懂,朕想和卿一块琢磨琢磨。来来来,坐朕身边。"

中国自科举取仕以来,凡三百四十年,章惇是一个最牛的考生。

在男人和情人之间,大梁氏选择了后者——告密。那一年,她的情人才15岁。

哲宗又是一声轻叹："在今天的朝会上,有人弹劾郝东,说他身为朝廷命官,伤风败俗,居然身上绘满了《春宫图》。太皇太后勃然大怒,命御史台彻查。朕想知道这是一张什么图。"

胡蛾儿欲言又止。

哲宗道："看来,卿是知道这是一张什么图了。"

胡蛾儿将头点了一点。

哲宗道："既然知道,卿就说一说吧。"

胡蛾儿道："这张图很不好,奴婢羞于开口。"

哲宗道："这里就你我两个人,有什么不好开口的,说吧。"

胡蛾儿将御书房扫了一圈,这才轻声说道："这是一本写男女那事的书,里边的人物大都是裸体,还有各种做爱的姿势。"

哲宗来了兴趣,二目放光道："卿看过这本书吗?"

胡蛾儿装作羞答答的样子说道："奴婢翻了几页。"

"卿能帮朕找一本吗?"

胡蛾儿道："这样的书称之为淫书,宫中是严禁的,奴婢不敢违禁。"

哲宗道："朕让你找的,你怕什么!朕给卿休假十天,卿务必找一本回来。"

胡蛾儿装作犹豫不决的样子,连道了三声："这……这……这……"

哲宗道："卿就别犹豫了,还是刚才那句话,朕让你找的,你还怕什么!"

胡蛾儿好像下了很大决心的样子说道:"为了官家,奴婢拼上了。"

哲宗喜道:"这才像朕的心腹。"

10天后,胡蛾儿怀揣一本《春宫图》回到宫中,偷偷地呈给哲宗。哲宗支走了太监,把《春宫图》仔细地看了一遍,看得他心如撞鹿。

第二天辰时一刻,胡蛾儿求见,哲宗忙道了一声"请"。

宫女求见皇上,史无前例,而皇上又道了一声"请",更是闻所未闻。

胡蛾儿趋进御书房,还没开口,哲宗笑呵呵地问道:"卿莫不是要讨《春宫图》?"

胡蛾儿敛衽一拜道:"似《春宫图》这类的书,宫中是严禁的,奴婢不想为了这事给官家招惹麻烦,请官家早些儿把《春宫图》还给奴婢。"

哲宗不怀好意地一笑道:"朕想把这本书留下,你难道还敢强迫朕吗?"

胡蛾儿道:"奴婢不敢,奴婢告退了。"口里说告退,不但无一点要走的意思,还将褙子①上纽扣悄悄地解开两颗,半露出一双饱满的乳房。

她这一露,把哲宗的两眼吸了过去。她故意说道:"官家,已经鼓打二更,奴婢不敢再逗留了,祝您做个好梦。"

哲宗道:"别、别走。这个《春宫图》,朕看不懂,朕想和卿一块儿琢磨琢磨。来来来,坐朕身边。"

胡蛾儿半推半就,坐到了哲宗身边。哲宗指了指《春宫图》上那个裸露双乳的女子说道:"朕觉着卿之双乳,并不比她小。"

胡蛾儿故作羞态道:"小与不小,全凭官家圣决。"

哲宗坏笑道:"《春宫图》上这女,乳房全裸,你呢?半掩半露,朕无法圣决。"

胡蛾儿道:"官家之意,要奴婢怎样?"

哲宗道:"若依朕之意,卿可把褙子、束胸除去,来一个全裸。"

胡蛾儿摇头说道:"这不成。"

哲宗问:"为什么?"

"您是一男,奴婢是一女,哪有女子把自己私密的东西暴露给男的。"

哲宗道:"普天之下,莫非王土;率土之滨,莫非王臣。连你都是朕的,在朕面前,露

---

① 褙子:又名背子、绰子,是汉服的一种。其样式以直领对襟为主,腋下开胯,腰间用勒帛系束,下长过膝,逐渐成为女子的一种礼服。

一下你的乳房有甚不可。"

"这……"胡蛾儿轻叹一声,慢慢地将褙子和束胸除去,一个雪白的胴体,特别是那一双硕大又耀眼的奶子跃入哲宗眼里,把他的两眼都看直了。

胡蛾儿故作娇羞道:"官家,奴婢不能就这么裸着,让外人看见不好,奴婢还是把褙子穿上吧。"

哲宗道:"别,别,你让朕再看两眼。"一边说,一边去抚摸胡蛾儿的丰乳。

胡蛾儿道:"您,您千万别摸。"

哲宗道:"为什么?"

"您越摸,奴婢的下边越急。"

哲宗道:"下边,莫不是腹部吧。"

胡蛾儿道:"不是腹部,是下边。"

哲宗又往下摸。这一摸,哲宗尝到了男女之欢的滋味。

有了第一次,便会有第二次、第三次……

尝着尝着,尝出来一个女婴。

因这个女婴的出现,胡蛾儿死了,女婴死了,尚宫、尚仪、尚衣全都死了。

她们的死,全死在那个老乞婆手里,哲宗恨死了那个老乞婆,有心掘她的棺曝她的尸。但是,她再坏,毕竟是自己的亲奶奶呀!

他虽然饶恕了这个老乞婆,但是,他内降一旨,追赠胡蛾儿为贤妃。

人死不能复生,未死的美人呢?

未死的美人太多了,但令哲宗念念不忘的是两个人,狄荻和刘清菁。哲宗密嘱郝随,让他务必将这两个女人弄进宫来。

郝随通过有司,找到了狄荻父亲,方才知道,狄荻没能当上皇后,又羞又气,久之成疾,半年前去世了。

刘清菁呢?

早已嫁人,男人名叫刘五更,是庚午(1090年)科进士,授官鄢陵县主簿。

郝随找到刘彪说明来意。刘彪又惊又喜,盛宴相款。宴后,又带着郝随去见刘清菁。刘清菁也是又惊又喜,当即收拾打扮了一番,随郝随进宫。

哲宗见了刘清菁,两只眼睛都直了,留宿宫中,封为美人①。

---

① 美人:嫔妃称号,起于秦朝,止于明朝。宋时,位于才人之上,婕妤之下。

刘五更听说自己的女人做了皇帝嫔妃,大病了一场后,步杨五郎后尘,辞官去五台山太平兴国寺当了和尚。

在房事方面,刘清菁不如胡蛾儿,但她比胡蛾儿年轻、漂亮、聪明,经过哲宗的悉心调教,不到两个月,行房的水平达到了出神入化,两人天天黏在一起,国事几乎全由章惇打理。

章惇与旧党的司马光等人相比,确实不是一个东西,但在对外方面,他比旧党强。司马光一当上宰相,便把神宗朝百战所得的浮图、葭芦、安疆等四砦双手送还西夏。

章惇对外,历来强硬。早在熙宁年间,他奉旨经略南北江,招降大酋长数十个,开拓疆土四十余州。他对旧党媚外之举嗤之以鼻,且放出豪言:"我章子厚若是得以执掌国柄,莫说小小的西夏,就是屡屡欺我大宋的北朝(辽国),也管叫它向我大宋俯首称臣!"

也不知道是他的豪言激怒了西夏,抑或是西夏人觉着宣仁太后死了,而哲宗又是一个不到20岁的娃娃,还是一个沉湎于女色不能自拔的娃娃,便想把以前的小打小闹,上升成一场战争。但要上升为战争,得找一个理由,抑或是借口:宋朝廷,你给我听着,你们的塞门二寨,挡住了我们南下的道路,我们愿意拿两个村庄换你们的塞门二寨。

面对赤裸裸的讹诈,章惇的第一反应——把它顶回去。

这一顶,西夏有了大举攻宋的借口,夏太后梁乙容携皇帝儿子李乾顺,率兵50万,直入鄜延路,西自顺宁招安寨,东自黑水安定,中自塞门、龙安、金明以南,200里间烽烟不绝。梁乙容亲督桴鼓①,纵骑四掠,前队攻金明,后队驻龙安,宋将张兴调集边兵,掩击西夏人,反为所败,金明寨被陷,宋兵2500人,仅5人得脱,城中粮(5万石)草(10万束)亦被西夏军席卷而去。警达汴京,章惇大吃一惊,跺脚叹道:"吾犯了兵家大忌,既不知己,又不知彼。唉,是吾低估了梁乙容,吾之过也!"说毕,召边将章楶、种朴还朝,询之敌情,及击敌之策。

西北边境驻军数十万,战将数十名,章惇为什么只召章楶和种朴?此二将不只名气大,而且久驻西北。更重要的是,他们都是主战派。

先说种朴,他是大宋种家军的第三代传人。

种家军起自种世衡,种世衡是宋初大儒种放的侄子。他驻边期间,常出奇计,屡败西夏兵。

《宋史·种世衡传》和沈括《梦溪笔谈》中,都详细记载了种世衡巧施离间计,令西

---

① 桴鼓:战鼓。

夏国主李元昊与名将野利遇乞、野利旺荣兄弟反目成仇,其精彩程度丝毫不亚于《三国演义》中的蒋干盗书。

种世衡有八个儿子:种诂、种诊、种谘、种咏、种谔、种说、种记、种谊,这是第二代种家将。种诂、种诊、种谔各统领种世衡之一部,世称"三种"。

这一代种家将中,以种谔、种谊最为知名。

小说《水浒传》中提到的"老种经略相公"指的就是种谔。曾以计迫降西夏名将嵬名山,得民一万五千户、降兵万人。又以鄜延经略安抚副使,节制诸将于米脂城外无定川大败西夏军八万,斩首八千级,生擒西夏大将七人,俘获士兵、物资无数,打出了"种家军"的威名。

第三代种家将中,以种谔之子种朴,种记之子种师道、种师中、种师闵最为知名。而种朴年纪最大,官也最大——知延州(今之陕西省延安)。

他受诏之后,立即奔赴汴京。

种朴出身不凡,章楶的出身比他更高贵。

种朴三代为将,章楶世代为官。

章楶字质夫,浦城(今之福建省南平市浦城县)人,远祖姜子牙(姜太公),乃周朝的开国元勋。

四世祖章修,仕唐为福州军事判官。

五世祖章及,仕唐为康州刺史。

六世祖章仔均,仕唐为上柱国①,北宋封琅琊王。

高祖父章仁彻,官拜尚书右仆射、观文殿学士。

曾祖父章文谷,南唐状元,曾任工部侍郎,北宋年间,赠太子太保。

祖父章频,官拜侍御史,死后赠司徒。

大伯父章询,官拜尚书虞部员外郎②。

二伯父章俞,官居银青光禄大夫。

叔父章得象,官至宰相。

父亲章访,官拜资政殿学士、通议大夫③,死后赠太尉。

---

① 上柱国:原为军事武装的高级统帅,后为功勋的荣誉称号。《通典·职官·勋官》:"隋置上柱国,以酬勋者,并为散官,无实职。"唐宋沿之,地位渐降。

② 尚书虞部员外郎:虞部司是尚书省工部四司之一,元丰改制后掌山林湖泊、物产开采、猎取废置等政令和事务,虞部员外郎是虞部司的副长官。

③ 通议大夫:文散官名。初置于隋,"盖取秦大夫掌论议之义"。唐正四品,宋与唐同。

长弟章菜,官拜承直郎。

三弟章楷,官拜承事郎①。

堂弟章惇,当朝宰相。

堂侄章衡,仁宗朝状元,官拜左光大夫。

章楶不仅出身高贵,家庭背景大,自己也很争气,38岁时,初次参加科举考试。一考便考了个乡试(州级考试)第一,也就是解元。翌年春,兴致勃勃地跑到汴京,正备战省试(礼部试),突然得到一个不好的消息,其父章访蒙冤被抓,章楶当即放下书本,奔赴大名府(治所旧址在今河北省大名县),帮父亲洗刷冤屈,闻者无不为他感到惋惜。谁知,这家伙在开考的前一天赶回了汴京。而且,还带回了洗清罪名的老爹。而且,居然又考了个第一,称之为会元。一般情况下,会元就是殿试中的状元。宋制,在职官员参加科举考试,不能进入一甲(状元、榜眼、探花),故而,取了一个二甲第一。牛,真牛!中国自兴科举以来,凡340年,他是一个最牛的考生。

因为他牛,再出仕便做了陈留知县。而他的侄儿章衡,乃是一个状元,而且还比他早考中8年,初仕的时候,只弄了个润州(今之江苏省镇江市)长史②。因为他牛,数年后,从七品芝麻官飙升到吏部员外郎③。吏部员外郎是管官的官,得之者无不为荣,而他干了几年之后,居然不想干了,上书朝廷,要求去西北边疆任职。朝廷欣然同意,让他出任环庆路经略安抚使④(治所在庆州,今之庆阳县),兼知延州,成为一方的封疆大吏。

其时,旧党掌权,旧党对夷人特别好,哪怕西夏人拿刀子砍过来,也不允许宋军反抗。旧党这样做,自有他们这样做的道理。他们以为辽人也好,西夏人也好,都是夷人,对夷人不能像对汉人一样,需要感化。而且,已经有了成功的例子——辽国。

辽与宋是世仇,自大宋立国开始,就战争不断,打了25年后,一个《澶渊之盟》,便把辽国感化了,七十多年,没有再发生过战争。

当然,这个感化,不能单靠说教,得有钱帛做支撑,每年给辽的钱帛折成银子,也不过30万两。和平年代,一个榷场⑤年收入白银当在30万两以上,仅河北一地的榷场就有4个,30万两白银也不过一个榷场的收入。拿出一个榷场的收入,换来了七十多年

---

① 承事郎:文散官名。宋元丰三年(1080年)改京朝官阶官大理评事为承事郎,秩正九品。
② 长史:初置于秦,原为官府、军府属吏之长。魏晋时,州郡牧守多开军府,遂ege长史为上佐,诸王府、公府、军府多置之,长史渐转为府佐之任。中唐以后,因幕职大兴,而长史之任渐轻,至为闲散之职。宋承唐制。
③ 吏部员外郎:吏部曹(司)的次官。
④ 经略安抚使:宋代官名,主一路的军政大员。
⑤ 榷场:与敌国互市之所,即敌我双方商人在政府严格监管下,做生意的场所。

的和平,旧党以为值。不是值,是赚了,赚大了。

"人与人不同,木与木不同。"这话看俗不俗。辽人虽然也是夷人,但辽国不只拥有羊肥马壮的蒙古草原,还拥有肥沃的辽河流域,生活过得虽然不如中原,但有肉吃,有酒喝。而且,他们向往中原文明,讲信誉。说不打,就真的不打了。

西夏人的生活空间贫瘠而狭小(从青藏高原到黄土高原),他们的许多生活用品依靠掠夺所得。要掠夺就得打仗,所以用对待辽人的办法对待他们,是行不通的,可旧党硬要用对待辽人的办法对待夏人,每年送给夏人的钱物折合成白银也是30万两。你给我就要,但仗不能不打。

章楶觉着旧党那一套不行,一到任,便悄悄地修建堡砦、训练军队。每当夏军来犯,也不上奏朝廷,你来我就打。而且,一打就赢。旧党一门心思对付新党,对于章楶之为,睁一只眼闭一只眼。新党呢?虽然自顾不暇,但还是给章楶投以赞赏的目光。

如今,新党复辟了,复辟了的新党魁又是章楶的堂弟。

章惇刚一拜相,章楶便预感到宋要向西夏动刀了,而且动的是大刀。

为了迎接这一天的到来,他熬了一个通宵,写了一个《平夏策》,呈送枢密院,院吏匿不上闻,但章楶不知道,还以为问题出在章惇那里,正想找一个机会进京见章惇,恰值章惇相召,便把《平夏策》又丰富了一些内容,日夜兼程赶到汴京,而种朴已先他一天到达。二人一见章惇,章惇便笑问道:"你二位知道我为什么召你们回来吗?"

二人齐声回道:"知道。"

章惇依然笑着问道:"那就请二位说一说我为什么要召你们回来?"

"朝廷要向西夏出手了。"

章惇颔首说道:"你俩猜得很对!西夏原本是从大宋胳肢窝里爬出来的一个弹丸之国,居然屡屡入侵大宋,啥叫欺人太甚,这就叫欺人太甚!我已经奏请皇上,得给西夏一点厉害看看,皇上欣然同意。我召你俩来京,就是想问一问,咱们一旦和西夏开战,胜算的把握有多大?"

种朴抢先回道:"百分之百。"

章惇移目章楶:"质夫兄,你以为呢?"

章楶回道:"我以为,若是和西夏开战,有多大胜算,得看朝廷的决心。"

章惇道:"朝廷的决心很大,为这事,我和皇上商议了六次,皇上说,一旦和西夏开战,坚决把它打趴下,为先帝雪耻,为大宋雪耻。"

章楶道:"单有决心不够,还得看行动。"

章惇道:"你想要皇上有什么样的行动?"

"第一,战争瞬息万变,是进是退,应该有指挥战争的将帅决定,朝廷不能遥控指挥,更不能未从出征,便把行军和打战的阵图给了将帅。"

章惇道:"你说的是,但此事事关祖制,改也难,但我会说服皇上,尽量给出征的将帅放权。"

章楶点了点头继续说道:"第二,宋太祖害怕武将造反,把统兵权和练兵权相分离,练兵的只负责练兵,一旦有战事,临时委派一人为将,统率他不曾谋面的士兵,导致兵不识将,将不识兵。如此之军队,很难共进退。将士不能共进退,战斗力就打了很大的折扣!"

章惇将头使劲摇了一摇,说道:"这事,又是事关祖制,不可能更改。所以呀,击夏之时,不能把希望寄托在禁军身上,特别是汴京的禁军身上,但是,我争取说服皇上,把驻防在西北边境的禁军交给击夏的统帅,至于这个统帅怎样训练和指挥这些禁军,朝廷睁一只眼闭一只眼。"

"第三,兵马未动,粮草先行。打仗不只要有粮草,还得有钱,很多的钱。"

章惇道:"这个你不用担心,皇上两次对我说道,一旦与西夏开战,一定要倾全国之力,要人给人,要钱给钱。"

章楶喜道:"诚如此,胜算的把握已经有了四分。"

章惇反问道:"才四分呀?"

章楶将头轻轻的点了一点。

章惇道:"那六分靠什么?"

章楶道:"一分半靠地方,一分半靠击夏的统帅。"

章惇道:"说下去。"

"数十年来,与西夏军浴血奋战,并把西夏军挡在国门之外的,不是禁军,而是地方军。这些地方军,您也知道,有蕃兵①、土军②、弓箭社③、山地军等。在山地军中,最为知名的就是种朴的种家军、折家军和姚家军。他们敢于深入瀚海戈壁千余里做野战,从而保卫大宋和开拓疆土。他们之中,一家数代为朝廷效力,男子活不过30,一堆寡妇同

---

① 蕃兵:北宋西北部边防军。由陕西、河东与西夏接壤地的羌人熟户(汉化了的羌人)部族等组成。诸部族首领被封为军职,率部族军戍守边疆。
② 土军:属地方治安部队。
③ 弓箭社:属地方治安部队。

十八 章 楶

处而居的景象比比皆是。朝廷要好好的爱护这些军队,重赏这些军队。"

章惇道:"这一点可以做到,请继续讲。"

"军中有一俗谚,兵熊熊一个,将熊熊一窝。每一路的经略安抚使,必须让强者担任……"

章惇道:"这个好办,讲下去。"

章楶道:"自朝廷在西北边境置四路(鄜延路、环庆路、泾原路、秦凤路,后发展为六路)以来,各路互不统属,很难形成一个拳头。

希望朝廷,在诸路经略安抚使中择一人,抑或是另派一个强者,来统领西北六路的军队。"

章惇笑微微地说道:"这事我已经奏请皇上,经皇上钦定,由你来做西北六路的统帅。"

章楶又惊又喜,故作谦虚道:"如此之要职,我怕是不能胜任。"

章惇道:"你出身名门,不是状元的状元,不管是论资历还是论才能,在西北军中都是首屈一指,你就不要推辞了。"

章楶笑回道:"恭敬不如从命,愚兄听朝廷的。"

章惇道:"关于任命你的'敕书'①,很快就要颁发了,我还有一问。"

章楶道:"敬请赐教。"

"你刚才说一旦对夏开战,朝廷的决心占四分,地方军一分半,选一个好的统帅一分半,这三项相加是七分,还有三分呢,何讲?"

章楶道:"知己知彼,百战不殆。这话是孙子(武)说的。咱刚才谈的是'己',仅知己不行,还得知彼,彼就是西夏。咱们和西夏一旦交战,咱这方的胜算只有七分,那三分得看西夏,看西夏出多少兵,看西夏的统帅是谁。"

章惇道:"西夏出多少兵咱无法儿预计。但是,谁做统帅,咱可以设想,大不了小梁太后挟夏主御驾亲征。"

章楶道:"以小梁太后好战的性格,她会挟夏主御驾亲征的!"

章惇道:"有小梁太后,就一定有大梁太后,我这个猜测对不对?"

章楶道:"很对。"

"你对这两个太后知之否?"

---

① 敕书:圣旨的一种,一般用于皇帝封官授爵。

章楶道："知之。"

"那就请你说一说这两个太后。"

章楶道了一声"好"，娓娓道来。

从李继迁盘踞夏州，到他的孙子李元昊建国称帝，用了56年时间。没有李元昊就没有西夏国。纵观西夏国，他的文治武功，前无古人，后无来者。只因他好色，而且好色到太子妃的头上，被太子宁令哥所杀。

宁令哥杀了他的父皇，不但没有当上皇帝，反死在国相没藏讹庞手中。

没藏讹庞既是国相，又是国舅。他的妹妹没藏氏，原是夏之权臣野利遇乞的妻子，李元昊为种世衡施的反间计所误，杀了野利遇乞，将没藏氏收为妃子。一年后，没藏氏为他生了一个儿子，取名李谅祚。李元昊一死，李谅祚在没藏氏的怀抱里登上了帝位。

这个李谅祚，不仅继承了李元昊的皇位，也继承了他的好色。13岁那年，在舅舅没藏讹庞家遇到了没藏讹庞的汉人儿媳大梁氏，那一年，大梁氏已经20岁。二人一见钟情，坠入了姐弟恋爱河。

堂堂国相的儿子被人戴了绿帽子，是可忍孰不可忍。父子俩一商量，决定杀了李谅祚，另立他人为帝。这本是一个天大的机密，却被大梁氏无意中知晓了，在男人和情人之间，她选择了后者——告密。向情人告密。

那一年，李谅祚还不到15岁，居然能沉得住气，而且，还秘密部署，一举抓捕了没藏讹庞父子，抄其家，灭其门。大梁氏因告密有功，封为皇后，二人出入成对，情笃如蜜。好景不长，6年后，李谅祚驾鹤西去，大梁氏立自己所生的儿子李秉常为皇帝，自己则以皇太后的身份垂帘听政。

大梁氏，这个地道的汉人，执掌西夏国柄后，对待大宋的态度，比之党项人还坏，几乎是年年发兵击宋。甚而，把大力推行儒家文化、主张和宋的亲生儿子李秉常也被囚禁起来。

宋神宗趁她母子相斗之机，拜宦官李宪为伐夏的统帅，统率35万大军，20万民伕，分5路伐夏。

战争开始后，宋军连连获胜，捷报频传。大梁太后出奇的冷静，她亲自率领精锐部队阻击宋军，同时坚壁清野，派出机动部队袭击宋军的后方粮道。永乐城之战，大败宋军，宋死难将士十余万，这是自宋建国以来从未有过的失败，致使宋军谈（大）梁色变。

大梁氏虽然拯救了西夏，但连年征战引起了西夏国内的不满，不得不让她的儿子复位。但是，又把她的侄女——小梁立为皇后，监视李秉常。李秉常在二梁的夹缝中生存，郁郁寡欢，时不时吐出几句怨言。大梁太后晚年，经常患病，怕她死后李秉常来一个秋后算账，降懿旨一道，来一个全国选秀，得美女 20 人，进宫服侍秉常，秉常本就好色，喜而纳之。大梁太后又密嘱心腹女官，在李秉常的饮食中暗下春药，致使李秉常经常处在亢奋之中，日御 10 人，年仅 26 岁便撒手人寰，大梁太后便立小梁太后的儿子李乾顺为皇帝。

李乾顺为帝时刚刚 3 岁，国家大权落入大小梁太后手中。半年后，大梁太后薨，小梁太后独掌国柄。小梁太后和她姑姑大梁太后一样，也是一个好战的女人。而且，她俩的眼睛都盯住了宋朝。而且，还经常打胜仗……

章楶将手摆了一摆说道："质夫兄，你别再说了。现在，我最想知道的是，咱们一旦和西夏开战，西夏能得几分，也就是说西夏胜算的把握有多大？"

章楶道："顶多三分。"

章惇"吞儿"一声笑了："你这等于没说。咱仨今天就说到这里，你俩赶紧拟一个击夏的方案送给我，我一并儿上奏皇上。"

章楶道："没来之前，我已经写了一个《平夏策》，您看中不中？"说毕，双手将《平夏策》递给章惇。

章惇接过《平夏策》，还没看完，便赞道："写得很好，我明日便将这个《平夏策》呈给皇上，你俩不要远离，等候皇上召见吧。"

十九　男人好什么

小梁太后一声令下,西夏军跑得比兔子还快,折可适率部急追,小梁太后易服而逃。

嵬名阿埋纵马来到阵前,高声叫道:"这一南将,若是有种,和爷战上一百回合,走者不为好汉!"

章楶将头轻轻摇了一摇道:"军营里,乃至筑城的民伕,全是清一色的男人,去哪里找一个既会耍嘴皮子又有姿色的女人?"

第三天上午,哲宗不但召见了章楶和种朴,还赐宴于集英殿,面谕道:"依小梁太后的性格,宋夏必有一战,而且,这一战很快就会发生。二位将军回去之后,就按《平夏策》的设想进行。"

章楶、种朴避席拜道:"遵旨!"

哲宗摆了摆手示意他俩坐下后,方说道:"自永乐城之战后,国人谈夏色变,若再与夏战,只能胜不能败,你二位能做到吗?"

二人又避席回道:"能!"

哲宗点了点头,继续说道:"朕这就拜质夫为陕西六路总管①,前职如故。"

章楶避席谢恩。

哲宗复又说道:"种大将,朕拜汝为陕西六路副总管,前职如故。"

种朴亦避席谢恩。

"二位贤臣,还有什么要说的吗?"

种朴看了看章楶说道:"陛下,臣斗胆一请。"

---

① 总管:北宋官,为将帅之官,乃临时委任,无定制,品秩有高有低,辖区有大有小,统兵有多有少。

哲宗道:"请讲。"

种朴道:"臣属下有一副将,叫王舜臣,力大,尤善射,曾射杀二虎,军中称之赛李广。夏多为骑兵,唯箭可克。臣恳请陛下,将他的官职往上擢一擢。"

哲宗颔首道:"好。"

种朴欲避席谢恩,哲宗道:"别急。"种朴乃止。

哲宗移目章惇:"章相,你说该迁王舜臣一个什么官?"

章惇移目种朴问:"王舜臣的阶官①是什么?"

种朴回道:"团练副使。"

章惇移目哲宗说道:"团练副使,职不过从八品的副将,迁王舜臣一个从七品的副将如何?"

哲宗道了一声"好"。

待种朴谢过龙恩,章楶拱手说道:"陛下,臣也有一求。"

哲宗微笑着说道:"请讲。"

"臣曾和章相说过,在对夏之战中,山地军或父子同伍,或兄弟同伍,甚至爷孙同伍,协力杀敌,保卫国家,其功甚伟,朝廷能否给予奖赏?"

哲宗道:"这事,章相已经给朕奏过了,朕让章相问一问计相,看今年的府库还有多少钱,如果充盈的话,可赐给种家军、折家军、姚家军各 20 万贯;如果少的话,各赐 10 万贯。"

章楶、种朴谢过龙恩,屁颠屁颠地走了。

二人一回到西北,章楶便檄令熙河、秦凤、环庆、鄜延等六路人马,缮理它寨数十所,佯示怯弱,自率兵备齐板筑,径出葫芦河川,造起两座城墙,一座在石门峡江口,一座在好水河北面。端的是据山为城,因河为池。

如果仅仅造了两座城墙,西夏人不会为意,关键是六路暗自出击,斩夏人首级 3000 余颗。西夏人坐不住了,小梁太后御驾亲征,率 10 万大军杀出了国境。

西夏人很聪明,声东击西,先奔向了奇鲁浪。这个奇鲁浪乃宋之泾原路的前哨。依夏人推测,宋必出兵来救,倘若如此,他便杀向环庆路。

谁知,章楶给出的命令,贼进一舍,我退一舍。

---

① 阶官:表示官员品级的称号,以别于职事官而言。宋初,官名与职务分离,官称仅用于确定其品位、俸禄,非有皇帝特殊诏令,不管本部门事务,称寄禄官。朝廷各部门及地方官署,皆由朝廷另行委派官员主管,称为差遣,差遣方为实际职务。元丰改制后,才使官名与职权合一。

西夏人见宋人不敢抵抗,占据奇鲁浪后继续进军,一直打到庆州城下。他们打算稍作休息,便开始攻城。

不管是休息,还是继续攻城,劳累一天,总该喝口水吧。

谁知。

又一个谁知,章楶把庆州城周围的河流水井,全下了毒。

夏人死了一千多人之后,赶紧后撤。

在后撤的过程中,宋人缩在寨中,没有露头。夏人很高兴,一边撤一边抢劫,一个个满载而行。

行至肃远寨,天已黄昏,突然间鼓声大作,上万宋军杀了出来,逢夏人便砍。

这上万宋人打的旗号,上书一个大大的"折"字。

折者,折家军也。

杨令公杨业的夫人叫折赛花。不知为甚,在杨家将的文学作品中,折赛花被演义成了佘赛花。北宋折家军的名气,比杨家将大得多。杨家将真正形成,是杨业开始,至杨文广终,仅仅3代。而折家军则从唐代开始,数百年间世据府州,"内摅中国,外攘夷狄。"有名有姓有事迹可考的折氏传人,最早可推唐代末年的折宗本,时任"折武军"沿河五镇都至兵马使。次之,折德扆,任府州团练使,继领州事,折赛花即为折德扆之女。

德扆传子御勋,御勋又传克行。

克行又传可适。折可适率环庆军主力一万人,从西夏兵入境之后,就一直埋伏在这里。

折可适不只武艺高强,还颇有心机,当西夏军饱掠之后,进入他的伏击圈,他并未立即出击,忍,再忍。放过西夏的先头部队之后,方才出击,顿时,血肉横飞,西夏军倒下了一大片。

正当折可适兴致勃勃地砍杀西夏军时,西夏军的精锐——铁鹞子[①]杀了过来。折可适当即撤军洪德寨。

铁鹞子乘胜追击,进逼洪德寨,不只遭到了神臂弓的射击,还遭到了虎蹲炮的轰击。

撤!

小梁太后一声令下,西夏军跑得比兔子还快。折可适率部直追,逼得小梁太后不敢

---

① 铁鹞子:鹞子,是一种小型猛禽。铁鹞子,是西夏人的一支重骑兵,该骑兵"乘善马,披重甲,刺斫不入;用钩索绞联,虽死马上不坠。"由于这支部队的头盔有点像鹞子,故称铁鹞子。

抵抗，换上一件大兵的衣服，女扮男装逃回西夏。

大胜。

空前大胜。自宋与西夏开战以来，从未取得如此之大胜。

大胜之后，章楶的二目由环庆路转向了泾原路。

泾原路虽然地势险要，夏人常常从这里入侵大宋，章楶上书朝廷，要在泾原路的没烟峡附近建一座军城，用来"东带兴灵，西取天都，濒临葫芦河。"哲宗接书后，交枢密院议，众人异口同声道："若在没烟峡附近筑城，必将蹈徐禧覆辙，此城不可建，万万不可建！"

不可建的原因，在这之前的宋神宗时代，具体说，就是元丰五年（1082年），宋神宗受给事中①徐禧等人蛊惑，动用了数十万军民，在鄜延路的永乐建一军城，取名永乐城。此城地当银州要害，为夏人必争之地。城还没建好，夏军倾国而来，其结果，宋军大败，死伤军民二十多万，宋神宗接到败报，绕榻而走，一夜未眠，得了头疼之病，英年早逝。

关键时刻，章惇站了出来，力挺章楶，面奏哲宗道："木和木不同，人和人不同，徐禧是个什么东西？是个只知道纸上谈兵的赵括。章楶是什么？是一个既有范仲淹之智，又有种世衡之奇才、鬼才！他绝不会让永乐城的惨剧，在他身上重演！"

哲宗频频颔首，当即颁旨一道，同意在没烟峡附近筑城，取名平夏城。

章楶接旨后，当即行动，但他的行动，与徐禧不同，同样是大张旗鼓，同样是动用几十万军民，徐禧是一心一意地筑永乐城，章楶则四面出击。他要求西北各路除泾原路外全部开工，大修寨堡，把西夏人的注意力转移走。尔后，秘密地调动大量民伕，去没烟峡筑城。另外，又抽调西北诸路的精兵8万，驻防没烟峡附近。

小梁太后听说宋人要在没烟峡筑城，忙调集十余万兵马，由名将嵬名阿埋率领，杀向没烟峡。

这个嵬名阿埋，自幼在汴京长大，《孙子兵法》背得滚瓜烂熟，人送绰号赛孙武。章楶连遣三将前去迎敌，皆为赛孙武所败，不得不动用了王韶一手带出来的熙河军，熙河军的特长是擅长穿插奔袭，也不是嵬名阿埋的对手。

小梁太后见嵬名阿埋一路凯歌，忙麾动30万大军跟进，妄想创造一个像她姑姑当年所创造的那样一个辉煌——歼灭宋人20万！

---

① 给事中：秦至清官名，宋初为寄禄官，元丰改制后，始正其职，分治吏、户、礼、兵、刑、工六房，审读诏旨、奏状，并判门下后省事。

如果没有意外,这个辉煌她创定了。

但是,她有她姑姑大梁太后的野心,却没有她姑姑的运气,在距平夏城50里的地方,杀出一支宋军。

这支宋军虽然只有7000人,却非常勇猛。

不是这支宋军勇猛,是这支宋军的领头人勇猛。

这支宋军的领头人,一个叫姚雄,一个叫郭成。

姚雄何许人也?

姚兕之子。

姚兕又何许人也?

姚宝之子。

姚宝又何许人也?

陕西三原人,自幼习得一身好武,手中的兵器,乃是一杆浑铁枪,重达60斤,杨六郎镇守三关时,他是一个偏将,曾连挑5个犯边的辽将。

姚兕的武功不在乃父之下,勇猛强悍较之乃父更胜一筹,每逢战事,一马当先,定川寨之战,连挑两个夏将和36个夏兵,自己变成了一个血人,因伤重而亡。

姚兕死时,姚雄才15岁,接过父亲的浑铁枪,自伍卒干起,一直干到左骐骥使①,拥有了一支自己的部队。

面对数十倍于己的夏军,姚雄连眼都没眨一下,便跃马挺枪杀向夏军。在一般人看来,此为,乃是白白送死。

姚雄不这么看。

"兵熊熊一个,将熊熊一窝;软的怕硬的,硬的怕横的,横的怕不要命的。"这两句话是从他爷那里传下来的,屡试不爽。

夏将赏氏狸见姚雄杀来,忙挺枪来迎,只两回合,便被姚雄磕飞了银枪,拍马而走,姚雄拍马急追。忽听一声大吼:"小子休得猖狂,你拓拔爷来了!"

姚雄举目一瞧,来者是一个碧眼方面的夏将,虽不知道他的武艺如何,单看他手里那把大槊,就知道不是个善茬。

二人一来一往,战了18个回合,拓拔不支,拨马欲走,被姚雄一枪刺下马去。夏军

---

① 左骐骥使:官名,宋太宗置,后为武臣阶官,属西班诸司使,宋真宗时定为从六品。宋神宗元丰改制,降为正七品,此官有左右之分。

急忙来救,被姚雄一枪一个,顷刻儿结果了十几个。夏军怯,不敢再救。姚雄命随行亲兵缚了拓拔,自个儿又杀向夏军,挡者无不毙命。宋军见主将如此勇猛,岂敢落后,7000人马,竟把四十余万夏军打得落花流水。

又是一声大吼:"后退者斩!"鬼名阿埋亲手砍倒了两个后退的夏军。夏军才不敢再逃。不只不敢再逃,反返身来战宋军。

鬼名阿埋拈胡笑道:"我就知道党项人不是孬种!闪开,让爷会一会这个南人!"夏兵夏将纷纷为他让道。

鬼名阿埋纵马来到阵前,高声叫道:"这一南将,若是有种,和爷战上一百回合,走者不为好汉!"

姚雄铿声应道:"番贼之言,正合爷意!"一边说,一边纵马来战鬼名阿埋。二人一来一往,战了50个回合,不分胜败。鬼名阿埋说道:"南将,太阳已经西沉有时,咱明日再战如何?"

姚雄见鬼名阿埋武艺高强,即使再战50个回合,也未必有取胜的把握,而且,自己的将士,奔波60里来战夏军,人困马乏,便大声回道:"那就明天再战吧!"说毕,扭头叫道:"郭将军,鸣锣收兵。"

郭成高声应道:"遵命!"

不一刻儿,宋夏二营响起了"喤喤喤"的鸣锣声。

收兵后,按照郭成之意,当即埋锅做饭,让将士们早吃早休息,以迎来日之战,姚雄不同意,饭早吃一点,晚吃一点,不算个事,咱得布阵,以防夏人夜袭。

布一个什么样的阵呢?

宋之征战,最常用的有八阵——方阵、圆阵、牝阵、冲方阵、罘置阵、轮阵、雁形阵、拒后阵。依据敌我的兵力和地形,姚雄择其方阵而布之。

方阵是古代军队战斗的最基本队形,大的方阵皆由小的方阵组成,这叫"阵中有阵,它的特点是薄中厚方。"

所谓"薄中厚方",也就是说方阵中央的兵力少,四周的兵力多,可以更好地防御敌人进攻。布完阵后,已是子时四刻,姚雄抓起一个饼子,三口便吞了下去。

第二个饼子,咬了一口,又吐出来,眉头微蹙。

郭成忙问:"怎么了?"

"单布阵不行!"

郭成又问:"为什么?"

"汝说一说,吾等凭什么,7000人硬把四十余万人给挡住了?"

郭成笑回道:"凭着两个字——勇猛!"

姚雄道:"不只这两个字。"

"那还有什么?"

姚雄道:"出其不意,先声夺人!"

郭成重重地将头点了一点。

姚雄反问道:"如果夏人有备,如果它的先头部队不是步兵,而是铁鹞子,咱们挡得住吗?"

郭成回道:"挡不住。"

姚雄再问:"即使夏人不偷吾营,而是仗着人多的优势,来一个全面开花,咱们胜算如何?"

郭成如实回道:"毫无胜算可言。"

"既然这样,咱这阵不是白布了吗?"

郭成轻叹一声道:"是白布了。"

"这样好不好,咱隔一阵撤一阵,在所撤之阵地上挖壕沟,沟内置以竹箭,沟上伪以浮土。夏军若是前来踹营,我军稍做抵抗便撤。"

郭成想了一想问道:"所撤之阵的将士怎么安置?"

"再布几个拒后阵。"

郭成道:"好,如此一来,连策应的部队都有了。"

姚雄叹道:"咱这几招好是好,只是兵力太少,若无援兵相助,顶多再能挡夏军一日。唉,平夏城也不知何时才能筑好。"

郭成道:"少说还得5天。"

姚雄长叹一声,不复再言。

郭成安慰道:"章总管说,吾等只要能挡夏军两日,便给吾等记功,您还长叹什么?"

姚雄道:"我担心下雨。你看,今天又闷又热,还阴云密布。这雨若是一下,永乐城的悲剧,怕是又要重演呢!"

郭成道:"天若祐宋,必不致雨。"

姚雄道:"但愿如此!你也早点休息去吧。"

四更两点,小校来报:"姚将军,铁鹞子踹营来了!"

姚雄道:"他来得正好!"抄起浑铁枪冲了出去。

十九 男人好什么

不一刻儿,人的惨叫声和马的嘶鸣声频频传来。

都逋妹勒见他的铁鹞子纷纷坠入陷阱,大惧,忙传令退军。

姚雄明明知道,他的那些步兵,奈何不了铁鹞子,但还是虚张声势地追了一程。

这一仗,宋军未伤一兵一卒,生擒西夏骑兵356名,战马261匹。

姚雄一高兴,在每人3个炊饼的早餐之外,又加半斤羊肉,一碗酒。

清晨用酒犒赏将士,怕是前无古人后无来者!

日将午,夏军卷土重来,但打头阵的不再是铁鹞子,而是步兵。

这些步兵,一手拿刀,一手拎着铁锹;背后还有一大捆干草,抑或是一背篓土。遇着宋军便砍,遇着壕沟便填。

宋军拼命抵抗,但因双方兵力过于悬殊,节节败退,天黑之后,全部退入平夏城。

平夏城虽然还没有竣工,但城墙已经垒起来了,而城的四周,全是深阔两丈的壕沟。

想要拿下平夏城,壕沟是一道坎,一道大坎。

这坎难不倒嵬名阿埋,他把四十余万夏军分作两部,一部负责填沟,凡填沟者,一手拎着草捆或盛土的袋子,一手持盾护身;另一部提刀保卫填沟者。眼看壕沟就要被夏军填平,姚雄屡屡请缨,要出城杀敌,章楶总是说别急。

夏军填平了壕沟,昼夜不停地攻城,连楼车都用上了,攻了十几日,战死数千人,受伤的达一万余人,平夏城岿然不动。夏军正有些气馁,楼车被狂风吹倒,摔死、砸死夏军五十余人,小梁太后顿生退意,谍人将这一消息写在帛上,用箭射入城中,章楶看后,忙召诸将商议。

"诸位,小梁太后萌生退军之意,诸将可有什么法儿,把她留住。"

姚雄第一个发言:"章总管,吾乃一座孤城,幸天公作美,众将士众志成城,未被夏人攻破。夏人主动退兵,乃吾等之福也,因何要加以阻止?"

章楶道:"我大宋不是西夏人的灶房,他想进就进,想出就出!"

姚雄又问:"咱平夏城的兵力也不过八万余人,而夏人呢?四十余万,八万想灭四十余万,有可能吗?"

章楶道:"有。"

他见众将摇头,微微一笑道:"我的话,诸位可能不信。但是,诸位若是有办法不让西夏退兵,四天后就会有奇迹出现。"

众将依然将信将疑。

章楶笑问道:"诸位,自筑平夏城以来,咱与夏军干了几仗?"

"五仗。"

章楶复问:"这五仗,咱都动用了哪些部队?"

诸将回道:"动用了泾原路的六个军,熙河路的三个军,延庆路姚将军的七千人。"

章楶道:"在这三支部队中,除了姚将军这一支,它们的战斗力怎么样?"

"不怎么样?"

章楶追问道:"西夏军最忌惮的宋军有哪几个部队?"

"折家军、种家军、还有熙河军。"

章楶复又笑问道:"咱和西夏已经干了五仗,折家军、种家军露面了吗?"

"没有。"

章楶再问:"就是露了面的熙河军,出动的可是熙河军的精锐之师?"

"非也!"

章楶狡黠的一笑道:"诸位既然什么都知道,下面的话还用说吗?"

姚雄抢先回道:"不用您再说了,末将有一个法儿,可以留住夏军。"

章楶微笑着说:"请讲?"

"双管齐下。"

章楶问:"怎么个双管齐下?"

"第一,示之以弱。"

"第二管呢?"章楶问。

"激怒小梁太后,让她失去理智,她就不会走了。"

章楶叹道:"示之以弱好办,那小梁太后经多见广,岂能轻易被人激怒?更别说让她生气失去理智了!"

姚雄信心十足道:"不管她怎么样的经多见广,她还是一个人,是人就有软肋,抓住她的软肋,使劲地掐,不愁她不失去理智。"

章楶问:"小梁太后的软肋是什么?"

"她因她的姑姑大梁太后而贵,而大梁太后是靠偷情和出卖男人而贵,小梁太后为了稳固自己的统治,睡的男人比她姑姑还多,咱若是遣一个嘴皮子厉害的男人站在城头上,把她姑侄的这些丑闻,一一抖将出来,小梁太后一定会发怒!"

章楶笑赞道:"你这个法儿不错,咱平夏城里的将士和民伕,加起来将近二十万,从中找出来一个会耍嘴皮子的,应该不成问题。"

偏将王赡颔首说道:"应该不成问题。不过,末将也有一个想法……"

章粲道:"请讲。"

王赡道:"遣一个会耍嘴皮子的男人去骂小梁太后,何如遣一个会耍嘴皮子的女人!"

章粲道:"为什么?"

王赡反问道:"夏军是男人多还是女人多?"

"当然是男人多了。"

王赡又问:"男人的天性是什么?"

章粲回道:"逞强好斗?"

王赡将头摇了一摇,反问道:"刘禅是这样的人吗?"

章粲道:"不是。对了,男人的特性是好酒。"

王赡将头摇了一摇又反问道:"诸葛亮是这样的人吗?"

"这……诸葛亮不大喝酒,每次都是以茶代酒。"

逞强好斗不是男人的特性,好酒也不是,那么男人的特性是什么呢?章粲一边挠头一边想。

他猛地将右腿一拍说道:"一定是它了!"

王赡笑嘻嘻地说道:"但愿您这一次不再说错。"

章粲笑道:"这一次一定不会说错。"

王赡道:"请讲。"

章粲一字一板地说道:"好色!"

王赡点头赞道:"正是这样,孔子曰,'饮食男女,人之大欲存焉。'谚曰,'人若当上三年兵,见了母猪也动情。'若是遣一个会耍嘴皮子的女人出面,效果会更好。"

姚雄附和道:"这个女人,若是再有几分姿色,将会好上加好!"

章粲道:"你这话等于白说。"

姚雄问:"为什么?"

章粲道:"军营里,乃至筑城的民伕,全是清一色的男人,去哪里找一个会耍嘴皮子的女人?还要找一个有姿色的女人?"

姚雄笑嘻嘻地回道:"只要总管愿意,末将立马给您找一个这样的女人。"

章粲道:"我当然同意,你找吧。"

王赡道:"总管,这样的女人,末将也能找。"

姚雄移目王赡道:"我所找的这个女人,不只有姿色、会耍嘴皮子,还会唱鼓儿哼,她能把骂人的话变成鼓词唱着骂。这样的女人你也能找来吗?"

王赡道:"能!"

章楶笑对二人说道:"既然这样,你二人都去找吧,而且是'韩信将兵——多多益善'。"

姚雄、王赡道了一声"遵命",一前一后出了大帐。

不到半个时辰,又一块儿回来复命。他俩的身后,是一位灰头灰脸、中等个儿的男人。

章楶皱着眉头儿问:"女人呢?会耍嘴皮子,又有几分姿色,还会唱鼓儿哼的女人呢?"

姚雄、王赡同时指着带来的那个"男人"回道:"她就是。"

二十　姑侄王后

　　章棨双眼为之一亮,站在他面前的九哥,已经由一个灰头土脸的"男人",变成了一个丰姿绰约,宛如芙蓉的美人。

　　大闺女的"妈"是金妈,出嫁后的"妈"是银妈,生了孩子后的"妈"是猪妈。

　　姚雄跑着跑着,猛然将马勒住,反手一枪,刺在鬼名阿埋的马头上。那马惊叫一声,掉头而逃。

苗梅是邓州宛人,7岁丧父,12岁丧母,邻村一个唱鼓词的老艺人见她面貌姣好,口齿伶俐,便收其为徒,给她取了个艺名"九哥"。

邓州鼓词(后发展为南阳鼓词)是古代流传下来的俚俗鼓词,也叫鼓儿词、鼓儿哼、犁铧大鼓,它和道教劝道的渔鼓道情是一脉两支,是源于道曲而衍变形成的独角书形式。

鼓儿词的唱词通俗易懂,唱句整齐统一,唱腔朴实、流畅、口语化,加之鼓和钢片,伴奏铿锵、表演洒脱,故感染力较强,是深受大众喜爱的曲种。

九哥学艺不到两年,便能登台演唱,越唱越红,刚过了15岁生日,南阳的张豹非要纳她做九房小妾。那张豹年已六旬,长得又丑,还是当地一霸。九哥不从,父女二人一路北逃,折而西,来到了泾原路的郝寨。

寨中有一个邓州老乡,叫吕凡,八年前落户郝寨。

吕凡不只识字、会武功,还会来事,寨里人有了纠纷,都找他调解。

九哥父女来到郝寨,觉得这里远离邓州,张豹的手再长,也不会伸到这里,便又支起了鼓架,唱起了鼓儿哼。唱了不到一盏茶的时间,几个小混混前来搅场,吕凡正好从此路过,赶走了小混混,此后,每当九哥父女演出,吕凡必到,为她俩保驾护航,九哥对吕凡由感激而生爱意。

吕凡也喜欢九哥,但考虑到自己是一个鳏夫,又长九哥11岁,身边还有一个一岁半的女儿,说什么也不同意。

谚曰:"男追女,隔座山;女追男,隔层纱。"何况,九哥还是铁了心要嫁给他,不到俩月,吕凡不再坚持,二人拜堂成亲。一年后,喜得贵子,取名吕旺。

吕旺不到两岁,西夏军打到泾原路,见女的就抓,见男的就杀。九哥的义父死于西夏军之手。吕凡则因随宋军做民伕,逃过了这一劫。

九哥因为长得漂亮,又会唱鼓儿哼,被大梁太后的弟弟国相梁乙埋看上了,带回府中,做了一名艺妓。这样的日子过了3年,她居然又逃回郝寨,此时的吕凡已经百病缠身,连走路都有些困难。九哥重操旧业,挣钱养家。3年后,也就是宋哲宗元符二年,小梁太后挟李乾顺犯宋。宋之保甲法,每逢战事,二丁①抽一,三丁抽二,或从军,或从役。吕凡虽然有病,但他没有超过60岁,依然是丁,加上儿子吕旺,依据二丁抽一的原则,二人必须有一人从役。

吕旺的个子倒也不低,五尺有三,但身子很弱,8岁时又得了个哮喘病,一见风就喘,上气不接下气。

从役,就是做役夫,那是一个很累也很危险的活,不管是男人去,还是儿子去,九哥都不放心。她瞒着男人和儿子,找了甲长②找保长,找了保长又找大保长,好说歹说,才同意她女扮男装,代夫从役。等到男人和儿子知道,她已经随众役夫走了上百里。每天晚上宿营后,役夫们便求她唱鼓儿哼,尽管她不敢公开唱,还是让王赡和郭成知道了。

章楶将九哥仔细地打量了一番问道:"你今年几岁了?"

九哥低声唱了一个诺道:"老妪今年三十有五。"

章楶道:"你才35岁,不可称老妪。"

九哥道了一声"是"。

章楶又问:"你的脸是画的吧?"

九哥回道:"是画的。"

章楶复问:"你在西夏生活了13年,大小梁太后的丑闻,你不会不知道吧?"

"知道。"

---

① 丁:指成年男子。男子成丁后须任课役。成丁年龄的规定,各朝不同。
② 甲长:宋代,王安石创保甲制,若干家编为一甲,设甲长;若干甲编作一保,设保长;若干保编为一大保,设大保长。

章楶道:"你能不能把大小梁太后的丑闻编成鼓儿哼,唱给西夏军听?"

"能。"

章楶再问:"多久能编出来?"

"一天。"

章楶喜道:"你这会儿就去编,明天这个时候,你再来见我。"

九哥道了一声"遵命",刚一抬脚。

章楶道:"等一等,我还有话要说。"

九哥忙收脚转身。

章楶道:"唱之前把脸好好洗一洗,再擦一点粉,换一身干净衣服,把自己打扮得漂漂亮亮。"

九哥又道了一声"遵命"。

第二天,九哥准时出现在章楶面前,章楶双眼为之一亮,站在他面前的九哥,已经由一个灰头土脸的"男人",变成了一个丰姿绰约、宛如芙蓉的美人。她鹅蛋似的脸蛋,双眉修长,眼角虽然留下了浅浅的鱼尾印迹,但那魅惑的眼神、性感的双唇,无时无刻不透露出万种风情,更教男人心驰神往。

章楶暗自思道:"如此一个女人,不用唱,就会迷倒西夏军一大片,今日的事有戏了!"

"九哥,我会找人保护你的,你只管放开胆子去唱,去骂。"

九哥将头重重地点了一点,章楶移目王赡:"你去挑选两个强健、机灵的大兵,让他们持盾保护九哥。"

王赡忙道一声"遵命"。

章楶又道:"如果让九哥损伤一根毫毛,我拿你是问。"

王赡道了一声"好"。

不一刻,王赡带着两名强健的大兵转了回来,簇拥着九哥来到北城门上。

恰在这时,西夏军停止了攻城,两个大兵帮九哥架好小鼓,手持盾牌,分站她的左右。

西夏军见城头上突然出现一个漂亮女人,两眼放光,

突然有人惊叫道:"九哥,那城头上站的是九哥!"

九哥双手抱拳,笑盈盈地说道:"西夏军的兄弟们辛苦了,奴家正是九哥。"

西夏军大声嚷嚷道:"九哥,我们好久没听你唱鼓儿哼了,你就给我们唱一个吧。"

九哥依然笑盈盈地说道:"奴家此来,就是给诸位唱鼓儿哼的,你们看,小女子连唱鼓儿哼的家什都带来了。"说毕,将右手的犁铧钢片朝上举了一举;又将左手的小木槌

朝小圆扁鼓上敲了一下,发出"嘣"的一声响。

西夏军大声欢呼起来。

九哥朝城下摆了摆手,待欢呼声停下来后,将小鼓重重地敲了三下,说了一个书帽①:

"诸位,说书不说书,先说几句词:寡妇难,寡妇难,寡妇最怕连阴天,想让东院大叔挑担水;妈那屁,大那个蛋,他连说几声不得闲,不得闲!"

九哥又将小圆扁鼓敲了三下,右手托着两片犁铧钢片,用中指相隔上下,将腕上下甩动,使犁铧钢片相互碰击,发出有节奏的"兵当当,兵当当"响声。"啊嗯……"她开始压着嗓子哼了。一声韵味悠长的哼声之后,唱道:

众位军爷且站定,

听我破喉咙哑嗓慢慢哼。

小蚂蚁摔死个大骡子,

小麻雀叼死了大老鹰。

苞谷(玉米)秆上结土豆,

萝卜发芽长了一棵葱。

八十岁老头还吃奶,

没满月的小孩闹牙痛。

四个瘸子抬着娇,

八个瞎子打灯笼。

一群哑巴来唱戏,

一群聋子撵着听。

大姑娘愣把媳妇娶,

小臭虫坐月子,

头一天就生了一窝熊——(拖腔②)

拖腔"熊"字,七弯八转,韵味十足,全用哼音,哼的九哥自己都闭上了眼睛,城下观

---

① 书帽:也叫开场白。
② 拖腔:鼓儿哼特有的唱法。每当鼓儿哼唱了一段之后,落尾时要哼,而且这哼声较长较重。

众哄堂大笑,有一个小兵笑的直冒鼻涕泡儿;有个老兵笑得前仰后合,一屁股坐在地上,还拍着地连连喊道:"好,好!美呀!"

笑声、喊声惊动了大帐中的小梁太后,忙遣一亲兵前来查看。这亲兵认识九哥,还特别爱听九哥的鼓儿哼。他这一查看,两条腿便走不动了。挤在人圈里像兔子一样,支叉着两只耳朵听。只见九哥左手将小圆扁鼓敲了三下,说道:"诸位,刚才说的是书帽,也叫开场白,真正好听的还在后边。"

她将小圆扁鼓敲了一下继续说道:"闲言少叙,书归正传,小女子今天要唱的是《姑侄王后》,这姑侄二人,姓米,小女子就暂以大米、小米称之。这大米的父亲米大夯,原本居住在我天朝上国,因他与大米乱伦,被人发觉,无脸在天朝待了,携妻带子逃到了爪哇国。"

她轻咳一声,又将小圆扁鼓敲了几敲(嘣,嘣,嘣,嘣嘣!),甩动了犁铧钢片,那钢片发出"兵当当,兵当当"的响声,她且甩且唱道:

> 米家营有个米大夯,
> 续弦女人李春桃,
> 爱吃爱穿爱打扮,
> 人送绰号花忽哨,
> 出嫁不到六个月,
> 生个女娃叫大昭。
> 一年后又生一个双胞胎,
> 大娃叫大虎,
> 二娃叫小豹,
> 俩男娃自小恋妈妈,
> 不抓着他妈的猪妈睡不着觉——(拖腔)

九哥复将小圆扁鼓敲了一敲,收住犁铧钢片说道:"米大夯死了婆姨,又娶了一个女人叫李春桃,李春桃嫁给米大夯,不到六个月生下一女,取名米大昭。一年后,又生一对双胞胎,大的取名大虎,二的取名小豹,这大虎小豹生来恋母,每当睡觉非要摸住他妈的'猪妈',否则就睡不着。也许有人要问,啥叫'猪妈','猪妈'就是女人的乳房。因中原人称母亲为妈,故而,母亲的乳房就叫'妈'。有人又说了,既然女人的乳房叫

'妈',为啥又在前边加了一个猪字呢?加这个猪字,也有讲究。女子未嫁之前,对'妈'看得很重,不能示人。出嫁之后,'妈'就不行了,至少可由自己的男人任意抚摸。生了娃子之后,需要给孩子喂奶,而'妈'暴露的机会就多了,一些不太讲究的女人,甚至当众解开或撩起衣服奶孩子。故有大闺女的'妈'是'金妈',出嫁后的'妈'是'银妈',生了孩子的'妈'是'猪妈'之说。"

她又将小圆扁鼓敲了一敲说道:"小女子说这话,诸位若是不信,尽可去天朝上国打听,小女子若是所言有虚,尽可来摸小女子的猪妈!"

众西夏军哄然大笑。

九哥重新甩动犁铧钢片,有滋有味地唱了起来:

且不说俩男娃摸着猪妈才睡觉,

咱表一表这个米大孬。

自小儿恋父仇母,

睡个觉非要搂住她爹的腰。

如此一个人家,

普天下实在难找。

左邻右舍以邻为耻,

谋划着要把他们家的房子烧。

米大孬害了怕,

携家往南逃,

逃了一百零三天,

来到了爪哇国的五里堡。

开了一个小酒馆,

生意出奇的好。

九哥敲了敲小扁圆鼓说道:"俗话不俗,儿大避母,女大避父。米大孬一家女不避父,子不避母。左邻右舍皆以与这一家为邻为耻,欲纵火烧其房子,米大孬害怕了,携全家南逃爪哇国的五里堡,开了一个小酒馆,来吃酒的人很多,生意出奇的好。"

九哥敲鼓如前,甩动犁铧钢片如前,边甩边唱:

这酒馆因为有个米大昭,

想吃酒提前半月得把定金交。

吃酒者醉翁之意不在酒,

为的是和米大昭打情骂俏。

抑或是摸摸她的脸蛋儿,

抑或是扣扣她的腰。

若是送上一个红包,

还能和她睡上一觉。

刚开张那阵子,

半贯钱的红包她都不嫌少。

三个月后,

没有五两银子你把她撩不倒。

九哥又将小扁圆鼓敲了一下,收住犁铧钢片说道:"米大昭的酒馆开张后,生意兴隆,吃酒者都是冲着米大昭而来,为的是和她打情骂俏。若是给她送上一个红包,还能和她睡上一觉。如此一个女人,居然得到了相国儿子的青睐,一步登天!"

九哥敲鼓如前,甩动犁铧钢片亦如前,边甩边唱:

这一日旭日东升阳光普照,

迎来了国相儿子叫凡高。

那凡高见米大昭长的真个俊,

撂下了五百两银子把她抱上轿。

一溜小跑跑回了爪哇城,

效法汉武①来了个金屋藏娇②。

小国王是凡高的亲表弟,

他的名字叫慕尧。

听说米大昭长得好,

---

① 汉武:即汉武帝刘彻。
② 金屋藏娇:汉武帝四岁时,其祖母窦太后问他长大了要娶一个什么样的媳妇。他回答说要娶表姐阿娇,还要为阿娇盖一座金屋子。自此有了"金屋藏娇"的典故。

>软磨硬缠非要见一见他的花嫂。
>这一见,小国王惊为天人,
>在表哥的头上扣了一顶硕大的绿帽。
>那凡高又气又恼,
>欲设一个鸿门宴除掉慕尧。
>只因他做事不密,
>为米大昭所告。
>小国王来一个先下手为强,
>杀了凡高父子又把家抄。

九哥收住犁铧钢片,将小扁圆鼓敲了三下说道:"凡高戴了绿帽,恼羞成怒,欲来一个鸿门宴,除掉小国王,因米大昭的告密,反被小国王所杀,米大昭踩着男人一家的尸体,坐上了王后的交椅。三年不到,为小国王下了两个崽,一只是龙,一只是凤。那龙名叫三页,一岁时,其父驾鹤西去,三页当上了国王,米大昭得以垂帘听政。"

九哥敲鼓如故,甩动犁铧钢片如故,唱道:

>米大昭进王宫三年不到,
>由皇后而太后独领风骚。
>为重建王宫大兴土木,
>拼命地搜刮民脂民膏。
>顺我者昌,逆我者亡,
>弄得好端端一个爪哇国怨声载道。
>为转移国人视线,
>她枪口对外把战争挑,
>一年三征大宋国,
>又为她七岁儿子娶了一个米小昭。
>米小昭本是她亲侄女,
>姑侄二人狼狈为奸罪恶滔滔。
>自作孽不可活,
>米大昭一命呜呼入阴曹。

二十　姑侄王后

米小昭不动不摇当了太后，

学她姑姑屡屡犯天朝。

纵使杀敌一万，

自损三千她也受不了！

九哥不再甩动犁铧钢片，将小扁圆鼓一敲说道："那小米太后效法她姑姑大米太后，屡屡对天朝用兵，纵使她次次得胜，每一次纵使杀天朝上国将士一万，而她自己只损失三千，她也承受不了。何也？天朝地大物博，人口如蚁，纵使死上百八十万，只当给庄稼剔剔苗，可爪哇国就不行，死上十万八万，就会路断人稀。小米太后明知不可为偏要为，诸位说她是不是一个疯子？"

城下西夏军异口同声回道："是个疯子，大疯子！"

九哥又问："诸位既然知道她是一个疯子，为什么还要为她卖命？"

西夏军惊讶道："没有啊！"

九哥"嗨"了一声道："你们这些人也真是！常言道，'锣鼓听声，听话听音。'我这鼓儿哼哼了半天，也没把你们哼醒。爪哇国就是西夏国，大小米太后就是大小梁太后！"

西夏军如梦初醒，你瞅瞅我，我瞅瞅你，有人小声问道："咱们的两个梁太后，真像九哥唱的那么坏？"知情者纷纷点头。小梁太后亲兵，一溜烟地跑回中军大帐，把九哥的所唱所言，给小梁太后复述一遍，小梁太后勃然怒曰："传我的懿旨，即刻攻城！抓到那个唱鼓儿哼的，碎尸万段！"

为了进一步激怒小梁太后，每隔一个时辰，九哥便在两个持盾大兵的保护下登上城墙，把《姑侄王后》演唱一遍。

攻！

不分昼夜地攻！

这一攻便是3天3夜。忽有谍人来报小梁太后，有一支宋军，打着"种"字大旗，从西南方向，疾驰而来。

小梁太后道："这支宋军一定是'种家军'了。"当即命妹勒率军5万前去截击。

两个时辰后，谍人报，又有一支宋军，打着"折"字大旗，从东北方向疾驰而来。

小梁太后道："这支宋军，一定是'折家军'了。"遂命先锋大将仁多保忠率军5万，前去截击。

一个时辰后，谍人复报，宋之大将王愍、苗履各率熙河军3万，杀过来了。

小梁太后忙遣偏将阿燕和鬼名药默各率夏军5万前去迎战宋军。

半个时辰后,谍人再报,秦凤、环庆、鄜延3路宋军杀了过来。

小梁太后强作镇静,复遣3将,各带3万人马前去迎战。

夏军听了九哥那一唱,打心底里瞧不起小梁太后,及见7路宋军杀来,士气大跌。

屋漏偏遇连阴雨,船破又遭顶头风。暴风雨再次来袭,夏人的帐篷被掀翻者十之四五,平地积水半尺有余。

正当夏军忙于排水和重建帐篷之时,平夏城的宋军分作4路呐喊着杀出城来。

姚雄为第一路军,出的是西门,一连挑翻3个夏将,鬼名阿埋不得不亲自出面迎战,战到第50个回合,姚雄装作不支,拔马而走,鬼名阿埋拍马直追。

姚雄跑着跑着,猛然将马勒住,反手一枪,刺在鬼名阿埋的马头上,那马惊叫一声,掉头而逃,姚雄纵马追上,一枪将鬼名阿埋戳下马去。恰巧郭成赶到,将他生擒。

鬼名阿埋乃西夏军第一名将,又是这一次伐宋的统帅,居然被宋军生擒,西夏军无不股慄,逃命唯恐不及,哪里还敢迎战!

小梁太后见大势已去,再一次脱了霞披凤冠,穿上大兵衣服,逃回西夏。

小梁太后逃得快,宋军追得也快,深入西夏境五百余里方还。

返回时,宋军顺手牵羊,把西夏的天都山拿下了。

小梁太后逃回兴庆府(西夏国都),清点人马,跟她一块儿逃回去的不到3万人。此后,其他战场的败兵,又陆陆续续地逃了回来,二者相加,共有8万人。在这8万人中,全胳膊全腿的,十不及三。小梁太后不由得号啕大哭。

哭了一阵之后,她把眼泪一擦,咬牙切齿说道:"此仇不报,誓不为人!"

要报仇,得有人呀!这8万将士即使不是残兵败将,也不是宋军对手。

扩军呢?

也不行!

新扩的部队,不经3个月以上训练即使上阵,也毫无战斗力可言。

借兵。

借谁的兵?

当然是辽国和吐蕃了。吐蕃好说,他们不只是我西夏的附属国,他们的王室又与西夏的王室世为联姻。辽国也好说,辽国与我西夏有约,我若与宋有战,需要她出兵的时候,叫她出多少,她出多少,必要时辽皇帝还可御驾亲征。宋如此地欺负我,杀了我三十多万人,辽不只应当出兵为我复仇,辽皇帝还应该御驾亲征!

于是,小梁太后命枢密副使蔺逋比①,携国书前往辽国。辽皇帝借口与宋也有约,不肯出兵。

辽国与宋确实也有约,那约叫《澶渊之盟》,比西夏还要早。

小梁太后一心复仇,又连遣三使,前往辽国交涉,辽皇帝仍然没有答应。小梁太后不得不亲自赴辽,半是恳请,半是威逼,非要辽皇帝出兵。

堂堂一个大辽的皇帝,能够害怕一个小小的西夏国的威胁吗?而且,这个西夏国还是大辽的一个藩国。

怕!

很怕!

为啥怕?

这事,辽皇帝耶律洪基心里比谁都清楚。

---

① 蔺逋比:大梁太后的女婿,西蕃大首领董毡之子。

二十一　愿来世生中国

耶律洪基实在不想和宋开战，声势造得很大，但行军的速度很慢。

小梁太后一边哭一边说："这个气能消吗？前次，宋杀了哀家三十多万将士。这一次，又杀哀家一万多将士……"

当晚，这个美人和章惇共赴巫山之后，又引来了五个同样美貌的女子，章惇来者不拒。

宋以正统王朝自居，连做梦都在想着收复辽国。但是，自《澶渊之盟》签订以来，宋并未对辽用兵，双方和平共处了九十余年。《澶渊之盟》固然有功，但西夏的崛起和对宋的牵制，也是重要原因。西夏若是倒向了宋，宋夏联手对辽，辽不支。故而，辽国很怕西夏倒向宋。

你耶律洪基既然害怕，我梁小瑶（小梁太后的名字）就以你不出兵，我便投宋这事威胁你。

这一威胁，耶律洪基不得不起兵30万，亲自率领，加上小梁太后的8万，吐蕃的10万，号称百万，浩浩荡荡地开向宋境。

但是，耶律洪基内心深处，还是不愿意伐宋，这不只因为他不愿意破坏《澶渊之盟》，而是害怕宋经济上制裁他。按照《澶渊之盟》和续盟的约定，宋每年给辽贡银数十万两。辽宋一旦开战，这笔贡银，宋肯定不会再给了，辽每年除了从宋那里拿走40万贡银之外，还有一笔相当可观的、来自榷场的收入。正因为有了这两笔收入，辽皇帝的小日子才过得有滋有味。如果与宋开战，宋肯定会关闭榷场。失去了榷场和贡银的收入，那日子将很难过！这是耶律洪基不愿和宋开战的第二个原因。

耶律洪基尽管昏庸，忠奸不辨，沉迷酒色，但他信佛，佛既讲善，又讲因果和来世。佛说，不管你杀了多少人，做了多少坏事，只要放下屠刀，就可成佛。他已经杀了不少人,如果和宋开战,势必还要杀人,他不想再杀人。这是耶律洪基不想和宋开战的第三个原因。

耶律洪基眼中的圣人,既不是文圣孔子,也不是武圣关羽,是谁呢?

是苏轼,是欧阳修,是曾巩,是王安石,是柳三变(柳咏)。

苏轼使辽,他以接待王爷的规格接待苏轼。

苏轼作一首写菊花的诗献之,他如获至宝,当即作诗和之——题苏轼《黄菊赋》。诗曰:

> 昨日得君黄菊赋,
> 碎剪金英填作词。
> 袖中犹觉有余香,
> 冷落西风吹不去。

他不只仰慕苏轼、欧阳修等文学大家,更向往宋人的生活。在他没有去宋之前,不少人对他说宋人的生活如何如何的好,简直是文人的天堂。

他不信,他去了一趟之后,信了。

宋朝经济的发展不仅空前,而且又注重文治。北宋多数文人追求的不是权力和财富,而是生活的品位。

纵观中国古代历史,真正称得起风雅二字的,只有宋朝。在宋代的都城汴京,高级一点的酒楼,所用的器皿,非金既银。就是一般的馆子,也有几副银餐具。

宋人到了节假日①,很少有人想办法去挣钱,而是去娱乐,他们往往三五人,抑或是七八人一拨,或看戏,或游山玩水,更多的则是去喝茶。茶很简单,就是水加植物的嫩芽,但茶具全是上好的瓷器。

宋人喜欢运动,除了踏青、狩猎和蹴鞠之外,还有相扑,甚至连女子也加入了相扑的行列,而且,女子相扑时,穿的很露很露,几乎是裸身。

宋人还喜欢看表演,看各种表演。这些表演大都在勾栏进行,内容非常丰富,有说

---

① 节假日:宋人节假日很多,加起来有一百四十多天。正常的节假日是逢十而休,小月的月末虽然不逢十,但也休,也就是说,干够一旬,休息一天。宋朝的节日比较重要有三个:元日(年)、冬至和寒食,均放假七日。其次是上元(正月十五)、中秋、重阳、端午、七夕等,放假一至三天。再次是皇帝和皇太后生日,放假一天。官员上任或调动,给假一个月。官员如果任满三年,可以请两个月的假。官员结婚,给假九天。如果官员的兄弟姐妹,乃至侄子、孙子、堂兄弟、堂姐妹婚嫁,给假三日。就连堂侄孙、曾孙等人婚假,也给假一日。

大宋天子——宋哲宗

唱、嘌唱、小唱、说诨话、歌舞、杂剧、傀儡戏、马戏、驯兽、魔术、杂技、筋斗、斗鸡、飞弹丸等。你如果饿了,还想继续看演出,可以叫外卖,外卖的品种很多,有吃的也有喝的。

不只在勾栏可以叫外卖,在酒馆里、饭馆里,甚至坐在家里也可以叫外卖。

北宋的酒丰富多彩,有黄酒、果酒、配制酒和白酒。

黄酒是宋朝常见的酒,是以粮食为原料酿出的酒。这种酒色为黄色,也有红色的,是加了红花、紫草等染色物质使之变红。

果酒,望文生义,是用各种水果酿出的酒。酒中带有水果的香味,它的品种有十几种,诸如葡萄酒、梨酒、椰子酒、海棠酒、青梅酒、樱桃酒、黄柑酒等。

配制酒的做法比较复杂,它是以发酵酒为原液,将食用动物、植物和某些萃取成分加入其中,通过浸泡、复蒸等方法加工而成。有竹叶酒、桂花酒、羊羔酒、醍醐酒等。

宋朝的妓女随处可见,酒楼有,茶坊也有。高档的妓女,不只善谈吐、精通琴棋书画,还能褒贬人物。她们可以陪客人喝酒、吃茶、品评诗词歌赋,但不出卖色相。出卖色相的是那些品质差的妓女,这些妓女一般在"庵酒店"。而且,你不招她,她从不主动接客。

耶律洪基自宋归来,正赶上上京①的一个新建大寺落成,请他赐以墨宝,他到这个大寺转了一圈,在如来佛像的底座上写了6个字——"愿来世生中国。"

耶律洪基实在不想和宋开战,声势造的很大,但行军的速度很慢。他是在有意等宋兵呢。宋兵一旦出现,他就来一个假打。而且,还必须败。你小梁太后可以逼我出兵伐宋,你不可能决定我的胜负!

谁知,大军进入宋境,竟没有出现一个宋兵。

他不得不继续往前走,一直走到平夏城下。

平夏城虽然有宋军,但挂了一个大大的免战牌。

他有些困惑了!

这是怎么回事?

是这么一回事!

平夏城之战,歼敌之多,是自宋太宗雍熙②北伐以来,将近百年,从未有过的胜利。

---

① 上京:辽国国都。
② 雍熙:宋太宗年号,始于984年,终于987年。

哲宗一高兴,便把刘婕妤晾在一旁,一边在紫宸殿接受百官朝贺;一边颁诏召回那些击西夏有功将领,论功行赏。

颁过诏后,他总觉得少了点什么?

应该见一见九哥,听一听她的鼓儿哼。

遂以行赏为名,诏九哥进京。

为赏多赏少,同仇敌忾的那些西北将领,闹得不可开交,哲宗颇感头痛。

头痛还没好,辽夏联军杀向了西北边境,哲宗忙召百官廷议。

廷议的结果:避之!

为什么要避?

道理很简单,一个小小的西夏,搅得大宋数十年不得安宁。如今,西夏联合辽国与吐蕃,两国三方之兵,号称百万,向我大宋压来,我大宋不是他们对手。这是其一。

其二,辽皇帝耶律洪基并不是真要伐宋,而小梁太后呢?平夏城败得太惨,在国人眼中很没面子,让她找回去一点面子吧!

小梁太后不这么想,她所要的,可不是找回一点面子,而是攻下平夏城,把平夏城划到西夏版图。

不只平夏城,还有陕西六路。

所以,尽管平夏城已经挂了免战牌,还得攻。

但是,攻了二十几天,没有攻下。辽和夏的粮草,倒成了问题。

小梁太后面谒耶律洪基,提出一个非常恶毒的方案——抢,由西夏军出面抢,由近及远地抢。不只抢粮草,还抢金帛和人,一直抢到宋军应战为止。

耶律洪基虽然不想和宋军作战,但他需要粮草,而且是"韩信将兵——多多益善。"他想了一想还是同意了。

这一抢,西北的老百姓遭了殃,他们哭天喊地,逃难的人如蚁搬地涌向中原,甚而涌向汴京。

哲宗坐不住了,严令章惇务必要把流民潮给遏止住。

要把这个潮给遏止住,靠堵不行,靠抓人更不行。唯一的办法,就是不让西夏人再抢了。

可西夏人会听我章质夫的吗?

不会,肯定不会!

不听,那只有用武力将他们驱逐出境。

若是动武，西夏军岂能不反击？宋夏打起来了，西夏的主子辽绝对不会袖手旁观。何况，辽这一次来，就是为西夏报仇而来，动用武力的结果，必将酿成一场宋与辽夏及吐蕃的大战。而这个大战，是朝廷最不希望看到的！

朝廷不希望看到的，那就不能做。

不做就无法遏止流民潮！

正当章楶为如何遏止流民潮苦无良策之时，九哥求见。

章楶忙道了一声"请"。

九哥一身重孝走了进来，见了章楶，"嗷"的一声大哭起来。

"家里谁不在了？"

他这一问，九哥哭得越发伤心："旺儿和他爹都不在了！"

章楶大吃一惊："都不在了？"

九哥一边哭一边点头。

"是病死的，还是……"

"被狗日的西夏军给杀了！章总管，您得为奴家报仇呀！"说毕又哭。

章楶问："夏军在你们寨杀了多少人？"

九哥回道："五百多人。"

章楶又问："你们寨一共有多少人？"

"不到一千人。"

章楶怒目说道："魔鬼！西夏军尽是魔鬼，对魔鬼纵容，就是对百姓的犯罪，即使因为我出击魔鬼引发了宋辽夏大战，我章质夫也要出击西夏军！"

说毕，传令陕西六路，起兵杀敌，尔后，兵开平夏城。

命令发出后，章楶有些害怕了：我章质夫此为，有悖圣意，若是打胜了，情况会好一些；若是打败了，这头上的乌纱帽肯定难保，说不定还要把我发配崖州！

辽夏与吐蕃的联军号称百万，不一定有一百万，但三十几万应该有的。这么多敌军，单凭我西北现有的部队打败他们很难，得增军。增军还不是最重要的，得花大量的钱。不管是增军，还是增军费，决定权都在朝廷，可朝廷……

章楶越想越怕，不寒而栗！

"君子一言，驷马难追！"若是收回命令，我章质夫在军中还有何威信可言；若是不收回命令，真的和辽夏联军干起来，朝廷又不支持，下场更惨！

怎么办？

怎么办？

他突然想起了章惇。

在对外方面，章惇素来强硬，没有他的强硬，就不会有前时的平夏城大捷。这一次，他却下了软蛋，内中必有原因，我得想办法说服他。如果他改变了态度，实情就好办了。

但是，大敌当前，我怎么脱得了身。

让九哥代我跑一趟怎样？

九哥报仇心切，又有一张巧嘴，让她游说章惇，一定不会辱我使命！

想到此，便召九哥进帐，如此这般交代一番。

五日后，鄜延路传来捷报——歼西夏军1500人，虏马805匹，夺回被虏百姓13200人、金帛1300匹、粮1万石、草两万3400束。

不一刻儿，秦凤路亦传捷报。

此后，各路州军的捷报纷至沓来。

不到10天，8万西夏军，丢下1万余具尸体，向小梁太后复命，活着的6万余人，伤者十有三四，小梁太后把复命者大骂一番，这才去见耶律洪基，要借他10万兵马，由她亲自率领，去征鄜延路。

耶律洪基笑拒道："宋在西北边疆的军队多达数10万，您只带十万人马前去，无疑是以卵击石，倒不如咱同心协力，攻下平夏城再去……"

小梁太后摇头说道："得了吧，这平夏城您已经攻了一月有余，岿然不动。咱就是再攻一个月，也很难攻下。依哀家之意，倒不如留下几万人马，继续攻城。其他兵马，分头进击陕西六路，六路若是为我所取，平夏城不攻自克。"

耶律洪基苦笑一声道："陕西六路能是如此轻易可取的吗？若是轻易可取，前次伐宋，您的几十万人马也不会折戟沉沙了！"

奚落，明目张胆的奚落，小梁太后的脸由白变红，变得如红鸡冠一般。她一跃而起，手指耶律洪基怒问道："这兵你到底借不借？"

耶律洪基见她发怒，"嘿嘿"一笑说道："坐下，消消气，有话咱慢慢说。"

小梁太后"嚎"的一声哭了，一边哭一边说道："这气能消吗？前次，宋杀了哀家三十多万将士，这一次又杀了哀家1万多将士，两次相加是40万，在这40万人中，常备军占了8成还多，我西夏的军队，您也知道，不说地方部队，单常备军来说，满打满算35万，而今活着的顶多3万人，3万常备军来保卫国家，保卫得了吗？倒不如您把我杀了吧！"说毕，又哭。

耶律洪基长叹一声,说道:"您的心情,朕理解,但打仗这事,不能感情用事。朕这就召众文武前来商议一个良策,您暂且回帐歇息去吧。"

商议的结果,同意分兵击宋的居然占了多数。他们的理由有二:咱大辽既然答应为西夏报仇,也出了兵,这仇不但未报又添新恨,是咱大辽对不住西夏。这是一。

二呢,宋也太混账了,咱大辽来到宋境两个多月,有种你就出来战上一战,没种你就投降,抑或是遣使者来谈上一谈,可他却把城门一关,免战牌一挂,完事了!

尽管大多数文臣武将主张分兵击宋,耶律洪基还是不想把战火蔓延,让大家第二天再议。

第二天,正议着,宋使张兴来了,呈上国书。书中宋朝廷来了一番自责后,恳请耶律洪基原谅,且表示,辽若退兵,愿意拿5万贯钱犒军。

耶律洪基"吞儿"一声笑了:朕那皇孙(哲宗)可真是有趣,5万贯钱就想把朕这两国三方的军队打发走?

张兴忙问:"您的意思是让俺南朝出多少?"

耶律洪基道:"得多于《澶渊之盟》那个数。"

张兴大着胆子问道:"为什么?"

"《澶渊之盟》所犒劳的是一个国家——大辽,如今宋面对的是两国三方。"

张兴道:"外臣愚昧,还请北朝说一个具体数。"

耶律洪基道:"75万贯怎么样?"

张兴道:"这事外臣做不了主,但外臣会如实上奏俺家天子。"

耶律洪基道:"朕也知道你做不了主。朕等你半月,半月之内,朕得不到一个满意的答复,朕就要四面开花了。"

张兴频频颔首道:"外臣记住了,外臣这就回去上奏俺家天子,半月之内答复您。"说毕,再拜而去。

张兴还未走出大帐,耶律洪基又把他叫回来:"你还不能走呢,此次伐宋,不是我一家,既有西夏,又有吐蕃,朕得给他们通个信。"

张兴道:"那好,外臣这就回小帐恭候您的消息。"

张兴刚出帐,小梁太后便偕吐蕃王闯进大帐,大声嚷嚷道:"陛下,宋使呢?哀家要见宋使。"

耶律洪基笑微微地说道:"你俩来的正好,朕正要请你俩呢。坐,坐下咱慢慢说。"

当值太监非常及时地将两把虎皮大椅放在小梁太后和吐蕃王身后。

等二人坐下后,耶律洪基仍然笑微微地说道:"宋使休息去了。"

小梁太后问:"宋使此来,为着何事?"

"为着讲和。"

"条件呢?"小梁太后又问。

"犒劳咱5万贯。"

小梁太后冷笑一声道:"宋这是把咱们当成了叫花子!"

耶律洪基道:"所以,朕没有答应,朕说了一个数。"

"多少?"

"75万贯。"

小梁太后道:"太少了。"

耶律洪基道:"不少了。"

小梁太后道:"咱两国三方,出动了近50万大军,忙活了俩月,花的钱少说也有200万贯,宋就是按您说的数给,还差125万贯呢!"

耶律洪基笑眯眯地说道:"账不能这么算。咱忙活了俩月,是咱们自己想忙活,并不是人家南朝要咱忙活。何况,咱是来打人家的,人家也不是战败国,咱们的损失岂能要人家赔偿?"

小梁太后固执地说道:"咱们的损失就该由南朝来赔。"

"为什么?"

小梁太后道:"南朝若是不欺负哀家,您也不会出兵伐他。"

"您说的有道理,还是朕刚才那句话,南朝并不是战败国。只要她能给咱们75万贯,就是烧高香了。钱的事,就按75万贯说吧。"

"这75万贯您打算怎么分?"

耶律洪基道:"辽、夏各30万,吐蕃15万贯。"

小梁太后道:"两国三方伐宋,吐蕃也是一方,为什么只给吐蕃15万贯?咱多少也得给他多少。"

耶律洪基想了一想,勉强说道:"也好。"

小梁太后道:"钱数就这么说,90万贯一文也不能少。另外,南朝抢走了哀家的天都山,他得无条件归还。"

耶律洪基道:"这个事好说,朕这就召宋使来,朕当着您的面给他说。"

小梁太后道了一声"好"。

约盏茶时间,张兴趋了进来,向耶律洪基行以参拜大礼。

耶律洪基道了一声"平身"说道:"犒军费还得再增15万贯。"

张兴想问为什么,张了张嘴,又合住了。

耶律洪基道:"朕知道你想问什么,朕这就告诉你,朕的联军,是两国三方,吐蕃虽然不是国,但是一方,那犒军费应该和辽、夏一样,每一方30万贯,这才显得公平。"

耶律洪基见张兴将头点了一点,继续说道:"前次,西夏犯宋,是有些不该。但是,对辽宋来说,她是个孩子,做长辈的,岂能和晚辈一般见识,更不能得理不让人,把人家赶回老家不说,还把人家的天都山抢走了,这和蹊牛夺田有什么区别?这样好不好,把天都山还给西夏。"

张兴道:"您说的这两件事,外臣一定如实上奏俺家天子。"

耶律洪基道:"很好。"

张兴道:"外臣可不可以回汴京了?"

耶律洪基道:"可以。"

张兴再拜而去。

在张兴走进辽营的同时,九哥也走进了章楶大帐。

章楶迎而问之:"见到章相了没有?"

"见到了。"

章楶又问:"章相为什么下了软蛋?"

"他摊上两件麻烦事。"

章楶复问:"什么事?"

"有人在皇宫里发'匿名书',翻他的旧账,说他不儿不孙,连三姓家奴①吕布都不如。唉,这章相不儿不孙,可有说法?"

章楶轻叹一声道:"是有说法。"

九哥又问:"什么说法?"

章楶道:"这事关系到章相的隐私,一个很不光彩的隐私。不过,这个隐私,朝中大臣几乎无人不知,我也没有必要瞒你了。"

他又轻叹一声,便把章惇的隐私抖了出来:"我和子厚是堂兄弟,他的父亲章俞是

---

① 三姓家奴:三姓:指吕布。本姓吕,为丁原义子也可姓丁,做董卓义子又可姓董;家奴:贬低之语,义子虽为子,却跟亲子和养子不同,并无财产继承权,仅仅是一家奴而已。

我二伯父。唉,我二伯这人,很有才,也很能干,就是有些风流,居然风流到他亡儿的媳妇头上,且生下一个孩子,这个孩子便是章惇……唉,下边的话还用我说吗?"

九哥道:"您不必说了,奴家已经明白了。这件事虽然不光彩,其过不在章相,有些人也真是……"

章粲道:"章相过于耿直,得罪了不少人。他的那些政敌,抑或是别有用心之人,常常拿他的身世攻击他,扫他的面子,他没有必要放在心上。"

九哥道:"话虽这么说,他心里一定很不好受。好了好了,这件事咱不说了。还有一件事,不知是真是假。"

"什么事?"章粲问。

"那'匿名书'还说他淫乱后宫,若真有这事,那麻烦可就大了!"

章粲道:"这事我也不敢说有,也不敢说无,只能说事出有因,这'因'出在仁宗朝。"

章惇二次进京参加省试,住到了朝来客栈,吃过晚饭,便一个人去街上闲游,3顶富丽堂皇的轿子迎面走来,轿前轿后的随从有十几人,这些人不只高大魁梧,穿的衣服也非锦即缎。他忙闪到街旁,睁大眼睛朝那轿子望去。3顶轿子里坐的全是美女,前两顶中的美女,要么少了一点高雅,要么略逊了一些风骚,唯有第三顶轿中的女子,既漂亮,又妩媚,还向他抛了一个媚眼。他怦然心动,不由自主地跟在轿子后边。

走了二十几步之后,轿子停了下来,轿中的美女向他招了招手说道:"请上轿。"

他本来就是一个风流才子,又慕轿中女子的美艳,居然上了轿子,与女子并肩而坐,二人勾肩搭背,有说有笑。不知不觉,坐了半个时辰,那轿子被抬到一座豪宅里。那宅很大很深,章惇不计后果地住了下来。

当晚,这个美人和章惇共赴巫山之后,又引来了5个同样美貌的女子,章惇来者不拒。

白天,那女子把章惇锁在一间柴房里,每当到了吃饭的时候,就会有一个老妪把饭送来。天黑之后,那女子又遣人将他接到自己的卧房,继续做爱。

做过之后,又给他引来5个女子,但这些女子全是新面孔。

第三天依然如此。他曾分别问过这些女子的名字,但没有一人肯告诉他。

这样的日子,又过了3天,累得他筋疲力尽,可那女子依然不放他走,他才有些害怕了。问送饭的老妪,这是什么地方,老妪不说。

也是他命不该死,送饭的突然换了,虽然还是一个老妪,但比前那个和善。他改变了策略,不再问这是什么地方,只问她是哪里人。

老妪回道:"福建路建州(治所在今福建省建安县)人。"

章惇又惊又喜道:"在下也是建州人,咱们还是老乡呢!"

老妪也是又惊又喜道:"你真是建州人?"

章惇道:"你听不出在下的口音?"

老妪道:"你的口音是有点像建州,你是建州什么地方人?"

章惇道:"建州浦城(今属福建省南平市浦城县)人。"

老妪道:"越说越近了,吾也是浦城人。"

章惇故意说道:"是吗?但你的口音不大像浦城的。"

老妪叹道:"吾11岁就离开了浦城,故而,这口音有点不像家乡的。"

章惇"噢"了一声道:"原来这样。哎,您是在下的小老乡,咱们在两千多里之外的汴京相遇相识,这不能不说不是一个缘分。我问您一个事,请您实言相告。"

老妪道了一声"好"。

"这里是什么地方?"

"这是什么地方,吾不能告诉你,但吾可以告诉你,这里的主人有权有势,妻妾成群,但因为主人的原因都不能生孩子。主母害怕主人绝后,怂恿这些妾勾搭年轻英俊的男人。来到这里的男人,因为房事太频,没有一个活着出去。到现在为止,已经死了11个。"

章惇又惊又怕,"扑通"朝老妪一跪,说道:"大姐,在下才20岁,是来汴京参加省试的,不能就这么死了呀!您要想办法救我,求求您了,求求您了!"说毕,开始磕头,磕得额头流血。

老妪长叹一声道:"我若救你,我的老命恐怕难保。哎,看你的长相,不是庸碌无为的人,但愿你富贵之后,别忘了我,代我把我的老母亲养老送终。"

章惇道:"您救了我的命,您就是我的再生父母。您的娘就是我的奶奶。您放心,孩儿一定会将奶奶养老送终。"

"好孩子,你起来吧,娘这就想办法救你。"

章惇又朝老妪磕了3个响头,爬将起来。

"孩子,你不是很想知道这里是什么地方吗?"

章惇重重地点了点头。

"这里是当今皇上的秘密行宫。"

章惇"啊"了一声,张大了惊讶的嘴巴。

老妪道:"你别害怕,我答应救你,我一定会救你,我也想好了救你的办法。每一天的上午,御膳房派人往这里送吃的、烧的。你呢,换上佣人的衣服,混在那些佣人的中间就能逃出去了。"

章惇哭丧着脸说道:"我没有佣人的衣服呀。"

老妪道:"你别担心,我这会儿就去拿。"

不到一刻钟,老妪去而复归,给章惇拿来一套佣人的衣服,章惇靠这套衣服逃了出去。

回到朝来客栈,他的心还在狂跳。自此之后,他再也不出去闲游了,一心一意备战省试。由省试而殿试,一路上过关斩将,中了个二甲第一,初仕为商洛县令。3年后,又迁馆阁之职,果然富贵。因喝醉了酒,将淫乱后宫的事说了出来,被人密告朝廷,朝廷把这个案子交给了包拯。

二十二　飞贼退敌

"我来也"姓甚名谁，无人知晓。他之所以叫"我来也"，那是因为他每次作案后，都要在事主门上用白粉写上"我来也"三个大字。

"我来也"是曾布棋盘上的一个重要棋子，这个棋子若是拨不动，全盘皆输。

哲宗虽然时昏时明，但他骨子里有一股豪气，总想干出几件超越前人又彪炳青史的大事。

包拯铁面无私，这是公认的。

但是，只要是人，都有七情六欲，让他真正的铁面，是做不到的。包拯也有私。

就笔者所知，有两次。第一次，他刚进京为官，因他的恩师文彦博反对"庆历新政"，他也反对。甚而还弹劾过庆历新政的主持者——北宋第一完人范仲淹。

第二次，就是章惇淫乱后宫之事。

这件事，应该彻查，更应该严办。在汉文帝之前，盗皇陵一抔土就是死罪，章惇可不是盗一抔土，而是淫乱后宫，灭他九族也该。但是，包拯却只以他酒后胡言，有失官体，将他赶出馆阁而结案。

包拯这样做，也不全是私心。第一，救章惇的老妪已经死了，死无招对。第二，包拯再牛，他也不可能提审仁宗的嫔妃。第三，就是他把这件案办成，仁宗颜面何在？皇家颜面何在？

包拯以"章惇酒后胡言，有失官体"来结案，既不让仁宗失面，又救了章惇一命。包拯之所以为后人敬仰，为大宋的当权者认可，不只因为他铁面无私，而是在铁面无私的前提下，他为大宋皇帝着想！

咱不说包拯，咱继续说章惇。

章惇淫乱后宫之事，即使不存在，但宋自立国以来，有个不成文的规定，文武百官只要有丑闻,不管真假,就得辞官。而章惇的丑闻,还不止一件,他能不辞吗?

他辞。

他一连两次上书哲宗求辞,哲宗不同意。

不同意他就得继续上朝,但是,他觉着百官看他的眼神有些异样。故而,当两国三方入侵大宋,大宋来了个廷议,群臣多主张避而不战,他虽然不同意,但没坚持。

章粢"哦"了一声道:"果然有原因。哎,你说没说我违旨击夏的事?"

九哥道:"说了。"

"章相怎么说?"

九哥道:"他认为您做得对。"

章粢一脸惊喜道:"他果真说我做得对?"

九哥道:"奴家不敢欺骗总管。"

章粢道:"他还说了些什么?"

"他说,辽、夏非我族类,他们都是狼,不会在自己弱小时攻击比自己强大的敌人。但他们一旦认为时机成熟,会跃然而起。而且,不达目的绝不罢休。采用避之的办法,只能使之更嚣张。质夫做得对,我明天便向天子进言,让他改变对辽夏的态度。"

章粢击掌说道:"这太好了。哎,你咋不等他一天呢?"

九哥道:"等了。"

章粢又问:"章相面奏天子的结果如何?"

九哥便把章惇面奏天子的情况一五一十讲了一遍:

哲宗听了章惇的进言,当即召枢密使曾布进宫。曾布很狡猾,对章惇的进言,先来一个肯定,紧接着便来一个反问:"辽夏和吐蕃之兵号称百万,即使没有百万,50万应该有的。咱如果要想战胜两国三方之兵,至少得动用60万军队。60万将士,人吃马喂,每一天至少得5万贯,若战上一个月,就是150万贯。臣曾问过计相,他说府库的存钱不到50万贯。所以,咱对两国三方,只能采取避的战略。"

哲宗问:"咱如果一味地避,他们一味地朝前攻击怎么办?"

曾布道:"不会。"

"为什么?"

曾布道:"据臣所知,耶律洪基对咱大宋很友好,曾发出了'愿来世生中国'之感叹,他不想和咱开战。这次出兵,全是那个小梁太后逼的。"

哲宗复问:"诚如此,为之奈何?"

曾布道:"派人和他们谈,再拿出一点钱犒他们的军,他们就会退兵了。"

"得拿多少钱?"

曾布回道:"10万贯足矣。"

哲宗道:"10万贯钱不算什么。"

曾布道:"这10万贯钱还不能一次给他们……"

哲宗道:"你想怎么给,你就怎么给吧。"

曾布道:"谈的事,一次不一定能成功……"

哲宗道:"不管你谈几次,只要谈成就行。"

曾布再拜说道:"陛下圣明!"

果如曾布所料,第一次没有谈成。而且,两国三方所提出的退军条件,比宋廷所能答应的相去甚远。百官皆以为,曾布这一次的人丢大了。

而曾布呢,一点也不愁,照样谈笑风生。

他在等一个人。

这个人是一个很有名的飞贼。

飞贼的名字叫"我来也"。

"我来也"姓甚名谁,没人知道,只因他每次作案之后,都在事主家大门或墙壁上用白粉写上"我来也"三个大字。所以,无论官民,都称他"我来也。"

"我来也"作案频繁,而且失窃的多为达官贵人、富商财主,每次数额都十分巨大,轰动京师,富商财主、朝廷重臣,谈及"我来也"无不变色。神宗皇帝便命开封府尹,务必要将"我来也"缉捕归案。

开封府尹接旨后,挑选了几名有经验的捕快,带领衙役,在一些未被偷过的达官富户的府邸附近巡逻。

巡逻的结果,"我来也"三个字仍然不断出现,衙役见字不见人,一无所获。而"我来也"则好像故意和官府开玩笑,哪里巡查得严,他就在哪里出现。

很快,"我来也"的大名在汴京城内四处传开,无人不知,无人不晓,仿佛偌大一个京城,只剩下了"我来也"一个大盗在频频作案。街头巷尾,茶余饭后,人们议论的话题离不开"我来也"。

开封府尹心力交瘁,加派衙役,并悬赏重金缉拿"我来也"。

二十二　飞贼退敌

有一天,开封府尹得到了振奋人心的喜讯。他的下属夜间巡逻时抓到了一个盗贼,而这个盗贼就是大名鼎鼎的"我来也"。

开封府尹又惊又喜,亲自提审"我来也","我来也"只承认自己叫周无病,并讥笑官兵立功心切。开封府尹见他百般抵赖,又没有赃物作证,心中尽管恼怒,也不好定案,只得吩咐狱吏严加看管此人,并命捕快继续用心缉拿"我来也"。

周无病被关在单人牢里,手上脚上还戴上了沉重的镣铐。说来也怪,自从他入狱后,外边再也没有"我来也"的题名出现,这个现象引起了开封府尹的注意。由此,他认为周无病就是"我来也"无疑。但因没有充足的证据,还是不能定案。开封府尹决定再囚禁他一段时间,看看外边的情况再说。

在狱中,和犯人打交道最多的是狱卒。某一天,周无病趁狱卒李得贵查狱的机会,悄悄地对他说道:"我虽然不是'我来也',但是做过贼,那也是为生活所迫。现在我被囚在狱中,没有为自己开脱的理由,将来是死是活难以预料,我看大哥待我不错,是个好人,我想报答你。"

李得贵笑笑,没有接话。周无病忙又说道:"大哥难道不相信我说的是真心话吗?那好,我实话告诉你,我有一些银子,藏在保俶塔顶层的砖后,你若不嫌弃,就去取了用吧。"

李得贵心想,那保俶塔是汴京一景,游人很多,他怎么可能把银子藏到那边上?瞎话!

周无病看出李得贵的疑惑,微笑着说:"你不用怀疑,你只管到保俶塔去,假装做佛事,点上佛灯,慢慢寻找,一定能找到那银子。"

李得贵将信将疑,当晚上了保俶塔,居然找到了一包银子,足有三十两。他第一次得到这么多钱,兴奋得一夜睡不着。第二天一早,他就到集市上买了好酒好肉,给周无病带去。两天之后,周无病又对李得贵说:"大哥是个讲义气的人,我信得过大哥,我还有一坛子东西,放在侍郎桥下东边的水里,你取出来用吧。"

李得贵心中暗喜,嘴上却说:"侍郎桥上人来人往,我去取东西,人家会起疑心的。"

周无病说:"这并不难,你可以让家里的人用箩筐盛上衣服,到桥下去洗,暗中把坛子捞起来放在箩筐里,用衣服盖住,不就可以拿回家了吗?"

李得贵依计而行,得到了一坛子古玩玉器,价值千金。他一高兴,又买了酒食慰劳周无病,两人愈发亲近起来。过了几天,又轮到李得贵值夜,二更时分,周无病低声对李得贵说道:"我有点小事,想出去一下,四更前一定回来,绝不会连累你。"

李得贵连连摆手道："这不行,你是朝廷要犯,你若是跑了,我可吃罪不起。"

周无病说："大哥还是不相信我。我对天发誓,一定还会回来。再说,即使我真的不回来,你放一个囚犯大不了判一个流放之罪,而我所送你的财物,已经足够维护你以后的生活了。你还是快点给我打开镣铐吧。要是你不答应我的要求,恐怕后悔莫及。"

周无病的话软中带硬,李得贵不得不把周无病的镣铐打开,放他出了牢房。一出牢房,他纵身一跃,飞上墙头,消失在夜幕中。

李得贵在牢中坐等,越想越后怕,后悔自己不该贪图钱财,为犯人所挟。正当他又悔又怕之时,房上瓦响,原来是周无病回来了。

李得贵大喜过望,连声致谢："你真是个信人!"忙给他戴上镣铐。过了两个时辰,换班的来了,李得贵交班之后走出牢门,听到街上议论纷纷:"昨夜大盗'我来也'又出来作案了,张大户被盗,丢失了许多金银细软,那强盗还在门上留下了'我来也'三字。"

"我来也"又出现在汴京的消息,很快传到开封府尹的耳中,他吃惊不小,敲着桌道:"我差一点判错了这个案子,难怪周无病死不承认是'我来也',原来真正的'我来也'还在逍遥法外啊!"

他立即召集各路缉捕队伍,斥责他们不该以假乱真,谎报邀功,导致真正大盗逍遥法外,命他们严捕。此后,又重审狱中犯人,将"我来也"以触犯宵禁的罪名,打了几十大板,驱逐出京。

李得贵回到家中,妻子又惊又喜地说道:"你可回来了。昨天后半夜,我听到一阵急促的敲门声,急忙起来开门,一个脸上蒙着黑布的汉子,扔下两个包袱匆匆离去。我也不知道包袱里是什么东西,要不打开看一看?"

李得贵道了一声"好",打开包袱一看,尽是金银器皿。这下子,他明白了周无病便是"我来也"。

过了两个多月,李得贵假称有病,辞职回到了故乡陈州宛丘县,置了一千多亩地,过上了富人的生活。

他骤然暴富,引起乡邻的警觉,密报大保长,大保长又报县衙。县衙便把他抓了起来,一再逼问,他的钱来自何处,他受刑不过,把"我来也"招了出来。但是,"我来也"行踪不定,县衙出动了数十人,捕了半年,也未捕到,便把这件案子,呈报了陈州知州。

是时,因吕惠卿的排挤,曾布被踢出了朝廷,任陈州知州。他调阅案卷之后,把李得贵提了出来,语之曰:"像'我来也'如此有智有义的高贼,抓是抓不到的,我这就放你出去。但是,你出去之后,要想办法找到'我来也'。你告诉他,蔡某人一生佩服两个人,而且这两个人都生在战国,一个叫孟尝君①,一个叫子发②。蔡某人很想和'我来也'交个朋友,他如果信得过蔡某人,可来州衙一见,如果信不过,蔡某人也不勉强。你可以走了。"

一年后,李得贵领着"我来也"来见曾布,曾布笑问:"'我来也',你不怕我把你抓起来?"

"我来也"笑嘻嘻地回道:"不怕。"

"为什么?"

"我来也"依然笑嘻嘻地回道:"你是大官,也是做大事的人,不至于为抓一个小偷来说谎,来坏自己的形象。这是其一。其二,按我所犯之罪,早该入狱,您就是把我抓捕入狱,我也毫无怨言。"

曾布脱口赞道:"你真会说话!"

"我来也"一脸郑重地说道:"小人说的都是心里话。"

曾布点了点头又道:"你近来还行窃吗?"

"我来也"回道:"去年已经金盆洗手,改做丝绸生意。"

曾布道:"好,很好。你今午不要走了,我要好好和你喝几杯。"

"我来也"双手抱拳道:"谢谢大人抬爱!"

午饭吃了一个多时辰,二人边喝边谈,谈得投机,喝得也尽兴。自此之后,曾布和"我来也"成了朋友,不管曾布做地方官还是京官,到了他的生日,"我来也"必带一份厚礼前来祝寿。可今年的生日宴已经吃过了,还不见"我来也"露面,曾布坐卧不安。

俚语说得好:"苍蝇集臭,蝼蚁集膳,鹘鸠③子旺边飞。"曾布官居枢密使,乃西府的掌门人,若是不加以阻拦,为他祝寿的怕是连门槛都要踢破,如今竟为了一个金盆洗手的飞贼没有来而坐卧不安,实在有些反常。

不是曾布反常,换作笔者也会反常。

---

① 孟尝君:即田文。战国齐国人,曾为齐相,乃战国四君子之一。手下宾客三千,内中不乏鸡鸣狗盗之徒。某次,率宾客出使秦国,被秦国软禁起来欲杀之,门客偷秦王之狐白裘献给秦王爱妃,秦王妃讲情,秦王不但放了孟尝君,还答应说两天后设宴为他践行。孟尝君害怕夜长梦多,连夜逃走,逃到函谷关,正是半夜,按秦国法律,函谷关每天鸡叫才开门,他正犯愁,传来几声"鸡"叫,函谷关大门轰隆隆打开。原来,那不是真的鸡叫,而是他的宾客模仿的鸡叫。

② 子发:战国楚宣王的大将,也是广收宾客,内中也不乏鸡鸣狗盗之徒。某天,秦国发兵攻打楚国,楚宣王派子发率军前去迎战,三战皆北,士气低落,一宾客主动请缨去秦营行窃,第一晚偷了魏军主帅的帷帐。第二晚,偷了魏军主帅的枕头,魏军主帅惧而退兵。

③ 鹘鸠:野鸽的一种,有人说就是斑鸠;亦有人说是布谷鸟、大杜鹃。笔者以为是斑鸠。

何也?

"我来也"对于曾布来说太重要了。

辽、夏和吐蕃,两国三方出动上百万军队伐宋,朝臣中分成了主战、主和两派。而曾布是主和的,朝廷采纳了他的建言。而且,一切都是按照他的部署进行:第一盘棋,避。第二盘棋,谈。谈的结果,两国三方提出的条件,与宋廷所给出的条件相去甚远。相去甚远也不可怕,关键是第三盘棋,而在这盘棋中,"我来也"是他一个重要的棋子。这个棋子拨不动,全盘皆输。现在呢?他不是拨动拨不动的问题,而是,这个非常重要的棋子找不到了,你说愁人不愁人?

正当曾布的脸皱的像核桃壳子的时候,"我来也"来了。他又惊又喜,冲上去照"我来也"当胸一拳:"你怎么到现在才来?"

"我来也""哎呀"了一声,后退两步,方才回道:"您别抱怨,我差一点两度为人了!"

曾布忙问:"路上出事了?"

"我来也"回道:"我当了大半辈子贼,却坐上了贼船,若非我会游那么两下子,三天前就葬身鱼腹了。"

曾布双手抱拳道:"对不起,我错怪了大侠。饭我已经准备好了,咱俩一块儿吃,吃过饭后,咱就出发。"

"去哪?""我来也"问。

"去陕西。"

"我来也"又问:"去那里干什么?"

曾布道:"路上我给你细说。"

用过了午饭,曾布率领3个将军和"我来也"、张兴及十几个亲兵上路了。

路上,他与"我来也"同乘一车,一边走一边谈。谈毕,曾布一脸歉意地说道:"这么大的事,我事先没有征得你的同意,便把你拉了来,实在有些孟浪。"

他双手抱拳道:"对不起,对不起,还请大侠多多原谅才是!"

"我来也"哈哈大笑道:"在我眼中,您是一个顶天立地的汉子,今日之语,却有点俗,俗不可耐,不像出自您曾大人之口!"

曾布"嘿嘿"一笑道:"大侠批评的对。我什么也不说,拜托了!"

一行人晓行夜宿,不到10日,便到了兴平县境。章綮闻听枢密使到了,忙出帐相迎。

曾布一边走一边问："章总管，你这里距平夏城有多远？"

章楶回道："不到三舍之地。"

曾布道："你速去准备午饭。"

章楶道："好。"

曾布道："再准备一身辽卒衣服和两匹骏马。"

章楶又道了一声"好"。

午饭后，"我来也"和张兴各骑了一匹骏马，带着辽卒衣服，向北飞驰而去。

在距平夏城将近40里之地，张兴在一个破庙里隐了下来。"我来也"则换上辽卒衣服，寅夜去了辽营。将及五更，"我来也"将一顶皇冠交给张兴。

太阳出来后，张兴携着皇冠前往辽营。

耶律洪基听说宋使到了，忙道了一声"请"。

张兴进得辽营，向耶律洪基行过了君臣大礼说道："昨天有一个打柴人，捡到了陛下的皇冠，特地前来归还。"说毕，打开包袱，取出皇冠，呈给了耶律洪基。

耶律洪基起床，找不着皇冠，把左右的人，问了一遍，直到现在方才明白，原来是被宋人盗了去，心中大骇。

张兴乘机说道："外臣此来，是奉旨而来。外臣这里，有一封国书，请大辽陛下御览。"说毕，将国书双手举起，与眉齐。

耶律洪基拆而阅之。国书内容有三，第一，追述两国之友谊。第二，两国三方若是撤兵，愿拿出10万贯钱犒军。第三，两国三方若不退兵，10日后关闭榷场，明年的贡银也不再纳。另外，宋人的运气比较好，说不定还会捡到陛下的佩剑什么的。

此书，软中带硬，耶律洪基想了又想，邀小梁太后和吐蕃王进帐，语之曰："你我50万大军，压进宋境，宋人不只不应战，还一味地道歉，咱不能得理不让人，依朕之意，咱给他们定一个和好的盟约，撤兵回国。"

小梁太后大声说道："这不行。"

耶律洪基问："为什么不行？"

小梁太后道："犒军的钱太少。天都山呢，他们也没说还！"

耶律洪基复问："依您之意呢？"

小梁太后道："咱提出的90万贯犒军钱，一文也不能少。还有天都山，她必须归还！"

耶律洪基欲要劝说小梁太后，辽之枢密使萧德崇朝他丢了几个眼色。耶律洪基轻叹一声道:"梁太后,南朝有一哲人说过这么一句话,'兵者,凶器也。'咱与南朝是战是和,还请您好好想一想再议。"说毕起身,做送客状。

等小梁太后和吐蕃王离开大帐,耶律洪基问萧德崇:"你刚才一连给朕丢了几个眼色,是何用意?"

萧德崇回道:"南朝有一俚语,'能跟明白人打一架,不和糊涂人说一句话',小梁太后既是个糊涂蛋,又是个半疯子,您劝也无用。"

耶律洪基又是一声轻叹:"诚如此,咱该怎么办?"

萧德崇压低声音说道:"送她上西天。"

耶律洪基背负双手踱步,踱了足有一刻钟,方才说道:"量小非君子,无毒不丈夫,为了咱大辽,为了不让宋人再捡朕的佩剑什么的,也只有这样了!"

萧德崇道:"既然陛下同意送小梁太后上西天,臣这就去准备。"

"你都准备些什么?"

萧德崇回道:"五斤毒酒、一个九曲鸳鸯壶①。"

耶律洪基道:"好,你速去准备,朕今晚就宴请小梁太后。"

小梁太后见耶律洪基宴请她,还道是耶律洪基怕了她,欣然赴宴,宴还没有结束,她腹痛如刀绞,手指耶律洪基骂道:"你好歹毒,你……"一头栽倒地上,再也没有起来。

西夏军明知是耶律洪基毒死了小梁太后,也不敢说破。耶律洪基撤军,他们便跟着撤军。

李乾顺听说她娘被耶律洪基毒死了,不但不恨,反向辽示好。甚而,还要做耶律洪基的乘龙快婿。耶律洪基愉快地答应了,以宗室之女妻之。

曾布只动用了一个飞贼和10万贯钱,就把两国三方的百万雄师给吓走了。而且,还除掉了那个对宋最不友好的恶毒女人。曾布的声望,也和半年前的章惇一样一路飙升,甚至超过了章惇。

章惇不服,冷哼一声道:"他曾子宣(曾布字子宣)怎能和我章子厚比,他只是让敌军撤军,敌人没有死伤一个,大宋的人口没有增一口,大宋的土地也没有增一寸。我章子厚的平夏城之战,可是杀伤西夏军二十几万,还把李元昊的行宫天都山给抢了回来。"

---

① 九曲鸳鸯壶:此壶是战国时楚国郑袖为方便服药而命人精心制作而成,酒壶中间有一隔断,将壶一分为二,一边放酒,一边装药,按动不同的机关倒出不同的东西。

他服气也罢,不服气也罢,曾布的声望已经超过了他章惇。而且,还有人说哲宗欲拜曾布为相,将他取而代之。

他尽管知道这是谣传,但谎话说三遍,就会有人相信。我章子厚得搞一个大动作,把国人的眼球吸引过来。

就目前来说,国人的话题谈得最多的,还是曾子宣的"飞贼退敌",我何不顺着这个题来做文章?但我不仅仅是退敌,而是杀敌、俘敌,把敌人的土地变成我大宋的土地!

要达到上述目的,得选一个攻击的目标。

选谁呢?

辽国势大,对我大宋一向很友善,辽国不能选。

西夏刚刚死了垂帘听政的小梁太后,乃有丧之国。不伐有丧之国,乃春秋之大义,西夏也不能选。

只有选吐蕃了。

说起吐蕃,章惇就来气。

吐蕃建国在唐代,她的鼎盛时期也在唐代,松赞干布为国王期间,与唐建立了正式的联姻,且尊唐太宗李世民为"天可汗①"。唐僖宗乾符元年(公元877年),吐蕃为义军所灭,其国分裂成许多部落和土邦。北宋开国不久,原吐蕃的一个部落首领唃厮啰在以邈川(今乐都)、青唐(今西宁)为中心的湟水流域建立了政权,自称赞普,并在宋仁宗元祐二年(公元1035年)击败了入侵的李元昊。唃厮啰为了防止西夏报复,向宋称臣。此后,宋和吐蕃多次联合,共击西夏。王安石为相,一改联合唃厮啰反夏的方针,希望通过征服唃厮啰作为跳板进攻西夏,唃厮啰大怒,转而投靠西夏,与大宋为敌。自吐蕃大首领董毡的儿子蔺逋比娶了大梁太后的女儿之后,两家的关系更为密切,每当西夏与宋发生了战争,吐蕃必倾力助夏。

就选吐蕃了!

哲宗虽然时昏时明,但他骨子里有一股豪气,总想干出几件超越先人而又彪炳青史的大事。前次平夏城之战,已经很辉煌了,他还想再来一个辉煌。故而,章惇和他一拍即合。

元符二年(公元1099年)四月,章惇命章楶出兵吐蕃。章楶以王厚(王韶之子)、王

---

① 天可汗:可汗,简称"汗"。古代鲜卑、突厥、回、蒙古等族君主的称号。李世民在位期间对周边的少数民族采取怀柔政策,少数民族对他很尊重,于唐太宗贞观二十一年(公元647年),拥戴他为"天可汗",成为各族的共主和最高首领。

大宋天子——宋哲宗

赡为正副先锋,自密章渡河,大小数十战,连败吐蕃军,拔朱黑城(在今青海省乐都县东南四十五里)、邈川(今属青海省民知县)、宗哥城(今属青海省乐都县)、安儿城(今属青海省平安县)、青唐(今属青海省西宁市),招降吐蕃大小首领、蕃僧及回鹘①公主等一万余人,宋在收复之地置鄯(鄯善)、湟(湟中)、廊(今化隆西黄河北岸)三州。

吐蕃连失数城,忙向西夏求救,西夏遣大将仁多保艾率军往援,二军相加,达二十余万,陷宋之廊州,章楶则遣种朴、苗履、姚雄、高永年等,率军12万援助王厚、王赡。双方大小百余战,互有胜负。

种朴在河州曾为蕃将峣羌锾罗结所败,又羞又恨,闻峣羌锾罗结率军围湟州,忙举兵前去,二蕃僧告种朴曰:"羌人不只畏宋人旗帜之多,亦畏大将之旗鲜明光彩。"

种朴信之,命随军裁缝别制新旗数百面,务要光彩夺目。

王舜臣劝曰:"此番去湟州,途中多涧道,敌若设伏,攻击的目标,一定是主将。将军不说卷旗易服了,至少不能这么张扬。"

种朴笑驳道:"汝此话缪矣。打仗凭的不只是一个勇字,还得先声夺人。所以,古之不少名将,为了达到先声夺人的目的,着白衣、骑白马。而我只是多置几面彩旗,你就怕了,这可不像你的性格!"

王舜臣辩道:"不是我怕了。我总觉得这两蕃僧,'非我族类,其心必异。'他俩的话……"

种朴笑拦道:"这两个蕃僧你不用怀疑,他俩已经为我边帅探事十余年了,完全靠得住。"

王舜臣不好再说什么,别制彩旗的事就这么定了。旗成,种朴挑选数百强健士兵,以二蕃僧为向导,执旗而进,穿过一个涧道,前行十余里,道旁尽是草丛,两个蕃僧分别跃进草丛,种朴还没弄清怎么回事,草丛中万箭齐发,他躲避不及,身上连中十几箭,扑倒在地。上千名蕃兵,跃出草丛,扑向种朴,争抢其尸。

---

① 回鹘:即回纥。维吾尔的古称。

二十三　郝东三个爹

郝东有诗献众官,文武看来总一般,众官做官却做贼,郝东做贼却做官。

章惇笑问郝东:"你是怎么把刘挚母子弄死的?竟然连仵作都瞒过了。"

九哥将小扁圆鼓"咚咚咚"敲了三下,说道:"太阳出来照东墙,东墙底下有荫凉。荫凉下卧了一群羊,羊娃它爹是羯子,羊娃它妈是母羊。"

宋军遭遇埋伏,又见种朴毙命,竞相回蹿。蹿至涧道,壅连不得行。王舜臣以弓挂臂,踩着人肩,自涧道出。三里之外,万余蕃骑,浩浩荡荡,向涧道的方向扑来,有7人介马而先。王舜臣冷笑一声,引弓3发,射倒3人。余之4人拨马而逃,皆被王舜臣射中后背,掼下马去。众蕃骑大骇,勒马而驻。

宋军见王舜臣如此了得,不再害怕,纷纷返回,列队于王舜臣之后。

约有盏茶时间,蕃骑在蕃将的督责下,踯躅而前。王舜臣再次抽矢,自申及酉,发矢千余,射杀千余,无一虚发。指裂,血流至肘。

其间,王舜臣命宋军撤退。薄暮时,亲兵还报,宋军已全部撤出涧道,王舜臣这才掉头而去,蕃骑慑于其威,竟不敢追。

3日后,王厚、王赡、苗履、姚雄率兵来会,众达十余万,共赴湟州,击败峣羌篯罗结后,挥军东进,与盘踞在鄯州的蕃、夏主力决战,斩仁多保艾,并敌首两万余级,吐蕃军跟着西夏军窜逃西夏。宋军紧追不舍,深入西夏境三百余里,饱掠而还,驻军天都山。消息传到汴京,汴人敲锣打鼓,涌上街头,载歌载舞,如同过节一般。

一个月后,西夏、吐蕃双双遣使来汴,上表称臣。汴人又大大地庆贺了一番。

章惇又香了,同僚们看他的目光,除了敬佩还是敬佩。

他是一个闲不住的人,外患平了,还能再干点什么呢?

内患。

旧党被他彻底击垮了,仕途上能对他构成威胁的只有曾布。他正要寻曾布一个错儿,将曾布踢出朝堂。曾布却上书朝廷,说是章惇高瞻远瞩,运筹帷幄于庙堂之上,才使西夏和吐蕃一败再败,不得不上表称臣。章相之功,可追太公(姜子牙),应当给予重赏。

哲宗看了曾布上书,当即照行,赐章惇铁卷丹书①,并黄金白银各二百两。

这一赐,章惇不好意思找曾布麻烦了。

找谁呢?

还找旧党。

他把旧党的头头脑脑贬到岭南后,原本要他们自生自灭。

这些人命大,一个也没有死。特别是那个刘挚,初贬鼎州(今湖南常德),居然带上他的老娘去"上任"。"上任"半年,母子俩安然无恙。改贬新州,又半年,依然安然无恙。再贬,让他在岭南最恐怖、最恶劣、死人最多的 8 个州挨个儿贬过去,母子俩依然不死。

正当章惇为如何把刘挚母子送上西天而发愁时,郝东找上门来,笑嘻嘻地问道:"下官听说,梅州转运判官死了?"

章惇将头点了点。

"我想去那里当判官。"

章惇一脸不解道:"梅州恶山恶水,说着都怕,你咋想起来去那里当官?"

郝东"嘿嘿"一笑道:"我想报相爷的恩。"

章惇反问道:"报本相的恩?"

郝东将头重重点了一点。

章惇又问:"本相何时有恩于你?"

郝东道:"三年前。"

"三年前?三年前我有恩于你?这事我咋没有一点印象呢?"

郝东依然笑嘻嘻地说道:"您办的好事太多,所以您想不起来哪一件了。"

章惇来了兴趣,笑问道:"你说一说本相都办了哪些好事?"

"第一,你把不可一世的西夏和吐蕃打败了。他们不只败了,他们还跪倒在您的脚下,向咱大宋称臣,这是百年来没有过的事,很长咱大宋的志气!"

---

① 铁卷丹书:简称"铁卷",俗称"丹书铁卷",又名"金书铁卷",乃古代帝王赐给功臣世代享受优遇或免罪的凭证。内容用丹书写在铁板上故而得名。

章惇虽然不语，但一直微笑着，郝东暗喜，继续拍章惇的马屁："第二，您把高老乞婆和那些旧党全打趴下了，让新党重新站了起来，绍了神宗之法，连我这个不是新党的人也跟着沾光。"

章惇笑问道："你都沾了什么光？"

郝东道："复官了呀。"

章惇问："你原先是什么官？那官又是怎么丢的？"

"我原先的官是武义大夫，已经干了两年，有人向高老乞婆说我的坏话，老乞婆把我的官帽给摘了。"

章惇笑问道："有人说了你什么坏话？"

"说我身为朝廷命官，伤风败俗，居然在身上绘满了《春宫图》……"

章惇笑拦道："你不用说了，这事本相知道。"

郝东双手一拱道："对不起，让相爷见笑了。"

章惇道："你让人见笑的事还不止这一件呢！"

郝东故作憨憨地一笑道："是的，确实不止这一件。"

章惇道："本相还能说出你两件。"

郝东笑嘻嘻地说："那就请相爷说来听听。"

章惇道："第一件，你受招安后，任福州延祥寨统领保义郎。某年上元节，你到福州府衙参加官方聚会，官员们或谈笑风生，或吟诗作赋，把你晾在一旁，你耐不住寂寞说道：'鄙人虽然粗俗，那诗也能作一两首出来。但不知诸位愿不愿听？'众官或窃窃私语，或面带讥笑！什么世道，连贼也会作诗？你也不管他们怎么议论，脸皮一拉，高声吟道：'郝东有诗献众官，文武看来总一般，众官做官却做贼，郝东做贼却做官。'满座惭颜，鸦雀无声，有无此事？"

郝东又是憨憨地一笑道："有这事。下官的诗虽然做得不好，但说的全是实话。"

章惇笑微微地说道："是的，你说的全是实话。不像有些人，一副道貌岸然的样子，暗地里男盗女娼，口口声声忠君爱国，私下里把大宋百战所得之疆土，拱手送给敌国。"

"你说的是司马光吧？"

章惇一脸愤然道："不只司马光，韩琦、文彦博也不是什么好东西！"

郝东道："相爷说得对。"

章惇继续说道："传你的第二件事，本相有些不大相信。"

郝东嘻嘻一笑，还是那句老话："说来听听。"

"某一次你去看望李宪,正赶上李宪在洗脚,你袖子一捋,给他洗脚。洗了一会儿,捧起他的脚闻了又闻说道:'您的脚真香啊!'有无此事?"

郝东一本正经地回道:"有。"

章惇道:"听说,你这马屁拍的连李宪都觉着有点不好意思?"

郝东将头使劲摇了摇:"下官不这么认为。"

"你怎么认为?"章惇问。

"相爷也知道,下官原本是一个贼,是李公公把我招安,我不只脱离了贼窝,还当上了朝廷命官。没有李公公,就没有我的今天。李公公是我的再生父母,儿子给父母洗脚,这能叫拍马屁吗？这叫报恩!"

略顿又道:"下官儿时,下官的奶奶常对下官讲:'羊有跪乳之恩,鸦有反哺之义'。下官之为只不过是效法一下羊和乌鸦罢了!"

章惇频频颔首道:"你说得对。俗话说,'受人点滴之恩,当以涌泉相报。'说的就是你呀!"

郝东再拜说道:"谢谢相爷夸奖。"

章惇轻叹一声道:"通过今日这番谈话,本相对你刮目相看,让你做一个转运判官,有点委屈了你。要做就做转运副使。"

郝东"扑通"一跪,叩头说道:"谢谢相爷的栽培!"

章惇拈胡说道:"起来吧,只要你知道报恩,好好干,本相不会亏待你。"

郝东又叩了一个头说道:"下官这一生有三个爹,第一个是生我养我的爹,已经死了。第二个是救我出贼窟的爹,也死了。您是下官第三个爹,也是唯一的爹,下官一定听您的话,好好干,为爹争光!"

章惇笑嘻嘻地说道:"别说了,起来吧,本相还有话问你。"

郝东叩头而起,毕恭毕敬地说道:"爹,有什么话,您尽管问,孩儿一定如实回答。"

"你刚才是不是说了这么一句话,你要去梅州做官,乃是为了报本相的恩,这话本相有点不大明白。"

郝东道:"刘挚是不是被贬到了梅州?"

"是。"

郝东又问:"这家伙是不是旧党?"

"是。"

郝东复问:"他在做京官时,是不是经常和您对着干?"

"是。"

郝东再问:"您是不是很想让他死?"

"这……你以为呢?"

郝东自个儿打了自个儿一个嘴巴说道:"孩儿不会说话,孩儿觉着,这个人是高老乞婆的爪牙,高老乞婆已经死了,他应该去陪一陪高老乞婆了。"

章惇微笑着没有接腔。

郝东道:"孩儿若是做了梅州转运副使,孩儿不只让他死,他老娘也得死!"

章惇将头点了点说道:"本相信得过你。你先回去,不日你就会收到任命你的敕书。"

郝东又要下跪,被章惇拦住了。

新官上任,本来有一个月的上任假,郝东接到敕书的第二天,便坐着马车上任去了。

两个月后,刘挚母子相继死去,死去的时间相隔不到半个月,有人说他娘俩是被人谋杀的,可是,仵作验遍他娘俩的全身,没有一点外伤。

也有人说他娘俩是被人毒死的,但是,身上也没有一点中毒的迹象。

宋朝,死人可是一件大事。

当然,正常死亡例外。

不,正常死亡也得看死的是什么人,如果是犯人,就得另当别论。

难道犯人的命比正常人的命还主贵吗?

不是主贵,是因为宋制中有"善待犯人"这一说。

赵光义坐上皇帝的宝座后,踌躇满志,先是灭了北汉,又挟战胜之威,讨伐契丹(辽),想来一个一统天下,建不世之功。其结果,反为契丹所败,他自己也被辽将射伤,名将杨业则命丧陈家谷,致使他二哥创建的精锐之师损失殆尽。于是,不敢再对外用兵,掉头向文,附庸风雅,不断地扩大科举取士的规模,崇文抑武,以儒立国,以仁治国。这个仁的突出表现是善待犯人,他一而再再而三地告诫大理寺、刑部、御史台和审刑院的官员,天下不能有滞狱。为了解决滞狱问题,他规定,大事40天;中事30天;小事10天;不必追捕就能决断的案件,不得超过3天。此举,被时人称之为"四限之制"。

在此之前,由于公差或狱卒受了犯人仇家的收买,虐待犯人,谋害犯人的情况经常发生。为了避免这样的情况出现,赵光义规定,不管是在狱中,还是在押送途中,不能打骂犯人,有病就得治疗。犯人若是死亡,郎中和看管人员以及主管犯人的官员,要写出说明材料。

赵光义此举,受到了士大夫的广泛赞誉,被作为制度传了下来。

郝东来梅州,乃是冲着刘挚母子来的,刘挚母子一死,大功告成,兴高采烈地回汴京邀功。

章惇笑问道:"你是怎么把刘挚母子弄死的?居然连仵作也瞒过了。"

郝东嘻嘻一笑回道:"您猜。"

章惇道:"让他娘俩吃了慢性毒药?"

郝东反问道:"吃慢性毒药致死查不出来吗?"

章惇道:"应该能查出来。"

郝东笑道:"既然能查出来,下官还会让他娘俩吃慢性毒药吗?"

章惇道:"应该不会。"

郝东媚笑道:"爹若有兴趣,不妨再猜一猜。"

章惇道:"好,本相就再猜一次。你是不是以食物相克的办法将他娘俩送上了西天?"

郝东依然媚笑道:"这一下爹猜对了。送刘挚娘俩上西天,用的就是这个办法。"

章惇问:"食物相克的不少,但能致人死命的却不甚多。你让他娘俩吃的什么食物?"

郝东回道:"鹅肉与鸡蛋同食。"

章惇摇头说道:"这两样东西同食,本相吃过,只是有点伤元气,绝不会死人。"

郝东道:"这两样东西一块儿吃是死不了人。如果附之于其他手段呢?"

章惇问:"什么手段?"

"亲嘴,亲的叫他出不来气。"

章惇"吞儿"笑了:"那,刘挚好色,身边除了他娘,又没有其他女人。俗话说,'当兵三年,见了母猪也发情'。他被贬至今,刚好三年。如果让一个美女去引逗他,和他亲嘴,不停地亲,疯狂地亲,再加上吃了鹅肉和鸡蛋,再加上他已经70岁的人了,也许能把他亲死。哎,你从哪弄来的美女呀?"

"孩儿自带的。"

"汴京的?"章惇问。

"不是,是福州的。"

章惇问:"汴京还少美女吗,你怎么去福州找?"

"孩儿在福州做保义郎时,认识一个老鸨,这个美女是老鸨给孩儿介绍的。"

"恐怕也是一个妓女吧!"

郝东将头点了一点。

"刘挚这人很精,你带去的人,他会碰吗?"

郝东道:"孩儿也想到了这一点,孩儿让厨娘认妓女为干女儿,且在刘挚居住的街上租了两间房子,开了一个杂货铺,让她'母女'俩去经营。这一经营,妓女便和刘挚挂上了。"

章惇"噢"了一声笑道:"你的贼智还不小呢。哎,刘挚他娘又是怎么死的?"

"孩儿让她的邻居给她送了半盒鹿肉炖南瓜。"

"这东西也能吃死人?"章惇问。

"能。"

"这倒让本相长见识了。哎,本相越和你交往,越觉得你这人,既有才,又知道感恩。让你做一个转运副使,有点屈才,本相明天便奏请天子,将你的官儿再升一升。"

郝东"扑通"又是一跪,叩头说道:"多谢爹爹提携,爹爹的大恩大德,孩儿没齿难忘。爹爹如果升了孩儿的官,孩儿请求去儋州。"

"那里的山水比梅州还恶,你为什么要去那里?"

郝东道:"为爹爹除害呀!"

章惇反问道:"你要为本相除害?除什么……"他突然反应过来:"噢,谢谢你,你真是一个有心人,一个知恩必报的人。今晚我请你的客,咱俩好好喝几杯。"

郝东叩头而起。

三天后,一张敕书,郝东荣升为儋州知州。这一次,他没有急着去上任,天天铆在家里收贺礼,一个他意想不到的人物出现了。

这个人就是"我来也"。

"我来也"因退敌有功,哲宗不只召见了他,还要封他官,他不想当官,领了一大笔赏钱,在汴京住了下来。

郝东未曾招安之前,已经认识"我来也"。见"我来也"举礼来贺,那贺礼又相当丰厚。且是,"我来也"又是大宋的功臣,皇上和枢密使的座上宾,岂敢怠慢!不只高接,还置酒相款。喝到约有八九分酒意的时候,"我来也"突然问道:"老弟,你说实话,刘挚是不是死在你的手里?"

郝东也不隐瞒,点头回道:"是的。"

"我来也"又问:"儋州,听说是你主动要求去的?"

郝东又点了点头。

"我来也"复问:"儋州尽是恶山恶水,你为什么要去那里做官?"

"为杀一个人。"

"我来也"再问:"谁?"

"苏东坡。"

"我来也"道:"他可是当今的大文豪!他的文才,有人说超过了唐代的李太白。你为什么要杀他?"

"他不识时务,冒犯了章相。只要冒犯章相的人都该死!"

"我来也"眉头微皱道:"你这话不对吧,据愚弟所知,苏东坡和章相不只是同年,还是好朋友呢。二人经常一块儿游山玩水,还玩出了不少佳话。比如,'章相击虎,东坡发抖'等等。"

"那是以前,后因一个要变法,一个反对变法,分道……分道扬,扬什么呀?"

"我来也"道:"分道扬镳。"

"对,就是分道扬镳!这个词呀,我经常听人说,到用时想不起来了。你看,你看我这个破脑袋,真该砍下来当尿罐。"

"我来也"劝道:"他们分道扬镳是他们的事,你何必要趟他们的浑水!"

郝东摇头说道:"你这话愚兄不想听。"

"为什么?"

郝东道:"章相不只是我的大恩人,章相还是当朝一品宰相,对朝廷有大功焉,冒犯他就是冒犯我和朝廷。我刚才已经说过了,我再说一遍,只要冒犯章相的人都得死!"

"我来也"不想和他争辩,苦笑一声,端起酒杯说道:"刚才的话,等于小弟没说,咱喝酒,咱接着喝酒。来,碰杯。"

郝东也道:"碰杯。"

喝酒都是喝个心情,话不投机,这酒还能喝得下去吗?

喝不下去。

"我来也"一仰脖子,将碰杯酒灌下肚去,借口有事走了。

第二天,他刚起床,便收到了曾布的请帖。帖云①:

---

① 帖云:帖子的内容。翻成白话文是这样的:我想在今天(二十一日)晚上请您吃饭,咱们一边吃一边看堂会(官员富豪或者有钱人举办喜庆宴会时,请艺人来演出助兴,谓之曰堂会),希望你一定要来,千万别跟我见外(敢幸不外),其他的话等咱们见面再聊(他迟面尽)。

256

无病君：

　　值其秋高气爽之日，老夫欲于今天（二十一日）晚具饭，听堂会，敢幸不外，他迟面尽。

　　　　　　　　——右谨具呈　权枢密使曾布札子

"我来也"将曾布的帖子一连看了三遍，皱着眉头对下帖人说道："这曾枢密请客有些怪。"

下帖人笑问道："怎么个怪法？"

"我来也"弹了弹请帖道："这上边没有写请客的地点呀！"

下帖人道："是在曾枢密府上。"

"何以见得？"

下帖人解释道："汴京人请客，是在家还是在酒店，一看请帖便知。如果在酒店请客，酒店有雕版印刷的标准请帖，请客者只需拿来一填，既不用糊封皮，也不用贴红纸，更不用费心拟定文绉绉的客气话。甚至也不需要自己动手，全由酒店人代劳；如果在家请客，请帖的外面一定要有封皮，这封皮一般是白色的，半尺来宽，一尺来长，将其糊成信封的形状，然后在封皮正中竖着贴一张红纸条，纸条上要写被请之人的姓名及官衔。您看，您这个请帖是不是有封皮？"

"我来也"回道："有。"

下帖人道："这就对了。周大侠，今晚客人多，请您早一些儿光临。"

"我来也"道："好。"

申时四刻，"我来也"便离开家门，径奔曾布府邸。他本以为自己来得够早了。谁知，比他早的大有人在。酉时三刻，邀请的客人，一个不落全到了。大伙一边喝酒，一边看堂会。

你道唱堂会的这人是谁？

九哥。

大名鼎鼎的九哥！

九哥第一次进京，哲宗就想听她的鼓儿哼，因辽、西夏、吐蕃之两国三方入侵大宋，没有听成。辽国退兵，西夏和吐蕃上表称臣后，哲宗又想起了九哥，召到汴京，为他唱堂会。第一场唱的是《韩信算卦》，仅唱了一个开场白，便把哲宗给说乐了。只见九哥将小扁圆鼓"咚咚咚"敲了三下说道:"太阳出来照东墙,东墙底下有荫凉。荫凉下卧了一群羊,羊娃它爹是羯子①,羊娃它妈是母羊。几句闲话道罢,咱小战鼓一打,便开唱了。"说毕,将小扁圆鼓"咚"的一敲说道:"俺今天唱的是一本古戏,叫《大唐八卦阵》。说的是,天蓬星降生结交天下英雄。贾家楼上歃血为盟,众弟兄结拜胜似一母生。"

九哥又将小扁圆鼓一打,右手甩动犁铧钢片唱道:

隋帝无道民不安,
紫薇星宿都下凡。
文曲星下凡在清源,
白虎星投胎四川县。
小青龙落到河涧府,
天蓬星投胎在济南。
——姓秦,名琼,字叔宝,
顶天立地一好汉,一好汉——(拖腔)
……

鼓声嘣嘣,浑厚恢弘;钢片兵当兵当,清脆响亮。

九哥唱上一阵,停一阵,说上一阵儿,再唱上一阵儿,时而铿锵,时而缓慢,有时还免不了手舞足蹈,表情大起大落。哲宗自宫中长大,何时见过这样的表演,初时只是抿嘴而笑,看着看着,居然笑出声来。

此后,一有闲暇,他便召九哥进宫演唱。若是不召,皇亲国戚、达官贵人竞相请九哥去唱堂会,九哥成了香饽饽。

她香到什么程度?

香到哲宗的爱妃刘清菁不但请她吃饭,还亲自给她夹菜。刘清菁的心腹宫女刘婉玉,对她更是大献殷勤。宴会将要结束,刘婉玉从身上掏出来几张写满字的纸,笑微微地说道:"九哥,这是咱刘婕妤写的一个鼓儿词,想请您看一看写得怎么样?"

九哥双手接过鼓儿词,展而阅之。

---

① 羯子:公羊。

>　　天上星星朗稀稀，
>
>　　树木林浪有高低。
>
>　　虽说外边风景好，
>
>　　舍不下咱家好田地。

演唱者敲了一下鼓说道："四句诗道罢，咱书归正传，奴家今天所唱的，叫《二相争寡》。此事发生在隋朝。"

演唱者又将鼓敲了一下，甩动犁铧钢片唱道：

>　　大隋一统锦山河，
>
>　　隋文帝杨坚掌朝纲。
>
>　　自从新君登龙位，
>
>　　许多事儿不在章。
>
>　　往常娶妻要的是黄花闺女，
>
>　　如今娶妻单找遗孀。
>
>　　仨月前有一个男人死了女人，
>
>　　这个男人是当朝宰相。
>
>　　他的名字叫项民方。
>
>　　项宰相死了女人，
>
>　　说媒的挤倒了门框，
>
>　　一个个还都是黄花闺娘。
>
>　　项宰相一个个婉言相拒，
>
>　　他钟情的是故相雪某的遗孀。
>
>　　这遗孀已经四十有余，
>
>　　她的名字叫柴玉香。
>
>　　那柴玉香不识抬举，把项宰相的媒人赶出厅堂。
>
>　　赶出厅堂——（拖腔）

演唱者又将小鼓一敲说道："话说项宰相死了女人，说媒的把门框挤倒，所说的还都是黄花闺女，项宰相一一拒之，扭过头央人去向已故雪宰相的遗孀柴玉香求婚，被柴玉香赶出门外。你道为甚？隋朝，女子的地位很高，女子出嫁，嫁妆非常丰厚，而且归女子个人所有，女子改嫁，可以带走自己的嫁妆。女子若是死了男人，还可以分得男人的家产，而且，这些家产，也归女子个人所有，改嫁时带走。这柴玉香的父亲，是一个大商

大宋天子——宋哲宗

人,嫁妆很是丰厚。加之,又从死宰相那里分得了一大笔钱。项宰相不是看中她的人,而是她的财产。但柴玉香的芳心早就暗许他人,这个人叫章济显,是项宰相的前任。因隋朝有个不成文的规定,宰相只能干三年。章济显干满三年宰相后,到地方任转运使去了。章济显也在盯着柴玉香的财产,听说柴玉香有意于他,忙遣人前来求婚,一拍即合,择了一个吉日,来迎娶柴玉香。不想被雪相的两个儿子给拦住了。"

演唱者又将小鼓一敲,甩动犁铧钢片唱道:

好一个柴呀柴玉香,

自嫁自身来到花轿旁。

只听一声断喝

——这轿你不能上。

柴玉香举目一瞧,

却原是孽子雪安上,

杏眼一瞪连说三个滚,

老娘的事老娘自己做主张。

安上不但不滚,

还把恶口张。

姓柴的你听着,

我父的百万家产你藏何方?

今日里你说不出个子丑寅卯,

就别想把轿上。

柴玉香"呸"的朝他吐了一口,

你爹的财产你爹掌。

他有多少钱,

咱们也曾当面算过账。

分给老娘我的十不及一,

你血口喷人不应当。

你娃子之所以要把老娘来阻挡,

还不是要逼老娘嫁给那个项宰相。

项宰相许你的什么事,

抖出来管叫你项刻坐牢房。

二十三　郝东三个爹

坐牢房——（拖腔）

演唱者将小鼓一敲说道:"雪安上是已故雪宰相前妻的儿子,与柴玉香素来不和,又有项宰相为他撑腰,硬是不让柴玉香上轿。这不只让柴玉香丢了面子,也让章济显丢了面子,章、柴二人正想着怎样来收拾雪安上,雪安上抢先一步,把柴玉香告到了开封府,说她与府中陈管家私通,卷走了雪府几代人的积蓄……开封府尹发签来传柴玉香……"

九哥正看得津津有味,一太监趋了进来,朝刘清菁行了一礼说道:"皇上要驾幸贵阁,这会儿怕是已经出了便座殿,请娘子①前去迎驾。"

刘清菁忙道了一声:"本位②知道了。"

待太监转身趋出后,刘清菁对九哥说道:"你可以从本阁的后角门出去,回你的驿馆。明天戌时六刻,你还来这里,咱继续说一说鼓儿词的事。"

九哥道了声"遵命",由刘婉玉带领,径奔后角门。

---

① 娘子:即妃嫔。
② 本位:嫔妃自称。

二十四　刘婕妤阴谋

陈迎儿质问九哥:"《二相争寡》是谁指示你唱的?"

只听"扑通"一声,刘清菁一屁股坐在地上,引得众人捧腹大笑。

九哥心目中的苏东坡,是一个风流倜傥、才华横溢的美男子。而眼前的苏东坡,额头高大、脸又奇长……

九哥回到驿馆,继续看刘清菁的"鼓词",看着看着念出声来:

演唱者将小鼓一敲说道:"章济显当过宰相,开封府岂能没有他的眼线?传唤柴玉香的公差刚一出开封府,柴玉香便得到了消息。她暗自思道:我不能去开封府,我一旦进了开封府,就成了项民方和雪安上砧板上的肉。要想不做砧板上的肉,就得把这件事弄大,大得让他们不敢轻易向我下手!怎样才能把这件事弄大?敲登闻鼓!那登闻鼓一敲,必定会惊动皇上。皇上即使不亲自审理我的案子,也会派一个大臣来审。这一审,项民方他们就不敢做手脚了。想到此,她悄悄地出了雪府,径奔登闻院,敲响了登闻鼓。果如柴玉香所料,隋文帝遣一姓张的御史来审理柴玉香的案子。"

演唱者将小鼓一敲,甩动犁铧钢片唱道:
　　张御史奉旨来查案,
　　为柴玉香洗清了不白之冤。
　　项宰相却矢口否认,
　　他未曾动过续弦之念。
　　既然他未曾动过续弦之念,
　　求婚之说纯属无稽之谈!

二十四　刘婕妤阴谋

> 也是他活该倒霉,
> 有一个王御史把他来参。
> 言说他亦曾求婚张二妹,
> 那媒人乃吏部尚书叫丁不全。
> 隋文帝忙召丁不全来相问,
> 丁不全实话实说不敢隐瞒。
> 隋文帝口谕一诏,
> 将项宰相连降六级贬到南召县,
> 贬到南召县——(拖腔)。

演唱者将小鼓一敲说道:"项民方偷鸡不成蚀把米,被贬到了南召任知县。雪安上不只犯了诬告罪,在此之前,曾犯猥亵少女罪,二罪并罚,充军岭南。这一案到此本该完,王御史又有新发现。"

演唱者将小鼓一敲,甩动犁铧钢片唱道:

> 王御史二次把本上,
> 把章相济显也来参。
> 言说他暗结开封府,
> 为柴玉香通风报信也该贬。
> 隋文帝二次把诏下,
> 章济显由三品转运使贬为七品知县,
> 贬为七品知县——(拖腔)。

九哥看完了《二相争寡》,一字未改,便带上它去见刘清菁。

刘清菁笑微微地问道:"你觉着本位的这个鼓词写得怎么样?"

九哥赞道:"好!"

刘清菁笑容如故道:"你既然觉着本位的这个鼓词写的还可以,皇上再召你演唱时,你就给他唱一唱《二相争寡》。"

九哥忙道了一声"遵命"。

刘清菁又道:"皇上不问你便罢,若是问你这个词是谁写的,你就说是你写的。"

九哥一脸困惑地问道:"这个鼓词写得很是不错,您为什么不让说是您写的?"

刘清菁朝刘婉玉努了努嘴,刘婉玉笑嘻嘻地代答道:"刘婕妤的这个鼓词写得确实好,但为啥不让说是她写的呢?有道是,'三个女人一台戏'。这宫中的女人可不只是三个,是数百个。数百个女人住在一起,那就不是一台戏了,那是一个战场!刘婕妤不只聪明,又长得特别漂亮,已经遭人妒忌了,如果让人知道她还会写戏,大才女的一个,将会更加遭人妒忌了。"

九哥将头轻轻点了一点,说道:"我知道了。我一定为刘娘子保密,奴婢告退了。"说毕,朝刘清菁行了一礼,转身趋出。

隔了三天,哲宗召九哥进宫演唱,九哥便把《二相争寡》唱了一遍。哲宗并未问及编剧,只是口谕一旨,诏告天下:"两个宰相为了十几万囊橐,争娶一个寡妇,既有损声誉,又有悖官德,前车之辙,百官应当师之。"

这一诏告,又引出一个人来。

这个人便是孟皇后的心腹宫女陈迎儿。陈迎儿找到九哥,怒气冲冲地问道:"《二相争寡》是谁指使你唱的?"

九哥心中"咯噔"一下:陈迎儿如此问我,内中必有原因。既然有原因,我就不能把刘婕妤抛出来。想到此,满脸赔笑道:"没有人指使我呀。"

"没有人指使你,你怎么想起来要唱《二相争寡》?"

九哥扯了个谎道:"《二相争寡》是俺们唱鼓儿哼的传统节目,因为有趣,人们也爱听,我便经常唱。"

陈迎儿冷笑道:"你可真行呀,睁着两眼说瞎话!你到底受了何人指示,本姑姑[①]自会查个水落石出。你等着吧!"说毕,掉头而去。

看着渐去渐远的陈迎儿,九哥心中像十五个吊桶打水——七上八下。

她也知道自己惹上了麻烦,也知道这麻烦来自《二相争寡》。她想得头疼,也没想明白,不就唱了一场戏吗,怎么会招惹上了孟皇后?

既然想不明白,只有找人请教了。

谚曰:"欲知山中事,须问打柴人。"

宫中的张尚仪是她的一个小老乡,小到什么程度?一个保的。

张尚仪听她说明来意,轻叹一声道:"妮[②]呀,你惹上大麻烦了。你知道你唱的《二相争寡》中的那二相真的是隋朝人吗?不是,是本朝人。那个项宰相,叫向敏忠,是

---

① 姑姑:对一般宫女的尊称。
② 妮:邓州人对女孩的昵称。

当今皇后的老舅爷。"

九哥"啊"了一声,没有说话。

张尚仪继续说道:"当年选后,太皇太后中意的是当今皇后,一些人便拿向敏忠和章济显争娶寡妇这件事说事,被高老太后顶了回去。对了,和向敏忠争娶寡妇的那个宰相也不叫章济显,叫什么呢?叫张齐贤。这个张齐贤,可是大宋的名相,他不只能吃,还非常能干,曾四践两府①、九居八座②,晚年以三公③就第,康宁福寿,谥号文定。他的几个孙子,都是四品以上的大官。"

九哥轻叹一声:"诚如姑姑所言,侄女确实惹上了大麻烦。但侄女有所不解,侄女和刘婕妤无冤无仇,她为什么要给侄女找这么大一个麻烦?"

张尚仪也是一声轻叹道:"刘婕妤仗着她年轻漂亮,又得皇上之宠,总想取孟皇后而代之,做一个六宫之主。可孟皇后又无失德之处,她便拿孟皇后的老外公来说事,从而贬低孟皇后。"

九哥道:"原来如此!"

张尚仪又道:"因她存了一个要做六宫之主之心,根本不把孟皇后放到眼里,常常与孟皇后作对。孟皇后自己倒没有说什么,她的贴心宫女陈迎儿为之愤恨,几次让刘婕妤难堪。"

她顿了顿,讲了刘婕妤和陈迎儿的两件事。

绍圣三年(公元1096年),孟皇后率众妃朝景灵宫,礼毕,孟皇后就座,众嫔妃都在一边侍立,刘婕妤却独自走到帘下,摆弄衣裙,孤芳自赏。陈迎儿看不下去,高声说道:"帘下何人,为什么亭亭自立?"

刘婕妤转过身来,竖起柳眉,怒视陈迎儿。怒视了一会儿,方又转身,依然背对着孟皇后。陈迎儿欲要斥责,被孟皇后摆手阻止了。

冬至来临,依制,众嫔妃要去隆佑宫拜谒太后,众嫔妃到了隆佑宫,太后还没有起床,众嫔妃坐在殿右等候。

虽然都在坐着,但坐的椅子有讲究。众嫔妃坐的是一般椅子,皇后坐的是朱漆金饰

---

① 两府:即两次出任开封府尹。
② 八座:即八次出任尚书(宰相)。
③ 三公:宋承唐制,以太师、太傅和太保为三师,太尉、司徒、司空为三公。三师三公为宋代最高官职。

的椅子,华丽气派。刘婕妤暗道:"你姓孟的虽然贵为皇后,陛下并不待见你,你凭什么要坐朱漆金椅!没有朱漆金椅,我宁愿站着。"

刘清菁这点心思别人也许不知,但郝随知道。

正因为他知道,才搬了个朱漆金椅,放到刘清菁身后。

刘清菁朝他笑了一笑,便坐了下去。

她这一坐,引得众人侧目,刘清菁却视而不见。

又是陈迎儿,这个多事的陈迎儿,大声喊道:"向太后驾到!"

她这一喊,孟皇后和众嫔妃全站了起来,恭迎向太后。

就在她们恭迎向太后时,陈迎儿悄悄地把刘清菁屁股下的座椅搬到一旁。

孟皇后和众嫔妃等了许久,并未见向太后出现,便纷纷坐了下来。

这一坐,只听"扑通"一声,刘清菁一屁股坐在地上,引得众人捧腹大笑。

刘清菁当众被人捉弄,又气又恼,哭诉于哲宗。

哲宗还不算十分昏庸,问明了情况后说道:"陈迎儿之为,实在有些可恨,但你坐朱漆金椅有违礼制。也就是说,你有错在先,若因此事来惩治陈迎儿和皇后,世人岂不要骂朕是昏君!你先忍一忍,咱再寻个别的事儿,来惩治皇后和陈迎儿,叫世人无话可说。"

皇上把话说到这个份上,刘清菁不好再说什么。

但是,她把两只眼睛瞪得滚圆,非要在磨道里找出孟皇后一些驴蹄印儿。

张尚仪讲了刘清菁的两个故事后说道:"皇上虽然宠着刘清菁,但是,孟皇后并无失德之处。她二人斗来斗去,谁也奈何不了谁。但你就不一样了,孟皇后若是查明了事情的真相,向皇上参你一本,说你借古讽今,调拨后宫关系,你可是杀头之罪!"

九哥诚惶诚恐道:"事已至此,我该当何处?"

张尚仪道:"三十六计,走为上策。"

九哥道:"皇上会让我走吗?"

"皇上不会让你走的,但是……"张尚仪顿了顿又道:"你如果病了;抑或是嗓子坏了,唱不成了,皇上……下边的话还让姑姑说吗?"

九哥道:"不用说了,谢谢姑姑!"说毕,向张尚仪行了一个万福礼,掉头出宫。她回到驿站,刚刚坐下,曾布的家丁送来了要她去唱堂会的请柬。

曾府请她唱堂会,这已经是第五次。前四次,她很愉快地接受了。这一次,她犹豫

二十四 刘婕妤阴谋

许久方才答应。

申时三刻,九哥背着一个装着唱鼓儿哼家什的长布袋上路了。

她一路走一路想,只要我装病,而且装得像,皇上会放我走的。但是,我男人死了,儿子也死了,娘家也没有一个亲人,我该去哪里存身、谋生?一直走到曾府的堂下,她还在想。

一个非常熟悉的声音,飘进她的双耳——"小妹早啊?"她举头一看,见是"我来也",忙行了一个万福礼说道:"小妹知道您要来,您果真来了。唱完堂会,小妹请您去公瑾①茶楼吃茶,且有事请教。"

"我来也"道了一声"好",接了九哥的长布袋,登上了堂阶。

九哥和"我来也"相识是在曾府。二人一见如故,结为异性兄妹。在汴京,九哥认识的人倒也不少,但能说私话的,除了张尚仪,便是"我来也"。

不到一个半时辰,堂会便结束了。兄妹二人来到公瑾茶楼,择了一个有窗而且面湖的茶室坐了下来。

茶室既简朴又素雅,在泡茶台的前上方,还挂了一张苏轼的诗。诗乃《念奴娇·赤壁怀古》。

二人刚一落座,一身穿素衣的少女笑盈盈地问道:"请问二位官人,想喝什么茶?"

九哥抢先回道:"上品龙凤团茶。"

少女道了一声"好嘞",便坐下为他们选茶、泡茶。

三杯茶下肚之后,九哥对少女说道:"茶博士,俺姊妹俩想说几句私话,请您暂避一避。"

少女道了一声"好嘞",起身趋出。

九哥移目"我来也"问道:"大哥,你们江南人爱不爱听鼓儿哼?"

"我来也"回道:"我们江南流行的是南戏②,没有见过鼓儿哼。但是,我觉着,像你这个唱法,他们会欢迎的。"

九哥"嘿嘿"一笑,说道:"诚如大哥所言,小妹若去江南谋生,不至于饿死了!"

"我来也"笑回道:"小妹若去江南唱鼓儿哼,不是挨饿不挨饿的问题,而是发多大财的问题。哎,你在汴京不是挺好吗,咋突然想起要去江南?"

---

① 公瑾:即三国的吴将周瑜。
② 南戏:江南的一个戏曲剧种,源自南方的戏文。传统剧有四:《荆钗记》《白兔记》《拜月亭》和《幽闺记》。

九哥轻叹一声道:"小妹到西北后患了喉病,天一冷出个气都有些困难,再有三天就进入腊月了,小妹想去江南避一避寒。"

"我来也"将头轻轻摇了摇,说道:"这不是你离开汴京的理由。"

九哥问:"为什么?"

"我来也"回道:"江南是比汴京暖和得多,有些地方就是进入腊月也不用穿棉衣。但是,你是一个名人,住的是驿馆,出入的地方,不是皇宫,就是王公将相的府邸,并不冷呀!"

九哥又是"嘿嘿"一笑道:"姜还是老的辣,实话给哥说,小妹摊上麻烦事了,小妹这是要去江南避祸的。"

"我来也"惊问道:"多大的麻烦?"

九哥长叹一声道:"比天还大的麻烦。"

"能不能给哥说一说?"

九哥将门打开,只见每个茶室的门都在关着,过道上也无人走动,便又将门关上,坐回原处,压低声音,把刘清菁要她唱《二相争寡》以及陈迎儿登门问罪的事,一一道来。

"我来也"亦长叹一声,说道:"你确实不能再在汴京呆了。哎,你打算啥时候走?"

九哥将头轻轻摇了一摇,说道:"此事,只有见了皇上之后才能定。"

"我来也"道:"要走,你就早点走。我意,你明天就去找皇上告假,免得夜长梦多。"

九哥道:"我若以避寒为由向皇上告假,他很可能不同意。我想装病,而且,当着他的面装;而且,是在唱'鼓儿哼'时'病'的;而且,这病很重,唱不成鼓儿哼了,他才有可能同意。所以,我不能主动去找皇上。我得让皇上召见我。"

"我来也"轻轻颔首道:"这个法行!哎,一般来讲,皇上几天召你一次?"

九哥道:"这不好说。"

"我来也"道:"那你就耐心等吧。"

她只等了两天,便被召进宫去。她这一次唱的是《秦琼打擂》,唱到高潮之时,突然大叫一声,整个人倒了下去,四肢抽搐,两眼上视,口吐白沫。哲宗惊问道:"她这是怎么了?她这是怎么了?"

一个年长的宦官回道:"陛下不用担心,她这是患了羊角风[①],要不了命的。"

哲宗道:"挺怕人的。御医呢?快去叫御医。"

---

① 羊角风:癫痫病的俗名。

御医闻讯赶来,抢救有时,九哥才醒了过来,哭着说道:"陛下,奴婢三岁时患上了羊角风,三二年便要复发一次,一次比一次重。奴婢怕是不能再给您唱鼓儿哼了,啊啊啊……"

哲宗安慰道:"你别想那么多,朕会让最好的御医给你治病。"

九哥道:"谢谢陛下。奴婢的病,还不止羊角风这一种,奴婢还有一个哮喘病,天一冷就发作,严重时连呼吸都有些困难。奴婢想去江南住一个时期,把这两种病好好治一治,还请陛下恩准。"

说毕,趴下给哲宗磕头。

哲宗长叹一声道:"你想去就去吧。"

九哥谢过龙恩,在宦官的搀扶下,蹒跚而去。

回到驿馆,已经是酉时二刻,屁股还没有把凳子暖热,"我来也"来了,见她大功告成,将她请到附近一个小酒店,举杯庆贺。

"我来也"笑嘻嘻地问道:"妹子打算什么时候去江南?"

"后天。"

"我来也"道了一声好字说道:"届时,哥陪你去。"

九哥又惊又喜道:"真的吗?"

"我来也"将头重重的点了一点。

九哥由衷地夸道:"您真好,您真是小妹亲亲的大哥,您让小妹怎样感谢你呢!"

"我来也"又是嘻嘻一笑道:"不用感谢,我陪你,只是顺道而已。"

"您也想回江南?"

"我来也"回道:"我不是想回江南,我是想去儋州救一个人。"

"谁?"

"我来也"回道:"苏东坡。"

"苏东坡怎么了?"

"我来也"道:"儋州转运使郝东奉命前去谋杀苏东坡。"

"您怎么知道?"

"我来也"道:"十天前,郝东亲口给我说的。"

"您那时为什么不加以阻拦?"

"我来也"回道:"有两个原因。第一个原因,郝东奉命去杀苏东坡,乃是官杀官,纯属窝里斗,关咱老百姓什么事;第二个原因,郝东是奉命行事,我拦得住吗?拦不住!"

"郝东奉的何人之命?"

"章惇。"

九哥"啊"了一声又问:"您既然知道拦不住,您还去儋州干什么?"

"暗中保护苏东坡。"

九哥又问:"您刚才不是说郝东去杀苏东坡,乃是官杀官,纯属窝里斗,不干咱老百姓事,您为啥又要去保护苏东坡?"

"我来也"道:"与郝东分手后,我去相国寺闲逛,相国寺门口坐了七八个致仕官员和老儒,他们正在谈论苏东坡,我便驻足听了起来,越听越觉得这个苏东坡得保。"

"他们都谈论苏东坡一些什么?"

"他们说,苏东坡是一个大才子,几百年才出一个,他的才气,比唐代的李白还要大。"

九哥颔首说道:"我也听人这么评价过苏东坡。"

"他们说,苏东坡不只是一个大才子,还是一个好人、好官。神宗爷晚年,受了奸臣蔡确、李定等人的蛊惑,将苏东坡抓到御史台,上万人上书为苏东坡鸣冤叫屈,这内中既有致仕的高官,又有各界名流,还有妓女和贩夫走卒。甚而,包括章惇在内的一些在职官员,愿意用官职和身家性命担保,说苏东坡是一个忠臣,是一个走到哪里把好事做到哪里的好官,绝对不会有不臣之心!他好到什么程度呢?有一个叫吴文举的老儒生,福建路福安县人,自31岁参加乡试,考了7次,方才考中,但无钱进京参加省试。乡人可怜他,给他凑了40匹麻纱做路费。可是,麻纱若在当地卖,卖不了几个钱,如果拿到中原和北方就值钱了。但是,去中原和汴京卖麻纱,得经过许多关,每个关都要抽税。聪明人便给他出主意,在麻纱的包布上,写上'翰林学士知制诰苏轼,封寄京师苏侍郎辙',谎称这麻纱是受苏东坡之托,送苏东坡在京的弟弟苏辙的,这样就不用出税了。吴文举觉着这主意不错,便依计而行。从福建一路走来,没有人叫他交税,但一到杭州,便被缴巡①卒发现了。何也?时任杭州知州的就是苏东坡呀,他如果给弟弟寄麻纱,应该写现在的官衔。况且,杭州也盛产麻纱,根本不用去福建买。吴文举被带到州衙后,自以为死定了。苏东坡问明情况后,不仅没有治他罪,反把包裹上的字撕掉,换上一个新布条,条子上写道:'知杭州苏轼,封寄京师竹竿巷苏学士辙。'吴文举做梦也没想到会是这样一个结局,千恩万谢上路了。他走了一路,卖了一路纱,不仅解决了路费,还有

---

① 缴巡:又称军巡。宋朝,每坊街三百步许,置一军巡铺,铺兵五人。铺兵又称缴巡卒。

一贯钱的结余。且是,他居然得了个同进士出身。有趣的是,这吴文举就坐在这七八个老人中间。唉,如此一个好人、好官,哥不能见死不救!"

九哥附和道:"应该救!哎,小妹我仰慕苏东坡久矣,无缘得见。哥如果去救苏东坡,小妹陪您去。"

"我也来"连连摇手道:"你不能去。"

"为什么?"

"那里瘴气很重,弄不好要丢命的!"

九哥道:"既然有丢命的危险,您为什么还要去?"

"我来也"道:"救人呀,救苏东坡呀!你哥我虽然算不上什么侠,但你哥我仰慕侠客,学着做一个侠客,大则行侠仗义,为国为民;小则扬善除恶,劫富济贫。"

九哥道:"您仰慕侠客,小妹难道不仰慕吗?您想学做一个侠客,为什么不让小妹学做?"

"这……""我来也"无言以对,许久方道:"那,那咱就一块儿去儋州吧。"

兄妹俩尽管比郝东晚动身了十几天,硬是比郝东提前半个月到了儋州。何也?

郝东坐着豪车,随行的人员16个,还带着美酒、行李,日不出不行路,日未落便住店,一路上招摇过市。而九哥兄妹仅携包裹两个、良马两匹,悄然而行。

兄妹二人来到儋州,在苏东坡的附近寻了一个简陋的客栈住了下来。九哥操起旧业,几场鼓儿哼唱下来,她成了方圆数十里内仅次于苏东坡的香饽饽,请她吃饭的人排成队。而且,居然两次和苏东坡同席,使她有了近距离接近和观察苏东坡的机会。在此之前,她心目中的苏东坡是一个风流倜傥、才华横溢的美男子。而眼前的苏东坡,额头高大、脸又奇长,眉毛和眼睛也搭配得有些不当。

她很失望,回到客栈后,和"我来也"谈起苏东坡,长吁短叹。

"我来也"笑劝道:"你还说你仰慕苏东坡呢? 在这之前,你连苏东坡长得什么样都不知道,能算仰慕?"

九哥撅着小嘴说道:"小妹从未见过苏东坡,怎么会知道他长得什么样?"

"你没见过苏东坡,你得想办法打听呀。再不济,你也得读他的诗呀!"

九哥道:"你咋知道我没有读他的诗? 不是小妹夸口,他的诗,我读的不下二百首,不说全会背,至少也会背十之七八。"

"我来也"道:"苏东坡的诗,总共有数千首,你读的不到二十分之一。"

九哥道:"暂不说我读了苏东坡多少诗,依您刚才所言,难道苏东坡的诗里还有他长相的描写?"

"他自己的诗里倒是没有,别人的诗里有。"

九哥反问道:"别人的诗里有?"

她将头摇了一摇,说道:"写苏东坡的诗,车载斗量,我不可能都看到。就是都看到了,也不一定可信。"

"他亲妹妹苏小妹的,可不可信?"

九哥道:"应当可信。"

"苏小妹和苏东坡斗嘴的诗,你读没读过?"

九哥又将头摇了一摇。

"你若真的不知道,大哥给你背一首。""我来也"轻咳一声,高声诵道:"'天平地阔路三千,遥望双眉云汉间。去年一滴相思泪,至今尚未到腮边。'从苏小妹这首诗中,你就该知道苏东坡长得啥模样了。"

"这诗是苏小妹写的?"

"我来也"将头点了一点。

"这不是拿苏东坡开涮吗?"

"我来也"道:"正是。"

"我不信,苏东坡乃书香门第,连他家的仆人都知书达理,怎么会有这样一个粗俗的妹妹?我以为,开涮苏东坡的这首诗是伪作。"

"我来也"道:"你错了,这首诗确实是苏小妹作的!"

九哥将头摇的像拨浪鼓。

"我来也"道:"你不要如此自信,你听我讲一讲苏小妹的几个故事,你就不会这么认为了。"

二十五　女人不是衣服

未出堂前三五步,额头先到画堂前,几回拭泪深难到,留得汪汪两道泉。

下毒不行,那就干脆动刀吧！郝东一连遣了两个杀手行刺苏东坡,都是一去不返。

看完了刘红英遗书,苏东坡号啕大哭:"红英,你醒醒！我苏子瞻错了,我苏子瞻给你磕头！"

苏小妹聪明绝顶,作诗作词的水平不在父兄之下。但她的模样儿实在不敢让人恭维,长了一个奔颅头,脑门还特别大。苏东坡很喜欢他这个妹妹,经常和她开玩笑,而且,他每每以挑战开始,以失败告终。别的不说,就拿苏小妹回击他的这首诗来说,也是他先开涮苏小妹,苏小妹才奋起反击的。

新婚之夜,新郎秦少游(秦观)在前厅饮宴已毕,踏着月光,前往洞房。只见洞房紧闭,庭中摆着一张小案儿,案上排列纸墨笔砚以及三个封儿、三个盏儿(一个是玉盏,一个是银盏,一个是瓦盏),青衣女婢守立案旁。

秦少游笑微微地问道:"小娘子在洞房不？"

女婢道:"在。"

"既然在,为什么把门关着,难道不欢迎学生进去吗？"

女婢道:"当然欢迎。但是,小娘子说了,人都说您是个才子,她想考一考您。"

"怎么考？"

女婢指着三个封儿说道:"看见不？这三个封儿里面装了三个题,三试俱中,方准进屋。"

少游指着三个盏儿问道:"这又是什么意思？"

女婢道:"那玉盏是盛酒的,那银盏是盛茶的,那瓦盏是盛水的。三试俱中,用玉盏饮酒三杯,请进香房;两试中了,一试不中,用银盏饮茶三杯解渴,只待明宵再试;一试中了,两试不中,用瓦盏饮淡水三杯,在外厢读书三个月。"

少游微微冷笑道:"想我秦少游,也曾自乡试,而省试,又殿试,三试皆中,为二甲进士,莫说三个题目,就是三百个,也难不倒我。"

女婢道:"您先别夸口,俺家小娘子才华横溢,不比您那乡试、省试的官儿,所出试题,既不是策论,也不是《四书五经》,恐您得费一番心思呢!"

少游道:"休要啰唆,请把第一个封儿拆开。"

女婢应了一声"是",把第一个封儿拆开,抽出内中花笺,双手呈给秦少游,却是四句诗儿:"铜铁投洪冶,蝼蚁上粉墙。阴阳无二义,天地我中央。"

秦少游问:"此乃何意?"

女婢道:"此乃绝句一首,请新郎也做一首,合了出题之意,便算答对。"

少游又将那诗看了一遍,心中暗道:明白了,明白了,仨月前,她去周公庙进香,我曾假扮云游道人,前去庙中相她,她心中不快,才做此诗嘲我。想到此,遂于月下取笔,写诗一首于题后——"化工何意把春催? 缘到明园花自开。道是东风原有主,人人不敢上花台。"

女婢将少游之诗收起,折做三叠,从窗隙中塞进,高叫道:"新郎交卷。"

苏小妹接诗阅之,见每一句顶上一字合之为"化缘道人"四字,微微一笑道:"请拆第二封。"

第二封也是花笺一幅,题诗四句:"强爷胜祖有施为,凿壁偷光夜读书。缝线路中常忆月,老母终日倚门闾。"

少游又问:"这一首诗又是何意?"

女婢回道:"此首诗藏着四个古人,猜的一个不差,方算答对。"

少游略一思索道:强爷胜祖的是孙,有施为就是有权,二者连在一起就是孙权;凿壁的话肯定是凿出个孔,偷光的话就是有亮光,这一句暗藏的乃是孔明;缝线路中常忆母,算是有《游子吟》的意思吧,《游子吟》是孩子在思念母亲,这一句暗藏的乃是子思①;老翁就是太公,倚门闾是在望,连在一起应是太公望②。想到此,少游提笔在每一句诗后分别写上了孙权、孔明、子思和姜太公。

女婢又将少游笔注之诗,从窗隙递进。

---

① 子思:即孔伋,字子思,孔子的嫡孙。
② 太公望:即姜子牙,又称姜太公。

苏小妹阅之,甚喜,和颜说道:"请拆第三封。"

第三封亦是花笺一幅,题词曰:"闭门推出窗前月。"

少游复问:"此乃何意?"

女婢回道:"求对。"

少游道:"这个容易。"但真的要对的时候,他犯了愁。这个联,看似容易,其实难对。他一直想到将近三更,还没想出一个合适的下联,急得抓耳挠腮。

苏东坡读书读到三更,正要吹灯就寝,突然想到,我那小妹,心高气傲,求婚的踢破门子,内中既有公子王孙、又有新科进士,再不济也是一个风流倜傥的才子。我那小妹,一一婉拒。我亲自做媒,欲把她许配少游,少游不知受了何人蛊惑,趁着我那小妹去周公庙进香之机,扮作一个云游道人,窥视我小妹,被小妹识破。我那小妹索来顽皮,会不会趁新婚之夜捉弄少游?我得去看一看。

他来到后院,见少游正在庭中团团而步,口中吟着"闭门推出窗前月"七个字,右手又做推窗之势,便明白了,这个小妹,一定是用联在难为少游,我不帮他,怕是进不了洞房了。但是,急切之间,也想不出合适的下联。

庭中有一花缸,满满地贮了一缸清水,少游也许是步累了,也许是绝望了,干脆不步了,来到缸旁,依缸看水。东坡见了,触动了灵机,暗道了一声:"有了。"欲待教他,又怕小妹知道,连累少游体面。遂就地拣了一个小瓦片,握在手中,悄悄朝少游走去。来到缸旁,轻咳一声,将小瓦片投向缸中。那水为瓦片所激,跃起几点水滴,溅在少游脸上。水中天光月影,纷纷涽乱,少游当下晓悟,遂提笔写道:"投石重开水底天。"

女婢将少游之对收起,折做三叠,从窗隙塞进。

不一刻儿,只听"呀"的一声,房门大开,走出一个婢女,手捧银壶,将美酒斟于玉盏之内,献给少游。少游一一饮之,进入香房。

翌日午宴,苏小妹笑讥苏东坡道:"你可真行啊,半夜三更,还不睡觉,却往缸中投什么瓦片!"

苏东坡反唇相讥:"一个人几斤几两,自己应该知道。说句不中听的话,就你长得那个模样,能嫁给少游这样的郎君,是三辈子烧了高香,可你……"

苏小妹怒气冲冲道:"我怎么了?我长得什么模样,你说,你说,你今日不说出个子丑寅卯来,我和你没完。"

苏东坡道:"你真让我说么?"

苏小妹道:"就让你说!"

苏东坡道:"那我真说了,你可别恼。"

苏小妹道:"你说,你说吧。"

苏东坡轻咳一声道:"我那小妹,长得实在不敢恭维。何以见得?有诗为证:'未出堂前三五步,额头先到画堂前,几回拭泪深难到,留得汪汪两道泉。'"

苏小妹"呸"地啐了一口道:"小妹长得尽管不好,也比你强。"

苏东坡道:"强在什么地方?"

苏小妹脱口诵道:"天平地阔路三千,遥望双眉云汉间。去年一滴相思泪,至今未到耳腮边。"

苏东坡听了,拍着苏小妹的头哈哈大笑。

苏东坡斗不过苏小妹,便请他的好友佛印禅师帮忙。佛印拍着胸脯说道:"贫僧别的方面不一定行,唯有诵联,斗败苏小妹应该不成问题。"

苏东坡连道了三个"好"字,请佛印吃饭,要苏小妹作陪。宴间,佛印笑对苏小妹说道:"小妹,贫僧自以为,诵联之功,可称天下第一,你敢不敢和贫僧比试比试?"

苏小妹道:"有甚不敢!"

佛印说道:"无赌而比,似乎少了一些乐趣,你说是吗?"

苏小妹说道:"你说的对。"

佛印道:"那咱们赌一赌吧!"

苏小妹问:"怎么赌?"

佛印说:"你说呢?"

苏小妹道:"谁赌输了,谁喝一大碗酒。"

佛印道:"出家人不喝酒,这你是知道的。"

苏小妹道:"喝酒是男人的事,您也是知道的。"

佛印自以为必赢无疑,便道:"既然咱都不能喝酒,那就赌一赌酒吧。"

苏小妹道:"您既是高僧,又是令兄的好友,这上联由您出,我对。"

佛印又道了一声"好",想了一想诵道:"一女孤眠,纵横三只毛眼。"

这个联有点黄。

不只是黄,是很黄,佛印认为,你苏小妹纵然有才,如此一个黄联,你就是对得出来,也不会对。

他错了。苏小妹父亲和两个哥哥俱荣登唐宋八大家之榜,他们不只是文人,而是写诗写词的超级浪漫的文人。与这样的文人为伍的苏小妹,耳濡目染,岂能不浪漫?况且

276

她又是已婚之人,你佛印是一个出家之人,都敢出如此之黄联,我一个俗人怕什么?佛印话音刚落,她脱口诵道:"二僧同榻,颠倒四个光头。"弄得佛印大张着嘴无言以对。

"我来也"讲了苏小妹的两个故事,笑问九哥:"你还以为苏小妹诵苏东坡的诗是伪作吗?"

九哥回道:"不认为了。"

"我来也"道:"既然你认为苏小妹诵苏东坡模样的那首诗不是伪作,你就应该知道苏东坡长得什么模样。"

九哥欲言又止。

"我来也"继续说道:"看一个人,不能只看外表,还要看他的内在。外表美不算美,内在美才叫美。苏东坡为啥成为女人的男神。不,不只女人喜欢他,男人也喜欢他。喜欢他的男人,还不止一个两个,是很多。有一个叫章元弼的学者,娶了一个美女为妻,婚后,妻子发现男人整天在读苏东坡的诗,对自己不理不睬,美女便对男人说道:'既然你爱苏东坡超过了我,那么,干脆把我休了。'这本是一句威胁话,没想到章元弼真的把她休了。还有个叫什么来着的男人,用苏东坡的诗词文身。秦少游,苏东坡的妹夫,够风流倜傥了吧,可他居然说,'生不愿封万户侯,但愿一识苏徐州①'。男人女人为啥都喜欢苏东坡,就是因为他有才,他是一个好人、好官、内在美!"

九哥一连将头点了三点。

"我来也"道:"你既然认同大哥的话,你就不会因为苏东坡长得不好,而不再仰慕他了!"

九哥道:"不会了。"

"我来也"道:"既然这样,咱还得救苏东坡,你说对不?"

九哥道:"对。"

郝东上任的第三天,便邀苏东坡去州衙赴宴,所用酒壶,乃九曲鸳鸯壶,欲用毒酒毒死苏东坡。

为如何应对这个鸿门宴,苏东坡、九哥、"我来也"商议了一个多时辰。第二天子时三刻,苏东坡携带一双象牙筷前去赴宴。

---

① 苏徐州:因苏东坡当过徐州太守,故人称他"苏徐州。"

郝东见了苏东坡,非常亲热,亲自为他斟酒。当然,给苏东坡斟过之后,他也给自己斟了一满杯,笑嘻嘻地说道:"苏学士,咱俩虽说第一次见面,但本官对您仰慕已久,咱今天喝他个一醉方休!"说毕,将面前的酒杯端了起来,大声说道:"苏学士,请。"

苏东坡还没来得及阻拦,郝东一饮而尽,且将酒杯翻了个过儿,让苏东坡看。

"你怎么不喝呀?"郝东问。

苏东坡从身上掏出一个装筷子的小袋子,朝郝东抖了一抖,笑微微地说道:"这里边装了一双象牙筷子,这筷子是我的一个在交趾国①经营丝绸的朋友送的。他对我言道,这筷子在酒里搅一搅拿出来,若是筷子的颜色如旧,那就是上等好酒。每当我喝酒时,我就拿这双筷子去搅,每一次都变了颜色,只不过轻重而已。这说明,我从来没有喝到过好酒。今天大人请我喝的一定是好酒,但我不知道好到什么程度,想用这筷子试一试。"

说毕,正要去解袋子。郝东冷笑一声:"狗吃屎不是人敬,爷好意请你,你却疑神疑鬼,爷这酒不让你吃了。滚!"

苏东坡强压怒火,收起小袋子,扬长而去。

下毒不行,那就干脆动刀吧!郝东一连遣了两个杀手,去刺杀苏东坡,都是一去不返。不是这两个杀手不想回来,是他们没法儿回了。

他们已经做了"我来也"的刀下之鬼,被扔到荒郊喂狼去了。

郝东铁了心要谋害苏东坡,也不想一想两个杀手为何一去不返,反倒自己去做杀手,其结果,把自己的小命也留在了苏东坡的卧室里。

这一次,"我来也"没有把他拖出去喂狼,而是叫人前去报案。不到两刻钟,儋州转运副使全明带着仵作赶来了。他尽管已经知道死者是郝东,但当仵作剥去郝东的夜行衣后,还是有些吃惊:"果真是他!"

全明和刑名师爷嘀咕了一番,由刑名师爷出面,询问郝东被杀的经过。

苏东坡回道:"昨夜三更将近,一蒙面人翻窗而入,将我叫醒,说是我的一个仇人,要来刺杀我,让我和我的夫人到别的房子里躲一躲。他见我将信将疑,拽住我的胳膊,硬将我拽到我的爱妾红英的卧房,我的夫人也跟到红英的卧房。蒙面人对我说道:'我这就去你的卧房里睡,那里不管发生什么事情,你都不要露面。等我制伏了你的仇人,自会来叫你。'我连道了两声'好'。蒙面人走后,不到两刻钟,我的卧房里传来呵斥声

---

① 交趾国:即今之越南。南宋后,改称为安南和越南。

和打斗声。一刻钟后,打斗声方才停止,蒙面人推门而入,对我说道,'你的仇人郝东,已经被我所杀。'我说,'我和郝东在他来儋州之前并不认识,何仇之有?'蒙面人回道,'他和你无冤无仇,但你和章惇有仇。他是受章惇之遣,来索你的命的。'蒙面人见我将信将疑,又道,'凡是旧党,章惇皆视为仇人,务要赶尽杀绝,贬在梅州的刘莘老(刘挚),就是章惇让郝东杀的'。我'啊'了一声,正待再问。蒙面人道:'天快亮了,我也该走了。你快去报案。州衙若是问我名字,你就说"不平人"。我还没来得及点头,他身子一晃,便不见了。"

问完了苏轼,又问王闰之和红英,二人的口供和苏东坡完全一致。全明命衙役将郝东的死尸抬回州衙,通过八百里加急①,把郝东的死讯上报朝廷。

一个朝廷四品大员居然去做刺客!

而刺客的幕后推手又是当朝宰相!

奇闻。

天大的奇闻!

这一奇闻,成了人们街谈巷议的头号话题。

章惇坐不住了,装模作样地去见哲宗,恳请"彻查",还他一个公道。

因事涉当朝宰相,哲宗原本想把这个案子压下去,今见章惇"恳请",忙颁旨一道,由新任翰林学士承旨②蔡京牵头,组建一个班子,来彻查此事。

蔡京是个小爬虫,谁得势就跟谁走。早年投靠王安石,得以爬上开封府尹的高位。蔡确得势,他又依附蔡确,妄图攫取定策之功。司马光执政,他又投靠司马光,为司马光恢复差役法鸣锣开道。章惇掌权,他立马依附章惇,不只为章惇施行免役法出谋划策,还将章惇的几个对手诬以大逆不道之罪,或贬出朝廷,或流放岭南。章惇投桃报李,荐其为尚书右丞,因曾布的反对,未能如愿。

两个月后,蔡京迁翰林学士。但这一次迁官与章惇没有关系。

蔡京之弟蔡卞,乃王安石的女婿,哲宗要"绍圣",自然要用王安石的变法派。蔡卞由给事中迁为尚书左丞。

蔡卞早年并不坏,他在扬州、广州、越州、润州、陈州任官期间,不仅为当地百姓做了

---

① 八百里加急:并不是单单指的每天要走八百里,而是泛指当时最快的一种传递方式。古代一般来讲,每隔二十里就会设立一个驿站。当传递的公文上出现"马上飞递"的字样时,就必须要按照每天不少于三百里的速度传递。

② 翰林学士承旨:初置于唐,为翰林学士院的长官,以翰林学士中久任者为之。掌以白麻草拟内命诏旨,顾问应对事。为皇帝亲近之臣,承恩者常出任宰相。

许多好事、善事,还非常清廉。由广州转任越州时,万人为他送行,且在他的衣服上泼洒蔷薇露,以示他的清廉。

自越州还京,迁礼部侍郎,奉诏出使辽国,辽人特地用白驰车作为他的坐车,且语之曰:"这种车是吾君的乘车,从未让外臣坐过,只因您是南朝的贤臣,才破例地作为您的坐车。"

北朝给蔡卞的这一礼遇使蔡卞名声大振。他不只自己升了官,他家的鸡犬,包括蔡京,也跟着升。

蔡京虽然觊觎执政之位,但他知道,有曾布在,他不可能当。

要想当上执政,就得设法扳倒曾布。但要扳倒曾布,仅凭他兄弟二人之力是不行的,得和章惇联手。

章惇也想和蔡卞兄弟联系,一拍即成,正谋划着如何扳倒曾布,章惇摊上大事了。

章惇若是一倒,曾布自然升迁宰相,到那时,就不是当不当执政的问题了,而是如何听任曾布的摆布,甚而丢官。

得拉章惇一把。

为拉章惇一把,蔡京说服蔡卞,双双进宫面圣,向哲宗动之以情,晓之以理。

情呢?自然是感情了。在哲宗"绍圣"的过程中,章惇一马当先,披荆斩棘,使新法得以恢复。

理呢?自然是讲道理了。朝廷的四品大员,居然扮刺客行刺当代大文豪,已经让朝廷大跌面子,如果再把章惇幕后指使之罪坐实,朝廷脸面何在?

哲宗越听越觉得蔡京兄弟言之有理,想了一想说道:"此事朝野尽知,不能不查。至于怎么查,查到什么程度,那就由元长定吧。"

查的结果,郝东虽然受了招安,但贼性未改,因垂涎苏东坡的美妾刘红英,身穿夜行衣,潜入其宅,欲行不轨,被刘红英所杀。刘红英自知罪重,自缢而死。

刘红英确实是苏东坡的小妾,也确实是自缢而死,她的死与郝东丁点关系也没有。不,不能说得这么绝对,关系还是有一点的。

刘红英出身于书香门第,嫁了一个男人是武举,二人说不上三句话就要吵架。

某一日,刘红英伴婆母游西湖,听说苏东坡也在游西湖,不顾婆母的反对,将船开到苏东坡船边。而且,又跳上苏东坡的游船,请他在自己的手帕上签上大名。回到家中,武举男人把红英暴打一顿,一张休书,将红英送回娘家。娘家人不但不痛恨武举,反对红英冷嘲热讽,红英一怒之下,离家出走,去汴京寻找苏东坡,不讲条件,也不要名分,心甘情愿做了苏东坡一个小妾，自汴京而儋州，只因"我来也"和郝随的出现，她被苏东坡抛弃了。

"我来也"因两次救苏东坡性命，苏东坡对他甚为感激，天天宴请"我来也"。

苏东坡性格豁达，每一次宴请"我来也"和九哥的时候，便让他的妻妾作陪。"我来也"虽不贪色，但每次看刘红英的眼光与众不同。苏东坡笑而问之："周大侠，你认识红英？"

"我来也"回道："不认识。"

苏东坡又问："既然不认识，您看她的眼神，咋有些异样？"

"我来也"叹道："在下自小在姑家长大，姑家有一表妹叫张蛾儿，与在下同岁，那模样儿长得和红英嫂子一模一样。俺俩情趣相投，暗定终身。怎奈俺那姑父嫌贫爱富，将蛾儿许给一官宦之家，蛾儿以死抗争……"

苏东坡问："结果呢？"

"我来也"凄声回道："她死了！"说到此，潸然泪下。

许久，苏东坡道："大侠如果不嫌弃红英二度为人之妻，我愿把红英双手奉上，让她为您铺床叠被，您说可好？"

"我来也"双手抱拳道："岂敢，岂敢！"

"我乃一片真心，大侠若是不从，便是看不起子瞻了！"

"我来也"双手抱拳道："如此说来，恭敬不如从命，多谢大哥了！"

苏东坡移目刘红英，刘红英满面愠色，避席而去。东坡双手抱拳道："周大侠，定是红英害羞，逃席去了。不要管她，咱继续喝酒。明天一大早，我亲自将她送到大侠的下榻之处。"

"我来也"道："好！"

二人继续喝酒。

王闰之有些不放心，悄悄地离席而去。不一刻了，她一脸惊慌地返了回来："老爷，红英，红英她……她自缢了！"

苏东坡一跃而起，径奔红英卧房，果见她吊在梁上，舌头微露，口鼻有液体流出。忙将她从梁上卸下，大声呼道："红英，你醒醒，你醒醒呀！"

任他喊破嗓子，红英也未醒来。

王闰之将红英遗书双手递给苏东坡，东坡一边看一边流泪。书云：

苏大学士，您是一个好人好官，更是一个大文豪，不世出的大文豪，中国几百年才出一个！贱妾慕您之大名，不惜与夫决裂，追随您六年。而这六年，是您最不得志的六年，人生该有几个六年？可您对妾，不单是对妾，是对女人，像自己的衣服一样，可以随便送人。而妾不是衣服，是人，是有血有肉的人！妾走了，妾在九泉之下等您，如有可能，妾还做您的女人，但妾希望，您以后不要把女人还当作衣服……

看到此，苏东坡号啕大哭道："红英，你醒醒！我苏子瞻错了，我苏子瞻给你磕头！"他一连磕了9个，还要磕，被王闰之拦住。

九哥朝"我来也"丢了一个眼色，双双离去。

回到客栈，九哥叹道："刘红英不该死，特别是不该为苏子瞻这样的薄情郎去死！"

"我来也"道："你的话愚兄不敢苟同，苏子瞻这不叫薄情，是豪爽。做妾做婢的，本就是男人的衣服，将妾赠人的，古已有之，诸如吕不韦、杨素等等。更有甚者，不是把妾当衣服，而是当作食品，杀妾而啖士的不只唐朝的张巡，还有汉末臧洪，以及北魏世祖拓跋焘。"

九哥怒道："我做梦也没想到，你和苏子瞻一路货色。咱自此各奔东西，永不再见！"说毕，拂袖而去。

"我来也"忙起身去追，双双消失在夜幕中。

苏东坡葬过了刘红英，来寻"我来也"和九哥，早已人去房空，长叹几声，怏怏而还。

一波刚平，一波又起，皇后又摊上大事了。

皇后的独生女儿福庆公主患上了干咳，咳起来出气都难，往往把小脸憋得通红，已经二十多天，硬是治不好。

孟皇后的姐姐孟中贞本来就是一个热心人，加之姨甥关系，三天两头去宫中探病。

这一日，她吃了早饭，正欲进宫，堂嫂王彩云对她说道："公主不就是个咳嗽吗？连御医都治不好，说不定是邪气所致。南薰门内兴阳观，有一位姓鲁的道士，年已七旬，鹤发童颜，道术非常高，能够以刀、针、钉穿胸腹而不伤；又能在无鱼的水缸中摄出鱼来；还能用符箓治病，有起死回生之术，你何不去求一求他。"

孟中贞道："如此一个人，我咋没有听说过呢？"

王彩云道："他是刚从北朝来的。"

孟中贞道："那，您就带我去见一见他吧。"

二十六　巫蛊案

鲁道人将一片鱼鳞投入贮满清水的缸中,且在缸上盖上青巾。良久,鲁道人揭开青巾,一尾黄河鲤鱼在缸中游来游去。

陈迎儿切齿骂道:"邢恕,你这个大宋第一奸臣!告诉你,苍天不可欺,皇后不可诬!"

郝随再次将殿内扫了一遍,方对刘皇后道出了八个字:"重续旧缘,借种固位。"

妯娌二人来到兴阳观,向道童说明来意,道童将她俩带到后院,在距鲁道人二十几步的地方停了下来:"二位信士①,炼师②正在会客,容我向他禀报一声。"王彩云忙道了一声"好"。等那道童转身后,王彩云朝面南而坐的道士指了指,小声说道:"他就是我给你说的鲁道长。"

孟中贞将头轻轻点了一点。

王彩云问:"你看他,是不是鹤发童颜,一副仙风道骨的模样?"

孟中贞又将头点了一点。

二人正说着闲语,道童折回来说道:"二位信士,炼师有请。"

二人忙向鲁道人趋去。

鲁道人不只站了起来,而且笑脸相迎。与他相向而坐的那位员外也站了起来。孟中贞二人直趋鲁道人,在距鲁道人尚有五六步的地方,站了下来,且向鲁道人行一万福之礼。鲁道人还一抱拳之礼。

---

① 信士:道士对道外人的称呼。除信士之外,还可称居士、善知识、大德、善信等。
② 炼师:起初,多指修习上清法者,后泛称修炼丹法达到很高深境界的道士。

孟中贞、王彩云异口同声道："不知炼师正在会客，打搅了。"

鲁道人道："不必客气，二位信士来到敝观，使敝观增辉不少。坐，二位信士请坐。"

待孟中贞、王彩云坐下后，鲁道人又对员外说道："您也坐吧。"

等员外落座后，鲁道人方才坐下，他朝员外指了一指笑着对孟、王说道："这位詹大官人，前来叨扰贫道。叨就叨吧，还非要贫道在无鱼的水缸中摄鱼作脍给他吃，二位信士评一评，这叫不叫强人所难？"

孟中贞、王彩云未及回答，詹大官人抢先说道："在下和鲁炼师交往经年，人都说他的道术如何如何高，可他从未在在下面前露过一手，在下今天想逼他露一手，二位娘子说该不该？"

孟中贞、王彩云回道："该。"

詹大官人移目鲁道人："您还怎么说？"

鲁道人微微一笑道："看来，贫道今天这个丑献定了。但是，要在无鱼之水中取鱼，得有一个条件。"

詹大官人道："请讲。"

"得一片鱼鳞。"

詹大官人道："这个好办。"当即吩咐站在身边的小厮，去鱼市上买黄河鲤鱼一条。

不到两刻钟，小厮拎了一条黄河鲤鱼回来，双手递给鲁道人，鲁道人扣了一片鱼鳞，又将鱼还给小厮，吩咐道童："搬一个缸，外带一担清水。"

不一刻儿，道童抱着一个一尺半高的陶缸返了回来，身后是一个挑水的伙夫。

待道童放好了缸，贮满了水。鲁道人将鱼鳞投入水缸，且在缸上盖上青巾。良久，鲁道人揭开青巾，一尾黄河鲤鱼在缸中游来游去，众人又惊又喜。

鲁道人让伙夫摄了鲤鱼，送到厨房。半个时辰后，伙夫双手托着盛了清蒸鲤鱼的檀木盘子返了回来，众人举筷食之，其鲜腴超过了鱼市上所卖的鱼。

王彩云悄悄问孟中贞："嫂子没有骗你吧？"

孟中贞频频颔首道："没有。"

王彩云道："可不可以向他讨道符？"

孟中贞道："可以。"

王彩云朝鲁道人行一揖礼说道："鲁炼师……"她朝孟中贞一指又道："信士这位弟媳的外甥女儿，今年两岁，二十几天前开始咳嗽，越咳越厉害，咳起来连出气都困难，小脸憋得通红，京中的名郎中请了个遍，就是治不好，想请您用书符给治一治。"

鲁道人满口答应。

王彩云问："这符俺们什么时候来请？"

鲁道人回道："子时便可。"

王彩云朝孟中贞丢了一个眼色，一起朝鲁道人行了一个揖礼，趋退。

距子时还有两刻，妯娌二人便来到了兴阳观，道童将她二人带到后院。院中置一案子，但用黑帷围了起来。案上置以香炉、藤盒、烛台、香花、茶、果。香炉后置一本书《慈怀普渡》（打开"灵符"部）。

王彩云悄声问道童："鲁炼师怎么还没来？"

道童回道："他在沐浴。"

王彩云又问："还得多久？"

"快了。"

道童话刚落音，鲁道人翩然而来。他走到案后，焚香跪拜，自言自语，恍惚听得在诉说公主病情，以及乞赐何道妙符。

在鲁道人自言自语之时，道童捧来书符工具（笔、墨、纸、砚、水、朱砂）。

鲁道人自语毕，一边念咒、一边书符。

书毕，将脚倒跺一下。

孟中贞接符，千恩万谢后趋出兴阳观。

翌日一大早，孟中贞携符来到坤宁殿。

孟皇后听她姐姐说明来意，大惊道："宫中比不得民间，是严禁巫蛊和符箓的。你这样做，倘被奸人所知，恐怕要搬弄出一番是非来，快把符带走！"

话刚落音，哲宗来了，孟皇后便将中贞姐姐为福庆公主求符治病的事，细说了一遍。哲宗道："中贞此为乃是为福庆好，不算个事，你不必放在心上。"

正如哲宗所言，这件事，原本不是一个事，不知为甚，宫中突然起了一个谣言，说孟皇后暗结道士，用符箓诅咒哲宗和刘清菁。哲宗虽然不信，但经不住刘清菁软磨硬缠，命御史中丞邢恕和郝随一起彻查此事。

邢恕、章惇本来就是一党，章惇为固相位，暗结郝随和刘清菁，而宫中的谣言又出自郝随和刘清菁。

这一查，不只查出了符，还查出了标有哲宗和刘清菁名字的布娃娃，且那布娃娃的前心后背插满了钢针。

仅有物证还不行，还得有人证。为得到人证，邢恕将坤宁殿的宫女、宦官抓了三十多个。另外又抓了一个孟中贞，鲁道人原本也要抓，但没有抓住。对于抓到的这些人，一个个严刑拷打，连捯刑、烟熏和二龙吐须之刑都用上了。

何为捯刑？

捯刑就是用捯子夹住"犯人"的手指。

何为捯子？

捯子是一种夹手指的拷讯刑具。捯子由五根圆木棍和绳索组成，圆木棍七寸长，径圆四分五厘。拷讯时用五根夹住犯人两手的食指、中指、无名指，用绳索缚紧五根木棍，夹挤"犯人"手指，绳索勒得越紧，犯人遭受的痛苦就越大。

烟熏之刑，始于东汉，施刑时，将"犯人"头朝下，捆在板凳上，点了一根纸炊来，对准"犯人"的鼻子熏。

二龙吐须刑，是把面条作为刑具，其法是让犯人饿肚子，然后让犯人吃两大碗有小指头肚粗的半生不熟的面条。尔后，将犯人揪翻，平放在席上，把席卷起来，用绳子捆了，脚上头下，竖在门后面。不一刻儿，"犯人"被控得眼睛发直，百脉颠倒，吃下去的面条，就会从口鼻中一根一根地淌出来，那种难受劲，比凌迟处死还要加几倍。

用这样的刑，很少有人扛得住的。故而，邢恕要他们招什么，他们便招什么。

也有人例外。

这个人便是陈迎儿，她被二龙吐须之刑整昏后，被人解开席子，平躺在地，许久才醒过来。邢恕背着双手，踱到她的身边，笑嘻嘻地问道："你到底招不招？你若再不招，爷就让你尝一尝脑箍的滋味！"

陈迎儿切齿骂道："奸臣，大宋第一奸臣！告诉你，苍天不可欺，皇后不可诬！"

邢恕冷笑道："好，好！"扭头对行刑人吼道："脑箍伺候！"

陈迎儿朝邢恕猛地啐了一口，趁他擦脸之机，一头向墙上撞去……

邢恕朝倒在地上已经死去的陈迎儿恨恨地踢了两脚骂道："贱人！莫说少了你一个贱人的口供，就是少上10人，爷这案也要办成！"

因有三十几个宫女和宦官的"证词"，孟皇后诅咒皇上和刘婕妤之罪犹如铁板钉钉。下一步，是怎样量刑了。按照邢恕和郝随之意，将所有"犯罪"人员，全部处死，哲宗反倒犹豫了。

他虽然不宠孟皇后，但他并不讨厌孟皇后。而且，还想起她的好来：为人宽厚，虽说她是老乞婆的人，但对朕的生母也十分尊重。而且，每当朕和老乞婆有了矛盾，她总是想方设法调和。而且,她一向循规蹈矩,偶尔失足,也应当原谅才是。

可是,铁证如山,依法应当将她处死,我若将她网开一面,不说邢恕、郝随这一班审案人员不答应,恐怕章惇也不会答应。

想着想着,哲宗发出一声长长的叹息。

当值宦官甘昭吉忙趋了过来,小声问道:"陛下是不是在为皇后而叹?"

哲宗将头轻轻点了一点。

甘昭吉叹道:"皇后是一个好人呀!"

哲宗亦叹道:"朕也知道她是一个好人。"

甘昭吉道:"奴才有一言,如鲠在喉,不知当讲不当讲?"

哲宗道:"讲。"

甘昭吉反倒犹豫起来,哲宗催促道:"讲啊,你怎么不讲了呢?"

甘昭吉似是下了很大决心,方才讲道:"宫中纷纷传言,说孟皇后并未诅咒陛下。"

哲宗道:"她从未诅咒朕,她宫中的那些符箓和布娃娃从何而来?"

甘昭吉道:"陛下,老奴斗胆一问,汉武帝晚年所发生的巫蛊案,您知道不?"

这一问,问的哲宗的心"咯噔"一下。

这是西汉的第一大冤案,哲宗熟读历史,岂能不知?

这个案子发生在征和二年(公元前九十一年),丞相公孙贺之子公孙敬声被人告发用巫蛊诅咒武帝。武帝大怒,命宠臣江充彻查。江充与太子刘据有隙,而公孙贺是刘据的大姨夫。江充明知公孙贺冤枉,不惜栽赃陷害,使这个案子越查越大,连皇后卫子夫和刘据也被牵了进去,逼得卫子夫和刘据投缳自杀。因此案被抓的人达数十万,死于非命的数万。壶关三老令狐茂、守卫汉高祖祭庙的郎官田千秋,先后上书汉武帝为刘据鸣冤叫屈,汉武帝方才醒悟,下令将江充满门抄斩,并在刘据自杀的地方修建了一座思子宫。

良久,哲宗问道:"甘公公的意思,是不是皇后也是被人冤枉了?"

甘昭吉连连摇手道:"老奴可不是这个意思,老奴也不敢妄议国事。"

哲宗道:"你不必害怕。你这不叫妄议国事,你这是对朕的善意提醒。"

甘昭吉弯腰一揖道:"谢陛下!"

哲宗轻叹了一声:"你即使不提醒朕,朕也对皇后诅咒朕一事有些怀疑。这几天,朕一直在想,她已贵为皇后,就是把朕诅咒崩了,她能得到什么?"

甘昭吉频频颔首。

哲宗道:"唯一理由,因朕宠爱刘婕妤,她怕刘婕妤抢了她的皇后宝座,恨乌及屋,才连朕一块诅咒。"

甘昭吉道;"这可以算一个皇后诅咒您的理由,但有些勉强。您想,皇后如果害怕刘婕妤抢了她的宝座,她只须诅咒刘婕妤就行了,为什么还要诅咒您?正如陛下自己所言,她诅咒您的目的即使得逞了,她能得到什么?她什么也得不到!不只得不到,还要失去很多很多。比如,皇后的桂冠她是戴不成了。依老奴之见,皇后是不会诅咒您的!"

哲宗道:"从道理上讲,皇后是不会诅咒朕的。但是,从案卷上看,她确实诅咒了朕。"

甘昭吉道:"古人云,'尽信书不如无书。'单看案卷,天下没有一个冤民。但是,进到庙里一瞧,哪一个庙里没有屈死鬼?自古以来,严刑拷打之下,想要什么口供就会得到什么口供!嗨,老奴这张嘴,又胡说八道起来,该打!"一边说一边扇自己嘴巴。

哲宗道:"你不必自责,朕今天就想听一听你的胡说八道。"

甘昭吉苦笑了一声道:"老奴已经知道错了,老奴不想再胡说八道了。"

哲宗故意把脸一沉说道:"你想抗旨吗?"

"老奴不敢!"

哲宗道:"你既然不敢抗旨,就得听朕的。你老实说皇后宫中那一班宫女和公公的口供是不是逼出来的?"

甘昭吉道:"老奴没有亲见,不敢妄言。陛下如果想知道事情的真相,何不另遣几位大臣,以复审案子之名,看一看那些宫女和公公的身上有伤无伤,不就可以了吗?"

哲宗道:"这案子是御史中丞亲自办的,再派人复审合适吗?"

甘昭吉道:"大宋自立国以来,把人命看得很重。凡要处死的犯人,那怕是一个平民百姓,也得由县州府路层层上报,直至大理寺。大理寺复审后,还要交刑部详复,刑部认为无误,才可以执行。此案,处以死刑的不只没有一个平民百姓,又涉及皇亲国戚和皇后,不可不复审!"

哲宗轻轻颔首道:"公公说得对,朕知道该怎么做了。"

哲宗已经决定,对皇后诅咒案进行复审,但让谁来复审?

他选中曾布,但曾布不想趟这个浑水,委婉拒绝了。拒绝的理由,堂而皇之——他是掌军的,不应插手司法。

哲宗又找到了蔡京,蔡京也不想蹚这个浑水,后经章惇劝说,勉强同意了。

章惇为什么要劝蔡京接手这个案子,而不去劝曾布?

曾布和他面和心不合。

曾布窥伺他的相位久矣。这个案子如果落到曾布手里,对刘清菁和郝随非常不利。而刘、郝和他又是一党。

蔡京呢?

严格说,不是他章惇的人,但他聪明,特聪明,知道事该怎么办,不该怎么办,郝东一案办的就很不错。而这个案子,事涉刘婕妤、邢恕和郝随,而刘婕妤又是皇上宠妃,他不会把案子办砸的!

章惇的分析非常正确,蔡京接案后,装模作样地将卷宗看了一遍又一遍;又将"犯人"一一提审。案卷虽然做得很完美,但犯人的身上,不只有伤,而是体无完肤,无声地向他喊冤。他也知道他们冤,但是,为了自己的前程,他昧着良心,将邢恕的谳词①略做修改,呈送朝廷。

孟皇后及宫女、宦官,共三十九人,因对刘婕妤不满,迁怒皇上,诅咒皇上和婕妤,御史中丞邢恕等奉旨审案。经臣等彻查,严刑拷打,不曾有,严辞逼问偶有之,但所定之"谳词",还是对的。皇后等人纵然可恶,但是,天有好生之德。而我大宋,立国一百多年,从未杀过一个士大夫及三品以上大员。先帝仁宗朝,一个落第老举人,因心中不满,写了一首反诗,仁宗不但不杀他,还给他官做;仁宗郭皇后,曾误伤仁宗之颈,也只是将她改封净妃,出居瑶华宫,号冲妙仙师,法名……

哲宗阅了蔡京"谳词",又默想了许久,颁诏一道:废去孟皇后,出居瑶华宫,号华阳教主、玉清静妙仙师,法名冲真;将孟中贞流放岭南;余之罪犯,一律编管原籍。

章惇生来狂傲,不曾服过人,这一次他服了一个人。

不只服,而是感到害怕,对邢恕说道:"蔡元长思事之缜密,为人之狡猾,放眼天下,无人可及,你我得防着点。"

---

① 谳词:结案定罪的文书。

扳倒了孟皇后，刘婕妤原以为她就可以理所当然的晋升皇后了。谁知，等了半年，不见晋升的消息，便让郝随和章惇内外相求。哲宗总是那么一句话，"等等再说"。

她一边等，一边在枕席上格外献媚。

一晃，又是半年，她沉不住气了，趁侍寝之机，直接恳求哲宗，要他册立自己为后。

哲宗道："朕何曾不想早日册立娘子为后，只因废后一事，朝野对娘子颇有怨言。而且，孟中慧虽然不肖，却为朕生了一个公主；你呢？进宫四五年了，肚子平平，若是立你为后，其他嫔妃为朕产下了皇子，叫朕如何处置？"

刘清菁轻叹一声，自此再也不提立后之事。

也是刘清菁该有皇后之命，没多久便怀孕了，十月分娩，居然生下一个龙子。

哲宗龙颜大喜，也不经过朝议，内降一旨，择日册立刘婕妤为皇后。消息传出，朝野议论纷纷，俱言不当立刘清菁为皇后，但都是私下说说而已，唯有观文殿大学士苏颂上书反对："立后以配天子，应当慎之又慎。仁宗时郭后与尚美人争宠，仁宗既废后，并斥美人，所以公平，可为天下后世效法。陛下废孟后，与仁宗废郭后如出一辙，但只见仁宗斥美人，却不见陛下斥婕妤。况且为后者，须德冠后宫，不能从嫔妃中晋升，应自贤族中选择；况且，刘婕妤有废后之嫌，更不宜立为皇后。"

哲宗越看越怒，拍案说道："这个老不死的苏颂，该杀！"

坐在一旁奶孩子的刘婕妤忙问："哪个苏颂？"

哲宗道："是叫子容的那个苏颂。"

刘清菁"哦"了一声道："原来是苏大胆呀！"

苏颂的大胆是出了名的，他和王安石是同榜进士，为官五十余年，历仕五朝，官至副相。

他之所以大胆，一是他正直清廉，二是他博学多才，涉猎广泛，在天文、药物、文学、外事等方面，都有自己的著述和独到见解。

他的《本草图经》是宋朝最完美的医药书，领先欧洲四百多年。

他的《新仪象法要》，全书以图为主，并附有说明，是世界上最早最完整的机械图纸。

他所发明的水运仪象台，是现代钟表的祖先。

这些辉煌的成就，使他在朝野享有很高的威望，奸佞之人，不敢轻易惹他，连皇帝也对他敬上三分。

但是，他也有走麦城的时候。

王安石主政初期,他的官职是中书舍人,王安石想破格提拔一个叫李定的青州判官助他变法,神宗满口答应,且命苏颂起草破格提拔的敕书。苏颂认为李定不符合破格的条件,写了一份拒绝起草敕书的说明,呈送神宗。神宗见他不识抬举,改命一个叫宋敏求的中书舍人起草敕书,被宋敏求婉言拒之。神宗本已作罢,经王安石再三请求,神宗又命另一中书舍人李大临起草敕书,亦遭李大临婉拒。

　　宋神宗见硬的不行,便再次召见苏颂,一再表明破格提拔李定的意义。苏颂铿声说道:"朝廷既然制定了任用官员的条贯,就应该按条贯执行,李定之任命,明显不符合条贯,陛下如果硬要臣违背条贯,岂不是自打耳光!"

　　神宗道:"朕愿意自打耳光,你还有何话可说?"

　　苏颂道:"臣不想让您自打耳光,更不想因为此事,让史官给您记上一笔!"

　　皇帝的旨意四次遭拒,这在中国历史上恐怕是第一次。

　　中书舍人可以拒绝起草敕书,但不可以拒绝被贬官。苏颂降为工部郎中、宋敏求出知降州(今山西新降)、李大临出知汝州。这就是北宋历史上著名的"三舍人事件",也是苏颂第一次走麦城。

　　宋神宗元丰二年(1079年),太湖知县陈世儒,因其妻谋杀婆婆之事被朝廷召回。妻妾及佣人被杀头者19人,判处死缓的7人。陈世儒也在死缓之列。判他死缓的理由,是他妻子对佣人们说了这么一句话:"世儒如果哪一天回来奔丧,定会重赏你们。"因为这一句话,佣人们把世儒的母亲灌醉,在她的脑门上钉上铁钉。

　　司法官员认为,晚辈谋杀长辈为十恶不赦之罪,将陈世儒处以死缓,已经是法外开恩了。可时任开封府伊的苏颂不这么看,他认为,陈世儒妻子弑母,陈世儒并不知情,不能以十恶不赦之罪论处。

　　这件案的定性以及涉及人员的量刑是经宋神宗钦定的。而今,苏颂居然为陈世儒翻案,神宗很不高兴,将苏颂关进御史台监狱。这是苏颂第二次走麦城。

　　已经走了两次麦城的苏颂,还怕第三次走麦城吗?

　　不怕。

　　绝对不怕!

　　他虽然不怕,哲宗还要他再走一次麦城——由观文殿大学士,降为河南[①]判官。

　　皇帝如何处置皇后和大臣,这本是皇帝的事,平民百姓偏要说长道短,甚至闹了不

---

① 河南:今之洛阳,时之西京,为京西北路所辖。

少笑话。

汴京城有个卖馓子①的汉子。他吆喝时,既不说馓子好吃,也不说价钱多少,只是长长地叹一口气,然后吆喝说:"亏便亏我也!"意思吃亏就让我吃亏吧!大概是想以此招徕顾客。一天,他来到瑶华宫前,像往常一样吆喝:"亏便亏我也!"

不料才吆喝了几声,就被抓进了监狱。官差以为他说"亏便亏我也",是明目张胆地为孟皇后叫屈。后经查明,杖责一百板了事。他自此成了名人,连带生意也兴隆起来。

刘婕妤做了皇后,一时吐气扬眉,说不尽的快活。

乐极生悲,她那两个月的儿子,忽生了一种怪病,终日啼哭,饮食不进,没有多久,便一命呜呼,把个刘清菁哭得死去活来。

郝随三番五次地解劝,她仍啼哭不止。郝随恐吓她道:"哭吧,您若哭死了,正合孟中慧之意!"

刘清菁当即收住眼泪,问之曰:"孟中慧那里有何消息?"

郝随回曰:"自从皇子升天,皇上三天两头驾幸瑶华宫,说是看福庆公主,骨子里是想再续旧缘。"

刘清菁道:"多谢公公!"

自此以后,刘清菁重施媚术迷惑哲宗,使哲宗再度回到温柔乡中不可自拔。

刘清菁重施了半年媚术,肚子依然平平,商之于郝随,郝随道:"这是您夫妇之间的事,老奴本不应胡言乱语。但鉴于咱们的关系,老奴想妄言几句,又惧怕王法……"

刘清菁道:"咱俩谁跟谁,伸手摸住肋巴骨——不是外人。没有您的提携,就没有我刘清菁的今日。有什么话,您尽管说。"

郝随道:"您把话说到这个份上,咱家还顾忌什么?"

刘清菁笑道:"您本来就不应该有什么顾忌嘛!"

郝随双眼将殿内扫了一遍,小声说道:"皇上嫔妃数十,除了孟中慧和您,都不曾生育,看来皇上的种子有问题……"

他将话顿住,二目移向刘清菁。

刘清菁明知道郝随话中的意思,却故意问道:"诚如表叔所言,侄女应当何为?"

---

① 馓子:一种油炸食品,香脆精美。北方馓子以麦面为主料,南方馓子以米面为主料。

郝随又将殿内扫了一遍,方将章惇"淫乱后宫"的事添油加醋地说了一遍。

刘清菁叹道:"孟中慧位居皇后5年之久,宫中耳目甚多,我若效法先朝那些嫔妃,这密很难保住,您说的这个办法不行。"一边说一边摇头。

郝随道:"您的担心是对的。表叔还有一法……"

他又将话顿住。

刘清菁道:"请讲。"

郝随道:"刘五更您还记得吗?"

她娇面微微一红反问道:"您问他干吗?"

郝随道:"您俩本是一对恩爱夫妻,为了皇上,我棒打鸳鸯。您进宫之后,刘五更大病一场。病好之后,辞官当了和尚。唉,古智人言,宁拆十座庙,不拆一对婚。我对不住刘五更,我这是在作孽呀!"

刘清菁红着眼圈儿说道:"您不必自责,您这是为侄女好。唉,不只您,侄女也觉得对不住五更。可是,事已至此,对不住他,又能怎样?唉!"

"您既然觉得愧对刘五更,就该设法弥补才是。"

刘清菁问:"怎么弥补?还请表叔赐教。"

郝随再次将殿内扫了一遍,道出八个字:"重续旧缘,借种固位!"

刘清菁叹道:"这法倒是不错,但是,皇宫深似海,没有皇上恩准,侄女不敢轻出宫门。何况,刘五更又在千里之外,打一个来回,少说也得一个月。"

她将头轻轻摇了一摇。

郝随笑嘻嘻地说道:"我忘了告诉您,刘五更已经回到汴京,任相国寺书记[①]。"

刘清菁又惊又喜道:"他干得不错。唉,还是侄女那句话,皇宫深似海,旧缘难续呀!"

郝随道:"您不必长吁短吁,只要您愿意,有的是办法。"

刘清菁道:"我愿意。"

---

① 书记:宋代寺庙的负责人,除住持外,还有四大班首、八大执事。四大班首为首座、西堂、后堂、堂主,八大执事为监院、知客、僧值、维那、典座、寮元、衣钵、书记。书记掌书翰交流。

二十七 哲宗私访

待郝随他们离开后,刘五更将刘清菁引到一个最为偏僻的禅房,禅房里布置得既温馨又浪漫……

一般来讲,击登闻鼓的都是平民百姓,像郑侠这样有身份的人极少,哲宗出于好奇……

哲宗退到街的一旁,迎着缓缓而行的巨幅画像望去。望着望着,他突然"啊"了一声:"怎么是她?"

一番颠鸾倒凤之后,刘清菁依偎着哲宗,嗲声嗲气地说道:"官家,臣妾想去相国寺拜一拜观音菩萨。"

哲宗道:"相国寺的主神,是释迦牟尼佛、东方药师佛和西方阿弥陀佛,观音菩萨只是一个陪神,你为什么舍主求次?"

刘清菁道:"佛虽然地位尊贵,但不掌生儿育女。臣妾想求观音菩萨给官家送一个龙子来。"

哲宗满脸欢喜道:"好,朕明天就让鸿胪寺①安排。"

刘清菁道:"此事不宜张扬,让郝公公陪臣妾去就可以了。"

哲宗道:"也好。"

两天后,刘清菁换上平民衣服,乘坐一顶小轿,带着刘婉玉等3个心腹宫女和3个担着香袱、供果的小宦官,在郝随的前导下,直奔相国寺。

---

① 鸿胪寺:掌宗教的机构。初置于北齐,其前身为秦之典客,汉之鸿胪,设卿一人,从三品;少卿二人,从四品上。

相国寺原名建国寺,乃北齐文宣帝高洋所建。未几,毁于战火。唐长安元年(701年)湖南僧人慧云宿汴州繁台,半夜北望,只见异气腾空。天亮后寻觅踪迹,来到建国寺旧址,见池水泛起涟漪,隐隐现出参差楼阁,珠璎装点,雕琢彩绘,"九重仪像,逶迤而千伏",俨然一派弥勒演说佛法的兜率天宫气象,遂出资购了此地,原本要建一个"福慧寺",掘地时发现北齐一块古碑,才知道这里是建国寺的遗址,遂改"福慧寺"为建国寺。唐睿宗时,下诏拆毁不在官册的寺院,建国寺也在其列。慧云在三佛像前泣泪焚香,祷告曰:"若此寺不可拆,当现奇瑞,策悟群心。"不一会儿,三佛之像头上放出金色之光,满城信众,争相前来瞻礼。采访使王志愔把这一祥瑞上报睿宗,睿宗不只放了建国寺一马,还赐以寺名——相国寺。相者,相王也。因唐睿宗登基之前的身份是相王,故赐以"相国寺"之名。

为表示虔诚,距相国寺大门尚有一箭之地,刘清菁便命停轿。她刚一下轿,等候在山门前的刘五更疾步迎了上来。二人见过了礼,由刘五更带路,进了山门。

山门无间,三空六开;两梢间,四金刚;前有石狮一对,内墙匾书"相国寺",乃唐睿宗御笔。山门东西两石塔,各高三丈余,二门五间,门额上亦有一匾,上书"天王殿"。

刘清菁吩咐婉玉,偕一挑担的太监,代她进去祭拜。嘱之曰:"祭拜过天王之后,可去寺后玩耍,不得远离。"

婉玉应了一声"好"。

刘五更补充道:"寺后俱是僧居,前后约二三百家,每日有说书、算卦、百艺逞能,亦有卖吃食等项。给,洒家这里有碎银五钱,足够你二人吃喝玩乐了。"

婉玉接过银子,道了一声"多谢",朝一挑担的太监招了招手,二人趋进天王殿。

刘清菁一行在刘五更的引导下继续前行,来到大雄宝殿后,又留一宫女和一挑担的太监,嘱之如前。

刘五更又要给他们银子,被郝随拦住:"咱家带的有钱。"当即掏出五钱碎银,拍给宫女。

东行左拐,来到大雄宝殿东丹墀,这里有宋太祖《重修相国寺碑》一通,高两丈余。后有杰阁三间,高四丈,宋太宗建,上坐送子观音,两侧立着木吒(法名惠岸行者)和韦陀(护法天神之一)。

刘清菁命宫女在观音像前摆上供品,点燃线香一支,插在香炉中间,暗自祈祷道:"南无大慈大悲救苦救难的观世音菩萨,请受香。弟子贵为皇后,有一子已夭,为了大宋社稷,请您给弟子送龙子一个。"祈祷后三拜。

第二支香,插在前香的左边,祈祷叩拜如前。

第三支香,插在前香的右边,祈祷叩拜如前。

刘清菁起身,刘五更躬身邀道:"请到禅房一坐。"

刘清菁笑微微地点了点头,移目小宫女道:"本宫想向书记请教佛经,你找婉玉他们去吧。"

刘五更再次掏银,又为郝随所拒:"娘娘既然向大师请教佛经,老奴就不用服侍娘娘了,倒不如娘娘也给老奴一个假,让老奴去寺后游玩游玩。"

刘清菁笑微微地道了一声"好"。

待郝随他们离开后,刘五更将刘清菁引到一个最为僻静的禅房,禅房里布置得既温馨又浪漫……

半个时辰后,刘五更、刘清菁双双走出禅房。

此后,每个月的这一天,刘清菁必来相国寺一趟。

来了5趟之后,她怀孕了,经御医诊断,是个公主。

能怀上公主,就会怀上龙子,哲宗对刘清菁愈加宠爱了。

也许是宠过了头,她怀孕7个月,便生下了小公主,既小又瘦。哲宗断定,这小公主一定活不久,不住地唉声叹气。朱太妃安慰他:"谚曰,'七成八不成①',小公主一定能活下来。"

一年后,小公主不只活了下来,而且比同龄的孩子还要健康。哲宗笑了。

他这一笑,喜事接踵而来,咸阳县农夫掘地得了一古玉印,印色绿如兰,既温润又光泽,印缺一角,镶之黄金;印文乃篆书,曰:"受命于天,既寿且昌。"经蔡京等13个官员鉴定,这是秦朝的传国玉玺。

说起这个传国玉玺,不仅有故事,还充满了神秘色彩。

秦国玉玺乃和氏璧制成。

卞和在荆山(今湖北南漳县)发现一块宝石,便把它献给了楚厉王,楚厉王让玉工鉴别,玉工说它是一块寻常石头,楚厉王以欺君之罪将卞和砍去了左脚。楚厉王死后,楚武王继位,卞和又跑到楚都献宝,结果又以同样罪名被砍去右脚。楚文王位继大统,卞和不敢再去献宝,抱着宝石在荆山下痛哭,文王遣令尹责之,卞和答曰:"我并不是为失去双脚伤心,伤心的是明明是宝石,却被说成寻常石头,忠诚被说成欺骗。"文王听了

---

① 七成八不成:意思是说,怀孕七个月生下来的孩子能活,八个月生下来的孩子反倒活不成。

令尹奏报,让他二次去找卞和,将宝石带到宫中,交玉工当面剖之,果然是块宝玉。文王大喜,命玉工将它雕琢成璧,取名和氏璧。

数十年后,和氏璧在赵国出现。秦昭襄王很想得到这个宝贝,遣使入赵(国),谎称愿意用秦国15座城来交换。

当时,秦强赵弱,赵王不敢不答应,遂派蔺相如带着和氏璧出使秦国。蔺相如将和氏璧呈给秦昭襄王后,见他一个劲地把玩,并未给15座城之意,设计将和氏璧讨回。

61年后,秦灭赵,和氏璧终成秦王嬴政的囊中之物。嬴政统一中国,始称皇帝,命廷尉李斯制作皇帝玉玺(即皇帝的私人印章)。李斯奉命后,以和氏璧为原料,用篆书在上边刻了八个字——"受命于天,既寿永昌"。

公元前219年,秦始皇乘龙舟行至洞庭湖口,风浪骤起,龙舟将倾,秦始皇忙将传国玉玺抛入湖中,试图让它遏止风浪。8年后,使臣从关东来,夜过华阴平舒道,突然有人持璧拦住使臣,自称遗池君,且说今年祖龙死。使臣愕然不解,欲再详问,那人放下玉玺不见了。公元前207年十月,刘邦兵入咸阳,秦王子婴投降,传国玉玺落入刘邦手中。西汉建立后,代代相传。至孺子婴为帝,才两岁,传国玉玺由王莽姑母太皇太后王政君代为掌管。王莽篡位,建立新朝,派其弟安阳侯王舜入宫索取传国玉玺。太皇太后又气又怒,将传国玉玺摔在地上,玉玺掉了一角,王莽用黄金镶补。金镶玉一词,便是由此而来。

王莽被杀后,玉玺为校尉公宾所得,献给绿林军将领李松,李松又献给尚在南阳的更始帝刘玄。刘玄为赤眉军所掳,传国玉玺落入赤眉军拥立为帝的刘盆子手中。刘盆子投降刘秀,传国玉玺为刘秀所得。

东汉末年,外戚何进谋诛宦官不成,反为宦官所害,袁绍领兵入宫诛杀宦官,宫中大乱,汉少帝夜出北宫避难,仓促间未带传国玉玺,返宫后传国玉玺不见了。

公元189年,董卓作乱,少帝被杀,董卓拥立汉献帝刘协,迁都长安。关东各地豪强纷纷起兵讨伐董卓。长沙太守孙坚攻入洛阳,在城南甄官井中捞出一具宫女尸体,颈下发现一朱红小匣,匣内藏着传国玉玺。孙坚获玉玺后,心生异念。未几,战死沙场,其妻吴氏扶棺归里,扬州刺史袁术拘留吴氏,强行夺走传国玉玺。袁术称帝不成,忧郁而亡,广陵太守徐璆又从袁术之妻手中夺走玉玺,送给曹操,由曹操转交汉献帝。曹丕篡汉建魏,传国玉玺为魏所有。司马昭篡魏建晋,玉玺又落入司马氏手中。晋分东、西。东晋,皇帝虽然还是司马氏,但仅一傀儡耳。北方十六国更迭频繁,玉玺在血腥的残杀中不断易主。公元589年,杨坚代陈建隋,玉玺为隋所有。隋朝灭亡后,隋炀帝皇后与其孙杨正道携传国玉玺逃往突厥,唐另铸玉玺,改成"御玺"。贞观四年(公元630年),萧后与杨正道归唐,传国玉玺为唐朝所得;朱温灭唐建梁,史称后梁,玺为朱温所得。此后,四易其主,玉玺入后唐废帝李从珂之手。

后唐清泰三年(公元936年),李从珂带着传国玉玺登玄武楼自焚,唐灭亡,传国玉玺自此失踪。

后晋天福十二年(公元947年),刘知远代(后)晋而建(后)汉。自后晋而后汉,又后周,再大宋,所有的皇帝都没有传国玉玺。没有这玩意,那皇帝就会遭天下人诟病,至少说,这些皇帝没有得到玉皇大帝的认可!要想得到玉皇大帝的认可,就得设法找到传国玉玺。但自石敬瑭开始,经历了四朝十帝(不包括契丹和西夏),一百五十多年了,都没有找到,如今,它突然出现,这意味着什么?按照蔡京的话说,"绍圣的好哟!"

因为哲宗"绍圣"的好,天降祥瑞,除了传国玉玺现身外,全国各地的祥瑞纷至沓来,先是河北上报,他们那里有一株铁树开了花。继之,襄阳府来报,他们那里一头老牛生了一个麒麟。继之,陕州又报,上万只黑白天鹅云集青龙湖,有的在湖面上盘旋,时而飞起,时而降落;有的在湖里嬉戏打闹,玩得很开心;有的在湖面上自由自在畅游,或扑闪着宽大的翅膀表演舞姿,或展示着它们美丽的身躯和耀眼的舞姿;有的徜徉在岸边的草丛中……

章惇、曾布、蔡卞,步蔡京之尘,或上书朝廷,或面谀哲宗,"如此多的祥瑞出现,这都是您'绍圣'的好呀!'绍圣'之后就是'元符'(年号)。'元符'是什么?'元符'就是最大的祥瑞。您看,咱'元符'不到三年,这么多祥瑞出现,应当大庆。"

哲宗也觉得应当大庆,而且是普天同庆。庆日就定在他颁布改"元祐九年"为"绍圣元年"的那一日。

各府州县接到诏书,紧锣密鼓地进行部署,与此事八竿子打不着的泉州(今之福建省泉州市)教授①郑侠拜访海知州,力陈此事不可为,并将他连夜赶写的奏章呈给海知州,请他代为上奏。海知州读了他的奏章,惊出一身冷汗:"你这是作死呢!"略顿又道:"《流民图》的教训您难道忘了?"

一说到《流民图》,郑侠就来气。

---

① 教授:学官名。宋代除宗学、律学、医学、武学等置教授传授学业外,各路的州、县均置教授,掌学校课试等事,位居提督学事司之下。

这事发生在神宗时期,当时的宰相是王安石。因为王安石的力推,才有了"熙宁变法"(又称"王安石变法")。变法的结果,国家富了,民却穷了。一遇灾荒,灾民成群结队地外出求食,道为之塞。

郑侠本是王安石学生,由于王安石的提携,出仕后一路飙升,监安上门①。

安上门乃汴京城的一个城门,郑侠上任这年,恰逢天旱,8个多月无雨,庄稼颗粒不收,四方饥民,纷纷涌向汴京城求食。从城墙上看,但见扶老携幼,肩挑手提,络绎不绝,人人面黄肌瘦,个个衣不蔽体。还有的披枷戴锁、搬瓦扛木,为官府服役偿债,凄凄惨惨,催人泪下。郑侠将看到的惨相绘了一幅图,取名《流民图》,再加上一道奏章,对图加以说明,认为这种惨相是新法造成的。

宋朝,一般人给皇帝上书,得通过阁门司②,阁门司认为郑侠的上书,是针对"新法"而来,拒之不收。

还有一条上书途径,可以不经阁门司,经谁呢?银台司③,但必须是密奏(告密或军情)才可以。

郑侠如果直接把书送到银台司,银台司不会接。

他想了许久,才想出一个法子。他跑到汴京城外,找到作驿吏的一个朋友,谎称有密奏,通过"马递④",送到银台司。

神宗看了郑侠的奏章和《流民图》,大为感动。翌日临朝,将《流民图》遍示群臣,还要罢"免役等十八法"。王安石大怒,以辞官为要挟。其结果,两败俱伤,王安石被罢相,郑侠被流放英州(今之广东省英德市),直到哲宗登基,大赦天下,郑侠才回到福清(今之福建省福清市),后经苏轼周旋,朝廷才将他起用,委之以泉州教授。

海知州见郑侠良久无语,还道自己的话起了作用,又道:"介夫(郑侠字介夫),谚曰:'皇帝不跟娘娘睡,为臣不管淡闲事。'这奏章就不要上了,好好教你的书,依然是华衣美食;若则,下边的话,不用本官说了吧!"

郑侠正色说道:"人,若只求华衣美食,与盗无疑。这书你不代我上,我自己上。"

---

① 监安上门:监,负责的意思。监某某门,就是掌某某门。
② 阁门司:宋辽金掌礼机构。
③ 银台司:官衙名。宋置。初属枢密院,后移属门下省,掌受天下奏章密牍,转交通进司上呈皇帝,并兼门下封驳之事,因司址在银台门内,故称。
④ 马递:古之传递公文,有三种方法:步递(用一般人传递)、马递(骑马传递)、急脚递(用类似戴宗那样的人传递,日行四百里以上)。

海知州道："你自己上可以，怎么上，还走'马递'的老路？"

他将头使劲摇了一摇道："今日之驿吏，非彼时之驿吏，他们不会再上你的当了！"

郑侠道："这个你不用担心，我铁了心干的事，一定能干成。"说毕，昂首出了州衙，直奔汴京登闻鼓院，敲响了登闻鼓。

登闻鼓之设，源自宋太祖赵匡胤。

赵匡胤初登帝位，特好私访。这一日，他又换上便服，独自来到相国寺东边的一座酒楼，听见几个儒生在那里饮酒咏诗，便凑了过去。闲谈中，谈到一个叫赵元因的儒生，蒙冤入狱，其母七上开封府为儿申冤，开封府置之不理。没奈何去告御状，被守宫人挡在门外。她竟异想天开，买了一面大鼓，背到宫门，对守宫人说道："宫门外要像县衙门口那样置一面大鼓，老百姓若是有冤，把鼓一敲，天子也像县太爷那样登上金銮殿审案，天下就不会有冤民了。"

她这一番话，把守宫人笑得直不起腰："你呀你，你真逗！知县咋能和天子比？一个知县管多少人呀？少的几千，多的十几万。天子管多少人呀？管四五千万，哪一天不是闻鸡而起，一直忙到鼓打三更，哪有时间管尔等这些鸡毛蒜皮小事？"

她将头使劲摇了一摇："您这话不对，老妪的儿子，遭受了不白之冤，在你们眼里，是鸡毛蒜皮之事，可在老妪眼里，比天还要大。如果我元因儿被屈杀了，我也不打算活了。我若是一死，我那躺在病榻上的老头子，也活不了多久。虽说受冤的是一个人，可这一个人连着他的诸多亲人……"说到这里，号啕大哭起来。

守宫人虽然同情她，但要在宫门置一大鼓，这不是他们能够做得了主的，好说歹说，才把赵元因老娘劝走，可那面鼓她非要留下，还反复叮嘱守宫人："我这个想法，你们可要转禀天子呀！天子是一少有的明君，他不会让一个土都快埋住脖子的老妪失望的！"

讲的人是当笑话讲的，可赵匡胤心中沉甸甸的："诸位中有认识赵元因母亲的没有？"

众儒生异口同声道："吾等都认识。"

"请汝等传话给她，让她明天亥时四刻，去皇宫门前击鼓申冤。在下告辞了。"说毕，扬长而去。

第二天亥时，众儒生拥着赵元因母亲来到宫门口，果见那里置了一面大鼓。而且，这鼓就是赵元因母亲背来的那个。

赵元因母亲既高兴又激动，跪在鼓前，磕了9个响头，爬了起来，颤抖着双手擂响了大鼓。

鼓音刚落,一宦者来到皇宫门前,将赵云因母亲带到了垂拱殿,赵匡胤看了她的诉状说道:"你回去吧,三天后,朕会给你一个满意的答复。"

第四天,赵元因无罪释放,诬陷赵元因的人以及那些枉法的官吏和巡检,全部被绳之以法。

自此以后,皇宫门前多了一个鼓。赵匡胤为这个鼓取了一个很好听的名字——登闻鼓,而且诏告天下,凡有关朝廷政事、军事机密、公私利害、申诉冤枉等事,若不能依常规上达皇帝可到阙门①前击登闻鼓。初时,只要有人击鼓,皇帝就会接见,后因击鼓人越来越多,皇帝不再接见,置鼓司以治其事。景德四年(1007年),升鼓司为登闻院,隶司谏、正言。

登闻鼓谁都可以击,但有一个条件,所诉所告之事不能太小,诸如丢个鸡呀、鸭呀,或邻里小纠纷;也不能诬告。违之,轻则杖臀二十,重则充军。

一般来讲,击登闻鼓的多是一些平民百姓,像郑侠这样有身份的人极少。

故而,击鼓的当天,司谏便把他的奏书呈达天庭。哲宗出于好奇,当即打开阅之:

……

熙宁变法,目的是富国强兵,但因先帝神宗用人不当,加之又操之过急,变法的结果,国家富了,民却穷了。一遇灾年,成群结队的外出求食,道为之塞,臣曾为此绘了一幅《流民图》,上达先帝。先帝将图反复谛视,禁不住悲惨起来,当下长叹数声,袖图入内。是夜,辗转吁嗟。翌日临朝,特颁谕旨,命开封府酌收免役钱②;三司③察市易;司农发常平仓;三卫④裁减熙河兵额;青苗、免役、方田、保甲等法,一律罢去。共计十八事,中外欢呼,互相庆贺;连上天也降了倾盆大雨,川渠皆满,碧浪浮天。把自秋至夏的干涸气尽行涤去。可见,先帝的"新法"亦有许多不尽天意、人意之处。陛下欲"绍圣",也无不可,但对于先帝的新法,应该有选择地"绍"。免役法、均输法、保甲法,就可以"绍";青苗法、保马法、农田水利法,则不可以"绍"。法再好,也得有人来执行。如同"经",再好的"经",让歪嘴和尚来念,就会

---

① 阙门:阙是我国古代设置在宫殿、城垣、陵墓、祠庙等大门两侧标示地位尊崇的高层建筑。阙门也叫门阙。
② 免役钱:就是朝廷在正常税收之后,按一定标准再收一笔钱,商贾不再向任何方面交任何钱。
③ 三司:度支司、户部司、盐铁司的合称。其长官为三司使。三司使也称计相,掌财政。
④ 三卫:隋唐宿卫宫廷的禁军机构,所属亲卫、勋卫、翊卫之合称。掌宫廷禁卫之事。

走样。"熙宁变法"本是为了富国强兵,但由于执法者多为奸佞之臣,故成效不大。陛下"绍圣",也存在这个问题,请陛下睁开龙目瞧一瞧,您身边的大臣,除了崇政殿说书韩忠彦之外,还有几个君子?所以,"绍圣"的结果,一是打击了元祐党人①,把他们来一个"斩尽杀绝",逞快一时,而贻害无穷。二是把"熙宁变法"中注重发展生产和抑制兼并的内容丢掉了,两眼所盯的只是钱,不择手段地敛钱,敛的结果,府库的钱,虽然没有"熙宁"年间那么多,但也相当可观。

社会呢?贫富差别越来越大,百姓的抗灾能力还不如先帝在位之时。一遇灾荒,逃荒的人车水马龙,或到城市就食,或到大山采摘野果,甚至用树皮、草根充饥。故而,百姓又念起了宣仁圣烈皇后和司马光的好来。而肉食者们,不仅不想办法救灾,反到处鼓吹社会如何升平,如何莺歌燕舞,致使祥瑞频现:什么农夫掘地得秦之传国玉玺,什么铁树开花,什么牛生麒麟,什么万只天鹅云集青龙湖……这诸多祥瑞,臣不敢说是假的,但臣有疑,比如传国玉玺之事,自李从珂自焚之后,几乎每年都有人说他得到了秦国的传国玉玺,但没有一个是真的,这一次陛下就敢说一定是真的吗?

其二,铁树开花,在江南很正常。

其三,牛生麒麟、猪生象之事,历朝历代都有,但没有一个(头)活下来的。

其四,万只天鹅云集青龙湖,已经上百年了,每年的十月下旬,从契丹的北方飞来,来年三月飞走。因为大家都习以为常,没有上报朝廷。

故而,臣恳求陛下,不要搞什么大庆!

唐太宗有句名言:"水可载舟,亦可覆舟。"水者,民也;舟者,社稷也。请陛下效法太祖、仁宗二位先帝,来一个微服私访,通过私访来了解社情民意,利民的事多做,不利民的事不做。诚如此,何愁大宋不强,社稷万万年!

臣郑侠待罪上呈

哲宗耐着性子,将郑侠的奏章看完,切齿说道:"这个郑侠,该杀!"
但是,宋朝有制,不以言获罪。
就是不以言获罪,也得给他点颜色瞧瞧,叫他以后不再胡言乱语。
哲宗正想着给郑侠一个颜色,甘昭吉小声提醒道:"陛下,距'经筵'的时间不到一

---

① 元祐党人:元祐时期执政的大臣,这些大臣几乎全是旧党。

刻了。"

哲宗站了起来,径奔后苑。韩忠彦已经等候多时,见皇帝到了,忙向他行了个吉拜礼①,便开始授课。

韩忠彦本是旧党韩琦的长子,历官开封府判官、知瀛洲、给事中、礼部尚书等职。

哲宗仇视旧党,人所共知,不知为甚,对韩忠彦颇有好感,欲迁其为副相,为章惇所阻,改任崇政殿说书。章惇几次面谏哲宗:"崇政殿说书担负着给皇帝授课的任务,让韩忠彦干不合适。"

哲宗心动了,欲把韩忠彦外放定州。

这是韩忠彦最后一次给皇上授课了,他心情很复杂,讲到李斯蒙冤而死时,竟呜咽起来。

哲宗知道他因甚而哭,微微一笑,说道:"课就讲到这里吧,朕有几个问题,想向卿请教。"

韩忠彦收泪说道:"有什么问题,陛下尽管说,请教二字,臣不敢当。"

哲宗道:"秦亡之后,她的传国玉玺哪里去了?"

韩忠彦回道:"这个事说来话长。"擦了擦眼泪,将秦国传国玉玺来龙去脉仔细地讲了一遍。

哲宗问:"据卿看来,咸阳农夫掘地所得的那方古印,会不会真是秦国的传国玉玺?"

韩忠彦回道:"臣没有见那方古印,但臣听与蔡大人一块儿鉴定那块方印的文大人说,恐怕不是真的。"

哲宗眉头微微一皱,问道:"文大人既然觉着那块古印不是真的,为什么不给蔡京说破?"

"他说了,但蔡京非说是真的,他没敢坚持。"

哲宗又问:"江南的铁树会不会开花?"

"会。"

"是不是很普遍?"哲宗又问。

"是很普遍。"

哲宗复问:"牛生麒麟、猪生象,算不算祥瑞?"

---

① 吉拜礼:即拱手弯腰呈90度那种拱手大礼。

"不算。"

"为什么?"哲宗又问。

"牛也罢,猪也罢,所生之崽非本种,只能说是怪胎。而且,所生之崽都活不久。"

哲宗还想问一问万只天鹅云集青龙湖之事,想了一想不问了。

问什么呢?

问宋太祖私访之事。

一说到宋太祖私访,韩忠彦来了兴致,一连讲了赵匡胤七八个遗事。第一个,置登闻鼓。第二个,从落举第子中拔出来个卢多逊……

哲宗问:"太祖爷为什么那么热衷私访?"

"一是了解社情民意,二是发现人才,三是免得受人蒙蔽,在这三条之中,尤以第三条最重要。"

哲宗"噢"了一声道:"诚如此,明日巳时一刻,你我君臣二人也去私访一番如何?"

韩忠彦道:"好是好,但凭臣一人之力,您的安全……"

他将话顿住。

哲宗道:"朕的安全你不用担心,朕自会安排。"

翌日,韩忠彦踏着鼓点走进宫来,只见哲宗头戴方筒形蓝帽,身穿直领对襟长袍,足蹬一双锃亮锃亮的黑马靴,手摇檀香扇,俨然一贵公子。

"卿看朕像不像一个贵公子?"

韩忠彦笑微微地回道:"像,像极了。"

哲宗移目尚衣:"帮韩说书换一下衣服。"

尚衣道了一声"遵命",帮韩忠彦脱去官服,换上长随的常服——平头幞头、鹅黄绸袍、褐色丝裤、小头棉靴。

哲宗道了一声"走",二人一前一后出了皇宫,来到相国寺后街,迎面走来一支队伍,走在前边的是一个手持长竿的壮汉,那竿头挂了一长串鞭炮,"噼噼啪啪"地响着;继之,是两位抬着巨幅画像的少女;少女之后,是两位抬着巨幅画像的年轻后生;后生之后,是吹吹打打的乐队班子;乐队之后,是男女混杂的长长队伍。

韩忠彦拽了拽哲宗的袍袖,小声说道:"咱避一避吧。"

哲宗点了点头,退到街的一旁,迎着缓缓而来的巨幅画像望去,望着望着,他突然"啊"了一声:"怎么是她?"

她是谁,竟让皇帝如此吃惊?

尽管这个人,郑侠在奏章中已经说得很明白——"百姓们念起她的好来。"但当她的画像真正出现的时候,哲宗还是有些吃惊。

这个人是谁?

这个人就是哲宗视为仇人的奶奶高滔滔。

有了这一次的吃惊,当两个年轻后生抬着司马光的画像出现时,他不再吃惊了。

他指着尚未过完的队伍,向身边那个儒生模样的人小声问道:"他们这是干什么?"

儒生回道:"十天前,'三顾书屋'进了一批宣仁圣烈皇后和司马相公①的画像,不到一天被人抢购一空。前天又进了一批,这一次,他不卖了,他让请。这一请,就得有一个仪式。"

哲宗又问:"人们为什么要争购宣仁圣烈皇后和司马相公的画像?"

"怀念他们呗!"

哲宗复问:"他们有什么值得怀念的?"

儒生狠狠地瞪了哲宗一眼,斥道:"你怎能这样说话?"

哲宗乃堂堂的大宋皇帝,即使在高滔滔当政的时候,也没有人敢这样对他说话,他正要发火,韩忠彦又拽了拽他的袍袖,将已经到了嘴边的话硬生生吞了下去。

韩忠彦移目儒生:"先生,听你口气,俺家公子刚才的话,是不是对你有所冒犯?"

儒生道:"冒犯在下倒没有什么,他不该冒犯宣仁圣烈皇后和司马相公!"

韩忠彦道:"鄙人咋没有发现俺家公子冒犯宣仁圣烈皇后和司马相公?"

儒生模仿着哲宗说话的语气和神态,将哲宗的话重复了一遍又道:"这还不是冒犯吗?实话给你说,不管朝廷怎样看待宣仁圣烈皇后和司马相公,他俩在我们读书人眼中,是圣人,是神!"

哲宗越听越反感,质问儒生:"他俩究竟有什么好,值得你这样称赞?"

儒生道:"先帝神宗志大才疏……"

哲宗正要发怒,韩忠彦又拽了拽他的袍袖,回头向儒生斥道:"你胡说八道,就不怕朝廷治你的罪吗?"

儒生怒道:"我这叫胡说八道吗?"

他指了指周围的人说道:"你们说一说,我说先帝神宗志大才疏,这能是胡说八

---

① 司马相公:时人对司马光的尊称。

道么!"

众人异口同声道:"不是。"

儒生又道:"他一登基便要变更祖宗法度,搞什么变法,变的结果,祸国殃民……"

哲宗大声斥道:"你这还不叫胡说八道吗?先帝神宗当政之时,熙河一战,打得西夏摸不着东西南北,拓地数千里,这能叫祸国吗?"

儒生冷"哼"一声道:"你只说他过五关斩六将,你咋不说他夜走麦城。他让宦官李宪为帅,统率五路宋军伐夏,死伤将士20万,加上民伕的伤亡,多达40万……"

哲宗面如猪肝,韩忠彦怕哲宗再听下去,气出个好歹来,忙拽住他的胳膊说道:"走,咱去相国寺转转。"

哲宗不想走,儒生也不想让他走:"走什么走,在下的话还没说完呢。宋神宗不只误用李宪,还误用了一个叫徐什么的来着……"

旁边的人提醒他:"徐禧。"

儒生道:"对,就是叫个徐禧,率兵数十万伐夏,永乐城一战……哎,你们别走,你们听我说……永乐城一战,我大宋将士死伤三十余万。败讯传到汴京,那个志大才疏的宋神宗,'涕泣悲愤,为之不食。'……哎!"

他指着哲宗的后背大声说道:"你听见了没有,永乐城一战,我大宋将士死伤三十余万。三十余万呀,这还不叫祸国?!"

二十八　天不假年

　　哲宗趁机将茶室扫了一遍:这室不大,但布置得简朴典雅,迎面壁上还挂了一副苏轼的字,那字录自王安石的《议茶法》。

　　任伯雨正要大礼上前参拜,突然多了一个心眼:冒认官亲,杀头之罪,更莫说冒认皇帝了!

　　去永州途中,船突然翻了,范纯仁被救上岸后,说了一句让人哭笑不得的话:"啥坏事都安到章惇头上,这船难道也是章惇让翻的吗?"

韩忠彦拽着哲宗跑了两箭之地,见他脸色苍白,气喘吁吁,忙停了下来。

"陛下,臣无能,让您受惊了!"

哲宗喘息了一会儿说道:"这不怪你,那个儒生一定是司马光的同党。"

韩忠彦既没有附和,也没有驳他,朝前边指了一指说道:"那边的伯雨茶坊,臣去过,挺好的,咱去那里品会儿茶怎样?"

哲宗道了声"好",君臣二人缓缓步到伯雨茶坊,一美少女笑盈盈地迎了上来,行一万福礼道:"二位爷,订房了没有?"

韩忠彦回道:"没有。"

"二位爷想坐何室?"

韩忠彦回道:"绍圣室。"

少女道了声"好",又朝他君臣二人施了一个万福礼说道:"小奴姓范,小名芸儿,二位爷就叫小奴芸儿好了。芸儿今天有幸侍奉二位爷,是芸儿的福气,二位爷请。"说毕,轻移莲步将二人引到挂有"绍圣"牌子的茶室。

哲宗二目猛地一亮,盯着茶室的牌子问芸儿:"此室为什么叫'绍圣'?"

芸儿回道:"少爷别急,待会儿小女子再给您说。"左手推开室门,右手前伸,做邀客状:"二位爷请进。"

哲宗在前,韩忠彦在后,二人进得茶室,哲宗面南而坐。

"二位爷,怎么饮?"芸儿轻启朱唇问。

哲宗回道:"点茶。"

芸儿又问:"点什么茶?"

哲宗道:"龙凤团茶。"

芸儿道了一声"好",便开始备茶,芸儿点燃烤茶饼的香炉,从茶柜里取出一上等龙凤团茶饼儿,放在炉上,用微火慢慢灼烤。

哲宗趁机将茶室扫了一遍:这室不大,但布置得简朴典雅,壁洁白无瑕,迎面壁上,在离地六尺的正上方,张挂了一副苏轼的字,字的内容来自王安石的《议茶法》——"夫茶之用,等于米盐,不可一日以无。"

哲宗将头轻轻点了一点,说道:"介甫说得对,饮茶已经成为国人生活中不可缺少的一项内容。茶发于神农,闻于鲁周公,兴于唐而盛于宋。宋之前,只有达官贵人才能饮,而饮茶也成了达官贵人身份的象征。到了宋,茶才走进了千家万户,不只达官贵人可以饮,贩夫走卒也可以饮。何也?还不是因为国人富了!国人为什么富?还不是因为诸先帝治国有方。可是,一些人大睁着两眼说瞎话,否定先帝,否定先帝殚精竭虑施行了15年的新法,你说可恼不可恼?"

韩忠彦轻咳一声,又朝芸儿努了努嘴,哲宗自知失言,忙将张开的嘴合住。

"芸儿……"韩忠彦朝哲宗指了指问道:"他刚才说的什么?"

芸儿将头轻轻摇了一摇,盈盈一笑回道:"小女子刚才正在研茶,没有听见。"

哲宗长出了一口气道:"小娘子,咱还接着刚才的话说,你们这个茶室为什么叫'绍圣'?"

芸儿道:"这事说起来话长,待小女子将茶调好,你们饮的时候,小女子仔细地给你们说,可好?"

哲宗道了声"好",心无旁骛地看她调茶。她先是将研碎的龙凤团茶置于碗中;又以釜烧水,待水微沸初漾时,冲入碗中;再用茶筅①拼命搅打,待茶产生丰富的沫浮,分斟两只杯中,一杯捧给哲宗,一杯捧给韩忠彦。

---

① 茶筅:打茶的工具,有金、银、铁制和竹制,文人美其名曰为"搅茶公子"。水冲入茶碗中,要以茶筅用力打击,才会慢慢出现泡沫。茶的优劣,以沫浮和水纹出现的快慢来评定。

二十八 天不假年

哲宗端起茶杯,轻轻啜了两口道:"好茶,好茶!"

芸儿道:"小女子调茶的本领不及俺们茶博士十分之一,他调出来的茶,那才叫个好。但今天客人太多,不少人还是预约过的,他正在别的茶室忙。二位爷如果想饮他调的茶,小女子这就去找他,看他能不能挤出点时间?"

哲宗道:"谢谢小娘子,你调的茶已经不错了,你就继续调吧。"

芸儿又道了一声"谢谢"。

哲宗道:"老实说,茶,朕……"他立马改口道:"我已经喝的差不多了。我这会儿最感兴趣的是,这个茶室为什么叫'绍圣'?"

芸儿道:"这得从俺们任掌柜说起。俺们任掌柜原本也是一个做官的,熙宁变法期间,他供职于'三司'。'三司'二位知道不?"

哲宗道:"知道,不就是负责盐铁、度支①和户部的那个衙门吗?"

芸儿道:"就是这个衙门。俺们任掌柜当时就是在搞度支,据他说,'熙宁变法'之前,朝廷穷得叮当响,常常寅吃卯粮。'熙宁变法'不到二年,朝廷不只补齐了所欠官员的俸禄,还略有节余。三年后,府库里堆满了钱。正因为有了钱,才有了'王韶开边',拓地一千二百里。不幸,神宗驾崩,少年天子登上龙位,司马光得以执掌朝政,把新党全打趴下,俺们任掌柜愤而辞官,回到家乡待了几年,直到少年天子亲政,恢复新法,他才回到汴京,开了这么一个茶坊,每个室的命名,都与新法有关,什么'绍圣'呀、'熙宁'呀、'仰甫'呀、'慕纯'呀,等等。"

哲宗越听越高兴,对芸儿说道:"你们任掌柜呢?本公子想见见他。"

芸儿道:"他正在和几个朋友商议茶室改名之事。"

哲宗道:"这些茶室的名字不是挺好嘛,改什么改?"

"他说这些茶室的名字遭人恨,妨碍了他的生意。"

哲宗道:"怎么个遭人恨?"

"俺说不清。"

哲宗道:"你既然说不清,叫你们掌柜来。"

芸儿道了一声"好",刚一抬脚,韩忠彦喊道:"请等一等。"芸儿立马将抬起的脚收了回来。

"你们掌柜只是改一改每个茶室的名字呢,还是连茶坊的名也改?"韩忠彦问。

---

① 度支:古代官署名。掌管全国财赋的统计和计调。

"只改每个茶室。"

"你们掌柜是不是叫个任伯雨?"韩忠彦又问。

芸儿一脸惊诧道:"你怎么知道俺们掌柜叫任伯雨?"

韩忠彦"嘿嘿"一笑道:"暂不奉告,叫你们的掌柜去吧。"

芸儿一转身,他又道了一声停:"我还有话要说。"

芸儿二次止步。

韩忠彦道:"你就说有一个叫韩师朴的在'绍圣'茶室等他。"

芸儿道:"好。"

韩忠彦指了指茶案的东边道:"加一个凳子。"

芸儿又道了一声"好"。

芸儿一走,韩忠彦对哲宗说道:"臣认识这个任伯雨,臣父任同中书门下平章事时,他在中书省供职。臣父判相州(今之河南省安阳市),他去了三司。"

"你又没见任伯雨,你怎么就敢断定,这个任伯雨就是你认识的那个任伯雨?"

韩忠彦道:"任伯雨去三司不到二年,先帝神宗开始变法。他表现得很积极,把长子改名为熙宁;二子改名为仰甫;三子改名为慕纯。仰甫(王安石字介甫)、慕纯(王韶字子纯),就是仰慕王安石和王韶之意。而这个茶坊的主人,不只和臣所认识的任伯雨重名,每个茶室的名字,又与新法有关,于是,臣便断定,这个任伯雨,就是臣所认识的那个任伯雨。"

哲宗颔首道:"有道理。"

韩忠彦道:"任伯雨对先帝、对新法,极有好感,为什么突然要改茶室的名字,陛下不知道想了没有?"

哲宗将头轻轻摇了一摇。

"其实,改名的原因,那小女子刚才已经说了,只是您没有在意罢了。"

哲宗道:"那小女子刚才怎么说?"

"她是不是这样说,那茶室的名字,遭人恨,影响了她们掌柜的生意?"

哲宗道:"好像是这么说的。"

韩忠彦道:"不是好像,她就是这么说的。茶室就像人,叫什么不叫什么,仅仅是一个符号而已。可任伯雨却说,他茶室的名字遭人恨,遭什么人恨?不外乎两种人,一是旧党;二是对熙宁变法和王介甫、王子纯等有仇,抑或是有成见的人。既然对'熙宁变法'不满,就会对陛下的'绍圣'也不满。陛下想不想知道,任伯雨为什么对'熙宁变法'

和'绍圣'不满吗?"

哲宗道:"当然想知道。"

"想知道的话,臣斗胆给您提一个请求。"

哲宗道:"说吧,什么请求?"

"臣这个请求有些犯上,您恕臣无罪,臣方敢言。"

哲宗道:"朕恕你无罪,你说吧。"

"咱君臣二人换一下座位。"

哲宗问:"为什么?"

"任伯雨认识臣,这您是知道的。他也知道臣如今的官职,他进来一瞅,见臣坐在您的下首,他会怎么样?"

哲宗道:"他会惊愕。"

"除了惊愕,任伯雨还会怎么想?"韩忠彦又问。

"他会觉着朕比你的官大。"

"是的,他一定会觉着您比臣的官大。而在满朝文武中,比臣官大的不就是执政、六部尚书和翰林学士吗?而能做到这些官的,没有40岁,有可能吗?而您才多大呀,20出头。所以,您不会是执政、六部尚书和翰林学士。您是什么呢?不是皇帝,就是王爷!他如果把您看作了皇帝和王爷,他就有所顾忌了。他这一顾忌,就不会给您说实话了。为了得到他的实话,咱俩就得换一下座位。"

他"噌"的一声站了起来,对着哲宗打躬作揖道:"臣的话对陛下多有不恭,死罪,死罪!"

哲宗道:"别打躬作揖了,是朕让卿说的,何罪之有!"

他一边说一边站了起来,走向韩忠彦的座椅,一屁股坐了下去。韩忠彦朝哲宗刚才的座椅拜了三拜,方才坐下。

君臣二人刚互换了座位,任伯雨趋了进来,纳头向韩忠彦拜道:"不知贤公子驾到,未曾前来请安,罪过罪过!"

韩忠彦道:"是我没有给你说,怪不得你,坐……"

他朝刚加的那个凳子指了指道:"请坐。"

任伯雨道了声"谢谢",西向而坐。

"雨弟,你这几个茶室,名字都挺好的,为什么要改?"

任伯雨长叹一声道:"说起来话长。这几个茶室的名字,无一不与'熙宁变法'有关。这名字全是我自己起的,我也曾为这几个名字自豪了几年。最近,我才发现,这几个茶室的名字,取得不大好。"

韩忠彦问:"何以见得?"

"就说咱们坐的这个'绍圣'吧,我不说您也知道,'绍圣'曾是当今天子的年号。所谓'绍圣',就是当今天子向天下人宣告,他要追崇先帝神宗的未竟事业。先帝神宗的未竟事业是什么?就是熙宁变法。对于熙宁变法,我不只竭诚拥护,还曾为之奋斗了十几年。我打心眼里认为,熙宁变法是一个创举,是一个富国强兵的创举。故而,当宣仁圣烈皇后与司马光等人,打着'以母改子'的旗号,彻底否定新法,我心里很不好受。当今天子亲政后,来了个'绍圣',我很兴奋,每个茶室的命名,都与新法有关,不是叫个'绍圣',便是叫个'仰甫',再不就叫个'慕纯'……茶坊既是一个供人休闲的地方,又是一个来自全国消息的聚散地。交往的人多了,听的消息自然也就多了。这一多,我便对先帝神宗的新法,以及当今天子的'绍圣'有了新的看法……"

他突然将话顿住,指了指哲宗问道:"这位贵公子是您的什么人?"

韩忠彦早就料到他会有此一问,微微一笑回道:"他姓紫,名微,是一个太学生,也是我的一个忘年交。"

哲宗心中暗自喜道:紫微好!皇帝一般都是上天的紫微星。我原以为他会胡乱给我编个名字呢,看来他早已胸有成竹了。这个名字好,好极了!

任伯雨也没多想,朝哲宗拱了拱手道:"失敬了。"

哲宗也朝他拱了拱手道:"不必客气。"

"我对先帝神宗的新法,以及当今天子有了什么看法呢?"任伯雨自问自答道:"先帝的新法总的来说是一个好法,但也有许多不尽如人意之处,比如'青苗法',朝廷的本意,是在青黄不接时,拿出来一部分钱贷给农民,既帮他们度荒,又解决了种子。但是,这些钱不是白拿,是贷。既然是贷,就得付息。秋夏两季收了之后,连本带息一并还。息是多少呢?百分之二十。因为分两季操作,实际上每年收的息是百分之四十。俗谚说,利过三分就是贼,'青苗法'的息,竟达到了四分。所以说,'青苗法'不是去救农民,而是去宰农民。所以,农民不愿意贷。不愿意就强迫,发展到后来,连不是农民、无地可种的城郭户[1]也逼他们贷。又如免役法,它的原则是交钱免役。在熙宁变法之前,咱们

---

[1] 城郭户:指城镇人口户。宋代范围扩大,除了州、府、县、镇等城居人口,还包括城外的草市居民,故有"县坊廓""市户"等名称。

行的是差役法。为行差役法,把国民按财产多少,分为九等,前四等服役,后五等不服役。免役法施行后,交了钱就可以不服役,去干自己想干的事。朝廷呢?得到了钱,可以拿这些钱去招募那些想当差的人。想当差的都是些什么人?当然是穷人,如此一来,又使穷人多了一条生路。但是,在执行的过程走了样。朝廷明文规定,要优待士大夫和有功名的,他们可以不出役钱,而士大夫和有功名的人,大都是一二等户。这些人的役钱怎么办呢?分摊到三四等户头上,无疑加重了三四等户,和既不是士大夫,又没有功名的一二等户的负担。此外,一些地方官为了邀功,在户口的划分等级上做文章,人家明明是五六等户,非要把人家往三四等户上拉。发展到后来,所有的户都要出役钱,只不过把五等户和五等户以下的户,减半而已。再如,市役法……"

他顿了顿道:"要'绍圣',只能有选择地'绍',举其善者'绍'。可当今天子呢?不分良莠,不分善恶,来了一个全'绍'。这还不说,以'绍圣'为名,对旧党大打出手,凡旧党人员,轻则逐出朝廷,重则流放岭南。甚而,还要将司马相公开棺曝尸。甚而,连宣仁圣烈皇后的封号也要废去,太过分了!当然,当今天子这么做,乃是学的宣仁圣烈皇后和司马光。宣仁圣烈皇后和司马光执政的时候,对新党成员,也是大打出手。可宣仁圣烈皇后又是学的谁呢?学的是王安石,王安石为了推行新法,凡反对新法,抑或对新法有异议的一概赶出朝廷,开了一个很坏的头。有志之士,比如范纯仁,曾当面提醒王相,这种做法要不得。这种做法会把朝廷带到党争的泥潭中拔不出来,可王相不听。唉……"

他顿了顿继续说道:"这种做法得刹车,否则,某一派、某一党执了政,就把另一派、另一党往死里整。闹哄哄,你方唱罢,我方登场。治国可不是唱戏,容不得如此胡闹……"

乍一听来,任伯雨讲的,简直就是郑侠的翻版,哲宗有些烦,几次欲加以制止。一因韩忠彦屡屡以目示他,不让他说话;二因自己如今的身份是一个太学生,若是出面制止明显不妥。听着听着,他变了,不但不烦,还觉着任伯雨的话都是大实话,一个不在品、不在位的老吏,尚且知道对熙宁变法以来的人和事进行反思,我作为大宋的掌舵人,却一味地翻旧账,与之相比,实在汗颜!唉……

韩忠彦见他突然发出一声长叹,暗自思道,这一定是任伯雨的话对他有所触动了,加之请宣仁圣烈皇后和司马光画像的那一幕,他不会不有所思。有所思好,否则,照他以前那个干法,大宋这条船非要让他带到泥潭中不可!

任伯雨也在想:我的话是不是说得有些多了,引起这位太学生的反感!不,我觉着这个人不一定是太学生。第一,这个人器宇轩昂,不怒自威,太学生我见得多了,哪有这样的气质？第二,韩忠彦官居崇政殿说书,崇政殿说书是干什么的？是皇帝的老师。如果他只是一个太学生,皇帝的老师会陪他一块儿出来饮茶？第三,从韩忠彦的衣着来看,只是一个长随。如果他只是一个普通的太学生,和皇帝的老师一块儿出来饮茶,敢穿这么亮丽的衣服吗？第四,芸儿刚才明明对我说,韩忠彦是陪着一位贵公子来的,我就有点纳闷,韩忠彦四世为官,他的父亲四度为相,爵号魏郡王,韩忠彦本人又是皇帝的老师,似他这种身份和地位,能让他陪的贵公子,只有王子王孙了。但大宋有制,王子王孙不得私下交接大臣,这……这个贵公子实在让人难猜。

难道,难道这位贵公子是前来私访的当今天子?!

是。

一定是。

他正要大礼上前参拜,突然多了一个心眼:冒认官亲,杀头之罪,更莫说冒认皇帝了!

不能鲁莽!

他朝哲宗瞟了一眼,暗道:得设法弄清这位贵公子的身份。

怎么弄清？问韩忠彦,他不一定告诉我。那么,问谁呢……

就问芸儿!

他朝芸儿摆了摆手,二人一前一后出了茶室。

"芸儿,我没来之前,韩大人和那位公子怎么坐？"

芸儿道:"那位贵公子坐在韩大人现在坐的凳子上,韩大人则坐在贵公子现在坐的凳子上。"

"照你这么说,你去叫我时,他俩互换了座位？"

芸儿道:"可能是吧。"

任伯雨道:"此事干系重大,你再好好想想,他俩到底是不是互换了座位？"

芸儿认真想了想回道:"他俩是互换了座位。"

"你没有记错吧？"任伯雨追问道。

芸儿很肯定地回道:"我没有记错。"

任伯雨道了声"好",掉头而返,进得"绍圣"室,朝着哲宗扑通一跪,两掌覆地,叩首亦覆地,口称:"小民不知天子驾到,胡言乱语一番,请天子恕罪!"

哲宗强压欢喜道:"你不要胡说八道,这里哪有天子,平身,快快平身!"

二十八 天不假年

任伯雨道:"您还不承认您是天子呢,您若不是天子,怎么会让小民平身?"

韩忠彦笑问道:"任伯雨,你怎么知道他是天子?"

任伯雨把自己的推测如实地讲了一遍,哲宗笑指任伯雨道:"你真是个有心人,朕承认自己是天子,卿平身吧。"

任伯雨又一次叩首至地,呼道:"谢陛下。"一连三叩,方才站起,肃身而立。

哲宗道:"卿刚才那番话,俱是肺腑之言,直击朝廷要害,令朕幡然醒悟。似卿如此有才,有心,又有见地的人,仅仅掌管一个茶坊,既是大材小用,更是宰相的失职!"

任伯雨再次跪下,叩首至地:"陛下过奖了。"

哲宗道:"此地非大殿,不必行此大礼。卿快平身。"

任伯雨站起之后,哲宗问:"以卿之见,朝廷当今之务是什么?"

"是五湖四海,是进贤退不肖。"

"何为不肖?"哲宗问。

"不肖就是不肖之臣。"

哲宗又问:"何人为不肖之臣?"

"章惇、曾布、蔡卞、蔡京、邢恕、李定、杨三变、李清臣、蒋之奇等,皆为不肖之臣!"

哲宗复问:"贤臣者何?"

任伯雨指了指韩忠彦道:"韩说书便是贤臣。"

韩忠彦连连摆手道:"你别说我,我……"

哲宗移目韩忠彦,摆了摆手,制止道:"卿不必多言。"说毕,又移目任伯雨:"除韩说书之外还有谁?"

"范纯仁、苏颂、郑侠、苏轼兄弟、邹浩、田画、陈瓘、黄履、崔鹏是也。"

哲宗再问:"卿眼中的贤者,首推何人?"

"范纯仁!"

"卿如此称道范纯仁,请说一说范纯仁贤在何处?"

任伯雨道了一声"遵命",从范纯仁出生,一直讲到永州安置。

任伯雨话音一落,韩忠彦笑嘻嘻地说道:"永州安置以后还有故事呢。"

任伯雨道:"既然有故事,韩说书何不讲来听听。"

韩忠彦道了一声"好",娓娓道来。

范纯仁接到再贬诏书,正患着眼疾,郎中劝他向朝廷告个假,把眼治好再上路。他将头摇了一摇,说道:"遭贬的不止我一个人,我若上书请求朝廷宽限上路的日期,别人也会跟着效仿,如此一来,岂不要朝廷为难。"

郎中道:"朝廷如此待您,您还要为朝廷着想,真是少见!"

范纯仁道:"朝廷如何待我,那是朝廷的事,我做人的准则,就是我令尊的那句话,'居庙堂之高则忧其民,处江湖之远则忧其君。'我现在已经不在庙堂了,我得'忧我的君了'!"

郎中道:"我不反对您'忧其君',但我正告您,您这眼,不只得吃药,还得敷药,更得静养,您一上路,还怎么静养?您若不听劝,这眼恐怕要瞎的。"

范纯仁道:"瞎就让他瞎吧。"

他不但如期上路,还告诫子弟,不准口出怨言,怨天怨地。

儿子反问道:"章惇一而再、再而三地迫害您,还不准孩儿们说几句怨恨的话吗?"

他道:"不可以!"

每当有人说到章惇的劣行,他必发怒制止。从水路前往永州途中,船突然翻了,范纯仁被救上岸后,说了一句让人哭笑不得的话:"啥坏事都安到章惇头上,这船难道也是章惇让翻的吗?"

到达永州后,儿子们对他说,和他一块儿遭贬的韩维留在了汴京。

他"嗯"了一声说道:"你们该忙什么就忙什么吧。"

儿子们问:"您不想知道韩大人因为什么被留在了汴京?"

他将头摇了一摇说道:"老父不想知道。"

儿子们又道:"您自己不想知道,俺们想让您知道,韩大人得以留下的原因。韩大人接到再贬均州(今之湖北省丹江口市)的诏书后,他的儿子代他上书朝廷,言说,元祐时期,司马光为相,他的父亲并不赞成司马光的主张,且多次与司马光争论,不应该把他的父亲与元祐党人相提并论,故而,他的父亲不应当遭贬。皇上阅书后,认为韩维儿子说得对,便收回了再贬诏书。"

韩忠彦移目哲宗:"陛下,老臣说得对不对呀?"

哲宗回道:"对。"

韩忠彦继续讲道:"范大人的儿子欲要效仿韩大人的儿子,也来一个上书朝廷,为乃父辩诬,范大人连道不可。儿子们反问他:'元祐年间,司马君实全盘否定新法,您是不是第一个站出来反对的?'范大人回道:'是的。'儿子们又问:'司马君实把新党成员往死里整,是不是又是您站出来反对?'范大人回道:'是。'儿子们再问:'蔡确遭贬新州,都不敢为他说话,又是您站了出来,对吗?'范大人又道了一声"对"。儿子们再问:'既然这样,您为什么反对俺们上书为您申诉?'范大人回道:'老父因司马君实的举荐,才得以位至宰相。当年意见不合,有所争论,并无不可。现在,为了减轻刑罚,重提争论之事,那是绝对不可,内心惭愧地活着,还不如没有愧心地死去。'"

韩忠彦轻叹一声,又道:"大宋第一贤人、完人,当属范仲淹。范纯仁继承了其父衣钵,保持了其父的风范,实在是一个不可多得的栋梁之材,若是让他出来辅佐陛下,一定会再造一个风清气正、繁荣昌盛的大宋!"

哲宗颔首道:"卿说这话,朕相信。但朕听说,尧夫(范纯仁字尧夫)年已七旬,双眼已经失明,怕是担不起治理天下的大任。"

韩忠彦道:"他双目失明的事,恐怕是传言呢!"

哲宗道:"这样好不好,你抽暇去一趟永州,看一看尧夫的身体到底怎么样,如果行的话,朕就拜他为首相。"

韩忠彦道:"好,臣明天就动身。"

哲宗移目任伯雨:"刚才,朕已经说过,似卿如此有才、有心,又有见地之人,仅仅掌管一个茶坊,既是大材小用,又是宰相的失职。朕欲封卿为右司谏,请卿千万不要推辞。"

任伯雨再次跪下,高呼道:"谢陛下,愿陛下万岁,万岁,万万岁!"

从茶坊出来,哲宗与韩忠彦边走边聊,一直聊到皇宫,哲宗赐宴集英殿,为韩忠彦饯行。君臣二人,相向而坐,喝了半个时辰。宴结束后,哲宗让御车送韩忠彦回家,把韩忠彦的几个孩子激动得惊叫起来。

"哇,我爷贵为魏郡王,也没有享受这般待遇!"

韩夫人也很激动,支走了孩子们,方才问道:"您今天干了什么大事,皇上这般待您?"

韩忠彦道:"为夫也没有干什么大事,只是陪皇上私访了一天。"

韩夫人摇头说道:"不会就这件事吧?咱爹当年多次陪仁宗皇帝私访,也没见有御车相送。"

韩忠彦道:"皇上这是第一次私访,既新鲜,又受益匪浅,他一高兴,便让御车相送了。"

韩夫人道:"他都受益了什么?"

"第一,他听到了实话。第二,他明辨了是非,要改弦更张呢!"

韩夫人加额赞道:"好,太好了。这样一来,大宋有希望了!"

韩忠彦道:"还有一个好事,忘了告诉你。"

"什么好事?"

韩忠彦道:"皇上准备启用尧夫为首相,但又担心尧夫的身体,让为夫前往永州一趟。"

"什么时候动身?"

韩忠彦道:"明天。"

"好,妾这就给您收拾行装。"

翌日,天一亮,韩忠彦便带着一个干练小厮,骑马前往永州。晓行夜宿,二十几天便到了。他正眉飞色舞地给几将失明的范纯仁讲哲宗私访之事,朝廷八百里加急相召,要他火速回汴,一是为哲宗奔丧,二是庆贺新帝位继大统。

刚一听,韩忠彦不信,质问使者:"这事是真的吗?"

使者道:"是真的。"

韩忠彦"哇"的一声哭道:"陛下,二十几天前,臣还在陪您私访,并没有发现您半点异样,您怎么说走就走了呢?!陛下,您还不到25岁,正是干事创业的时候,您不能走啊,啊啊啊!"

主要参考书目

脱　脱:《宋史》
司马光:《资治通鉴》
赵家三郎:《微历史@宋朝人》
江　月:《宋朝其实很有趣》
丁振宇:《微历史——宋朝就是如此有趣》
王　菡:《宋哲宗皇帝传》
仲伟民:《宋神宗传》
高天流云:《宋朝那些事儿》
高天流云:《如果这是宋史》
蔡东潘:《宋史通俗演义》
曲相奎:《宋朝的那些科学家》
《中华野史镜鉴》编委会:《中华野史镜鉴》
曹金洪主编:《三言两拍》

责任编辑:李 冰

图书在版编目(CIP)数据

大宋天子——宋哲宗/秦俊 著. —北京:人民出版社,2020.7
ISBN 978-7-5207-1174-6

Ⅰ.①大… Ⅱ.①秦… Ⅲ.①宋哲宗(1077-1100)-传记 Ⅳ.①K827=441

中国版本图书馆 CIP 数据核字(2019)第 187861 号

大宋天子——宋哲宗
DASONG TIANZI SONGZHEZONG

秦 俊 著

人民出版社 出版发行
(100706 北京市东城区隆福寺街 99 号)

天津文林印务有限公司印刷 新华书店经销

2020 年 7 月第 1 版 2020 年 7 月北京第 1 次印刷
开本:787 毫米×1092 毫米 1/16 印张:20.25
字数:370 千字 印数:0,001-3,000 册

ISBN 978-7-5207-1174-6 定价:76.00 元

邮购地址 100706 北京市东城区隆福寺街 99 号
人民东方图书销售中心 电话 (010)65250042 65289539

版权所有·侵权必究
凡购买本社图书,如有印制质量问题,我社负责调换。
服务电话:(010)65250042